Wissenschaftliche Beiträge
aus dem Tectum Verlag

Reihe: Rechtswissenschaften

Wissenschaftliche Beiträge
aus dem Tectum Verlag

Reihe: Rechtswissenschaften
Band 81

Antje Siering

Die Nutzung lebender arktischer Ressourcen als Regelungsgegenstand des Unionsrechts

Ein Beitrag der Europäischen Union zum Schutz der arktischen biologischen Vielfalt

Tectum Verlag

Antje Siering

Die Nutzung lebender arktischer Ressourcen als Regelungsgegenstand des Unionsrechts. Ein Beitrag der Europäischen Union zum Schutz der arktischen biologischen Vielfalt

Wissenschaftliche Beiträge aus dem Tectum Verlag
Reihe: Rechtswissenschaften; Bd. 81

Zugl. Diss. Christian-Albrechts-Universität zu Kiel 2015

ISBN: 978-3-8288-3769-0
ISSN: 1861-7875

Satz und Layout: Mareike Gill | Tectum Verlag

Druck und Bindung: CPI buchbücher.de, Birkach
Printed in Germany

Besuchen Sie uns im Internet
www.tectum-verlag.de

FSC www.fsc.org
MIX
Papier aus verantwortungsvollen Quellen
FSC® C083411

Bibliografische Informationen der Deutschen Nationalbibliothek
Die Deutsche Nationalbibliothek verzeichnet diese Publikation in der Deutschen Nationalbibliografie; detaillierte bibliografische Angaben sind im Internet über http://dnb.ddb.de abrufbar.

Meinen Eltern

Vorwort

Die Rechtswissenschaftliche Fakultät der Christian-Albrechts-Universität zu Kiel nahm im Sommersemester 2015 die vorliegende Arbeit als Dissertation an. Literatur, Rechtsprechung und zitierte Dokumente befinden sich auf dem Stand von Juli 2014.

Mein Dank gilt all denjenigen, die mich bei der Anfertigung der vorliegenden Arbeit unterstützt haben:

Besonders hervorzuheben ist an dieser Stelle meine Betreuerin und Erstgutachterin Professor Dr. Kerstin Odendahl, die mir bei der Auswahl des Themas freie Hand lies und mir gleichzeitig sowohl bei dem genaueren Themenzuschnitt als auch hinsichtlich vieler weiterer Fragen unterstützend zur Seite stand. Während der Zeit, in der ich mit Professor Dr. Kerstin Odendahl als wissenschaftliche Mitarbeiterin an ihrem Lehrstuhl zusammen arbeiten durfte, habe ich in fachlicher und in persönlicher Hinsicht vieles lernen können. Auch dafür gebührt ihr mein Dank.

Bedanken möchte ich mich ebenfalls bei Professor Dr. Nele Matz-Lück für die zügige Erstellung des Zweitgutachtens.

Mein Dank gilt ferner meinen Freunden und Kollegen am Walther-Schücking-Institut, mit denen ich die Höhen und Tiefen der Anfertigung einer juristischen Dissertation teilen durfte. Sie haben mich immer wieder ermutigt und angetrieben, die vorliegende Arbeit fertigzustellen. Besonderer Dank gebührt Erik van Doorn, der bereit war, das Manuskript Korrektur zu lesen und viele hilfreiche Hinweise gab.

Abschließend gilt mein großer Dank meiner Familie.

Ohne Tim Neumann, der mich in jeder entscheidenden Phase meines bisherigen beruflichen Werdeganges mit viel Geduld und Diskussionsbereitschaft uneingeschränkt unterstützte, wäre die Anfertigung der Arbeit in der vorliegenden Form sicherlich nicht möglich gewesen.

Es bleibt mir, ganz besonders meinen Eltern Susanne und Jochen Siering zu danken. Ihrer Unterstützung und ihres Vertrauens in mich und mein Vorhaben konnte ich mir zu jeder Zeit gewiss sein. Ihnen widme ich diese Arbeit.

Kiel, im März 2016 — Antje Siering

Inhaltsverzeichnis

Abkürzungsverzeichnis

ABA	Arctic Biodiversity Assessment
ABl. EG	Amtsblatt der Europäischen Gemeinschaften
ABl. EU	Amtsblatt der Europäischen Union
Abs.	Absatz
ACAP	Arctic Containment Action Program
ACIA	Arctic Climate Impact Assessment
AEPS	Arctic Environmental Protection Strategy
AEUV	Vertrag über die Arbeitsweise der Europäischen Union
AEWA	Agreement on the Conservation of African-Eurasian Migratory Waterbirds
AFF	Arctic Flora and Fauna
AIS	Automatic Identification System
AJIL	American Journal of International Law
AMAP	Arctic Monitoring and Assessment Program
APuZ	Aus Politik und Zeitgeschichte
ARLP	Arctic Review on Law and Politics
Art.	Artikel/Article
ArtenschutzVO	Artenschutzverordnung
AWZ	Ausschließliche Wirtschaftszone
AYIL	Australian Yearbook of International Law
Bd.	Band
BEAR	Barents-Euro-Arktische Rat
BGBl.	Bundesgesetzblatt
BPAN	Barents Protected Area Network
BRZ	Bruttoraumzahl
bzgl.	bezüglich

CAFF	Conservation of Arctic Flora and Fauna
CBD	Convention on Biological Diversity
CBMP	Circumpolar Biodiversity Monitoring Program
CEM	(NAFO) Conservation and Enforcement Measures
CMLR	Common Market Law Review
CMM	(WCPFC) Conservation and Monitoring Measures
CMS	Convention on Migratory Species
Colo. J. Int'l Envtl. Law & Policy	Colorado Journal of International Environmental Law and Policy
COP	Conference of the Parties
Cornell Int'l L. J.	Cornell International Law Journal
CPAN	Circumpolar Protected Area Network
CPAR	Conference of Parliamentarians of the Arctic Region
CTS	Canada Treaty Series
DAMOCLES	Developing Arctic Modeling and Observing Capabilities for Long-term Environmental Studies
ders.	derselbe
d. h.	das heißt
dies.	dieselbe
DJILP	Denver Journal of International Environmental Law and Policy
Doc.	Document
EBSAs	Ecologically or Biologically Significant Marine Areas
EC	European Communities
EEA	European Environmental Agency/European Economic Area
EEELR	European Energy and Environmental Law Review
EFF	Europäischer Fischereifonds
EFAR	European Foreign Affaires Review
EFF VO	Verordnung über den Europäischen Fischereifonds
EFTA	European Free Trade Association
EG	Europäische Gemeinschaft/en
ELP	Environmental Law and Policy
ELQ	Ecology Law Quarterly

EMFF	Europäischer Meeres- und Fischereifonds
EMuT	International Environmental Law – Multilateral Treaties
endg.	endgültig
EPIL	Encyclopedia of Public International Law
EPOCH	European Programme on Climatology and Natural Hazards
EPPR	Emergency Prevention, Preparedness and Response
ETS	European Treaty Series
EU	Europäische Union
EUA	Europäische Umweltagentur
EuG	Europäisches Gericht
EuGH	Europäischer Gerichtshof
EurUP	Zeitschrift für Europäisches Umwelt- und Planungsrecht
EUV	Vertrag über die Europäische Union
EWG	Europäische Wirtschaftsgemeinschaft
EWR	Europäischer Wirtschaftsraum
EWRA	Abkommen über den Europäischen Wirtschaftsraum
f.	folgende
FAO	Food and Agriculture Organization
FBÜ	Fischbeständeübereinkommen
FC	Fishery Commission
ff.	fortfolgende
FFH-RL	Flora-Fauna-Habitat-Richtlinie
Fn.	Fußnote
GFP	Gemeinsame Fischereipolitik
GMO	Gemeinsame Marktorganisation
GVO	Grundverordnung
GVO 02	Grundverordnung 2002
GVO 14	Grundverordnung 2014
GYIL	German Yearbook of International Law
Hrsg.	Herausgeber
HSM	Hafenstaatmaßnahmen

ICCAT	International Commission on the Conservation of Atlantic Tunas
ICES	International Council for the Exploration of the Sea
ICLQ	International and Comparative Law Quarterly
i. d. F.	in der Fassung
IJMCL	International Journal of Marine and Costal Law
IKETA	Internationale Konvention zur Erhaltung der Tunfischbestände im Atlantik
ILM	International Legal Materials
IMO	International Maritime Organization
IMP	Integrierte Meerespolitik
IPOA	International Plan of Action
IPOA-IUU	(FAO) International Plan of Action to prevent, deter and eliminate illegal, unreported and unregulated fisheries
IPY	International Polar Year
ITLOS	International Tribunal for the Law of the Sea
ITLOS Reports	International Tribunal for the Law of the Sea, Reports of Judgments
IUCN	International Union for Conservation of Nature
IUU	illegal, unreported and unregulated (illegal, nicht gemeldete und unregulierte)
IUU-Fischerei	illegale, nicht gemeldete und unregulierte-Fischerei
IUU-Verordnung	illegale, nicht gemeldete und unregulierte Fischerei-Verordnung
i. V. m.	in Verbindung mit
IWC	International Whaling Commission
JCMS	Journal of Common Market Studies
JEEPL	Journal for European Environmental and Planning Law
JEL	Journal of Environmental Law
JESS	Journal of Environmental Studies and Science
JION	Joint
Jura	Juristische Ausbildung
JTLP	Journal of Transnational Law and Policy
Kap.	Kapitel

KAS	Konrad Adenauer Stiftung
Kw	Kilowatt
lit.	litera
LNTS	League of Nations Treaty Series
Ltd.	Limited
Max Planck YUNL	Max Planck Yearbook of United Nations Law
MPEPIL	Max Planck Encyclopedia of Public International Law
MJIL	Melbourne Journal of International Law
MSY	Maximum Sustainable Yield
NAFO	Northwest Atlantic Fisheries Organization
NAFÜ	Nordwestatlantik-Fischereiübereinkommen
NALÜ	Nordatlantik-Lachserhaltungsübereinkommen
NASCO	North Atlantic Salmon Conservation Organization
NDEP	Northern Dimension Environmental Partnership
NEAFC	North East Atlantic Fisheries Commission
NJIL	Nordic Journal of International Law
No.	Number
NOAFÜ	Nordostatlantik-Fischereiübereinkommen
Nr.	Nummer
NuL	Natur und Landschaft
NuR	Natur und Recht
NYIL	Netherlands Yearbook of International Law
OCMA	Ocean and Costal Management
ODIL	Ocean Development and International Law
OJ	Official Journal
OSPAR	Oslo und Paris
PAME	Protection of the Arctic Marine Environment
para.	paragraph
PECH	Pêche
POP	Persistant Organic Pollutants
PROV	Provisional
PSM	Port State Measures
RECIEL	Review of European Community & International Environmental Law
RFMO	Regionale Fischfang Management Organisation

RGBl.	Reichsgesetzblatt
RL	Richtlinie
Rn.	Randnummer
ROMO	Regional Ocean Management Organisation
Rs.	Rechtssache
S.	Satz/Seite
SCE	(NEAFC) Scheme of Control and Enforcement
SCPAR	Standing Committee of Parliamentarians of the Arctic Region
SDWG	Sustainable Development Program Working Group
SJICL	Singapore Journal of International and Comparative Law
Slg.	Sammlung
sog.	sogenannt(e)
SRÜ	Seerechtsübereinkommen
STECF	Scientific, Technical and Economic Committee for Fisheries
STEP	Science and Technology in the European Periphery
SUP	Strategische Umweltprüfung
SWP	Stiftung Wissenschaft und Politik
TAC	Total Allowable Catch
TRANSFORM	Transatlantic Policy Options for Supporting Adaptation in the Marine Arctic
u. A.	unter Anderem
u. a.	und andere
UAbs.	Unterabsatz
UdSSR	Union der Sozialistischen Sowjetrepubliken
ÜBV	Übereinkommen über die biologische Vielfalt
UN	United Nations
UNCED	United Nations Conference on Environment and Development
UNTC	United Nations Treaty Collection
UNTS	United Nations Treaty Series
USA	United States of America
UVP	Umweltverträglichkeitsprüfung
Var.	Variante

VDS	Vessel Detection System
vgl.	vergleiche
VJIL	Virginia Journal of International Law
VMS	Vessel Monitoring System
VO	Verordnung
Vol.	Volume
VSRL	Vogelschutzrichtlinie
WCPFC	Western and Central Pacific Fisheries Commission
WCPO	Western and Central Pacific Ocean
WTO	World Trade Organization
WVK	Wiener Vertragsrechtskonvention
WWF	World Wide Fund for Nature
WZPFÜ	West- und Zentralpazifik-Fischereiübereinkommen
YEEL	Yearbook of European Environmental Law
YEL	Yearbook of European Law
YIEL	Yearbook of International Environmental Law
YJIL	Yale Journal of International Law
YPL	Yearbook of Polar Law
YUNL	Yearbook of United Nations Law
ZaöRV	Zeitschrift für ausländisches öffentliches Recht und Völkerrecht
Ziff.	Ziffer
ZUR	Zeitschrift für Umweltrecht

Einleitung

Der Naturraum Arktis fasziniert aufgrund seiner extremen Umweltverhältnisse seit Jahrhunderten die Menschen. Erstmals in den Mittelpunkt des medialen Interesses gelangte die Arktis im 19. und zu Beginn des 20. Jahrhunderts. Zu dieser Zeit ging das Interesse an der Arktis von Individuen aus. Verschiedene Forscher wollten dadurch Ruhm erlangen, dass sie als Erster den Nordpol erreichten. Wer dieses Wettrennen gewonnen hat, ist heute noch nicht gänzlich geklärt. Vieles spricht dafür, dass Robert Edwin Peary, ein US-amerikanischer Ingenieur und Polarforscher, als Erster im Jahre 1909 zum Nordpol gelangte. Teilweise wird jedoch angenommen, Frederic Albert Cook habe bereits im Jahre 1908 als Erster den Nordpol erreicht.[1]

Heute scheint wieder eine Art „Wettlauf um die Arktis" ausgebrochen zu sein.[2] Diesmal geht es jedoch nicht nur um die Befriedigung privater Eitelkeiten Einzelner. Heute lösen wirtschaftliche Interessen staatlicher Akteure den neuen „Wettlauf um die Arktis" aus. Weit unter dem Eispanzer der Arktis liegt der Meeresboden, unter dem große Teile der letzten unerschlossenen Öl- und Gasreserven der Erde vermutet werden. Der Anteil der dortigen Ressourcen wird auf ca. 30% der weltweit unerschlossenen Gasressourcen sowie 13% der unerschlossenen Ölreserven geschätzt.[3] Welchem Staat das Recht zusteht, diese Ressourcen abzubauen,

---

1 Lainema/Nurminen, Die Entdeckung der Arktis, 2010, S. 287ff.; zur Vertiefung des geschichtlichen Hintergrundes siehe auch: Seidler, Arktisches Monopoly, 2009, S. 11ff.

2 So zum Beispiel Koch, Wettlauf um die Schätze der Arktis, süddeutsche.de, (22.03.2016).

3 *Gautier*, U.S. Geological Survey circum-arctic resource appraisal, Society of Petroleum Engineers – Arctic Technology Conference 2011, 1 (2011), S. 219 (219).

hängt maßgeblich von der Ausdehnung der Festlandsockel[4] der Anrainer des arktischen Ozeans[5] ab. Gerade um diese Ausdehnung herrscht zwischen den Staaten keine Einigkeit. Neben den Interessen der Staaten an den Rohstoffen bestehen solche auch in Bezug auf die Nutzung neuer wirtschaftlich interessanter Seewege. Auch hier müssen die verschiedenen Rechte an diesen Seewegen geklärt werden.

Der neue „Wettlauf um die Arktis“ entwickelte sich in den letzten Jahren aufgrund der Veränderungen der arktischen Umwelt, insbesondere aufgrund des schmelzenden Eispanzers. Der Rückzug des Eises, der die neuen Nutzungsmöglichkeiten der Arktis freigibt, wird hervorgerufen durch klimatische Veränderungen.[6] Schon 2007 hatte sich das Eis des Arktischen Ozeans im Vergleich zum Jahre 1950 auf ca. 4,4 Millionen Quadratmeter halbiert.[7]

Derartige Veränderungen der arktischen Umwelt müssen mit großer Sorge betrachtet werden. Dies liegt nicht allein daran, dass die Arktis als Barometer für die Veränderungen des Weltklimas fungiert, sondern an den vielen Besonderheiten der dortigen Natur. Physikalische, klimatische und biologische Bedingungen variieren erheblich, sowohl saisonal als auch regional. So reichen beispielsweise die Temperaturen von 4°C in Reykjavik in Island über -12°C in Point Barrow in Alaska bis hin zu -30°C auf Grönlands Eispanzer.[8] An diese verschiedenen und besonderen

4 Nach Art. 76 Abs. 1 United Nations Convention on the Law of the Sea, 10.12.1982, 1833 UNTS 396 (deutsche Übersetzung in: ABl. EG L 179 vom 23.06.1998, S. 3, Seerechtsübereinkommen der Vereinten Nationen (SRÜ)) umfasst der Festlandsockel http://www.sueddeutsche.de/wissen/expedition-wettlauf-um-die-schaetze-der-arktis-1.983189: „[...] the seabed and subsoil of the submarine areas that extend beyond its territorial sea throughout the natural prolongation of its land territory to the outer edge of the continental margin, or to a distance of 200 nautical miles from the baselines from which the breadth of the territorial sea is measured where the outer edge of the continental margin does not extend up to that distance.“

5 Russland, USA, Kanada, Norwegen, Dänemark.

6 Vgl. Borg, Opportunities and Responsibilities in the Arctic Region: The European Union's Perspective, in: Witschel/Winkelmann/Tiroch/Wolfrum (Hrsg.), New Chances and New Responsibilities in the Arctic Region, 2010, S. 15 (17).

7 Gerdes, Klimawandel in der Arktis, in: Rill (Hrsg.), Die Arktis, 2010, S. 21 (24); Notz, Arktis und Antarktis im Klimawandel, APuZ 2007, Nr. 47, S. 27 (27).

8 ACIA, Kap. 1, S. 10.

Bedingungen haben sich in der Arktis lebenden Arten angepasst[9] und so ihre Einzigartigkeit erlangt. Sie reagieren sehr empfindlich auf Veränderungen ihrer Umwelt, was zum Sterben ganzer Arten oder auch zur Vernichtung von Ökosystemen führen kann.

Arten und Ökosysteme stellen gemeinsam mit der genetischen Vielfalt die drei wesentlichen Elemente dar, in welche die biologische Vielfalt in Übereinstimmung mit Art. 2 des Übereinkommens über die biologische Vielfalt (ÜBV)[10] unterteilt wird, um die biologische Vielfalt als Schutzgut im Rahmen der Rechtswissenschaften handhabbar zu machen. Die in der Arktis zu beobachtenden klimatischen Veränderungen bedrohen daher nicht nur einzelne Arten, sondern auch die gesamte arktische biologische Vielfalt.

Zusätzlich zu den klimatischen Veränderungen lässt sich auch in den erstmals gegebenen Möglichkeiten der Nutzung der vom Eis freigegebenen Ressourcen eine Gefahr für die arktische biologische Vielfalt erkennen. Bedrohungen ergeben sich in diesem Zusammenhang nicht nur durch den Zugriff auf in der Arktis vorhandene Öl- und Gasvorkommen. Auch die Nutzung von lebenden Ressourcen wie Fisch, mariner Säuger oder an Land lebender Organismen birgt erhebliche Risiken für die arktische biologische Vielfalt. Dabei ist unter „Nutzung lebender Ressourcen" die Entnahme lebender Organismen aus ihrem Lebensraum zur wirtschaftlichen Verwertung zu verstehen.

An dieser Stelle lässt sich eine unmittelbare Verknüpfung von der Nutzung lebender arktischer Ressourcen und einer Bedrohung für die arktische biologische Vielfalt erkennen. Durch diese Verknüpfung wird nicht nur der bekannte Konflikt von Schutz der biologischen Vielfalt einerseits und wirtschaftlichen Nutzungsinteressen andererseits deutlich. Vielmehr liegt in dieser Verknüpfung auch die Möglichkeit, den Schutz der arktischen biologischen Vielfalt über solche rechtlichen Mechanismen zu fördern, deren primäres Ziel gerade nicht der Schutz der biologischen Vielfalt ist. So können neben den rechtlichen Regelwerken, die mit Blick auf den

9 CAFF, Arctic Biodiversity Trends 2010, S. 13; ACIA, Kap. 10, S. 543.

10 Vgl. Art. 2 United Nations Convention on Biological Diversity, 05.06.1992, 1760 UNTS 146 (deutsche Übersetzung in: ABl. EU L 309 vom 13.12.1993, S. 3, Übereinkommen über die Biologische Vielfalt (ÜBV)).

Erhalt der biologischen Vielfalt geschaffen wurden, auch die rechtlichen Instrumentarien, die die Nutzung lebender Ressourcen regulieren, einen Beitrag zur Erhaltung der arktischen biologischen Vielfalt leisten.

Im Zuge der Suche nach rechtlichen Mechanismen, welche die Risiken der Ressourcennutzung in der Arktis gering halten können, scheint ein Vergleich zur Antarktis auf den ersten Blick nicht fernliegend zu sein. Bei genauerer Betrachtung sind die Unterschiede zwischen diesen Regionen jedoch gravierend.[11] Die Antarktis besteht aus um den geografischen Südpol gelegenen Land- und Meeresgebieten. Die Landgebiete mit den angrenzenden marinen Zonen unterliegen derzeit nicht der Souveränität einzelner Staaten. Diejenigen Staaten, die Ansprüche auf die derzeit nicht vollständig aufgeteilte Antarktis erheben, einigten sich, diese Ansprüche vorerst ruhen zu lassen.[12] Die antarktischen Ressourcen werden infolge dessen auf der Grundlage völkerrechtlicher Verträge geschützt und genutzt.[13] Die Arktis hingegen kennzeichnet die Tatsache, dass es acht Anrainerstaaten gibt, unter denen diese zu einem Großteil bereits aufgeteilt ist und wo in der Folge nationales Umweltrecht Anwendung findet.[14] Das Zentrum der Arktis besteht aus Ozean, der den Status der Hohen See hat und wo keinem Staat souveräne Rechte oder Hoheitsbefugnisse zukommen. Ein einheitliches Schutzkonzept, das über die durch das Seerechtsübereinkommen der Vereinten Nationen (SRÜ) geschaffenen Grundlagen hinausgeht, lässt sich nur realisieren, indem man ein Gremium mit der Entwicklung verbindlicher Regeln betraut oder die

11 Vgl. *Ciciriello*, Global Warming and the Arctic Ocean: Challenges for International Law, in: Del Veccio (Hrsg.), International Law of the sea: current trends and controversial issues, 2013, S. 343 (343).

12 Vgl. Art. IV Antarctic Treaty, 01.12.1959, 402 UNTS 71 (deutsche Übersetzung in: BGBl. 1978 II S. 1518, Antarktis-Vertrag).

13 Convention for the Conservation of Antarctic Seals, 01.06.1972, 11 ILM 251 (deutsche Übersetzung in: BGBl. 1987 II S. 92, Übereinkommen zur Erhaltung der antarktischen Robben); Convention on the Conservation of Antarctic Marine Living Resources, 01.08.1980; 19 ILM 841 (deutsche Übersetzung in BGBl. 1982 II S. 421, Übereinkommen über die Erhaltung der lebenden Meeresschätze der Antarktis); Protocol on Environmental Protection on the Antarctic Treaty, 04.10.1991, 30 ILM 1455 (deutsche Übersetzung in: BGBl. 1994 II S. 2479, Umweltschutzprotokoll zum Antarktisvertrag).

14 Vgl. *Koivurova*, Environmental Protection in the Arctic and Antarctic, in: Loukacheva (Hrsg.), Polar Law Textbook, 2010, S. 23 (36).

Staaten anderweitig völkervertraglich verpflichtet. Allerdings machten die Anrainerstaaten des arktischen Ozeans in der Vergangenheit deutlich, dass sie derartige Ansätze nicht befürworten und sich lieber auf bereits vorhandenes Recht stützen.[15] Es lassen sich jedoch Tendenzen erkennen, in Zukunft über völkerrechtliche Verträge jedenfalls einzelne Problemfelder zu regeln.[16] Wirkungsvoll werden allerdings auch solche Ansätze nur dann sein, wenn sich möglichst viele Staaten entschließen, Vertragspartei solcher Abkommen zu werden.

Insofern sind nicht nur Anrainerstaaten der Arktis, sondern auch andere Staaten und Internationale Organisationen gefordert.[17] Diese können einen Schutz der arktischen biologischen Vielfalt dann erreichen, wenn sie die neu aufkommenden menschlichen Einflüsse hinreichend streng regulieren, sodass diese für die Vielfalt der Arten und die Stabilität der Ökosysteme einen möglichst geringen Bedrohungsfaktor darstellen. Dies kann zum einen durch Beteiligung an völkerrechtlichen Verträgen aber auch insbesondere durch die Überarbeitung und Anwendung des eigenen Rechts geschehen. Dies gilt auch für die Europäische Union (EU).[18]

Die EU hat im Jahre 2008 begonnen,[19] sich verstärkt mit der Arktis auseinander zu setzten. Schon zu diesem Zeitpunkt wurde deutlich, dass sich ein Teil der Arktis-Politik der EU mit dem Umweltschutz und damit auch dem Schutz der arktischen biologischen Vielfalt beschäftigen wird. Vor diesem Hintergrund stellt sich die Frage, ob und inwieweit die EU durch Rechtssetzung, das heißt durch Beteiligung an völkerrechtlichen Verträ-

15 Dies ergibt sich bezüglich des geltenden Seerechts aus der Illulissat Declaration, 28.05.2008, http://www.oceanlaw.org/downloads/arctic/Ilulissat_Declaration.pdf (22.03.2016), S. 1.

16 So entschlossen sich Kanada, die USA, Russland, Norwegen und Dänemark Anfang des Jahres 2014, die Fischerei im Bereich der Hohen See der Arktis in Zukunft vorläufig unterbinden zu wollen, vgl. *Weber*, Arctic Fishing Ban Reached, http://thechronicleherald.ca/canada/1190229-arctic-fishing-ban-reached (22.03.2016).

17 Vgl. *Ciciriello*, Global Warming and the Arctic Ocean: Challenges for International Law, in: Del Veccio (Hrsg.), International Law of the sea: current trends and controversial issues, 2013, S. 343 (343).

18 Vgl. *Windwehr*, Die EU und die Arktis: Worten Taten folgen lassen?, Integration – 2/2013, S. 124 (129).

19 Vgl. Mitteilung der Kommission an das Europäische Parlament und den Rat – Die Europäische Union und die Arktis, 21.11.2008, KOM (2008) 763 endgültig.

gen sowie die Entwicklung von Primär- und Sekundärrecht einen Beitrag zum Schutz der arktischen biologischen Vielfalt leistet. Vor dem Hintergrund der Verknüpfung von negativen Veränderungen der arktischen biologischen Vielfalt und Nutzung arktischer lebender Ressourcen kann ein solcher Beitrag nicht nur durch Schaffung von Rechtsakten, die dem Schutz der biologischen Vielfalt dienen, sondern insbesondere durch die Entwicklung des völker- und europarechtlichen Rechtsregimes, das sich mit der Ressourcennutzung beschäftigt, erfolgen.

Ziel dieser Arbeit ist festzustellen, ob und inwieweit die EU einen Beitrag zum Schutz der arktischen biologischen Vielfalt leisten kann, indem sie durch Rechtssetzung die Nutzung lebender arktischer Ressourcen reguliert.[20]

20 Zwar wurden zu diesem Zwecke bereits die generellen Kompetenzen der EU im arktischen Raum untersucht (*Koivurova/Kokko/Duyck/Sellheim/Stepien*, EU Competences affecting the Arctic, Study requested by the European Parliament, 2010, S. 17, para. 1.3.4.), eine umfassende und detaillierte Analyse der Anwendbarkeit des Unionsrechts in der Arktis sowie der Wirksamkeit und des Bedarfes an einer Weiterentwicklung des Unionsrechts liegt jedoch bisher nicht vor.

Kapitel I

Einführung

A. Geografische Grundlagen

I. Grenze der Arktis

Die Arktis als regionales Gesamtgebilde, das Territorien verschiedener Staaten inklusive der Landmassen, der Hoheitsgewässer und der Gewässer mit souveränen Rechten und Hoheitsbefugnissen bis hin zur Hohen See umfasst, ist begrifflich von dem Arktischen Ozean, dem Polarmeer und dem Nordpol zu trennen. Der Arktische Ozean besteht aus dem Polarmeer und sieben weiteren, das Polarmeer umgebenden Ozeanen.[21] Der Begriff Nordpol bezeichnet den geographischen Nordpol, den nördlichsten Punkt der Erde.

Eine rechtsverbindliche Grenze der Arktis existiert nicht.[22] Häufig wird sie als Region nördlich von 66° 33' Nord definiert.[23] Neben die-

21 Barentssee, Kara See, Laptev See, Ostsibirische See, Chukchi See, Beaufort See und das Weiße Meer, vgl. *Harders*, Regionaler Umweltschutz in der Arktis, 1997, S. 18.

22 Vgl. *Dupuy/Vignes*, A Handbook on the Law of the Sea, 1991, Bd. 1, S. 530, *Rothwell*, The Polar Regions and the Development of International Law, 1996, S. 21; *Jóhannsdóttir*, The European Union and the Arctic: Could Iceland's Accession to the EU Change the EU's Influence in the Arctic?, GYIL 54 (2011), S. 351 (354); *Stephens*, The Arctic and Antarctic Regimes and the Limits of Polar Comparativism, GYIL 54 (2011), S. 315 (330); *Koivurova/Molenaar*, International Governance and Regulation of the Marine Arctic, 2009, S. 12, Para. 2.2; *Huebert*, The Law of the Sea and the Arctic: An Unfulfilled Legacy, Ocean Yearbook 18 (2004), S. 192 (195).

23 Vgl. *Stadelbauer*, Naturraum Arktis – Russlands Hoher Norden, osteuropa 61 (2011), Heft 2–3, Logbuch Arktis, S. 21 (21); *Harders*, Regionaler Umweltschutz in der Arktis, 1997, S. 15; *Rothwell*, The Polar Regions and the Development of International Law, 1996, S. 21; *Berkman*, Environmental Security in the Arctic Ocean, 2010,

ser rein mathematischen Grenzziehung gibt es verschiedene Möglichkeiten, wie beispielsweise klimatische Kriterien, anhand derer ebenfalls zu einer Grenzziehung zu gelangen ist. Abgestellt werden kann auf die Permafrostgrenze[24], die Baumgrenze[25] oder die Juliisotherme von 10° C.[26] Weitere mögliche Begrenzungen ergeben sich durch den geographischen Anwendungsbereich des Arctic Monitoring and Assessment Programms (AMAP), einer von sechs Arbeitsgruppen des Arktischen Rates[27] und einer weiteren Arbeitsgruppe zum Thema Conservation of Arctic Flora and Fauna (CAFF)[28]. Ursprünglich wurde das AMAP 1991 gegründet, um Teile der Arctic Environmental Protection Strategy (AEPS)[29], einer Strategie zum Umweltschutz mit soft law Charakter,[30] durchzuführen.[31] Aufgabe des AMAP ist es, den acht Mitgliedern des Arktischen Rates (Kanada, Dänemark, Finnland, Island, Norwegen, Russland, Schweden und den USA)[32] Empfehlungen bezüglich der Verhinderung von Verschmutzungen der Arktis zu geben.[33] Die Arbeitsgruppe CAFF untersucht die arkti-

S. 12; *Tuerk*, The Arctic and the modern Law of the Sea, in: van Dyke/Broder/Lee/Paih (Hrsg.), Governing Ocean Resources, 2013, S. 115 (115).

24 Die Permafrostgrenze verläuft dort, wo ab einer bestimmten Tiefe der Boden das ganze Jahr gefroren ist, vgl. *Morteani*, Die Bodenschätze der Arktis, in: Rill (Hrsg.), Die Arktis, 2010, S. 9 (10).

25 So zum Beispiel *Stonehouse/Snyder*, Polar Tourism, 2010, S. 7; Die Baumgrenze stellt die nördlichste Linie, an der noch Bäume wachsen, dar; dazu vgl. *Stonehouse*, North Pole. South Pole, 1990, S. 15; *Rothwell*, The Polar Regions and the Development of International Law, 1996, S. 23.

26 Vgl. *Stadelbauer*, Naturraum Arktis – Russlands Hoher Norden, osteuropa 61 (2011), Heft 2–3, Logbuch Arktis, S. 21 (21); *Rothwell*, The Polar Regions and the Development of International Law, 1996, S. 24; *Dupuy/Vignes*, A Handbook on the Law of the Sea, 1991, Bd. 1, S. 530.

27 Para. 1 lit. b Declaration on Establishment of the Arctic Council, 19.09.1996, 35 ILM 1382.

28 *CAFF*, Arctic Biodiversity Trends 2010, S. 6.

29 Arctic Environmental Protection Strategy, 14.06.1991, 30 ILM 1624 (AEPS).

30 Vgl. *Rothwell*, The Polar Regions and the Development of International Law, 1996, S. 239; *Hasanat*, Towards Model Arctic-Wide Environmental Cooperation Combating Climate Change, YIEL 20 (2010), S. 122 (122); *VanderZwaag/Huebert/Ferrera*, The Arctic Environmental Protection Strategy, Arctic Council and Multilateral Environmental Initiatives: Tinkering while the Arctic Marine Environment Trotters, DJILP 30 (2002), S. 131 (142); *Stephens*, The Arctic and Antarctic Regimes and the Limits of Polar Comparativism, GYIL 54 (2011), S. 315 (331).

31 Vorwort und para. 6 der AEPS.

32 Preface Declaration on Establishment of the Arctic Council.

33 http://www.amap.no/(13.07.2014).

sche biologische Vielfalt, arbeitet Pläne für deren Schutz aus und teilt ihre Ergebnisse den Regierungen der acht Anrainerstaaten, sowie allen anderen, die an dem Schutz von arktischer biologischen Vielfalt mitwirken, mit.[34] Die von dem AMAP festgelegte Grenze soll einen Kompromiss zwischen den verschiedenen geographischen „Arktisdefinitionen" schaffen.[35] Das so festgelegte Gebiet umfasst im Wesentlichen die Gebiete nördlich des Polarkreises (66° 33' Nord) und nördlich von 62° Nord in Asien und 60° Nord in Nordamerika. Die Grenzziehung wird modifiziert, um die marinen Gebiete nördlich der Aleuten Inseln, der Hudson Bay und Teile des Nordatlantischen Ozeans inklusive der Labrador See, einzuschließen.[36] CAFF steckte ihr Untersuchungsgebiet nahezu identisch ab.[37] Rechtsverbindlich sind diese Grenzen selbstverständlich nicht.

Die Vielzahl an möglichen Abgrenzungskriterien führt dazu, dass je nach Wahl des Kriteriums verschiedene geographische Ausdehnungen der Arktis möglich sind. Auf die Isothermengrenze abzustellen bedeutet, dass Bereiche wie der Norden Norwegens, Finnlands und Schwedens nicht mehr zur Arktis gezählt werden könnten. Zieht man hingegen die Permafrostgrenze heran, reicht die Arktis bis an die chinesische Grenze.[38] Die rein mathematische Grenze zu wählen, würde bedeuten, eine relativ kleine Region zu betrachten. Grönland würde dann zu einem großen Teil im Süden nicht mehr zur Arktis gehören. Auch Island wäre nur an der Grenze gelegen.

Das Problem der Abgrenzung der Arktis kann nicht durch eine genaue Lektüre der AEPS gelöst werden. Diese enthält keine Definition der Arktis. Es ist zu vermuten, dass eine Definition bewusst nicht eingearbeitet wurde, da ohne diese jeder Staat für sich entscheiden kann, welches Gebiet nach seinem Verständnis unter die Arktis zu subsumieren ist.[39] Bedenkt man, dass Verpflichtungen und Vorgaben zum Umweltschutz, seien sie auch nur politischer Art, für Staaten auch verwaltungs- und kostenintensive Folgen haben, scheint jedenfalls einleuchtend, dass es gewisse Vorteile mit

34 http://www.caff.is/about-caff (13.07.2014).
35 http://www.amap.no/(13.07.2014).
36 http://www.amap.no/(13.07.2014).
37 *CAFF*, Arctic Biodiversity Trends 2010, S. 6.
38 *Dupuy/Vignes*, A Handbook on the Law of the Sea, 1991, Bd. 1, S. 533.
39 So *Rothwell*, The Polar Regions and the Development of International Law, 1996, S. 238.

sich bringt, selbständig die Grenzen wählen zu können, die den regionalen Anwendungsbereich der AEPS regeln.

Ob man auch der EU eine derartige Intention bei der Wahl der Arktisgrenze unterstellen kann, scheint ungewiss, muss aber auch nicht abschließend geklärt werden. Die EU wählte in der Vergangenheit eine Grenze, die zu einer relativ kleinen Arktis führt. Gemäß einer Mitteilung der Kommission aus dem Jahre 2008 ist unter der „Arktis“ das „um den Nordpol gelegene Gebiet nördlich des Polarkreises, welches das Nordpolarmeer sowie Gebiete der acht Arktis-Anrainerstaaten (Kanada, Dänemark, Finnland, Island, Norwegen, Russland, Schweden, USA) umfasst“, zu verstehen.[40]

Die mathematische Grenze, auf die sich auch die EU stützt, ist aufgrund ihrer Unabhängigkeit von naturwissenschaftlichen Kriterien nicht geeignet, eine Grenze für eine umweltrechtliche Untersuchung darzustellen. Auch die klimatischen Kriterien können nicht zur Grenzziehung der Arktis herangezogen werden, denn gerade diese sind einem sehr starken Wandel unterworfen.[41] Naturwissenschaftlichen Angaben zufolge erwärmt sich die Arktis,[42] sodass beispielsweise die Permafrostgrenze immer weiter Richtung Norden wandert. Dies würde zu einem immer kleineren Gebiet der Arktis führen, obwohl sich die mit dem Temperaturanstieg verbundenen Umweltprobleme vergrößern.

Bei der vorliegenden Arbeit geht es darum, ein Umweltschutzkonzept für einen bedrohten Naturraum zu untersuchen. So sollte eine an naturwissenschaftlichen Kriterien orientierte Grenze der Arktis gewählt werden, die so weitreichend ist, dass ein umfassender Schutz der arktischen biologischen Vielfalt ermöglicht wird. Daher wird hier im Folgenden die vom CAFF und AMAP gebildete Grenze als Grenze der Arktis gewählt.[43]

40 Mitteilung der Kommission an das Europäische Parlament und den Rat – Die Europäische Union und die Arktis, 21.11.2008, KOM (2008) 763 endgültig, S. 4, dort Fn. 1.

41 So auch *Rothwell*, The Polar Regions and the Development of International Law, 1996, S. 26.

42 Vgl. z.B. *Notz*, Arktis und Antarktis im Klimawandel, APuZ 2011, Nr. 5–6, S. 23 (25).

43 So zum Beispiel auch *Nowlan*, Arctic Legal Regime for Environmental Protection, 2001, Fn. 2; eine ähnliche Grenze wählt *Rothwell*, The Polar Regions and the Development of International Law, 1996, S. 24; *Molenaar*, Arctic Fisheries Conservation and Management: Initial Steps of Reform of the International Leal Framework,

Gründe, die dazu veranlassen, die Grenze des AMAP und CAFF auch dieser Arbeit zu Grunde zu legen, liegen darin, dass sich diese Arbeitsgruppen in besonderem Maße dem arktischen Umweltschutz widmen und so sehr genau feststellen können, welche Gebiete aufgrund ihrer Besonderheiten und ökosystemaren Zusammenhänge zur Arktis zu zählen sind und im Sinne eines umfassenden Schutzes auch gezählt werden müssen.[44] Diese Grenzziehung führt im Ergebnis dazu, dass Teile der Staatsgebiete von den EU-Mitgliedstaaten Finnland und Schweden in der Arktis liegen.[45]

II. Grenzen der Meereszonen

Neben terrestrischen Gebieten der Arktis, deren Grenzziehung einfach nachzuvollziehen ist, umfasst die Arktis auch marine Gebiete. Gemäß dem SRÜ[46] wird das Meer in verschiedene Zonen eingeteilt, in denen Staaten bestimmte Hoheitsrechte zukommen. Die erste Zone seewärts der Basislinien, ein Gebiet von 12 Seemeilen Breite ab den Basislinien[47], umfasst nach Art. 3 SRÜ das Küstenmeer eines Staates, das gemäß Art. 2 Abs. 1 SRÜ der Souveränität des Küstenstaates unterfällt. An diese Zone schließt die Ausschließliche Wirtschaftszone (AWZ) an, eine Zone mit 200 See-

---

YPL 1 (2009), S. 472 (430); vgl. die Karte in *CAFF*, Arctic Biodiversity Trends 2010, S. 6.

44 Das CAFF Arctic Biodiversity Assessment (ABA), 2013, zieht eine Arktisgrenze, die sehr genau auf naturwissenschaftlichen Kriterien beruht. Die subarktischen Gebiete, die innerhalb der AMAP und CAFF Grenzen liegen, zählen nach der Arktis-Definition des ABA nicht mehr zur Arktis. Diese Gebiete in die Untersuchung einzubeziehen, hätte eine nicht mehr handhabbare Ausweitung der Untersuchung des ABA auf viele Arten und Ökosysteme bedeutet. Allerdings stellt das ABA auch klar, das es im Rahmen seiner Untersuchungen immer wieder Bezug auf subarktische Gebiete nimmt, um wissenschaftliche und ökologische Vollständigkeit zu gewährleisten, ABA, S. 10 f. Insofern scheint es für die Betrachtung eines rechtlichen Umweltschutzkonzeptes, das klar definierte Grenzen erfordert, sinnvoller, direkt eine solche Grenze zu wählen, die alle für den Schutz bedeutsamen Gebiete unmittelbar einbezieht.

45 Vgl. *Campins Eritja*, The European Union and the North: Towards the Development of an EU Arctic Policy?, Ocean Yearbook 27 (2013), S. 459 (462 f.).

46 Auch die EU ist Vertragspartei des SRÜ, Beschluss 98/392/EG des Rates vom 23. März 1998 über den Abschluss des Seerechtsübereinkommens der Vereinten Nationen vom 10. Dezember 1982 und des Übereinkommens vom 28. Juli 1994 zur Durchführung des Teils XI des Seerechtsübereinkommens durch die Europäische Gemeinschaft, ABl. EG L 179 vom 23.06.1998, S. 1.

47 In der Regel die entlang der Küste verlaufende Niedrigwasserlinie, vgl. Art. 5 SRÜ.

meilen Breite ab der Basislinie.[48] In der AWZ verfügt der Küstenstaat nach Art. 56 Abs. 1 SRÜ über souveräne Rechte zur Ressourcennutzung, und ihm kommen nach Art. 56 Abs. 1 lit. b iii SRÜ Hoheitsbefugnisse im Bereich des Meeresumweltschutzes zu.[49] Die Bereiche des Meeres, in denen den Staaten keine Hoheitsrechte zustehen,[50] bilden gemäß Art. 86 SRÜ die Hohe See.[51] Hier haben alle Staaten das Recht zur Nutzung der lebenden Ressourcen.[52]

Teile des Arktischen Ozeans liegen seewärts der 200-Seemeilen-Grenze[53] und haben unstreitig den Status der Hohen See.[54] Den größten Teil dieser Gewässer außerhalb nationaler Hoheitsrechte macht das Zentrum des Arktischen Ozeans aus. Dies gilt unabhängig von bestehenden Streitigkeiten zwischen den Anrainerstaaten zu den genauen Grenzverläufen der AWZs, da sich diese Streitigkeiten nicht auf die nördliche Grenze der Zonen beziehen. Hinzu kommen drei Enklaven, das „Banana Hole“[55],

48 Vgl. Art. 55 und Art. 57 SRÜ.

49 Das Recht zur Ressourcennutzung kommt den Küstenstaaten auch in Bezug auf die nicht lebenden Ressourcen sowie sesshafte Ressourcen des Festlandsockels zu, Art. 77 Abs. 1 SRÜ. Die Streitigkeiten über die Ausdehnung der Festlandsockel der Anrainerstaaten der Arktis bleiben im Zuge dieser Arbeit unbeachtet. Dies ist darauf zurückzuführen, dass die genauen Verläufe der Festlandsockel für die Problemstellung dieser Arbeit keine Rolle spielen.

50 Die Gewässer, die nicht Innere Gewässer, Küstengewässer, Gewässer der Ausschließlichen Wirtschaftszone sind.

51 *Wolfrum*, in: Graf Vitzthum (Hrsg.), Handbuch des Seerechts, 2006, Kap. 4, Rn. 3.

52 Art. 87 lit. e, Art. 117 SRÜ. Der Meeresboden und Meeresuntergrund jenseits der Gebiete nationaler Hoheitsbefugnisse wird als Gebiet bezeichnet, Art. 1 Abs. 1 Nr. 1 SRÜ. Die Rechte an den Ressourcen im Gebiet (nur nichtlebende Ressourcen, Art. 133 SRÜ) stehen der gesamten Menschheit zu, Art. 136 SRÜ.

53 Vgl. *Rothwell*, Polar Ocean Governance in the 21st Century, Ocean Yearbook 26 (2012), S. 343 (352).

54 Vgl. *Gayazova*, China's Rights in the Marine Arctic, IJMCL 28 (2013), S. 61 (64).

55 Das „Banana Hole“ liegt im Europäischen Nordmeer und ist eingegrenzt von der AWZ Grönlands, Islands, der Färöer und Norwegens (Norwegen, Jan Mayen und Spitzbergen); vgl. *Churchill*, Managing Straddling Fish Stocks in the North-East Atlantic: A Multiplicity of Instruments and Regime Linkages – But how effective a Management?, in: Schram Stokke (Hrsg.), Governing High Seas Fisheries, 2001, S. 235 (235).

das „Loop Hole“[56] und das „Donut Hole“[57]. Diese werden zwar von Zonen mit souveränen Rechten und Hoheitsbefugnissen für Staaten eingegrenzt. Da sie aber außerhalb der 200-Seemeilen-Grenze liegen, haben sie den Status der Hohen See inne.[58]

Divergierende Ansichten bestehen in Bezug auf den Status der Gewässer um den Spitzbergen-Archipel.[59] Zwischen den Staaten besteht Uneinigkeit darüber, ob Norwegen die Befugnis hat, für den Spitzbergen-Archipel eine Zone mit beschränkten Hoheitsrechten über die Hoheitsgewässer des Archipels hinaus zu deklarieren.[60] Diese Streitigkeiten finden ihren Ursprung in dem im Jahre 1920 abgeschlossenen Spitzbergen-Vertrag. Die EU selbst ist im Gegensatz zu 20 ihrer Mitgliedstaaten nicht Partei dieses

56 Das „Loop Hole“ liegt in der Barentssee, eingegrenzt durch die AWZ von Norwegen und Russlan, beziehungsweise der Fischereischutzzone Spitzbergens und Russlands AWZ; *Schram Stokke*, The Loophole of the Barents Sea Fisheries Regime, in: Schram Stokke (Hrsg.), Governing High Seas Fisheries, 2001, S. 273 (273); vgl. auch die eine Karte zur Lage des Loop Hole bei *Schram Stokke*, Managing Fisheries in the Barents Sea Loophole: Interplay with the UN Fish Stocks Agreement, ODIL 32 (2001), S. 241 (243). Auch nach Beilegung der Grenzstreitigkeiten zwischen Norwegen und Russland bleibt das „Loop Hole“ bestehen. Zwar wurde bilateral eine Einigung über den Verlauf der Grenze des Festlandsockels unter dem „Loop Hole“ herbeigeführt, diese Einigung hat jedoch keine Einfluss auf den Umstand, dass in der Barentssee ein Gebiet verbleibt, das mehr als 200 Seemeilen von den Küsten der Anrainer der Barentssee entfernt liegt; vgl. dazu *Henriksen/Ulfstein*, Maritime Delimination in the Arctic: The Barents Sea Treaty, ODIL 42 (2011), S. 1 (1); vgl. dazu auch die Karte unter http://geopolitikarktis.files.wordpress.com/2013/09/bildschirmfoto-2013-09-01-um-21-31-08.png (13.07.2014).

57 Das „Donut Hole“ liegt in der zentrale Beringsee, zwischen der AWZ Russlands und der AWZ der USA, http://www.beringseaforum.org/issues.html (09.03.2012).

58 Vgl. *Molenaar*, Arctic Fisheries Conservation and Management: Initial Steps of Reform of the International Legal Framework, YPL 1 (2009), S. 472 (435).

59 Der Spitzbergen-Archipel wird durch die zwischen dem 10. und 35. Längengrad und dem 74. und 81. nördlichen Breitengrad liegenden Inseln gebildet, Art. 1 Treaty concerning the Archipelago of Spitsbergen 09.02.1920, 2 LNTS 7 (deutsche Übersetzung in: RGBl. 1925 II S. 763, Vertrag über Spitzbergen (Spitzbergen-Vertrag)).

60 Norwegen deklarierte eine solche Zone im Jahre 1977, vgl. Forskrift om fiskevernsone ved Svalbard, 03.06.1977, http://www.lovdata.no/cgi-wift/ldles?doc=/sf/sf/sf-19770603-0006.html (13.07.2014). Zu diesem Streit im Detail: *Pedersen/Henriksen*, Svalbard's Maritime Zone: The End of Legal Uncertainty? IJMCL 24 (2009), S. 141 (144); *Molenaar*, Fisheries Regulation in the Maritime Zones of Svalbard, IJMCL 27 (2012), S. 3 (14); *Vylegzhanin/Zilanov*, Spitzbergen, 2007, S. 41 ff.

Vertrages.[61] Nach Art. 351 des Vertrages über die Arbeitsweise der Europäischen Union (AEUV)[62] bleiben aber die Verträge und die darin enthaltenen Rechte und Pflichten der Mitgliedstaaten bestehen, sofern diese vor dem Jahre 1958 abgeschlossen wurden. Um vor diesem Hintergrund eine einheitliche EU-Politik zu ermöglichen, stützt sich auch die EU bei der Wahrnehmung ihrer Kompetenzen, die in Zusammenhang mit dem Spitzbergen-Archipel stehen, auf den Spitzbergen-Vertrag.[63]

Nach Art. 1 Spitzbergen-Vertrag erkennen die Vertragsparteien die Souveränität Norwegens über den Spitzbergen-Archipel an. Aus Art. 2 und 3 Spitzbergen-Vertrag ergibt sich, dass sich die Souveränität auf die „territorial waters“ erstreckt. Es wird die Ansicht vertreten, der Spitzbergen-Vertrag sei als *lex specialis* zum Seerecht, insbesondere zum SRÜ zu verstehen.[64] Insofern werde Norwegen nur die Hoheit über die „territorial waters“[65] zugewiesen. Darüber hinausgehende Rechte, wie sie etwa durch die Deklaration einer AWZ entstünden, seien auf Grundlage des Spitzbergen-Vertrags nicht gegeben und das Seerecht greife nicht, da es durch den spezielleren Vertrag verdrängt werde.[66] Norwegen hingegen ist der Ansicht, dass der Spitzbergen-Vertrag nur die Gewässer bis zum Ende der „territorial waters“, was als Küstenmeer verstanden wird, überlagert[67]. Dahinter sei das allgemeine Seerecht anzuwenden.[68] Nach dieser Ansicht

61 Vgl. dazu auch *Molenaar*, Fisheries Regulation in the Maritime Zones of Svalbard, IJMCL 27 (2012), S. 3 (21).

62 Vertrag über die Arbeitsweise der Europäischen Union, 25.03.1957, 298 UNTS 11, i. d. F. des Vertrags von Lissabon vom 13.12.2007 zur Änderung des Vertrags über die Europäische Union und des Vertrags zur Gründung der Europäischen Gemeinschaft, ABl. EU C 306 vom 17.12.2007, S. 1 (AEUV).

63 Dies ergibt sich aus Note Verbale 26/04, of 26 July 2004, by the Delegation of the European Commission to Norway and Iceland to the Royal Ministry of Foreign Affairs of Norway, abgedruckt bei *Molenaar*, Fisheries Regulation in the Maritime Zones of Svalbard, IJMCL 27 (2012), S. 3 (23).

64 *Vylegzhanin/Zilanov*, Spitzbergen, 2007, S. 57.

65 Vertreter der *lex specialis Theorie* verstehen „terretorial waters“ teilweise nicht im Sinne eines Küstenmeeres gemäß Art. 3 SRÜ, sondern enger, vgl. *Vylegzhanin/Zilanov*, Spitzbergen, 2007, S. 42 ff.

66 *Vylegzhanin/Zilanov*, Spitzbergen, 2007, S. 57.

67 Nach: *Pedersen*, The Svalbard Continental Shelf Controversy: Legal Dispute and Political Rivalries, ODIL 37 (2006), S. 339 (339).

68 Nach: *Anderson*, The Status Under International Law of Maritime Areas Around Svalbard, ODIL 40 (2009), S. 373 (374); *Neumann*, Die norwegische Arktis im Völkerrecht, 2013, S. 183.

ist Norwegen, da es die Souveränität über das Festland des Spitzbergen-Archipels ausübt, Küstenstaat im Sinne der Art. 55 ff. SRÜ und befugt, eine AWZ zu deklarieren.

Beide Ansichten überzeugen nicht. Derartige Begrenzungen der Anwendbarkeit des Spitzbergen-Vertrags widersprechen der Auslegung nach Sinn und Zweck dieses Vertragswerkes.[69] Obwohl die Streitigkeiten in Bezug auf die Souveränität über Spitzbergen nicht erst im Zuge des Ersten Weltkrieges entbrannten,[70] wurde diese Problematik doch im Rahmen der Pariser Friedenskonferenz im Jahre 1919 angesprochen.[71] So war Hintergrund des Vertrages, nach Ende des Ersten Weltkrieges eine friedliche Nutzung Spitzbergens sicherzustellen, indem man es der Souveränität eines Staates unterstellt.[72] Die aktuellen Streitigkeiten um die Rechte zur Ausweisung einer 200 Seemeilen breiten Zone mit beschränkten souveränen Rechten und Hoheitsbefugnissen zeigen das Konfliktpotential, das diese Zone bietet. Dass bei der Zuweisung der Souveränität in den Jahren 1919 und 1920 noch nicht die Ausweisung einer solchen 200 Seemeilen breiten Zone im Spitzbergen-Vertrag erwähnt wurde, ist damit zu begründen, dass sich das Institut der AWZ mit den damit verbundenen Rechten und Pflichten erst noch entwickelte und im Jahr 1920 keinesfalls international anerkannt war.[73] Dass der Spitzbergen-Vertrag vor Entwicklung des modernen Seerechts abgeschlossen wurde, lässt sich auch an seinem Wortlaut erkennen.[74] Dieser verwendet nicht die heute im SRÜ genannte

69 Vgl. zu dieser Auslegungsmethode Art. 31 Abs. 1 Vienna Convention on the Law of Treaties, 23.05.1969, 1155 UNTS 331 (deutsche Übersetzung in: BGBl. 1985 II S. 927, Wiener Übereinkommen über das Recht der Verträge (WVK)).

70 Eine geschichtliche Aufarbeitung der Spitzbergen-Frage lässt sich finden bei *Neumann*, Die norwegische Arktis im Völkerrecht, 2013, S. 49 ff.

71 *Singh/Saguirian*, The Svalbard Archipelago: The Role of Surrogate Negotiations, in: Young/Osherenko (Hrsg.), Polar Politics, 1993, S. 56 (66); *Pedersen*, Norway's rule on Svalbard: tightening the grip on the Arctic islands, Polar Record 45 (2009), S. 147 (147).

72 Vgl. Erwägungsgrund des Spitzbergen-Vertrag.

73 Vgl. *Anderson*, The Status Under International Law of Maritime Areas Around Svalbard, ODIL 40 (2009), S. 373 (378); zur Entwicklung der AWZ genauer *Proelß*, in: Graf Vitzthum (Hrsg.), Handbuch des Seerechts, 2006, Kap. 3 Rn. 203 ff.

74 Vgl. *Pedersen*, The Svalbard Continental Shelf Controversy: Legal Disputes and Political Rivalries, ODIL 37 (2006), S. 339 (342).

Bezeichnung „territorial sea“ für das Küstenmeer, sondern spricht von „territorial waters“.[75]

Das Völkerrecht entwickelt sich stetig weiter, weil sich äußere Umstände und staatliche Interessen ändern. Eine Auslegung einzelner Verträge, die sich an gegebenen Veränderungen orientiert, muss möglich sein. Insofern ist der Spitzbergen-Vertrag nach Sinn und Zweck unter Berücksichtigung der Entwicklungen des Seerechts auszulegen.[76] Aus diesem Grund muss dieser so verstanden werden, dass er auch die 200 Seemeilen jenseits der Basislinie überlagert. Insofern kommen Norwegen in dieser Zone um den Archipel Hoheitsrechte im Sinne des Spitzbergen-Vertrages zu.

Trotz divergierender Begründungen teilen sowohl die EU als auch Norwegen im Ergebnis diese Ansicht.[77] Das bedeutet für die Arktis, dass es bei den soeben bezeichneten Bereichen der Hohen See bleibt und die Gewässer rund um den Spitzbergen-Archipel solche sind, in denen Norwegen jedenfalls die Rechte nach dem Spitzbergen-Vertrag ausüben kann.[78]

---

75 Art. 1 Spitzbergen-Vertrag.

76 So im Ergebnis auch *Pedersen/Henriksen*, Svalbard's Maritime Zone: The End of Legal Uncertainty? IJMCL 24 (2009), S. 141 (145); *Anderson*, The Status Under International Law of Maritime Areas Around Svalbard, ODIL 40 (2009), S. 373 (381); *Ulfstein*, The Svalbard Treaty, 1995, S. 479; *Pedersen*, The Svalbard Continental Shelf Controversy: Legal Dispute and Political Rivalries, ODIL 37 (2006), S. 339 (342).

77 Die Ansicht der EU ergibt sich aus Parliamentary questions, Answer given by Ms Damanaki on behalf of the Commission, 05.08.2011, P-006711/2011, http://www.europarl.europa.eu/sides/getAllAnswers.do?reference=P-2011-006711&language=DE (13.07.2014); vgl. *Molenaar*, Fisheries Regulation in the Maritime Zones of Svalbard, IJMCL 27 (2012), S. 3 (52).

78 Die mit der Ausweisung dieser Zone verbundenen Rechte sind zwischen der EU und Norwegen durchaus umstritten. Dies spielt allerdings an dieser Stelle, in der allein die Frage nach den Gebieten der Hohen See der Arktis gestellt wird, keine Rolle. Es wird an späterer Stelle auf diese Problematik zurückzukommen sein.

B. Besonderheiten und Bedrohungen der arktischen biologischen Vielfalt

Die Arktis ist ein Naturraum, der in seinen verschiedenen Bestandteilen viele Besonderheiten aufweist und aktuell zunehmenden Bedrohungen unterliegt. Diese gilt auch für die arktische biologische Vielfalt.

I. Biologische Vielfalt

Biologische Vielfalt umfasst die Variabilität sämtlichen Lebens und wird der Einfachheit halber in Artenvielfalt, Vielfalt von Ökosystemen und genetische Vielfalt[79] unterteilt.[80] Noch besteht eine biologische Vielfalt in der Arktis, die sich durch die an die besonderen klimatischen Verhältnisse angepassten Arten kennzeichnet. Dort leben sehr viele einzigartige Spezies, wie der Narwal, der Eisbär und verschiedene Vögel. Diese Arten sind jedoch teilweise in ihrer Existenz bedroht. Derartigen Bedrohungen muss entgegengetreten werden, zum einen, um diese besonderen Arten für die Nachwelt zu erhalten und zum anderen, da das Artensterben erhebliche, weitere Einflüsse auf die Ökosysteme hat.[81] Insofern sind Artenschutz und der Schutz von Ökosystemen aufgrund ihrer Verknüpfung wesentlicher Bestandteil des Schutzes der biologischen Vielfalt.

II. Besonderheiten der arktischen biologischen Vielfalt

1. Artenvielfalt

Die Artenvielfalt der Arktis ist im Vergleich zu zahlreichen anderen Regionen der Erde nicht besonders hoch. Nur 3% der weltweit vorhandenen Arten sind in der Arktis angesiedelt.[82] Diese wenigen Arten haben sich an die besonderen Bedingungen, wie das begrenzte Tageslicht während der

79 Auf die genetische Vielfalt der Arktis kann in der Folge nicht tiefer eingegangen werden, da bislang jegliche Grundlagenforschung zur genetischen Vielfalt in der Arktis fehlt.

80 Vgl. Art. 2 ÜBV, so auch *Birnie/Boyle/Redgwell*, International Law and the Environment, 2009, S. 588; *Epiney/Scheyli*, Umweltvölkerrecht, 2000, S. 261 f.

81 *Sparwasser/Engel/Voßkuhle*, Umweltrecht, 2003, S. 271 f.

82 Arctic Climate Impact Assessment, 2007 *(ACIA)*, Kap. 1, S. 11.

Hälfte des Jahres, die geringen Temperaturen und die geringen Niederschlagsmengen, angepasst.[83] Aufgrund dieser äußeren Umstände wachsen die arktischen Arten nur langsam, sind besonders im Sommer und Frühjahr aktiv und haben eine sehr geringe jährliche Reproduktionsrate.[84] Im Gegenzug ist die Lebensdauer im Vergleich zu vielen anderen Arten relativ hoch.[85] Diese Besonderheiten der Arten führen dazu, dass sie sich nur sehr schwer an klimatische und andere Veränderungen anpassen können.[86]

Neben vielen ganzjährig ansässigen Arten nutzen auch wandernde Arten gerade im Sommer die besondere Produktivität des arktischen Ökosystems.[87] So wandern beispielsweise die pflanzenfressenden Wale im Winter in warme Gewässer und kommen im Sommer wegen der hohen Blüte an Pflanzen wieder. Zu den wandernden Arten zählen auch Vertreter der Avifauna, beispielsweise einige Wattvögel, die im Sommer lange Strecken überwinden, um in der Arktis zu brüten.[88]

2. Ökosysteme

Die Ökologie versteht unter einem Ökosystem ein „Wirkungsgefüge" aus lebenden und nichtlebenden, natürlichen und vom Menschen geschaffenen Komponenten, die sowohl untereinander als auch mit ihrer Umwelt korrelieren.[89] Das marine Ökosystem, das die Arktis besonders auszeichnet, hängt stark mit dem Eis des Arktischen Ozeans zusammen. Dessen Bildung wird dadurch begünstigt, dass die Oberfläche des Arktischen Ozeans bei geringen Wassertemperaturen auch einen geringen Salzge-

---

83 ACIA, Kap. 10, S. 543; vgl. dazu auch *Marauhn*, The Potential of the Convention on Biological Diversity to Address the Effects of Climate Change in the Arctic, in: Koivurova/Keskitalo/Bankes (Hrsg.), Climate Governance in the Arctic, 2009, S. 269 (274).

84 *CAFF*, Arctic Biodiversity Trends 2010, S. 13; ACIA, Kap. 10, S. 543.

85 ACIA, Kap. 10, S. 543.

86 ACIA, Kap. 10, S. 543.

87 *Nowlan*, Arctic Legal Regime for Environmental Protection, 2001, S. 3; *CAFF*, Arctic Biodiversity Trends 2010, S. 8.

88 *CAFF*, Arctic Biodiversity Trends 2010, S. 32.

89 *Glabion*, Ökologie der Pflanzen und Tiere, in: Gebhardt/Glaser/Radtke/Reuber (Hrsg.), Geographie, physische Geographie und Humangeographie, 2007, Kap. 11.3, S. 415 (415).

halt[90] aufweist.[91] Hinzu kommt, dass das Wasser des Arktischen Ozeans nur langsam zirkuliert,[92] was ebenfalls die Eisbildung fördert. Die Bedeutung und Zusammenhänge der verschiedenen Bestandteile des „Ökosystems Meereseis“ macht die CAFF-Arbeitsgruppe deutlich:

> „Sea ice represents a unique ecosystem in the Arctic, providing habitat to specialized ice associated species that include microorganisms, fish, birds, and marine mammals. Individual species use sea ice in different ways depending on their biological needs. Ice algae form the base of the food web. Some algae stay attached to the bottom of the ice, some fall into the water column, and some fall to the bottom of the sea, and so provide food for species that feed at different depths. Protists (single-celled organisms) and zooplankton eat the algae which are then eaten by, for instance, Arctic cod, Boreogadus saida and sea birds [...], which in turn act as the major link to other fish and birds, seals, and whales [e.g., 3]. Polar bears, Ursus maritimus, prey upon seals from the ice and walrus, Odobenus rosmarus, forage on clams from drifting pack ice.“[93]

An dieser Stelle wird deutlich, dass die einzelnen Bestandteile eines Ökosystems, wie lebende Ressourcen, aber auch äußere Bedingungen, wie klimatische Verhältnisse oder Wasserqualitäten und Verschmutzungen, stark miteinander in Verbindung stehen. Veränderungen einzelner Bestandteile können zur Destabilisierung bis hin zum Zusammenbruch eines Ökosystems führen.

Neben dem Ozean birgt die Arktis weitere besondere Ökosysteme, wie die Tundra. Die Vegetation der Tundra[94] variiert erheblich, von sehr feuchtem Weideland hin zu sehr trockenen Polarwüsten, in denen Arten wie Rentiere, Zugvögel oder Polarfüchse leben.[95] Auch Wälder, Seen,

90 *Stadelbauer*, Naturraum Arktis – Russlands Hoher Norden, osteuropa 61 (2011), Heft 2–3, Logbuch Arktis, S. 21 (24).
91 *Harders*, Regionaler Umweltschutz in der Arktis, 1997, S. 20.
92 *Harders*, Regionaler Umweltschutz in der Arktis, 1997, S. 19.
93 *CAFF*, Arctic Biodiversity Trends 2010, S. 58.
94 Charakteristisch für die Tundra ist die bis zu 60m dicke gefrorene Erdoberfläche.
95 *CAFF*, Cooperative Strategy for the Conservation of Biological Diversity in the Arctic Region, 1997, S. 3.

Moore und Flüsse sind in der Arktis von Bedeutung. Das Vorkommen von Seen, Eisflächen und Flüssen hängt besonders von den klimatischen Gegebenheiten ab, was dazu führt, dass sich ihr Auftreten in Zukunft verändern wird.

III. Bedrohungen der arktischen biologischen Vielfalt

In der Vergangenheit war die Arktis aufgrund ihres weiten Eisschildes nahezu unberührt. In den letzten Jahren ist dieses Schild aufgrund klimatischer Veränderungen zurück gegangen. Dies allein hat schon erhebliche Auswirkungen auf die Arktis, führt aber auch dazu, dass menschliche Einflüsse, deren Langzeitfolgen ungewiss sind, in Zukunft zunehmen werden.

1. Klimawandel

Die Anstrengungen der EU im Kampf gegen den anthropogenen Klimawandel sollen nicht Gegenstand dieser Arbeit sein. Fest steht jedoch, dass dieser in extremem Maße die Artenvielfalt der Arktis bedroht. Insofern sind die Auswirkungen des Klimawandels an dieser Stelle in aller Kürze darzustellen, um die generellen Bedrohungen der biologischen Vielfalt in der Arktis zu verdeutlichen.

In kaum einer Region zeigt sich die globale Erwärmung so erheblich wie in der Arktis. Die jährliche Durchschnittstemperatur stieg seit den 1950er Jahren um 2° bis 3° C an, im Winter sogar um bis zu 4° C, wobei sich die Erwärmung bisher am stärksten an Land bemerkbar macht.[96] Aber auch im Bereich der Hohen See lassen sich erhebliche Änderungen verzeichnen. Prognosen des ACIA sagen eine Erwärmung von mindestens 1° C bis 2020, 2–3° C bis 2050 und bis zu 5° C Erwärmung in der Arktis bis 2080 voraus.[97] Problematisch ist darüber hinaus, dass aufgrund des Rückgangs von Eis und Schnee in der Region der Temperaturanstieg noch weiter voran getrieben wird. Eis und Schnee reflektieren die einfallende Sonnenstrahlung,[98] sodass diese direkt wieder in die Atmosphäre abgegeben wird und das Sonnenlicht die Erde an diesen Stellen nur geringfügig

96 ACIA, Kap. 1, S. 3.
97 ACIA, Kap. 1, S. 3.
98 *Notz*, Arktis und Antarktis im Klimawandel, APuZ 2011, Nr. 5–6, S. 23 (25).

erwärmt.[99] Verringert sich das Eis, wird diese Reflektionskraft schwächer, was wiederum das Schmelzen des Eises voran treibt.

Der Klimawandel bedroht die arktische biologische Vielfalt dadurch, dass er das Ökosystem und die Arten zwingt, sich an die neuen Gegebenheiten anzupassen. Entwicklungen wie in den „worst-case-scenarios" zur Hochrechnungen des Eisrückgangs und der Erwärmung der Arktis, können dazu führen, dass ganze Arten, insbesondere marine Säuger und Wasservögel, aufgrund ihrer mangelnden Fähigkeit, sich schnell an die Veränderungen anzupassen, aussterben.[100] Bezüglich der Population von Lummen konnte beobachtet werden, dass diese und die Anzahl der Tiere einer Population dort zurückging, wo sich die Temperatur der Meeresoberfläche rapide und extrem veränderte.[101] Äußere Faktoren wie Sonnenlicht oder Strahlung haben auch erheblichen Einfluss auf die Verbreitung von Pflanzen.[102] Eng damit verbunden sind wiederum Einflüsse auf die Tierwelt, die beispielsweise Nahrungsgrundlagen länger nutzen können.[103]

Weitere Auswirkungen klimatischer Veränderungen auf die arktische biologische Vielfalt zeigen sich an der Verteilung der Arten. Kaltwasserfische wie der Polardorsch oder die Lodde ziehen aufgrund der Änderungen der Wassertemperatur weiter Richtung Norden, um sich in ausreichend kalten Gewässern aufhalten zu können.[104] Viele Arten, wie der Grönländische Heilbutt, die vor einigen Jahren noch in den Küstengewässern vorkamen, werden weiter in Richtung des Kontinentalhanges wandern.[105] Auch die Avifauna ist von diesem Problem betroffen. Arten wie der Knutt, die im Sommer die Arktis anfliegen, um dann in der Tundra zu brüten, müssen längere Strecken zurücklegen.[106]

---

99 Vgl. *Notz*, Arktis und Antarktis im Klimawandel, APuZ 2011, Nr. 5–6, S. 23 (25); *Gerdes*, Klimawandel in der Arktis, in: Rill (Hrsg.), Die Arktis, 2010, S. 21 (22).

100 ACIA, Kap. 10, S. 545.

101 *CAFF*, Arctic Biodiversity Trends 2010, S. 36.

102 *Vohland/Doyle/Cramer*, Der Einfluss von Klimaveränderungen auf die Biodiversität, APuZ 2008, Nr. 3, S. 31 (33).

103 *Vohland/Doyle/Cramer*, Der Einfluss von Klimaveränderungen auf die Biodiversität, APuZ 2008, Nr. 3, S. 31 (33).

104 ACIA, Kap. 10, S. 545.

105 ACIA, Kap. 10, S. 545.

106 *CAFF*, Arctic Biodiversity Trends 2010, S. 34.

Hinzu kommen Interferenzen mit invasiven Arten.[107] Als Extrembeispiel ist der Polarfuchs zu nennen, der mittlerweile durch den Rotfuchs weitgehend verdrängt wurde.[108] Die nun auch in der Arktis anzutreffenden nicht einheimischen Arten bergen nicht nur das Risiko, dass sich die Zusammensetzung der Pflanzen ändert oder Nahrungsquellen knapper werden, sondern auch, dass Erkrankungen eingeschleppt werden, an welche die einheimischen Arten nicht angepasst sind.[109] Teilweise können diese Veränderungen auch zu starken Dominanzen einer Art führen (sog. superdominante Arten), wenn sich eine Art deutlich besser an die neuen Bedingungen anpassen kann als andere.[110]

Auch der Wegfall von Lebensräumen kann Folge des Klimawandels sein.[111] Dies gilt für das Eis des arktischen Ozeans, das Lebensraum für Pflanzen und Tiere ist. Durch die Erwärmung sind auch Auswirkungen auf Ökosysteme wie Tundra, Seen und Flüsse, sowie Moore zu erwarten.[112] Die Fläche der Tundra hat sich seit dem Jahre 1980 um 20% verringert.[113] Es existieren Umweltmodellierungen, die bis zum Jahre 2100 eine nördliche Verschiebung der Baumgrenze um ca. 500 km voraussagen, was zu einer Reduktion der Tundra um 51% führen würde.[114] In der Tundra Norwegens, Islands und Finnlands leben beispielsweise Arten wie Rentiere, deren Populationen ohnehin seit dem Jahr 2000 von 5,6 auf 3,8 Millionen zurückgegangen sind.[115]

---

107 ACIA, Kap. 10, S. 540; *Huebert*, Cooperation or Conflict in the Arctic?, in: Nordquist/Moore/Heidar (Hrsg.), Changes in the Arctic Environment and the Law of the Sea, 2010, S. 27 (28).

108 ACIA, Kap. 10, S. 548.

109 ACIA, Kap. 10, S. 545.

110 ACIA, Kap. 10, S. 549.

111 Vgl. *Macko*, Changes in the Arctic Environment, in: Nordquist/Moore/Heidar (Hrsg.), Changes in the Arctic Environment and the Law of the Sea, 2010, S. 107 (113).

112 Genauer beschrieben in: *CAFF*, Arctic Biodiversity Trends 2010, S. 64ff.

113 *CAFF*, Arctic Biodiversity Trends 2010, S. 63ff.

114 *CAFF*, Arctic Biodiversity Trends 2010, S. 63ff.

115 *CAFF*, Arctic Biodiversity Trends 2010, S. 30.

2. Unmittelbare menschliche Einflüsse

Neben den Veränderungen, die der Klimawandel mit sich bringt, gibt es eine Vielzahl von unmittelbaren menschlichen Einflüssen auf die biologische Vielfalt in der Arktis, die durch das Abschmelzen der Polkappen ermöglicht, beziehungsweise stark zunehmen werden.[116] Dazu zählt die Nutzung der lebenden arktischen Ressourcen,[117] die Gegenstand der vorliegenden Arbeit ist. Diese gehört seit Jahrhunderten zur Tradition der indigenen Völker der Arktis. Fisch, Seevögel und Wal sowie Rentier sind die am häufigsten konsumierten Nahrungsmittel der einheimischen Bevölkerung.[118] Seit dem 17. Jahrhundert wurden die lebenden Ressourcen allerdings auch von westlichen Walfängern und Jägern genutzt.[119] Viele Populationen wurden fast ausgerottet und erholen sich nur langsam, wie der Blauwal oder der noch immer vom Aussterben bedrohte Grönlandwal,[120] der heute auf der roten Liste der *International Union for Conservation of Nature* (IUCN)[121] steht. Durch eine übermäßige Jagd zur Gewinnung von Daunen starb zum Beispiel im 19. Jahrhundert der Riesenalk aus.[122] Auch das Rentier war vom Aussterben bedroht. Arten wie das Walross überlebten, weil dieses die Fähigkeit hat, innerhalb kurzer Zeit weite Strecken im Arktischen Ozean zurückzulegen und dadurch ihren Feinden entkommen

116 Vgl. *Jeffers*, Ensuring the Protection of Arctic Marine Biodiversity in the Face of Climate Change, in: Nordquist/Moore/Heidar (Hrsg.), Changes in the Arctic Environment and the Law of the Sea, 2010, S. 323 (326); *Rudloff*, Fisch im Wasser? Die EU und die Arktisfischerei, osteuropa 61 (2011), Heft 2–3, Logbuch Arktis, S. 163 (166); *Hovelsrud/McKenna/Huntington*, Marine Mammal Harvests and other Interactions with Humans, Ecology Applications 18 (2008), S. 135 (135).

117 Lebende Ressourcen im Rahmen dieser Arbeit bezeichnet die lebenden Komponenten eines Ökosystems, denen ein ökonomischer Wert zugeordnet werden kann.

118 *Nowlan*, Arctic Regime for Environmental Protection, 2001, S. 27; *CAFF*, Arctic Biodiversity Trends 2010, S. 89.

119 ACIA, Kap. 10, S. 560.

120 *European Environmental Agency (EEA)*, EEA Report 1/2002, The Arctic Ocean, 2002, S. 15.

121 Vgl. Liste auf der Homepage der IUCN: http://www.iucnredlist.org/apps/redlist/details/2467/0 (13.07.2014).

122 ACIA, Kap. 10, S. 560. Der Riesenalk ist ein 72 bis 95 cm großer, flugunfähiger Vogel. Er war zwar ursächlich für die Namensgebung der Pinguine, hat mit ihnen jedoch nicht viel gemein, vgl. *Willmann*, Riesenalk und Waldrapp. Die frühe Erfassung der Artenvielfalt, Georgia Augusta: Wissenschaftsmagazin der Georg-August-Universität Göttingen, 2002, S. 6 ff. Er gehört zu den Alkenvögeln, von denen heute noch Arten wie die Trottellumme, die Dickschnabellumme oder der Papageitaucher in der Arktis zu finden sind.

konnte.[123] In Bezug auf den Rückgang der Eisbärenpopulation vermutet man, dass neben den klimatischen Problemen, die Jagd zur kommerziellen Nutzung verschiedener Körperteile eine erhebliche Rolle spielt.[124] Gefahren birgt auch die Überfischung, die Fische, aber auch benthische Arten, wie beispielsweise Schrimps betrifft. Wälder oder Pflanzen leiden ebenfalls unter der ungeregelten Nutzung durch den Menschen. Auf Island sind ganze Birkenwälder durch extreme Abholzung für Feuerholz und das Halten von Schafen verschwunden.[125]

Ebenfalls bedeutsam und häufig eng mit dem übermäßigen Abbau von lebenden Ressourcen verknüpft ist der Handel mit Erzeugnissen, die aus der Verarbeitung der Ressourcen gewonnen werden. Der Handel mit Erzeugnissen führte aufgrund seiner großen Gewinnspanne ebenfalls zu einem hohen Rückgang der Artenvielfalt.[126] So ist die Fauna der Arktis beispielsweise aufgrund der geringen Temperaturen mit Fell ausgestattet, das sich gut vermarkten lässt. Ferner dienen die spezialisierten und besonderen Arten der Arktis der Ausstellung in Zoos oder kommerziellen Museen. Die Veränderung der Artenvielfalt bzw. die Zusammensetzung der Arten hat wiederum erhebliche Einflüsse auf die Stabilität der Ökosysteme. Insofern beeinflusst die Nutzung lebender Ressourcen ganz erheblich zwei wesentlichen Komponenten der biologischen Vielfalt.

Um die Risiken, denen die arktische biologische Vielfalt zunehmend ausgesetzt ist zu verdeutlichen, müssen auch die Gefahren weiterer Nutzungsmöglichkeiten vergegenwärtigt werden. Ein solcher weiterer Bedrohungsfaktor ist die menschliche Nutzung nichtlebender Ressourcen. Durch das Abschmelzen des Eises können in den kommenden Jahren an vielen Stellen nichtlebende Ressourcen, wie Öl und Gas erschlossen werden. Die Annahme, dass die Arktis in wenigen Jahrzehnten im Sommer komplett eisfrei sein wird, lässt diese neuen wirtschaftlichen Perspektiven immer deutlicher in den Fokus von Unternehmen und Staaten treten.[127] Das norwegische Staatsunternehmen Statoil hat beispielsweise im Jahr 2007 mit

123 ACIA, Kap. 10, S. 560.
124 *CAFF*, Arctic Biodiversity Trends 2010, S. 27.
125 *EEA*, Arctic Environment: European Perspective, 2004, S. 24.
126 Vgl. *Nowlan*, Artic Regime for Environmental Protection, 2001, S. 28.
127 Vgl. *Ingimundarson*, Die Kartierung der Arktis, APuZ 2011, Nr. 5–6, S. 14 (14).

der Förderung von Offshore Gas in der Barentssee begonnen.[128] Auch ein Abbau der in der Arktis vorhandenen Ölreserven ist zu erwarten. Problematisch an derartigen Vorhaben ist, dass die Folgen einer Katastrophe wie im Golf von Mexiko im Jahre 2010 besonders verheerend wären.[129] Diese würde Ökosysteme und viele Arten vernichten. Die Gefahr solcher Unfälle steigt durch die Bedingungen in der Arktis,[130] wie Treibeis, Nebel und die großen Temperaturunterschiede. Das vor der Küste Alaskas angesiedelte Ölfeld Prudhoe Bay ist beispielsweise von Temperaturunterschieden von über 40° C betroffen. Die Temperaturen schwanken dort zwischen -45° C im Winter bis zu 12° C im Sommer.[131]

Mit der Nutzung von Ressourcen ist auch der Ausbau von Straßen, Pipelines oder anderen Transportmöglichkeiten verbunden.[132] Insbesondere Aktivitäten wie Straßenbau, Bergbau und der Bau von Kraftwerken haben schon jetzt Ökosysteme verändert und dadurch den Lebensraum einiger Arten stark verkleinert.[133]

Hinzu kommen die unter anderem durch den Verkehr hervorgerufenen Verschmutzungen.[134] Emissionen, abgelassene Schadstoffe und Ähnliches belasten das gesamte arktische Ökosystem. Im Vergleich zu anderen Gebieten der Erde ist die Verschmutzung zwar verhältnismäßig gering, jedoch sind die Arten und Ökosysteme in keiner Weise an diese gewöhnt.[135] Schon kleinste Rückstände in der Nahrung verschiedener Arten können zu Krankheiten und schlimmeren Folgen führen. In Bezug auf den Eisbären wird vermutet, dass organische Verschmutzungen Auswirkungen auf das Ansetzen von lebensnotwendigem Fett haben.[136]

---

128 http://www.statoil.com/en/OurOperations/ExplorationProd/ncs/snoehvit/Pages/default.aspx (13.07.2014).

129 Vgl. *Osherenko/Young*, The Age of the Arctic, 1989, Kap. 5, S. 128; vgl. ACIA, Kap. 10, S. 565.

130 *EEA*, EEA Report 1/2002, The Arctic Ocean, 2002, S. 17.

131 *Morteani*, Die Bodenschätze der Arktis, in: Rill (Hrsg.), Die Arktis, 2010, S. 9 (10).

132 *EEA*, Arctic Environment: European Perspective, 2004, S. 30.

133 *Nowlan*, Arctic Regime for Environmental Protection, 2001, S. 32.

134 ACIA, Kap. 10, S. 560.

135 ACIA, Kap. 10, S. 564.

136 *CAFF*, Arctic Biodiversity Trends 2010, S. 28.

Aus diesem Grund scheint auch die in Zukunft sicherlich extrem zunehmende Schifffahrt besorgniserregend. Durch die Zugänglichkeit der Nordwest- und Nordostpassage der Arktis wird sich der Frachtverkehr erheblich vergrößern. Im Jahr 2007 war die Nordwestpassage eisfrei,[137] die Nordostpassage konnte 2009 erstmals befahren werden.[138] Dabei ist auch hier das Risiko von Schiffsunfällen durch das Eis, die Kälte und häufigen Nebel besonders hoch.[139] Neben den wirtschaftlich bedeutenden Schifffahrtsrouten steigt die Zahl an Reiseverkehr in den arktischen Gewässern durch zunehmenden Tourismus. Neben dem Problem der Verschmutzung und dem Risiko von Unfällen werden über den Rumpf und die Ballastwassertanks der Schiffe nicht einheimische Arten in die Arktis gebracht.[140]

Die Bedrohungen für die arktische biologische Vielfalt nehmen demzufolge in extremem Maße zu und das Schutzbedürfnis der arktischen biologischen Vielfalt zeigt sich deutlich. Den verschiedenen Bedrohungen der arktischen biologischen Vielfalt anthropogenen Ursprungs gilt es daher durch Reglementierung der menschlichen Einflüsse zu begegnen. Wie bereits dargestellt, ist dabei auf den Abschluss eines Umweltabkommens oder der Kompetenzübertragung auf eine Internationale Organisation zum Umweltschutz durch die Anrainerstaaten nicht zu hoffen. Insofern sind die einzelnen Staaten gefordert, insbesondere bereits bestehendes internationales und nationales Recht anzuwenden. Dies gilt aber nicht nur für die acht Anrainerstaaten, sondern auch für all diejenigen, die aufgrund von beispielsweise betriebener Fischerei oder Schifffahrt in der Arktis einen Einfluss auf die arktische biologische Vielfalt haben.

Auch für die Europäische Union besteht eine solche Möglichkeit der Einflussnahme, insbesondere über die Regulierung der Nutzung lebender arktischer Ressourcen. Die EU ist ein weltweit bedeutender Akteur auf

137 *Kailis*, Towards the Adoption of an Integrated Approach to the Governance of the Arctic Ocean: The European Perspective, Ocean Yearbook 24 (2010), S. 445 (448); *Lochte*, Research for the Future of the Arctic, in: Witschel/Winkelmann/Tiroch/Wolfrum (Hrsg.), New Chances and New Responsibilities in the Arctic Region, 2010, S. 177 (178).

138 *Pieper/Winter/Wirtz/Dijkstra*, The European Union as an Actor in Arctic Governance, EFAR 16 (2011), S. 227 (231).

139 *EEA*, EEA Report 1/2002, The Arctic Ocean, 2002, S. 17.

140 *CAFF*, Arctic Biodiversity Trends 2010, S. 46.

dem Fischereisektor.[141] Insofern ist zu erwarten, dass die Fischereiflotte der EU auch zunehmend in der Arktis agieren wird.[142]

C. Die Europäische Union und die Arktis

Versucht man die EU und die Arktis miteinander in Verbindung zu bringen, dann ist der häufig erste Impuls eine Verbindung der EU zu der geografischen Region Arktis abzulehnen. Dieser erste Impuls ist jedoch fehlgeleitet. Zum einen liegen Staatsgebiete von EU-Mitgliedstaaten innerhalb der hier gezogenen arktischen Grenzen. Zum anderen besteht seit Jahren auch eine Verbindung der EU zu den übrigen arktischen Gebieten.

Seit dem Jahre 2008 arbeitet die EU kontinuierlich an einer eigenen Arktispolitik,[143] die immer auch Belange des Umweltschutzes und damit auch der biologischen Vielfalt mit einbezieht.[144] Des Weiteren beteiligt sich die EU an einigen Kooperationsforen, die für arktische Gebiete gegründet wurden[145] und versucht, ihren Einfluss in weiteren derartigen Foren zu verstärken.[146] Darüber hinaus zeigen sich Bestrebungen der EU, das eigene Recht einzusetzen, um unter Anderem die arktische biologische Vielfalt zu schützen.

---

141 *Yagi*, High Seas Fisheries Today: Challenges and Remedies under the Global Economy, in: Vidas/Schei (Hrsg.), The World Ocean in Globalization, 2011, S. 209 (211).

142 Vgl. *Koivurova/Molenaar/VanderZwaag*, Canada, the EU, and Arctic Ocean Governance: A Tangled and Shifting Seascape and Future Directions, JTLP 18 (2009), S. 247 (273).

143 Vgl. Mitteilung der Kommission an das Europäische Parlament und den Rat – Die Europäische Union und die Arktis, 21.11.2008, KOM (2008) 763 endgültig; Entschließung des Europäischen Parlaments vom 20.01.2011 zu einer Nachhaltigen EU-Politik für den hohen Norden, ABl. EU C 136 vom 11.05.2011, S. E/71; Kommission und Hohe Vertreterin der EU für Außen- und Sicherheitspolitik, Gemeinsame Mitteilung an das Europäische Parlament und den Rat vom 26.06.2012, Entwicklung einer Politik der Europäischen Union in der Arktis: Fortschritte seit 2005 und nächste Schritte, JOIN(2012) 19 final.

144 Vgl. Mitteilung der Kommission an das Europäische Parlament und den Rat – Die Europäische Union und die Arktis, 21.11.2008, KOM (2008) 763 endgültig, S. 2 ff., para. 1 ff.; Council Conclusion, 2985th Foreign Affairs Council Meeting, 08.12.2009, Einleitung, S. 1; Entschließung des Europäischen Parlaments vom 20.01.2011 zu einer Nachhaltigen EU-Politik für den hohen Norden, ABl. EU C 136 vom 11.05.2011, S. E/71, lit. M.

145 So beispielsweise im Rahmen des Barents-Euro-Arktischen Rates oder im Rahmen der Politik der nördlichen Dimension, dazu sogleich genauer.

146 So versucht die EU seit geraumer Zeit, einen Beobachterstatus im Arktischen Rat zu bekommen, dazu sogleich genauer.

I. Internationale Zusammenarbeit in der Arktis und die Einbindung der EU

Die ersten Anstöße zu internationaler Zusammenarbeit in der Arktis wurden durch verschiedene Ereignisse in den 1980er Jahren gegeben. Die erste ausdrückliche Forderung nach Kooperation erfolgte durch *Mikhail Gorbachev* und ist primär auf Veränderungen der russischen Politik in der Zeit der „Glasnost" und „Perestroika" sowie dem nahenden Zusammenbruch der UdSSR zurückzuführen.[147] Das Bedürfnis, Problemen in der Arktis durch internationale Zusammenarbeit zu begegnen, machte *Gorbachev* im Oktober 1987 in seiner „Murmansk Rede" deutlich.[148] Er sah die Notwendigkeit für eine stärkere Kooperation in Arktisfragen und forderte die Anrainerstaaten auf, die Arktis zu einer „zone of peace" zu machen.[149] Ein Feld der Kooperation sollte laut *Gorbachev* der Umweltschutz in der Arktis sein.[150]

Neben den politischen Veränderungen dieser Zeit lenkten auch einige Umweltkatastrophen das Bewusstsein der Menschen auf den grenzüberschreitenden Umweltschutz.[151] Diese Ereignisse vermögen teilweise erste Schwerpunktsetzungen der arktischen Kooperation zu erklären. Zu nennen sind hier beispielhaft die Katastrophe in Tschernobyl im Jahre 1986

147 Vgl. *Nowlan*, Arctic Legal Regime for Environmental Protection, 2001, S. 7; *Rothwell*, The Polar Regions and the Development of International Law, 1996, S. 229; *Koivurova/Molenaar/VanderZwaag*, Canada, the EU and Arctic Ocean Governance: A Tangled and Shifting Seascape and Future Directions, JTLP 18 (2009), S. 247 (259).

148 *Gorbachev* „Murmansk Rede" 1987, http://teacherweb.com/FL/CypressBayHS/JJolley/Gorbachev_speech.pdf (13.07.2014), so auch *Koivurova*, Environmental Protection in the Arctic and Antarctica, in: Loukacheva (Hrsg.), Polar Law Textbook, 2010, S. 23 (30).

149 *Gorbachev*, "Murmansk Rede" 1987, S. 4; vgl. *Hasanat*, Towards Model Arctic-Wide Environmental Cooperation Combating Climate Change, YIEL 20 (2010), S. 121 (124); *Nowlan*, Arctic Legal Regime for Environmental Protection, 2001, S. 7; *Rothwell*, The Polar Regions and the Development of International Law, 1996, S. 229; *VanderZwaag/Huebert/Ferrera*, The Arctic Environmental Protection Strategy, Arctic Council and Multilateral Environmental Initiatives, DJILP 30 (2002), S. 131 (143); *Huebert*, The Law of the Sea and the Arctic: An Unfulfilled Legacy, Ocean Yearbook 18 (2004), S. 192 (209).

150 *Gorbachev*, "Murmansk Rede" 1987, S. 5; vgl. *Koivurova*, Environmental Protection in the Arctic and Antarctica, in: Loukacheva (Hrsg.), Polar Law Textbook, 2010, S. 23 (30).

151 Vgl. *Nowlan*, Arctic Legal Regime for Environmental Protection, 2001, S. 7.

oder das Auflaufen der Exxon Valdez auf ein Riff und die daraus resultierende Ölkatastrophe vor Südalaska im Jahre 1989.[152]

1. Arctic Environmental Protection Strategy

Im September 1989 trafen sich auf Initiative Finnlands erstmals Vertreter der acht Anrainerstaaten in Finnland, um Möglichkeiten des arktischen Umweltschutzes zu diskutieren. Es folgten weitere Treffen im April 1990 in Kanada, im Januar 1991 in Schweden und im Juni 1991 erneut in Rovaniemi.[153] Das Resultat war die AEPS, die eine Erklärung der „Arctic Eight" zum Umweltschutz in der Arktis vom 14. Juni 1991 umfasst.[154] Die AEPS sollte die Zusammenarbeit auf dem Gebiet der Forschung in nahezu allen Bereichen fördern, eine Prüfung des Zustandes der arktischen Umwelt liefern und Maßnahmen zur Verhinderung oder Reduzierung der Verschmutzungen empfehlen.[155]

Im Rahmen der AEPS wurde schon im Jahre 1991 deutlich, vor welchen Schwierigkeiten ein Umweltschutzkonzept für die Arktis steht. Die AEPS kommt zu dem Ergebnis, dass sofern bereits bestehende Regelungen überhaupt auf die Arktis anwendbar sind, diese meist zu wenig arktisspezifisch ausgestaltet sind und das Problem aufweisen, dass nicht immer alle Anrainerstaaten der Arktis Vertragspartner der Abkommen sind.[156]

Die AEPS versucht, als Reaktion auf identifizierte Probleme einen Aktionsplan aufzustellen.[157] Unabhängig davon, dass der AEPS nur Soft Law Charakter zukommt,[158] sind auch die in diesem Teil vorgestellten Maßnahmen alles andere als griffig. Es wird auf Maßnahmen, die AMAP

152 Vgl. *Nowlan*, Arctic Legal Regime for Environmental Protection, 2001, S. 7.
153 Preface AEPS, S. 1.
154 Declaration on the Protection of the Arctic Environment, diese ist Teil der AEPS, S. 3 f.
155 Declaration on the Protection of the Arctic Environment, diese ist Teil der AEPS, S. 3 f.
156 Vgl. AEPS, Abschnitt 4.2, S. 21.
157 AEPS, Abschnitt 5, S. 25 ff.
158 Vgl. *Rothwell*, The Polar Regions and the Development of International Law, 1996, S. 239; *Hasanat*, Towards Model Arctic-Wide Environmental Cooperation Combating Climate Change, YIEL 20 (2010), S. 121 (121); *VanderZwaag/Huebert/Ferrera*, The Arctic Environmental Protection Strategy, Arctic Council and Multilateral Environmental Initiatives, DJILP 30 (2002), S. 131 (142); *Stephens*, The Arctic and Antarctic Regimes and the Limits of Polar Comparativism, GYIL 54 (2011), S. 315 (331).

und andere Arbeitsgruppen vorschlagen sollen, verwiesen und generell erklärt, man wolle bestehende Abkommen überarbeiten sowie die internationale Kooperation fördern.[159]

Dennoch ist die AEPS für die Arktis von besonderer Bedeutung, denn sie stellt einen ersten Schritt in Richtung einer Kooperation der Staaten auf dem Sektor des Umweltrechts dar. Es wird deutlich, dass die Anrainerstaaten erkennen, dass die Bedrohungen für die Umwelt nicht an staatlichen Grenzen enden, was eben einen koordinierten Umweltschutz erforderlich macht.[160]

Vor diesem Hintergrund des besonderen Bedürfnisses nach Kooperation auf dem Umweltsektor wurden mit der AEPS vier Arbeitsgruppen eingerichtet: AMAP, Protection of the Arctic Marine Environment (PAME), Emergency Prevention, Preparedness and Response (EPPR), CAFF.[161] Diese Arbeitsgruppen geben Empfehlungen und Stellungnahmen ab, die heute zwar noch immer keinen verbindlichen Charakter haben, jedoch wegweisend für die arktische Kooperation sind. Sie sind heute Arbeitsgruppen des Arktischen Rates.

2. Der Arktische Rat

Das wichtigste Forum zur internationalen Kooperation in der Arktis ist der Arktische Rat.[162] Zentral ist dabei die Kooperation der Anrainerstaaten im Rahmen des Umweltschutzes.[163] Gerade die Zusammenarbeit auf diesem Sektor entspricht dem ursprünglichen Auftrag des Arktischen Rates, der zur Koordinierung und Umsetzung der AEPS gegründet wurde.[164]

---

159 AEPS, Abschnitt 5.2, S. 27.

160 AEPS, Abschnitt 1, S. 6; vgl. *Nowlan*, Arctic Legal Regime for Environmental Protection, 2001, S. 8.

161 AEPS, Abschnitt 6 bis 9, S. 30 ff.

162 Vgl. Europäische Parlament und Rat vom 26.06.2012, Entwicklung einer Politik der Europäischen Union in der Arktis: Fortschritte seit 2005 und nächste Schritte, JOIN(2012) 19 final, Teil 1, S. 11, para. 3; *Stuvøy/Dale*, Der Arktische Rat, osteuropa 61 (2011), Heft 2–3, Logbuch Arktis, S. 301 (308).

163 Vgl. zuletzt Kiruna Declaration on the occasion of the Eighth Ministerial Meeting of the Arctic Council, 15.05.2013, http://www.arctic-council.org/index.php/en/document-archive/category/425-main-documents-from-kiruna-ministerial-meeting# (13.07.2014), S. 4 f.

164 Para. 1 lit. a Declaration on Establishment of the Arctic Council; vgl. *Hasanat*, Towards Model Arctic Environmental Cooperation Combating Climate Change,

Der Arktische Rat liefert Material zur Bewertung und Einschätzung von Umweltproblemen und hat aus diesem Grund sowie der Einbeziehung indigener Völker und internationaler Organisationen das Potential, Lösungsansätze zu entwickeln, die nicht nur den Umweltproblemen, sondern auch den verschiedenen Interessen gerecht werden könnten.

Gegründet wurde der Arktische Rat im Jahre 1996 unter Beteiligung von sechs Gruppen indigener Völker[165] und der acht[166] Anrainerstaaten.[167] Er soll sich in erster Linie der Koordinierung auf dem Sektor des Umweltschutzes widmen,[168] auch wenn die Erklärung zur Errichtung des Arktischen Rates auf eine Zusammenarbeit in allen allgemeinen Angelegenheiten[169] und nur im Speziellen auf den arktischen Umweltschutz bezogen ist.[170] Erlassene Beschlüsse des Arktischen Rates sind nicht rechtsverbindlich.[171] Mitglieder des Arktischen Rates sind die acht Anrainerstaaten. Daneben gibt es ständige Teilnehmer sowie ständige und ad hoc Beobachter, die sowohl Nicht-Anrainerstaaten als auch internationale Organisati-

YIEL 20 (2010), S. 121 (121); *VanderZwaag*, The Arctic Council at 15 Years: Ending Forward in a Sea of Governance Challenges, GYIL 54 (2011), S. 281 (282); *Jeffers*, Climate Change and the Arctic: Adapting to Change in Fisheries Stocks and Governance Regimes, ELQ 37 (2010), S. 917 (923); *Bloom*, Establishment of the Arctic Council, AJIL 93 (1999), S. 712 (712).

165 Die Aleut International Association, der Arctic Athabaskan Council, der Gwich'in Council International, der Inuit Circumpolar Council, Russian Association of Indigenous People of the North und der Saami Council.

166 USA, Russland, Kanada, Island, Norwegen, Finnland, Schweden und Dänemark.

167 *Wolfrum*, The Arctic in the Context of International Law, in: Witschel/Winkelmann/Tiroch/Wolfrum (Hrsg.), New Chances and New Responsibilities in the Arctic Region, 2010, S. 37 (46); *Koivurova*, Environmental Protection in the Arctic and Antarctica in: Loukacheva (Hrsg.), Polar Law Textbook, 2010, S. 23 (31); *Nowlan*, Arctic Legal Regime for Environmental Protection, 2001, S. 9.

168 Vgl. *Winkelmann*, Arktische Ressourcen nutzen und arktische Umwelt schützen: Quadratur des Kreises, Jahrbuch der Ökologie 2009, S. 31 (37); *Jeffery*, Terrestrial Area Management in Polar Regions: Applying the Eco-System-Based-Approach to the Coalface of Climate Change, YPL 1 (2009), S. 101 (106).

169 Fragen der staatlichen Sicherheit sind vom Mandat des Arktischen Rates ausgeschlossen, vgl. Declaration of Establishment of the Arctic Council, dort Fn. 1.

170 Vgl. para. 1 lit. a Declaration on Establishment of the Arctic Council; diese sagt "[…] common arctic issues, in particular issues of sustainable development an environmental protection in the Arctic."

171 *Winkelmann*, Arktische Ressourcen nutzen und arktische Umwelt schützen: Quadratur des Kreises?, Jahrbuch der Ökologie 2009, S. 31 (37).

onen sein können.[172] Organisationen, welche die Interessen der indigenen Bevölkerung vertreten, sind ständige Teilnehmer des arktischen Rates.

a) Arbeitsgruppen

Mit der Gründung des Arktischen Rates wurden die Arbeitsgruppen der AEPS Teil des Arktischen Rates. Die Arbeitsgruppe zum Sustainable Development Program (SDWG) und Arctic Containment Action Programm (ACAP) kamen im Laufe der Zeit zu den vier Gruppen, die mit der AEPS errichtet wurden, hinzu.

Zum Zeitpunkt der Entwicklung der AEPS waren sich die acht Anrainerstaaten einig, dass verschiedene menschliche Einflüsse, die durch klimabedingte Änderungen der Natur, wie das Abschmelzen des Eises, zunehmend auftreten werden, an erster Stelle ein Monitoring-Konzept erfordern. Dazu wurde die Gründung des AMAP im Zuge der Entwicklung der AEPS beschlossen, um Änderungen der Umwelt zu dokumentieren, zu verstehen und auf dieser Grundlage Maßnahmen gegen nachteilige Veränderungen ergreifen zu können.[173] Darüber hinaus unterstützt das AMAP alle anderen Arbeitsgruppen bei der Datensammlung und ihren Monitoring-Aufgaben.

Die Arbeitsgruppe CAFF dürfte die für den Erhalt der biologischen Vielfalt wichtigste Arbeitsgruppe darstellen. Ziel der Einrichtung der CAFF war und ist, die Forschung und Datenverarbeitung unter den acht Anrainerstaaten in Bezug auf die Flora und Fauna sowie deren Habitate in koordinierter Form zu gewährleisten und dabei schon vorhandene Strukturen zu stärken und zu verbessern.[174] Aktuellere Berichte zum Zustand der arktischen biologischen Vielfalt sind der Bericht „Arctic Biodiversity Trends 2010“, der den aktuellen Zustand und Prognosen über kommende Entwicklung liefert sowie Arctic Biodiversity Assessment aus dem Jahr 2013. Daneben existieren zahlreiche weitere Berichte, die sich beispiels-

172 Vgl. *Hasanat*, Towards Model Arctic – Wide Environmental Cooperation Combating Climate Change, YIEL 20 (2010), S. 121 (129); *Koivurova/VanderZwaag*, The Arctic Council and 10 Years: Retrospect and Prospects, University of British Columbia Review 40 (2007), S. 121 (130).

173 AEPS, Abschnitt 6, S. 30.

174 AEPS, Abschnitt 9, S. 39.

weise dem Status der Eisbären oder dem Monitoring im marinen Bereich widmen.[175]

Darüber hinaus wurden unter der Schirmherrschaft der CAFF einige Programme ins Leben gerufen, die wichtige Aufgaben im Zuge des Schutzes der arktischen biologischen Vielfalt erfüllen können. Zu diesen Programmen zählen das Circumpolar Biodiversity Monitoring Programme (CBMP), welches sich ausschließlich mit dem Monitoring der biologischen Vielfalt beschäftigt oder das Circumpolar Protected Area Network (CPAN), das versucht, alle wichtigen Habitate der Arktis durch Ausweisung von Schutzgebieten zu schützen.[176]

PAME wurde errichtet, um im Einklang mit dem SRÜ den für die Meere und den Arktischen Ozean geltenden Schutz auf internationaler Ebene voranzutreiben und zu verschärfen. Der gegenwärtige Zustand der marinen Umwelt wird zusammen mit dem AMAP untersucht.[177] PAME ist beispielsweise unter Federführung der IMO an der Entwicklung von Richtlinien für Schiffe, die in Polargewässern operieren,[178] beteiligt.[179]

Die Einrichtung von EPPR ist ebenfalls auf die vielen Veränderungen und damit verbundenen neuen Nutzungsmöglichkeiten der Arktis zurückzuführen. Der Verkehr, sowohl zu Wasser als auch zu Land, nimmt erheblich zu. Im Zuge der Entwicklung der AEPS wird deutlich, dass die Anrainerstaaten um diese Gefahren von Unfällen und die damit mögliche Freisetzung von Öl oder anderen schädlichen Substanzen wissen.[180] Um den Gefahren derartiger Unfälle begegnen zu können, sollen bestehende Abkommen überarbeitet, auf ihre Anwendbarkeit in der Arktis kontrolliert und so gewonnene Informationen ausgetauscht sowie Risikoanalysen erstellt und Information für die Öffentlichkeit verbessert werden.[181] Im September 2011 fand beispielsweise unter der Schirmherrschaft der EPPR

175 Mehr Informationen sind zu erhalten unter: http://www.caff.is (13.07.2014).

176 http://www.caff.is/index.php?option=com_content&view=article&id=716&Itemid=1118 (13.07.2014).

177 AEPS, Abschnitt 7, S. 34.

178 Sog. Polar Code, http://www.imo.org/MediaCentre/HotTopics/polar/Pages/default.aspx (13.07.2014).

179 *Hasanat*, Towards Model Arctic – Wide Environmental Cooperation Combating Climate Change, YIEL 20 (2010), S. 121 (134).

180 Vgl. *Nowlan*, Arctic Legal Regime for Environmental Protection, 2001, S. 14; AEPS, Abschnitt 8, S. 35.

181 AEPS, Abschnitt 8, S. 35 ff.

ein Workshop zu dem Problem von Unfällen und Lecks auf Ölplattformen statt.[182]

Die fünfte Arbeitsgruppe SDWG wurde erst nach der Gründung des Arktischen Rates, auf dem ersten Treffen in Iqaluit, Nunavut, Canada, 1998 eingerichtet.[183] Mit der Einrichtung der SDWG wurde gleichzeitig das Sustainable Development Programm ins Leben gerufen.[184] Ziel dieses Programmes ist es, neben dem Umweltschutz auch den Schutz und die Unterstützung insbesondere der indigenen Bevölkerung auf den Gebieten der Wirtschaft, der Kultur und der Gesundheit voranzutreiben.[185]

ACAP wurde erst 2006 bei einem Ministertreffen des Arktischen Rates offiziell zu einer Arbeitsgruppe.[186] Ihre Aufgabe ist es, Emissionen und andere Verschmutzungsquellen zu identifizieren und zu reduzieren, um das Risiko der weiter voranschreitenden Verschmutzung abzumildern.[187] Ferner soll sie dazu dienen, die Politik und ergriffenen Maßnahmen der Staaten auf diesem Sektor zu koordinieren und mit weiteren internationalen Foren wie dem Barents-Euro-Arktischen-Rat (BEAR) zusammen zu arbeiten.

b) Bedeutung des Arktischen Rates

Der Arktische Rat dient heute, wie auch 1996, als Forum zur Unterstützung der internationalen Kooperation in der Arktis.[188] Dies machten die Vertreter der Anrainerstaaten und Organisationen indigener Völker im

182 http://www.arctic-council.org/eppr/2011/08/(13.07.2014).

183 The Iqaluit Declaration, 17./18.09.1998, http://www.arctic-council.org/index.php/en/document-archive/category/35-1st-ministerial-meeting-in-iqualuit-canada-1998 (13.07.2014), para. 9.

184 Arctic Council Terms of Reference for a Sustainable Development Program, 17./18.09.1998, http://portal.sdwg.org/content.php?doc=12 (13.07.2014).

185 Para. 1 Arctic Council Terms of Reference for a Sustainable Development Program; so auch *Nowlan*, Arctic Legal Regime for Environmental Protection, 2001, S. 12; vgl. dazu auch: *Gunnlaugsson*, Introduction to New Challenges in the Arctic Region, in: Nordquist/Moore/Skaridov (Hrsg.), International Energy Policy, the Arctic and the Law of the Sea, 2005, S. 273 (273).

186 Salekhard Declaration, 26.10.2006, http://www.arctic-council.org/index.php/en/document-archive/category/31-5th-ministerial-in-salekhard-russia (13.07.2014), S. 5.

187 Salekhard Declaration, S. 5.

188 Vgl. *Jeffery*, Terrestrial Area Management in Polar Regions: Applying the Eco-System-Based Approach th the Coalface of Climate Change, YPL 1 (2009), S. 101 (106).

Mai 2013 in ihrer „Vision für die Arktis" deutlich: „The founding values, objectives and commitments of the Arctic Council will continue to be the North Star that guides our cooperation".[189]

Für die Mitgliedstaaten verbindliche Beschlüsse kann der Arktische Rat nicht erlassen. Dennoch verändert sich aktuell seine Bedeutung, auch in Hinblick auf die Entwicklung bindenden Rechts. Als ein besonders bedeutendes Treffen ist die Konferenz des Arktischen Rates in Nuuk (Grönland) im Mai 2011 zu qualifizieren.[190] Im Zuge dieser entschieden die Anrainerstaaten, ein ständiges Sekretariat des Arktischen Rates in Tromsø (Norwegen) einzurichten.[191] Im Januar 2013 wurde dieses eröffnet.[192] Damit werden dem Rat zwar keine besonderen Kompetenzen eingeräumt. Eine Stärkung seiner Bedeutung, insbesondere was die Formung politischer Entscheidungen anbetrifft, wird jedoch vorangetrieben.

Auch auf diesem Treffen wurde erstmals im Rahmen des Arktischen Rates ein Abkommen für den arktischen Raum geschlossen. Am 12. Mai 2011 unterzeichneten die „Arctic Eight"[193] das Abkommen über Kooperation bei aeronautischer und maritimer Suche und Rettung.[194] Im Mai 2013 folgte in Kiruna, Schweden, der Abschluss eines Abkommens über die Vermeidung von und Reaktion auf Ölverschmutzungen.[195] Zwar bot der Arktische Rat nur einen Rahmen für den Abschluss der Abkommen, jedoch

189 Vision for the Arctic, 15.05.2013, http://www.arctic-council.org/index.php/en/docu ment-archive/category/425-main-documents-from-kiruna-ministerial-meeting# (13.07.2014), S. 3.

190 Vgl. *Molenaar,* Current and Prospective Roles of the Arctic Council System within the Law of the Sea, IJMCL 27 (2012), S. 553 (553), *VanderZwaag,* The Arctic Council at 15 Years: Ending Forward in a Sea of Governance Challenges, GYIL 54 (2011), S. 281 (307).

191 Nuuk Declaration on the occasion of the Seventh Ministerial Meeting of the Arctic Council, 12.05.2011, http://www.arctic-council.org/index.php/en/document-archi ve/category/5-declarations (13.07.2014), S. 2.

192 Presseinformation des Arktischen Rates: http://www.arctic-council.org/index.php/en/resources/news-and-press/news-archive/676-arctic-council-secretariat-in-tromso-opened-by-arctic-ministers (13.07.2014).

193 Zu diesen gehören die acht Arktis-Anrainerstaaten.

194 Agreement on Cooperation on Aeronautical and Maritime Search and Rescue, 12.05.2011, 50 ILM 1119.

195 Agreement on Cooperation on Marine Oil Pollution, Preparedness and Response in the Arctic, 15.05.2013, http://www.arctic-council.org/index.php/en/document-archive/category/425-main-documents-from-kiruna-ministerial-meeting (13.07.2014).

ist es durchaus als positive Entwicklung zu bewerten, wenn Treffen des Arktischen Rates den Abschluss neuer Übereinkommen hervorbringen.[196]

Auch wenn die Wandlung des Arktischen Rates in eine Internationale Organisation noch längst nicht bevorsteht, schafft er es doch, gerade wenn unter seiner Schirmherrschaft Abkommen abgeschlossen werden, dass die Anrainerstaaten zunehmend als eine Gemeinschaft von Staaten wahrgenommen werden. Die Bedeutung des Arktischen Rates für die Entwicklung des in der Arktis anzuwendenden Rechts und einer einheitlichen Arktispolitik steht somit außer Frage. Auch aus diesem Grund besteht wohl ein besonderes Interesse der EU an einer Mitwirkung im Arktischen Rat.

c) EU und der Arktische Rat

Bisher ist die EU als solche nicht im Arktischen Rat vertreten. Im Gegensatz zu Deutschland kommt ihr auch kein ständiger, sondern lediglich ein ad-hoc-Beobachterstatus zu.[197] Die Kommission erklärt in ihrem Strategiepapier aus dem Jahre 2008, Ziel der Arktispolitik der EU sei die Verbesserung der Beiträge für den Arktischen Rat entsprechend der Rolle und dem Potential der damaligen Gemeinschaft, zunächst über einen ständigen Beobachterstatus im Arktischen Rat.[198] Mit diesem Status verbunden sind bestimmte Rechte, wie das Rederecht vor dem Rat nach Ermessen des Vorsitzenden[199] oder im Rahmen der Arbeitsgruppen.[200] Ferner werden ständige Beobachter zu allen Sitzungen geladen.[201] Im Dezember 2008

196 So wohl auch zu verstehen *Molenaar*, Current and Prospective Roles of the Arctic Council System within the Law of the Sea, IJMCL 27 (2012), S. 553 (554).

197 *EEA*, Arctic Environment: European Perspective, 2004, S. 53; *Schymik*, Grönland und Dänemark – Schlüsselländer der EU in der Arktis, in: Rill (Hrsg.), Die Arktis, 2010, S. 69 (70).

198 Mitteilung der Kommission an das Europäische Parlament und den Rat – Die Europäische Union und die Arktis, 21.11.2008, KOM (2008) 763 endgültig, S. 12, para. 4.

199 Para. 38 Arctic Council Rules of Procedure, 17./18.09.1998, revised by the Arctic Council at the Eighth Arctic Council Ministerial Meeting, 15.05.2013, http://www.arctic-council.org/index.php/en/document-archive/category/425-main-documents-from-kiruna-ministerial-meeting# (13.07.2014).

200 Vgl. http://www.arctic-council.org/index.php/en/about-us/arctic-council/observers (13.07.2014).

201 Para. 37 Arctic Council Rules of Procedure, 17./18.09.1998.

stellte die Kommission im Namen der EU einen Antrag auf Zuweisung des Status eines ständigen Beobachters.[202] Diese erfolgt gemäß Art. 36 in Verbindung mit Annex 2 der Arctic Council Rules of Procedure. Zwar müssen danach Bewerber für den Beobachterstatus bestimmte Voraussetzungen erfüllen,[203] im Ergebnis entscheiden jedoch die „Arctic Eight" im Konsens, wer als Beobachter akzeptiert wird.[204]

Der Antrag der EU wurde bislang insbesondere mit Verweis auf die Handelsbeschränkungen für Robbenprodukte der EU blockiert.[205] Aber auch die Haltung der EU betreffend den Walfang sorgte im Arktischen Rat eher für eine ablehnende Haltung dem Antrag der EU gegenüber.[206] Im Mai 2011 wurden zwar die Zulassungskriterien für Beobachter angenommen,[207] einen Beobachterstatus hat die EU bisher jedoch nicht.[208] Auf der Minis-

---

202 Kommission und Hohe Vertreterin der EU für Außen- und Sicherheitspolitik, Gemeinsame Mitteilung an das Europäische Parlament und den Rat vom 26.06.2012, Entwicklung einer Politik der Europäischen Union in der Arktis: Fortschritte seit 2005 und nächste Schritte, JOIN(2012) 19 final, Teil 1, S. 12, para. 2.

203 Diese Voraussetzungen wurden im Mai 2011 auf der Konferenz in Nuuk vom Arktischen Rat als Grundlage der Verleihung des Beobachterstaus anerkannt, vgl. Nuuk Declaration on the occasion of the Seventh Ministerial Meeting of the Arctic Council. Dabei beziehen die Minister sich auf einen Bericht der „Senior Arctic Officials" (eine Gruppe von hochrangigen Funktionären, die die Arbeit des Arktischen Rates zwischen den Treffen leiten), in dem die Kriterien aufgelistet wurden, vgl. Senior Arctic Officials Report to Ministers, Nuuk, Greenland, May 2011, http://arctic-council.npolar.no/accms/export/sites/default/en/meetings/2011-nuuk-ministerial/docs/SAO_Report_to_Ministers_-_Nuuk_Ministerial_Meeting_May_2011.pdf (13.07.2014), S. 50. Eine genauere Betrachtung dieser Kriterien erfolgt bei *Molenaar*, Current and Prospective Roles of the Arctic Council System within the Law of the Sea, IJMCL 27 (2012), S. 553 (584ff.).

204 Generell trifft der Arktische Rat seine Entscheidung durch Konsens der Mitgliedstaaten, para. 7 Arctic Council Rules of Procedure.

205 *Humrich*, Ressourcenkonflikt, Recht und Regieren in der Arktis, APuZ 2011, Nr. 5–6, S. 6 (13); *Schymik*, Grönland und Dänemark – Schlüsselländer der EU in der Arktis, in: Rill (Hrsg.), Die Arktis, 2010, S. 69 (70), dort Fußnote 1; *Bjarnason*, Island – Ein widerspenstiger EU-Beitrittskandidat, KAS Auslandsinformationen 5/2012, S. 35 (55).

206 *Molenaar*, Current and Prospective Roles of the Arctic Council System within the Law of the Sea, IJMCL 27 (2012), S. 553 (580).

207 Kommission und Hohe Vertreterin der EU für Außen- und Sicherheitspolitik, Gemeinsame Mitteilung an das Europäische Parlament und den Rat vom 26.06.2012, Entwicklung einer Politik der Europäischen Union in der Arktis: Fortschritte seit 2005 und nächste Schritte, JOIN(2012) 19 final, Teil 1, S. 12. Para. 3.

208 Vgl. dazu zuletzt Kiruna Declaration, On the occasion of the Eighth Ministerial Meeting of the Arctic Council, 15.05.2013, S. 6.

terkonferenz des Arktischen Rates im Mai 2013 war kein Konsens zu dieser Frage zu erreichen, allerdings scheint eine Zuweisung dieses Status zunehmend möglich.[209] In diesen Zusammenhang zeigt sich deutlich, dass gerade in der Arktis, wo acht Staaten und indigene Völker mit wirtschaftlichen, aber auch kulturellen Bedürfnissen ihre Interessen vertreten, politische Kooperation mit Zugeständnissen verbunden sein muss.

Obwohl der EU zwar kein Beobachterstatus zukommt, findet eine Zusammenarbeit der EU mit dem Arktischen Rat auch heute schon statt. An den Sitzungen der Arbeitsgruppen haben die Dienststellen der Kommission, der Europäische Auswärtige Dienst und EU-Agenturen schon aktiv teilgenommen.[210] Auch das „Arctic Footprint and Policy Assessment Project" greift auf Erkenntnisse des Arktischen Rates zurück, um die wissenschaftlichen Daten zu erlangen, die für die dort vorgenommene Arbeit benötigt werden.[211] Ein vergleichbares Forum zum Austausch von Daten und auch für weitere Kooperationsfelder können auch einige andere Zusammenschlüsse innerhalb der Arktis bieten.

3. Der Barents-Euro-Arktische Rat

Als zweitwichtigstes Kooperationsforum in der Arktis ist der Barents-Euro-Arktische Rat (BEAR)[212] zu nennen. Dieser im Jahr 1993 in Kirkenes (Norwegen) durch Island, Schweden, Finnland, Dänemark, die Europäische Kommission und Russland gegründete Rat hat das Ziel, die Zusammenarbeit der Staaten und der EU in sozialer, kultureller und wirtschaftlicher Hinsicht sowie in Bezug auf Umweltbelange in der Barents Region[213] zu stärken.[214] Ein Auslöser zur Gründung des BEAR war sicherlich, Russland

209 Kiruna Declaration, On the occasion of the Eighth Ministerial Meeting of the Arctic Council, 15.05.2013, S. 6.

210 Kommission und Hohe Vertreterin der EU für Außen- und Sicherheitspolitik, Gemeinsame Mitteilung an das Europäische Parlament und den Rat vom 26.06.2012, Entwicklung einer Politik der Europäischen Union in der Arktis: Fortschritte seit 2005 und nächste Schritte, JOIN(2012) 19 final, Teil 1, S. 11 f., para. 3.

211 http://arctic-footprint.eu/(01.06.2014).

212 Der BEAR ist ein Kooperationsforum wie der Arktische Rat und keine Internationale Organisation.

213 Diese Region umfasst die nördlichen Gebiete Finnlands, Schwedens und Norwegens, sowie den äußersten Nordwesten Russlands.

214 Kirkenes Declaration, 11.01.1993, http://www.barentsinfo.fi/beac/docs/459_doc_KirkenesDeclaration.pdf (13.07.2014), S. 2; *Hasanat*, Cooperation in the Barents

nach dem Zusammenbruch der Sowjetunion in multilaterale Strukturen einzubinden.[215]

Neben den wirtschaftlichen Aspekten, denen der BEAR sich widmet, werden auch seit seiner Gründung Umweltschutzbelange berücksichtigt. Im Jahre 1994 trafen sich die Umweltminister der BEAR-Mitglieder erstmals in Bodø (Norwegen). Damit war der erste Schritt zu einer Kooperation auf dem Umweltsektor getan,[216] die fünf Jahre später zur Gründung der Umwelt-Arbeitsgruppe des BEAR führte.[217] Sie hat die Aufgabe, die Zusammenarbeit im Umweltsektor zu koordinieren. So arbeitet sie an Monitoring-Konzepten oder auch Partnerschaften mit anderen Räten oder Gruppen, wie zum Beispiel dem AMAP.[218] Die Arbeitsgruppe hat wiederum einige Untergruppen geschaffen, darunter die Gruppe zum Schutz der Natur, deren Aufgabe es ist, ein Netzwerk von Schutzgebieten in der Barentsregion zu entwickeln, das „Barents Protected Area Network" (BPAN).[219] BPAN bezieht sich insbesondere auf Gebiete an Land,[220] die von in großen Teilen unberührten Wäldern gekennzeichnet sind. Das von BPAN zu schaffende Netzwerk an Schutzgebieten soll die Ökosysteme erhalten und so die biologische Vielfalt in der arktischen Region schützen. In diesem Sinne sammelt BPAN Informationen über bestehende und geplante Schutzgebiete, die dann den Staaten als Entscheidungshilfe bei der Planung verschiedener Projekte zur Verfügung gestellt werden können.[221] Von Informationen über das Ökosystem kann die EU jeder Zeit profitieren. Aber auch für BPAN ist die Mitgliedschaft der EU von Bedeutung, da BPAN die EU-Schutzgebiete, das „Netz Natura 2000"[222], die für

Euro-Arctic Region in the Light of International Law, YPL 2 (2010), S. 279, (279).

215 Vgl. *Kozyrev*, Cooperation in the Barents Euro-Arctic Region, in: Schram Strokke/Tunander (Hrsg.), The Barents Region, 1994, S. 25 (26).

216 Vgl. *Hasanat*, Cooperation in the Barents Euro-Arctic Region in the Light of International Law, YPL 2 (2010), S. 279, (288).

217 Para. 9 Declaration of the Barents-Euro-Arctic Council Fourth Meeting of Environment Ministers, Umeå, 10.–11. Juni 1999, http://www.unep.org/dewa/giwa/areas/barenv99.htm#anchor2073545 (13.07.2014).

218 Para. 9 Declaration of the Barents-Euro-Arctic Council Fourth Meeting of Environment Ministers.

219 Vgl. Information von BEAR, http://www.beac.st/?DeptID=8555 (13.07.2014).

220 Vgl. Information von BPAN, http://www.bpan.fi/en/bpan-network/(13.07.2014).

221 Information von BPAN, http://www.bpan.fi/en/bpan-network/(13.07.2014).

222 Das „Netz Natura 2000" soll ein europäisches ökologisches Netz besonderer Schutzgebiete darstellen, vgl. Art. 3 Abs. 1 Richtlinie 92/43/EWG des Rates vom 21.

das nördliche Finnland und Schweden bestehen,[223] in seine Betrachtungen einbeziehen kann.

Es wird deutlich, dass der BEAR ein Forum zum Austausch von Informationen und damit zur Zusammenarbeit ist. Der BEAR ist insofern mit dem Arktischen Rat vergleichbar, als dass er keinerlei rechtlich bindende Beschlüsse erlassen kann,[224] sondern nur die verschiedenen Bestrebungen seiner Mitglieder koordiniert. Neben diesem Umstand ist ebenfalls die Entwicklung, die BEAR und Arktischer Rat durchmachen, ähnlich. Auch der BEAR scheint sich zu einem Recht formenden Forum zu entwickeln. Am 11. Dezember 2008 wurde in Moskau im Rahmen des BEAR ein Übereinkommen über Notfallprävention, -vorbereitung und -abwehr in der Barentssee-Region unterzeichnet.[225] Nachdem Schweden, Norwegen, Russland und Finnland das Abkommen ratifiziert haben, konnte dieses am 17. Mai 2012 in Kraft treten.[226]

4. Politik der nördlichen Dimension

Bei der Politik der nördlichen Dimension der EU handelt es sich um eine gemeinsame Politik der EU mit Island, Norwegen und Russland.[227] Bereits im Jahre 1999 erfolgte dieser Zusammenschluss mit dem Ziel, einen gemeinsamen Rahmen zu schaffen, um den Dialog sowie konkrete Maßnahmen zwischen den Partnern der Politik der nördlichen Dimension zu

Mai 1992 zur Erhaltung der natürlichen Lebensräume sowie der wildlebenden Tiere und Pflanzen (Flora-Fauna-Habitat-Richtlinie, FFH-RL), ABl. EG L 206 vom 22.07.1992, S. 7, zuletzt geändert durch Richtlinie 2013/17/EU des Rates vom 13. Mai 2013 zur Anpassung bestimmter Richtlinien im Bereich Umwelt aufgrund des Beitritts der Republik Kroatien, ABl. EU L 158 vom 10.06.2013, S. 193.

223 http://natura2000.eea.europa.eu/# (13.07.2014).

224 Vgl. *Hasanat*, Cooperation in the Barents Euro-Arctic Region in the Light of International Law, YPL 2 (2010), S. 279, (279).

225 Agreement between the Governments in the Barents Euroarctic Region on Cooperation within the fields of emergency prevention, preparedness and response, 11.12.2008, http://www.barentsinfo.fi/beac/docs/Agreement_Emergency_Prevention_Preparedness_and_Response_English.pdf (13.07.2014).

226 http://www.beac.st/in-English/Barents-Euro-Arctic-Council/Working-Groups/BEAC-Working-Groups/Rescue-Cooperation (13.07.2014).

227 Kommission und Hohe Vertreterin der EU für Außen- und Sicherheitspolitik, Gemeinsame Mitteilung an das Europäische Parlament und den Rat vom 26.06.2012, Entwicklung einer Politik der Europäischen Union in der Arktis: Fortschritte seit 2005 und nächste Schritte, JOIN(2012) 19 final, Teil 2, S. 19, para. 3.

ermöglichen, um wirtschaftliche Kooperation, Integration und nachhaltige Entwicklung voran treiben zu können.[228] Die Politik der nördlichen Dimension ist *ratione loci* beschränkt. Der räumliche Anwendungsbereich umfasst den europäischen Teil der Arktis bis zu den südlichen Küsten der Ostsee. Die östliche Grenze bildet der Nordwesten Russlands, die westliche Grenze Island und Grönland.[229]

Im November 2006 wurde in Helsinki die überarbeitete Politik der nördlichen Dimension besprochen. Das Ergebnis war die Verabschiedung eines Rahmendokuments, das die wesentlichen Züge der Politik festhält.[230] An dieser neuen Ausrichtung sind über die Partner hinaus weitere Akteure beteiligt, darunter der BEAR oder der Arktische Rat.[231] Dieser Umstand führt dazu, dass die Politik der nördlichen Dimension stärker in der Arktis vorkommende Interessen und Entwicklungen einbeziehen kann.

Die Politik der nördlichen Dimension hat seit dem Jahre 2006 einige Politikbereiche mit Priorität geschaffen.[232] Solche Politikbereiche beziehen sich auf die Umwelt, die nukleare Sicherheit oder die natürlichen Ressourcen.[233] In diesem Zusammenhang wurde die Northern Dimension Environmental Partnership gegründet, um die Zusammenarbeit auf dem Umweltsektor besser vorantreiben zu können.[234]

Besonders bedeutsam für einen Erfolg der gemeinsamen Strategie für die nördlichen Gebiete Europas ist der Informationsfluss zwischen den Partnern.[235] Aus diesem Grund wurde im Jahre 2010 das „Northern Dimension Information System" in Betrieb genommen, das den Partnern ermöglichen soll, ohne große Umstände Informationen über Aktivitäten in den Prioritätsbereichen zu erlangen.[236] Bisher enthält dieses eine Auflistung darüber, welcher Partner welche Projekte durchführt und hält dazu Informationen bereit.

228 http://eeas.europa.eu/north_dim/index_en.htm (13.07.2014).

229 Northern Dimension Policy Framework Document, 24.11.2006, S. 1, para. 1, http://eeas.europa.eu/north_dim/docs/frame_pol_1106_en.pdf (13.07.2014).

230 Political Declaration on the Northern Dimension Policy, 24.11.2006, http://eeas.europa.eu/north_dim/docs/pol_dec_1106_en.pdf (13.07.2014), S. 2.

231 Northern Dimension Policy Framework Document, 24.11.2006, S. 2, para. 6.

232 Northern Dimension Policy Framework Document, 24.11.2006, S. 5, para. 19.

233 Northern Dimension Policy Framework Document, 24.11.2006, S. 5, para. 19

234 http://eeas.europa.eu/north_dim/index_en.htm (13.07.2014).

235 Northern Dimension Policy Framework Document, 24.11.2006, S. 7, para. 28.

236 http://eeas.europa.eu/north_dim/nis/2010/index_en.htm (13.07.2014).

5. Conference of Arctic Parliamentarians

In ein Konzept internationaler Kooperation ist die EU auch über die *Conference of Parliamentarians of the Arctic* Region (CPAR) einbezogen. Diese Konferenz, auf der die nationalen Parlamente der „Arctic Eight" und das Europäische Parlament zusammenkommen, wird alle zwei Jahre abgehalten, erstmalig im Jahr 1993.[237]

Zwischen den Konferenzen lenkt das Standing Committee of Parliamentarians of the Arctic Region (SCPAR) die Arbeiten. Das bedeutet, dass das Komitee die verschiedenen Themen, die Gegenstand der Konferenzen sind, vorbereitet und überwacht.[238] Gegründet wurde dieses Komitee im Jahre 1996. Aufgabe war ursprünglich, die Gründung des Arktischen Rates voranzutreiben.[239] Auch heute noch unterstützt SCPAR die Arbeit des Arktischen Rates[240] und hat einen Beobachterstatus inne.[241]

6. Weitere Beteiligungen der EU

Neben einer Vielzahl von Programmen, mit denen die EU die indigene und lokale Bevölkerung der Arktis finanziell unterstützt,[242] gibt es noch weitere Kooperationsforen, an denen sich die EU beteiligt. Insbesondere im Bereich der Erforschung der Besonderheiten des arktischen Naturraumes ist die EU zu einem bedeutenden Akteur geworden.[243] Wichtig in diesem Zusammenhang war die Beteiligung der EU an dem vom International Council for Science[244] ausgerufenen „International Polar Year"

237 http://www.arcticparl.org/about.aspx (13.07.2014).

238 Informationen der finnischen Delegation, http://web.eduskunta.fi/Resource.phx/parliament/internationalorgans/finnishdelegationtotheconferenceofparliamentariansofthearcticregion.htx (13.07.2014)

239 http://www.arcticparl.org/committee.aspx (13.07.2014).

240 http://www.arcticparl.org/committee.aspx (13.07.2014).

241 http://www.arctic-council.org/index.php/en/about-us/arctic-council/observers (13.07.2014).

242 So zum Beispiel das Botnia-Atlantica-Programm (34,4 Millionen Euro), www.botnia-atlantica.eu (13.07.2014); Programm für die nördlichen Randgebiete (35 Millionen Euro), www.northernperiphery.eu/en/projects/main (13.07.2014).

243 *Kailis*, Towards the Adoption of an Integrated Approach to the Governance of the Arctic Ocean: The European Perspective, Ocean Yearbook 24 (2010), S. 445 (469).

244 Eine Nichtregierungsorganisation, die auf internationaler Ebene wissenschaftliche Untersuchungen und Ergebnisse verbessern will, vgl. http://www.icsu.org/ (13.07.2014).

(IPY). Im Rahmen des IPY, das von März 2007 bis März 2008 stattfand, untersuchten Wissenschaftler aus 60 Nationen gemeinsam die Polargebiete der Erde.[245] Über 200 Forschungsprojekte im Bereich der Physik, der Biologie, aber auch solche mit sozialen Aspekten wurden im Rahmen des IPY ins Leben gerufen.[246] Die EU leistete dazu einen Beitrag, indem sie unter Anderem das Projekte „Developing Arctic Modeling and Observing Capabilities for Long-term Environmental Studies" (DAMOCLES), ein Monitoring und Forecast System, das zu einem besseren Verständnis der klimatischen Änderungen in der Arktis beitragen soll,[247] finanzierte.[248]

Auch die Arbeiten zahlreicher weiterer Organisationen und Kooperationsforen, an denen sich die EU beteiligt, tangieren die Arktis und deren Umwelt. Zu denken ist hier an die vielen Fischereiorganisationen[249] oder die Food and Agriculture Organization (FAO).[250]

II. Arktische Umweltpolitik der EU

Primär hervorgerufen durch sicherheitspolitische Interessen erfolgte im November 2008 durch eine Mitteilung der Kommission an das Europäische Parlament und den Rat erstmals eine offizielle Stellungnahme der EU zur Arktispolitik.[251] Zwischen der EU und der Arktis bestehe aufgrund

245 Information der Hompage des deutschen Beitrags zum IPY, http://www.polarjahr.de/Internationales-Polarjahr.19+M5bd52968522.0.html (13.07.2014).

246 *Leary*, Looking beyond the International Polar Year: What are the Emerging and Re-emerging Issues in International Law and Policy in the Polar Regions?, YPL 1 (2009), S. 1 (3).

247 *Gascard*, From the DAMOCLES to ACCESS Projects, in: Wasum-Rainer/Winkelmann/Tiroch (Hrsg), Arctic Sience, International Law and Climate Change, 2012, S. 261 (263).

248 Finanziert von der EU durch das 6. Rahmenforschungsprogramm, http://www.damocles-eu.org/(13.07.2014).

249 Auf diese wird an späterer Stelle genauer einzugehen sein.

250 Die FAO ist die Ernährungs- und Landwirtschaftsorganisation der Vereinten Nationen, vgl. Protocol concerning the entry into force of the Agreement between the United Nations and the Food and Agriculture Organization of the United Nations, 03.02.1947, 1 UNTS 208. Aufgabe der FAO ist, die Produktion und die Verteilung von landwirtschaftlichen Produkten sowie Nahrungsmitteln weltweit zu verbessern. Dadurch soll unter Anderem der Lebensstandard sowie die Standards der Lebensmittelsicherheit verbessert werden. Für weitere Informationen vgl. http://www.fao.org/index_en.htm (13.07.2014).

251 Mitteilung der Kommission an das Europäische Parlament und den Rat – Die Europäische Union und die Arktis, 21.11.2008, KOM (2008) 763 endgültig.

historischer, geographischer und wirtschaftlicher Gegebenheiten ein sehr enges Verhältnis; ein Schwerpunkt der Politik der nördlichen Dimension[252] seien die europäischen Gebiete der Arktis.[253] In dieser Mitteilung erkennt die Kommission, dass sich die Politik der EU in den Bereichen des Umweltschutzes auch auf die Arktis auswirkt und spricht in diesem Zusammenhang von einem „ökologischen Fußabdruck".[254] Daher formuliert sie als Hauptziele dieser Politik, einen „Beitrag zur multilateralen Governance" zu leisten sowie „nachhaltige Ressourcennutzung" und den „Schutz und die Erhaltung der Arktis im Einvernehmen mit der einheimischen Bevölkerung" voranzutreiben.[255] Die Kommission schlug vor, die multilateralen Umweltübereinkommen zur Bewältigung der Umweltproblematik auf ihre Wirksamkeit zu prüfen.[256] Europarecht dahingehend zu untersuchen und gegebenenfalls zu überarbeiten, war jedoch nicht angedacht.

Schon im Dezember 2008 erklärte der Rat als Reaktion auf die Mitteilung der Kommission, dass die Arktispolitik der EU darauf gerichtet sein solle, im Zuge internationaler Zusammenarbeit die einzigartigen Charakteristika der Arktis, insbesondere in Bezug auf die Empfindlichkeit der Ökosysteme und deren Artenvielfalt zu bewahren.[257] Dabei erkenne er die Bedeutung der Arktis für das Weltklima an und sehe die Notwendigkeit, dass die EU sich innerhalb von Völkervertragswerken engagiere.[258]

Konkretere Überlegungen zum Umweltschutz in der Arktis lassen sich erst der Entschließung des Europäischen Parlaments vom 20. Januar

252 Gemeinsame Politik der EU, Islands, Norwegens und Russlands mit dem Ziel der Förderung von Stabilität, Wohlstand und Nachhaltiger Entwicklung.

253 Mitteilung der Kommission an das Europäische Parlament und den Rat – Die Europäische Union und die Arktis, 21.11.2008, KOM (2008) 763 endgültig, S. 2, para 1.

254 Mitteilung der Kommission an das Europäische Parlament und den Rat – Die Europäische Union und die Arktis, 21.11.2008, KOM (2008) 763 endgültig, S. 2 ff., para 1 ff.

255 Mitteilung der Kommission an das Europäische Parlament und den Rat – Die Europäische Union und die Arktis, 21.11.2008, KOM (2008) 763 endgültig, S. 3, para. 1.

256 Mitteilung der Kommission an das Europäische Parlament und den Rat – Die Europäische Union und die Arktis, 21.11.2008, KOM (2008) 763 endgültig, S. 4, para. 2.1.

257 Council Conclusion, 2985th Foreign Affairs Council Meeting, 08.12.2009, Einleitung, S. 1.

258 Council Conclusion, 2985th Foreign Affairs Council Meeting, 08.12.2009, S. 2, para. 1.

2011 zu einer nachhaltigen Politik im hohen Norden entnehmen.[259] Dabei verdeutlicht das Europäische Parlament ebenfalls die Gefahren für die arktische Umwelt durch nichtvorhersehbare Folgen des Schmelzens des Meereises sowie des Potenzials der Ausbeutung lebender und nichtlebender Ressourcen.[260] Parallel wird aber auch das Interesse an den neuen Möglichkeiten der Ressourcennutzung betont.[261] Auch Maßnahmen zum Umweltschutz werden erstmals konkreter gefordert. So wird das dringende Bedürfnis erkannt, im Rahmen der Forschung international zusammen zu arbeiten, um die wissenschaftliche Grundlage für einen geeigneten Umweltschutz zu erlangen.[262]

Auch in Bezug auf rechtliche Instrumentarien lassen sich in der Entschließung des Europäischen Parlaments aus dem Jahre 2011 weiterführende Ansätze finden. So fordert das Europäische Parlament von der Kommission bei der Aushandlung bilateraler Abkommen die Berücksichtigung von Bedürfnissen des arktischen Ökosystems.[263] Erstmals wird auch ausdrücklich auf Sekundärrecht verwiesen, um den Schutz des arktischen Ökosystems fördern zu können. So betont das Europäische Parlament, dass die Umweltverträglichkeitsprüfung (UVP)[264] und die Strategische Umweltprüfung (SUP)[265] Instrumente seien, die zur Folgenabschätzung

259 Entschließung des Europäischen Parlaments vom 20.01.2011 zu einer Nachhaltigen EU-Politik für den hohen Norden, ABl. EU C 136/E vom 11.05.2011, S. 71.

260 Entschließung des Europäischen Parlaments vom 20.01.2011 zu einer Nachhaltigen EU-Politik für den hohen Norden, ABl. EU C 136/E vom 11.05.2011, S. 71, lit. M.

261 Entschließung des Europäischen Parlaments vom 20.01.2011 zu einer Nachhaltigen EU-Politik für den hohen Norden, ABl. EU C 136/E vom 11.05.2011, S. 71, lit. I und J.

262 Entschließung des Europäischen Parlaments vom 20.01.2011 zu einer Nachhaltigen EU-Politik für den hohen Norden, ABl. EU C 136/E vom 11.05.2011, S. 71, para. 58, 59.

263 Entschließung des Europäischen Parlaments vom 20.01.2011 zu einer Nachhaltigen EU-Politik für den hohen Norden, ABl. EU C 136/E vom 11.05.2011, S. 71, para. 57.

264 Damals Richtlinie 85/337/EWG des Rates vom 27. Juni 1985 über die Umweltverträglichkeitsprüfung bei bestimmten öffentlichen und privaten Projekten, ABl. EG L 175 vom 05.07.1985, S. 40. Diese ist aufgehoben worden durch die Richtlinie 2011/92/EU des Europäischen Parlaments und des Rates vom 13. Dezember 2011 über die Umweltverträglichkeitsprüfung bei bestimmten öffentlichen und privaten Projekten, ABl. EU L 26 vom 28.01.2012, S. 1.

265 Richtlinie 2001/42/EG des Europäischen Parlaments und des Rates vom 27. Juni 2001 über die Prüfung der Umweltauswirkungen bestimmter Pläne und Programme, ABl. EG L 197 vom 21.07.2001, S. 30.

von Programmen in der Arktis angewandt werden sollten.[266] Ob dies unbedingt zur Anwendung von Sekundärrecht in der Arktis führen muss oder hier nur auf ein vergleichbares System verwiesen wird, ist dabei nicht deutlich gemacht.

Im Jahre 2012 bestätigte die EU ihr Interesse an der Entwicklung einer Politik in der Arktis mit einer Mitteilung der Kommission und der Hohen Vertreterin der EU für Außen- und Sicherheitspolitik.[267] Diese Mitteilung führte dazu, dass seit Juli 2012 die Arktispolitik der EU unter dem Slogan „Wissen, Verantwortung und Engagement: die Arktispolitik der EU"[268] läuft. Die aktuelle EU-Politik ziele insbesondere darauf ab, stärker mit den arktischen Partnern zusammen zu arbeiten, um ein besseres Verständnis ihrer Anliegen zu erlangen und gemeinsame Herausforderungen auf partnerschaftliche Weise anzugehen.[269] So solle die EU ihren eingeschlagenen politischen Kurs präzisieren können und gleichzeitig dafür sorgen, dass der künftige Beitrag der EU in der Arktis von allen beteiligten Akteuren unterstützt werde.[270] Hilfreich werde eine Intensivierung der Zusammenarbeit auch sein, um Ziele, wie den Aufbau einer Forschungsinfrastruktur[271] oder der Schaffung eines Umweltinformationsplattform[272] zu erreichen.

266 Entschließung des Europäischen Parlaments vom 20.01.2011 zu einer Nachhaltigen EU-Politik für den hohen Norden, ABl. EU C 136/E vom 11.05.2011, S. 71, para. 16.

267 Kommission und Hohe Vertreterin der EU für Außen- und Sicherheitspolitik, Gemeinsame Mitteilung an das Europäische Parlament und den Rat vom 26.06.2012, Entwicklung einer Politik der Europäischen Union in der Arktis: Fortschritte seit 2005 und nächste Schritte, JOIN(2012) 19 final.

268 Vgl. Pressemitteilung IP/12/739 vom 03.07.2012, http://europa.eu/rapid/pressReleasesAction.do?reference=IP/12/739&format=HTML&aged=0&language=DE&guiLanguage=en (13.07.2014).

269 Kommission und Hohe Vertreterin der EU für Außen- und Sicherheitspolitik, Gemeinsame Mitteilung an das Europäische Parlament und den Rat vom 26.06.2012, JOIN(2012) 19 final, Zusammenfassung, S. 3.

270 Kommission und Hohe Vertreterin der EU für Außen- und Sicherheitspolitik, Gemeinsame Mitteilung an das Europäische Parlament und den Rat vom 26.06.2012, JOIN(2012) 19 final, Zusammenfassung, S. 5.

271 Kommission und Hohe Vertreterin der EU für Außen- und Sicherheitspolitik, Gemeinsame Mitteilung an das Europäische Parlament und den Rat vom 26.06.2012, JOIN(2012) 19 final, Teil 1, S. 7, para. 1.2.

272 Kommission und Hohe Vertreterin der EU für Außen- und Sicherheitspolitik, Gemeinsame Mitteilung an das Europäische Parlament und den Rat vom 26.06.2012, Entwicklung einer Politik der Europäischen Union in der Arktis: Fortschritte seit 2005 und nächste Schritte, JOIN(2012) 19 final, Teil 1, S. 8, para. 2.3.

In dieser Mitteilung wird in Bezug auf die vergangenen und zukünftigen Bestrebungen der EU im Bereich Umweltschutz unter Anderem auf den Bericht des im Jahre 2010 von der Kommission ins Leben gerufenen[273] „EU Arctic Footprint and Policy Assessment Project" verwiesen.[274] Dieses verfolgt das Ziel, die Effektivität der Umweltpolitik der EU in Bezug auf die Arktis zu verbessern.[275] In dem im Jahr 2010 erschienenen Bericht identifiziert das Projekt sowohl Unionsabkommen als auch Sekundärrecht als wesentlich für die arktische Umweltpolitik der EU, insbesondere in Bezug auf den Schutz der arktischen biologischen Vielfalt.[276]

In der Entschließung des Europäischen Parlaments vom 12. März 2014 begrüßt das Parlament die Mitteilung der Kommission und der Hohen Vertreterin der EU für Außen- und Sicherheitspolitik und stellt erneut klar, dass ein Schwerpunkt der europäischen Arktispolitik neben sozioökonomischen auf umweltbezogenen Fragen liegen sollte.[277] Es wird Bezug auf die wirtschaftlichen Möglichkeiten, wie beispielsweise Fischerei, genommen[278] und bekräftigt, dass die Umweltprobleme besonderer Aufmerksamkeit bedürften, wobei explizit auf Sekundärrechtsakte der EU hingewiesen wird.[279]

Der Rat nahm im Mai 2014 Bezug auf die Mitteilung der Kommission und der Hohen Vertreterin der EU für Außen- und Sicherheitspolitik sowie die Entschließung des Europäischen Parlaments vom 12.März 2014 und bekräftigte erneut, dass die arktische Umweltpolitik auf Kooperation

273 Gegründet von der *Generaldirektion Umwelt* der Europäischen *Kommission*, service contract number 21040100/2009/552617/SER/E1.

274 Vgl. Kommission und Hohe Vertreterin der EU für Außen- und Sicherheitspolitik, Gemeinsame Mitteilung an das Europäische Parlament und den Rat vom 26.06.2012, Entwicklung einer Politik der Europäischen Union in der Arktis: Fortschritte seit 2005 und nächste Schritte, JOIN(2012) 19 final, S. 14.

275 http://www.arctic-footprint.eu/(13.07.2014).

276 EU Arctic Footprint and Policy Assessment, Final Report 2010, http://arctic-footprint.eu/sites/default/files/AFPA_Final_Report.pdf (13.07.2014), S. 9 f.

277 Entschließung des Europäischen Parlaments vom 12. März 2014 zu der EU-Strategie für die Arktis, 12.03.2013 (EU Doc. P7_TA-Prov(2014)0236), para. 2.

278 Entschließung des Europäischen Parlaments vom 12. März 2014 zu der EU-Strategie für die Arktis, 12.03.2013 (EU Doc. P7_TA-Prov(2014)0236), para. 4.

279 Entschließung des Europäischen Parlaments vom 12. März 2014 zu der EU-Strategie für die Arktis, 12.03.2013 (EU Doc. P7_TA-Prov(2014)0236), para. 15.

in Übereinstimmungen mit internationalem Recht, insbesondere dem SRÜ abzielen solle.[280]

Die Aufarbeitung der arktischen Umweltpolitik der EU zeigt, dass die EU über verschiedene Ansätze versucht, den Schutz der arktischen biologischen Vielfalt vor menschlichen Einflüssen zu erreichen. Den ersten Ansatz sieht die EU in der internationalen Zusammenarbeit. Diese ist zum einen von Bedeutung, da wirksam und sinnvoll Umweltschutz in der Arktis nur durch eine koordinierte Zusammenarbeit der dort agierenden Staaten erfolgen kann. Sie spielt für die EU ferner eine Rolle, wenn es darum geht, einen Überblick über die verschiedenen Interessen in und an der Arktis zu erhalten, denn nur mit deren Berücksichtigung ist zu erwarten, dass die EU dauerhaft ihren Einfluss in der Arktis stärken kann. Besonders wichtig ist diese Art der Zusammenarbeit auch, um die wissenschaftliche Grundlage zu schaffen, damit innerhalb der Arktis wirksamer Umweltschutz betrieben werden kann. Der Austausch von Erkenntnissen und Forschungsergebnissen bezüglich des bisher nur sehr rudimentär erforschten Gebietes Arktis ist in diesem Zusammenhang unerlässlich.

Der zweite Ansatz, über welchen sich die EU sich in Zukunft zum Schutz der arktischen biologischen Vielfalt einsetzen will, bildet die Anwendung von rechtlichen Mechanismen. Hier lassen sich seit dem Jahre 2008 zunehmend Tendenzen erkennen, sowohl Völkerrecht als auch Sekundärrecht heranzuziehen, um insbesondere menschliche Einflüsse auf das arktische Ökosystem zu mindern.

III. Anwendung von Unionsrecht in der Arktis

Die EU hat die Möglichkeit erkannt, über das Unionsrecht den Schutz der arktischen biologischen Vielfalt fördern zu können. Zum Unionsrecht gehören insbesondere Unionsabkommen der EU, sowie das primäre und sekundäre Unionsrecht.[281]

280 Council Conclusion on developing a European Union Policy towards the Arctic Region, 12.05.2014, S. 2, para. 2.

281 Vgl. *Borchardt*, Die rechtlichen Grundlagen der Europäischen Union, 2012, § 3, Rn. 81 ff.; Hinzu kommen Allgemeine Rechtsgrundsätze, Gewohnheitsrecht und Absprachen zwischen den Mitgliedstaaten, die jedoch im Rahmen dieser Arbeit keine größere Rolle spielen.

1. Unionsabkommen

Der Begriff „Unionsabkommen" umfasst alle völkerrechtlichen Verträge, deren Vertragspartei die EU ist. Diese Abkommen binden nur ihre Vertragsparteien und regeln meist selbst ihren Anwendungsbereich.

a) Multilaterale Unionsabkommen

Den größten Teil derartiger Verträge bilden multilaterale Unionsabkommen, deren Vertragspartei die EU ist. Diese sind von großer Bedeutung für den Schutz der arktischen biologischen Vielfalt, da sie über die staatliche Ebene hinaus die Umwelt zu schützen vermögen. Dabei enthalten die Unionsabkommen häufig Mindeststandards, die im Sekundärecht der EU umgesetzt und verschärft werden. Teilweise werden die multilateralen Unionsabkommen von soft-law Instrumenten beeinflusst. Wenn dies der Fall ist, werden auch diese rechtlich nicht verbindlichen völkerrechtlichen Mechanismen zu untersuchen sein.

b) Das Abkommen über den Europäischen Wirtschaftsraum

Der Schutz arktischer biologischen Vielfalt durch Unionsrecht kann auch durch die Verbindung der EU zu Island und Norwegen über das Abkommen über den Europäischen Wirtschaftsraum (EWRA)[282] beeinflusst werden. Über vertragliche Bestimmungen wird europäisches Sekundärrecht in das Recht des EWR einbezogen. Auf diesem Wege kann die EU ihre umweltrechtlichen Standards auf das Gebiet des EWRs ausdehnen. Mit Norwegen und Island soll nach Angaben der Kommission beispielsweise über die Einbeziehung der Meeresstrategierahmenrichtlinie[283] in das Recht des EWRs verhandelt worden.[284] Das EWR-Recht ist Völkerrecht,[285]

282 Abkommen über den Europäischen Wirtschaftsraum, 02.05.1992, *ABl. EG L 001 vom 03.01.1994, S. 3.* Vgl. *Koivurova*, Environmental Protection in the Arctic and Antarctic, in: Loukacheva (Hrsg.), Polar Law Textbook, 2010, S. 23 (28).

283 Richtlinie 2008/56/EG des Europäische Parlaments und des Rates vom 17. Juni 2008 zur Schaffung eines Ordnungsrahmens für Maßnahmen der Gemeinschaft im Bereich der Meeresumwelt, ABl. EU L 164 vom 25.06.2008, S. 19.

284 Mitteilung der Kommission an das Europäische Parlament und den Rat – Die Europäische Union und die Arktis, 21.11.2008, KOM (2008) 763 endgültig, S. 13, para. 4.

285 *Mech*, EWR und europäische Integration, 2007, S. 43.

das nach nationalen Regelungen in innerstaatliches Recht umgesetzt werden muss.

c) Bilaterale Unionsabkommen

Eine weitere Möglichkeit, den Schutz der arktischen biologischen Vielfalt auf völkerrechtlicher Ebene zu fördern, besteht über den Abschluss bilateraler Abkommen der EU.[286] Besonders das Verhältnis der EU zu Norwegen, den Färöer und Grönland[287] ist hier von Bedeutung.

2. Primär- und Sekundärrecht

Ein Beitrag der EU zum Schutz der arktischen biologischen Vielfalt kann in besonderem Maße über die Anwendung des „eigenen" Rechts der EU, des Primär- und Sekundärrechts, erfolgen. Dies gilt jedoch nur insoweit, als dass das Unionsrecht, unabhängig von den in den einzelnen Rechtsakten speziell festgelegten Anwendungsbereichen, auch prinzipiell anwendbar ist. Vor diesem Hintergrund stellt sich gerade im Bereich der Arktis die Frage, wie groß der Einflussbereich dieses Rechtsgebietes sein kann.

Mangels Staatsqualität verfügt die EU nicht selbst über Hoheitsrechte,[288] die zum Erlass bindenden Rechts berechtigen. Vielmehr knüpfen der Vertrag über die Europäische Union (EUV)[289] und der AEUV an die Hoheitsrechte der Mitgliedstaaten an.[290]

---

286 Vgl. Europäische Parlament und den Rat vom 26.06.2012, Entwicklung einer Politik der Europäischen Union in der Arktis: Fortschritte seit 2005 und nächste Schritte, JOIN(2012) 19 final, Teil 1, S. 12, para. 3.

287 Die Färöer und Grönland unterstehen zwar der Souveränität Dänemarks, sie sind jedoch nicht EU-Mitglieder.

288 *Ell/Heugel*, Geschützte Meeresflächen im Bereich der deutschen ausschließlichen Wirtschaftszone von Nord- und Ostsee, NuR 2007, S. 315 (317).

289 Vertrag über die Europäische Union (EUV), 07.02.1992, ABl. EG C 191, S. 1; i. d. F des Vertrags von Lissabon vom 13.12.2007 zur Änderung des Vertrags über die Europäische Union und des Vertrags zur Gründung der Europäischen Gemeinschaft, ABl. EU C 306 vom 17.12.2007, S. 1.

290 Vgl. *Ell/Heugel*, Geschützte Meeresflächen im Bereich der deutschen ausschließlichen Wirtschaftszone von Nord- und Ostsee, NuR 2007, 315 (317); *Jóhannsdóttir*, The European Union and the Arctic: Could Icelands's Accession to the EU Change the EU's Influence in the Arctic?, GYIL 54 (2011), S. 353 (376); vgl. auch *Markus*, Promotion and Management of Marine Fisheries in the European Community, in: Winter (Hrsg.), Towards Sustainable Fisheries Law, 2009, S. 253 (261).

In den terrestrischen Gebieten der Mitgliedstaaten findet das Unionsrecht damit zweifelsfrei Anwendung. Eine genauere Betrachtung erfordert jedoch die Beantwortung der Frage, inwiefern ein Einfluss des Unionsrechts auf die Meeresgebiete besteht. Da kein Mitgliedstaat der EU über arktische Küsten verfügt, spielt die Frage nach der Anwendbarkeit des Unionsrechts innerhalb der Küstengewässer und der AWZ keine große Rolle. Gleiches gilt auch für den Bereich des Festlandsockels. Das bedeutet jedoch nicht, dass das Europarecht nur für die vergleichsweise kleinen arktischen Landgebiete Finnlands und Schwedens von Bedeutung ist. Geschützt werden können auch die marinen Ressourcen, auf die der Zugriff nur über den Gebrauch von Schiffen möglich ist, da die Flaggenstaaten gemäß Art. 92 Abs. 1 SRÜ Hoheitsgewalt über ihre Schiffe ausüben. Die Voraussetzungen der Verleihung der Flagge werden von den Staaten selbst festgelegt.[291] Ausnahmen vom Prinzip der Flaggenhoheit können insbesondere durch Verträge vorgenommen werden. Beispielsweise können Fischereiorganisationen das Recht zur Kontrolle der Schiffe und deren Ladung haben.[292] Ferner ist überall dort, wo Rechte von Küstenstaaten bestehen, die Jurisdiktion der Flaggenstaaten begrenzt.[293] Das gilt insoweit, als dass das Recht des Küstenstaates strenger ist als das Recht des Flaggenstaates. Sollte hingegen das Flaggenstaatsrecht höhere Anforderungen an den Umweltschutz stellen als das Recht des Küstenstaates, bleibt dieses anwendbar.

Die EU als Internationale Organisation verfügt über keine eigene europäische Flagge.[294] Vielmehr können Schiffe unter der Flagge der jeweiligen Mitgliedstaaten der EU fahren. Da das Unionsrecht an deren Hoheitsrechte anknüpft,[295] unterliegen auch die unter der Flagge eines Mitgliedstaates der EU fahrenden Schiffe prinzipiell den Normen des

291 Art. 91 Abs. 1 S. 1 SRÜ.

292 Vgl. *König*, Flag of Ships, in: Wolfrum (Hrsg.), The Max Planck Encyclopedia of Public International Law, 2008, online edition www.mpepil.com, Stand April 2009, Rn. 30.

293 *König*, Flag of Ships, in: Wolfrum (Hrsg.), The Max Planck Encyclopedia of Public International Law, 2008, online edition www.mpepil.com, Stand April 2009, Rn. 43

294 *König*, Flag of Ships, in: Wolfrum (Hrsg.), The Max Planck Encyclopedia of Public International Law, 2008, online edition www.mpepil.com, Stand April 2009, Rn. 24.

295 *Ell/Heugel*, Geschützte Meeresflächen im Bereich der deutschen ausschließlichen Wirtschaftszone von Nord- und Ostsee, NuR 2007, 315 (317).

Europarechts.[296] Dies gilt auch für alle Besatzungsmitglieder, unabhängig von ihrer Nationalität.[297]

Ferner besteht eine Bindung der Unionsbürger an das Unionsrecht. Diese Bindung kann abhängig von dem gewählten Primär- oder Sekundärrechtsakt sowohl mittelbar über die Umsetzung der Mitgliedstaaten als auch unmittelbar erfolgen. Art. 20 Abs. 2 AEUV verdeutlicht die Einbeziehung der Bürger in das Unionsrecht, indem er ihnen Rechte und Pflichten auferlegt. Insofern sind nicht nur die Unionsorgane und Mitgliedstaaten, sondern auch natürliche und juristische Personen „Subjekte der Rechtsordnung“[298]der Union. Dabei ist auch hier die Bindung an das Unionsrecht von den Mitgliedstaaten aufgrund deren Personalhoheit abgeleitet.[299]

---

296 Vgl. *Wolff*, Erhaltung lebender Meeresressourcen im Lichte des Nachhaltigkeitsgrundsatzes: Völker- und Gemeinschaftrechtliche Voraussetzungen, ZUR 2003, S. 356 (360); *Vogel*, Die Außenfischereibeziehungen der Europäischen Gemeinschaft, 2009, S. 50.

297 *Vogel*, Die Außenfischereibeziehungen der Europäischen Gemeinschaft, 2009, S. 50.

298 *Bieber/Epiney/Haag*, Die Europäische Union, 2013, § 6 Rn. 53.

299 Vgl. Art. 20 Abs. 1 S. 2 AEUV. Die Personalhoheit bleibt auch dann bestehen, wenn sich ein Staatsangehöriger im Ausland aufhält, *Epping*, Der Staat als „Normalperson“ des Völkerrechts, in: Ipsen, Völkerrecht, 2014, § 5, Rn. 78.

Kapitel II

Die Regulierung der Nutzung arktischer lebender Ressourcen als Gegenstand völkerrechtlicher Unionsverpflichtungen

Über den Abschluss völkerrechtlicher Verträge kann die EU einen wichtigen Beitrag zum Erhalt der arktischen biologischen Vielfalt leisten. Auf Unionsebene entfalten diese die verschiedenen Abkommen Wirkung. An die Normen der Unionsabkommen sind neben der EU selber,[300] auch ihre 28 Mitgliedstaaten gebunden.[301] Darüber hinaus haben die völkerrechtlichen Verpflichtungen der EU einen erheblichen Einfluss auf das sekundäre Unionsrecht.

Ob und wie stark die Unionsabkommen tatsächlich den Schutz der arktischen biologischen Vielfalt fördern können, ist allerdings davon abhängig, ob und inwieweit der in dieser Arbeit im Fokus stehende Bedrohungsfaktor der Nutzung lebender arktischer Ressourcen Gegenstand der völkerrechtlichen Unionsverpflichtungen ist. Dieser Fragestellung widmet sich dieses Kapitel.

300 Art. 47 EUV stellt klar, dass die EU Rechtspersönlichkeit besitzt und Art. 216 verdeutlicht die Fähigkeit zum Abschluss völkerrechtlicher Verträge. Die EU ist Rechtsnachfolgerin der EG, womit die von der EG abgeschlossenen Verträge als Unionsabkommen zu werten sind, vgl. Art. 1 Abs. 3 EUV.

301 Vgl. Art. 216 Abs. 2 AEUV.

A. Primärrechtliche Grundlagen

I. Kompetenzen zum Abschluss von Unionsabkommen

In Übereinstimmung mit Art. 2 Abs. 6 AEUV enthält Art. 216 Abs. 1 AEUV den Kompetenztitel, der die EU zum Abschluss völkerrechtlicher Verträge berechtigt. Der als Internationale Organisation im völkerrechtlichen Rechtsverkehr agierenden EU ist der Abschluss von Abkommen nur im Rahmen der ihr von den Mitgliedstaaten übertragenen Kompetenzen zulässig.[302] Gemäß Art. 216 Abs. 1 AEUV kann sich diese Kompetenz der EU zum einen aus vertraglichen Ermächtigungen und zum anderen aus implizierten Kompetenzzuweisungen ergeben.[303] Letztere ermöglichen der EU den Abschluss von multilateralen und bilateralen völkerrechtlichen Verträgen nach Art. 216 Abs. 1 AEUV insbesondere dann, wenn dies zur Verwirklichung der Unionsziele erforderlich ist.[304]

Gerade dieser Kompetenztitel sorgt aufgrund seines Wortlauts jedoch für Schwierigkeiten. Art. 216 Abs. 1 2. Alt. AEUV soll die Rechtsprechung des EuGH im Rahmen des Kramer-Urteils[305] sowie des Gutachtens zum Stillegungsfonds[306] kodifizieren. Diese Rechtsprechung sah neben der Erforderlichkeit zur Verwirklichung der Unionsziele das Vorliegen einer Rechtssetzungskompetenz der damaligen Europäischen Gemeinschaft (EG) als Voraussetzung für die Begründung einer Außenkompetenz.[307] Art. 216 Abs. 1 2. Alt. AEUV nennt jedoch als Voraussetzung für die Begründung einer solchen Kompetenz gerade nicht die Parallelität von Innen- und Außenkompetenzen[308] und geht damit über die zu kodifizierende Rechtsprechung hinaus.[309]

---

302 Vgl. *Bieber/Epiney/Haag*, Die Europäische Union, 2013, § 33 Rn. 16.

303 Vgl. *Bieber/Epiney/Haag*, Die Europäische Union, 2013, § 33 Rn. 16; *Obwexer*, Die Vertragsschlusskompetenz und die vertragsschlussbefugten Organe der Europäischen Union, EuR 2012, Beiheft 2, S. 49 (51).

304 Art. 216 Abs. 1 2. Alt. AEUV.

305 EuGH Rs. C-3/76, *Kramer*, Slg. 1976, 1279.

306 EuGH Gutachten 1/76, *Stillegungsfond*, Slg. 1977, 741.

307 EuGH Rs. C-3/76, *Kramer*, Slg. 1976, 1279 Rn. 19/20 ff.; EuGH Gutachten 1/76, *Stillegungsfond*, Slg. 1977, 741 Rn. 4.

308 Parallelität von Innen- und Außenkompetenzen bedeutet, dass zur Begründung der Außenkompetenz der Union eine Rechtssetzungskompetenz der Union im Inneren bestehen muss, EuGH Rs. C-3/76, *Kramer*, Slg. 1976, 1279 Rn. 19/20 ff.; EuGH Gutachten 1/76, *Stillegungsfond*, Slg. 1977, 741 Rn. 4.

309 Vgl. *Mögele*, Art. 216 AEUV, in: Streinz (Hrsg.), EUV/AEUV, 2012, Rn. 30; *Schmalenbach*, Art. 216 AEUV, in: Callies/Ruffert (Hrsg.), EUV/AEUV, 2011, Rn. 12;

Gegen eine wörtliche Auslegung des Art. 216 Abs. 1 2. Alt. AEUV ist einzuwenden, dass diese zu Ausweitungen der Kompetenz der Union führen kann. Dieser Fall träte dann ein, wenn zwar mit einem Handeln der EU ein Unionsziel deutlich gefördert wird, es konkret jedoch keine Rechtssetzungskompetenz der Union gäbe. Dann könnte die Union zwar keine Sekundärrechtsakte erschaffen, jedoch über den Abschluss von Verträgen auf völkerrechtlicher Ebene eine Bindung der Mitgliedstaaten herbeiführen. Dieser Umstand widerspricht den elementaren Grundlagen der EU, insbesondere dem Grundsatz der begrenzten Einzelermächtigung des Art. 5 Abs. 1 S. 1 und Abs. 2 EUV.[310] Auch kann Art. 216 Abs. 1 2. Alt. AEUV nicht als Kompetenzergänzung im Sinne des Art. 352 AEUV verstanden werden, da für ein Tätigwerden der EU im Rahmen einer Kompetenzergänzung gemäß Art. 352 Abs. 1 S. 1 AEUV Einstimmigkeit im Rat erforderlich ist, im Rahmen eines Vertragsschlussverfahrens nach Art. 218 AEUV hingegen in der Regel eine qualifizierte Mehrheit im Rat ausreicht.[311] Neben diesen Gründen spricht auch die Entstehungsgeschichte des Art. 216 Abs. 1 2. Alt. AEUV, die eben durch die EuGH-Rechtsprechung geprägt ist, gegen eine weite Auslegung.[312] Damit kommt der Union dann eine Außenkompetenz zu, wenn dies zur Erreichung eines der Unionsziele erforderlich ist und eine Rechtssetzungskompetenz der Union vorliegt.

Eine Grundlage von Handlungen der Union im Bereich des Umweltschutzes lässt sich in den Art. 191, 192 AEUV vermuten. Zielobjekte der europäischen Umweltpolitik sind die Umweltmedien sowie alle Organismen.[313] Nicht nur hieraus, sondern auch durch Art. 191 Abs. 1 Spiegelstrich 3 AEUV, der als Ziel der europäischen Umweltpolitik „die umsichtige und rationelle Verwendung der natürlichen Ressourcen“ deklariert, lässt

Heuck, Die Außenkompetenzen der Europäischen Union nach dem Vertrag von Lissabon, Jura 2013, S. 199 (200).

310 Vgl. *Mögele*, Art. 216 AEUV, in: Streinz (Hrsg.), EUV/AEUV, 2012, Rn. 31; *Heuck*, Die Außenkompetenzen der Europäischen Union nach dem Vertrag von Lissabon, Jura 2013, S. 199 (200).

311 Vgl. Art. 218 Abs. 2 i. V. m. Abs. 8 UAbs. 1 AEUV; vgl. hierzu *Schmalenbach*, Art. 216 AEUV, in: Callies/Ruffert (Hrsg.), EUV/AEUV, 2011, Rn. 12.

312 Vgl. *Schmalenbach*, Art. 216 AEUV, in: Callies/Ruffert (Hrsg.), EUV/AEUV, 2011, Rn. 13.

313 *Proelß*, Meeresschutz im Völker- und Europarecht, 2004, S. 290; *Nettesheim*, Art. 191 AEUV, in: Grabitz/Hilf/Nettesheim (Hrsg.), Das Recht der Europäischen Union, 53. Ergänzungslieferung 2014, Rn. 53.

sich entnehmen, dass die Reglementierung der Ressourcennutzung in die Umweltpolitik der Union fällt.

Eine ausdrückliche Kompetenz der Union zum Abschluss völkerrechtlicher Verträge im Rahmen der Umweltpolitik enthält scheinbar Art. 191 Abs. 4 UAbs. 1 Satz 2 AEUV. Allerdings stellt dieser missverständlich formulierte Absatz lediglich eine Aufgabenzuweisung[314] bzw. eine „Handlungsformkompetenz",[315] nicht jedoch eine Kompetenznorm da. Dieses Verständnis stimmt auch mit dem Charakter des Art. 191 AEUV, der als Zielvorschrift der europäischen Umweltpolitik zu verstehen ist,[316] überein. Insofern muss sich die Außenkompetenz der Union auf Art. 216 Abs. 1 2. Alt. AEUV stützen.

Neben Art. 191 Abs. 4 UAbs. 1 AEUV kennt auch Art. 191 Abs. 1 AEUV die internationale Dimension des Umweltschutzes. Art. 191 Abs. 1 Spiegelstrich 4 AEUV nennt als Ziel der europäischen Umweltpolitik „die Förderung von Maßnahmen auf internationaler Ebene zur Bewältigung von regionalen und globalen Umweltproblemen." Sowohl zur Erreichung dieses Ziels als auch zur Erreichung eines angemessenen Umweltschutzstandards im Sinne des Art. 191 Abs. 1 und 2 AEUV sowie gemäß Art. 191 Abs. 1 Spiegelstrich 3 AEUV der „eine umsichtige und rationelle Verwendung der natürlichen Ressourcen" fordert, ist die Tätigkeit der EU nach außen zwingend erforderlich. Dies gilt nicht zuletzt, da Bedrohungsfaktoren für die Umwelt meist nicht vor festgelegten Staatsgrenzen halt machen und daher staatliche Kooperation erfordern. Insofern ist der Abschluss von internationalen Übereinkünften auf dem Sektor des Umweltrechts zur Erreichung der Ziele der Union unabkömmlich.

Die zur Begründung der Außenkompetenz notwendige Rechtssetzungskompetenz im Bereich des Umweltschutzes bietet Art. 192 AEUV, der gemäß Abs. 1 die Erreichung der in Art. 191 AEUV genannten Ziele sicherstellen soll. Insofern müssen Art. 191 und Art. 192 AEUV zusammen gelesen

---

314 Art. 191 Abs. 4 UAbs. 1 S. 1 AEUV; EuGH Gutachten 2/00, *Protokoll von Catagena*, Slg. 2001, I-9713 Rn. 43 f.; *Callies*, Art. 191 AEUV, in: Callies/Ruffert (Hrsg.), EUV/AEUV, 2011, Rn. 51; *Proelß*, Meeresschutz im Völker- und Europarecht, 2004, S. 309; *Kahl*, Art. 191 AEUV, in: Streinz (Hrsg.), EUV/AEUV, 2012, Rn. 128.

315 Art. 191 Abs. 4 UAbs. 1 S. 2 AEUV; *Kahl*, Art. 191 AEUV, in: Streinz (Hrsg.), 2012, Rn. 129.

316 Vgl. *Callies*, Art. 191 AEUV, in: Callies/Ruffert (Hrsg.), EUV/AEUV, 2011, Rn. 51; *Proelß*, Meeresschutz im Völker- und Europarecht, 2004, S. 309.

werden.[317] Damit sind die Erfordernisse des Art. 216 Abs. 1 2. Alt. AEUV erfüllt und eine Außenkompetenz der EU im Bereich des Umweltrechts gegeben.

Im Bereich der Reglementierung mariner Ressourcennutzung ist die Umweltpolitik der EU durch eine Vielzahl von Überschneidungen zur Fischereipolitik geprägt. Art. 39 AEUV enthält die Ziele der EU in Bezug auf die gemeinsame Agrarpolitik, unter die gemäß Art. 38 Abs. 1 S. 3 AEUV auch der Fischereisektor zu subsumieren ist. Ziel der Agrarpolitik ist unter Anderem, „die Rationalisierung der landwirtschaftlichen Erzeugung"[318] sowie die „Versorgung der Bevölkerung" sicher zu stellen.[319] Gerade die marinen lebenden Ressourcen sind häufig wandernde Arten und orientieren sich nicht an den europäischen Grenzen. Damit können die soeben erwähnten Ziele nur erreicht werden, wenn die Nutzung lebender mariner Ressourcen international gefördert wird.[320] Zur Erreichung dieses Ziels der Union ist der Abschluss von völkerrechtlichen Abkommen im Rahmen des Fischereisektors daher sicherlich erforderlich. Dies gilt auch in Bezug auf bilaterale Fischereiabkommen, die meist die Möglichkeit gewähren, lebende marine Ressourcen in der AWZ von Drittstaaten zu nutzen bzw. Drittstaatenangehörigen die Nutzungsmöglichkeit in der AWZ der Mitgliedstaaten der Union zugeben.

Dass die Union von einer Kompetenz für den Abschluss solcher Fischereiübereinkommen ausgeht, ist seit einer Entschließung des Rates aus dem Jahre 1976 geklärt.[321] Obwohl zur Begründung der Außenkompetenz divergierende Ansichten bestehen,[322] wurde das Vorliegen einer

317 Vgl. *Proelß*, Meeresschutz im Völker- und Europarecht, 2004, S. 310; *Breier*, Art. 191 AEUV, in: Lenz/Borchardt (Hrsg.), EU-Verträge, 2012, Rn. 32.

318 Art. 39 Abs. 1 lit. a AEUV.

319 Art. 39 Abs. 1 lit. d AEUV; so auch EuGH Rs. C-3/76, *Kramer*, Slg. 1976, 1279 Rn. 21/25; Abgesehen davon verdeutlicht *Proelß*, dass Ziel der Union gemäß Art. 3 Abs. 2 Satz 2 EUV sei, ein hohes Maß an Umweltschutz zu gewährleisten. Die lebenden Meeresressourcen machten einen wesentlichen Faktor im Rahmen der Meeresökosysteme aus, sodass ein Hohes Maß an Umweltschutz im marinen Bereich nur zu erreichen sei, wenn auch diese Ressourcen geschützt würden, *Proelß*, Meeresschutz im Völker- und Europarecht, 2004, S. 319.

320 Vgl. EuGH Rs. C-3/76, *Kramer*, Slg. 1976, 1279 Rn. 30/33.

321 Entschließung des Rates vom 03. November 1976 über bestimmte externe Aspekte der Schaffung einer 200-Seemeilen-Fischereizone in der Gemeinschaft ab 01. Januar 1977, ABl. EG C 105 vom 07.05.1981, S. 1.

322 Dazu genauer *Vogel*, Die Außenfischereibeziehungen der Europäischen Gemeinschaft, 2009, S. 47 f.

Außenkompetenz der EU zum Abschluss bilateraler Fischereiabkommen nie ernsthaft in Frage gestellt.[323] Eine Begründung einer solchen Außenkompetenz der EU ließe sich jedenfalls auf die Zielbestimmung der Sicherstellung der Versorgung aus Art. 39 Abs. 1 lit. d AEUV und Art. 43 Abs. 2, Abs. 3 AEUV stützen.

Die für eine Vertragsabschlusskompetenz nach Art. 216Abs. 1 2. Alt. AEUV notwendige Rechtssetzungsbefugnis lässt sich in Art. 43 Abs. 2 und Abs. 3 AEUV finden. Diese beschreiben die allgemeinen Kompetenzen für die Fischereipolitik, beziehungsweise für alle Regelungen der Produktion und Vermarktung der in Anhang I AEUV aufgeführten Erzeugnisse, wozu Fische, Krebse und Weichtiere, aber auch andere Tiere gehören.[324] Die genaue Abgrenzung zwischen den Kompetenztiteln aus Art. 43 Abs. 2 und Abs. 3 AEUV ist bisher nicht geklärt,[325] soll jedoch an dieser Stelle auch noch keine Rolle spielen, da sich Unterschiede nur bezüglich des Verfahrens bei der Sekundärrechtssetzung ergeben. Insofern ist auch eine Außenkompetenz der EU im Bereich der Fischereipolitik gegeben.[326]

Neben der Außenkompetenz der Union im Rahmen der Umwelt- und Fischereipolitik kann in bestimmten Bereichen noch die Harmonisierungskompetenz aus Art. 114 AEUV der Union zum Tragen kommen, die in Verbindung mit den Unionszielen eine Außenkompetenz begründen kann. Die horizontale Kompetenzabgrenzung spielt an dieser Stelle keine große Rolle, da auch diese insbesondere für die Wahl des richtigen Verfahrens zum Erlass von Sekundärrechtsakten von Bedeutung ist. Dies wird an späterer Stelle zu betrachten sein.

Im Ergebnis steht fest, dass eine Kompetenz der EU zum Abschluss völkerrechtlicher Verträge in Bezug auf Schutz und Nutzung lebender Ressourcen gegeben ist. Dabei sind diese Kompetenzen sehr weitreichend und können auch solche Maßnahmen, die der Durchsetzung der Schutz-

323 Vgl. *Churchill/Owen*, The EC Common Fisheries Policy, 2010, S. 331; *Vogel*, Die Außenfischereibeziehungen der Europäischen Gemeinschaft, 2009, S. 47f.

324 Vgl. Anhang I AEUV.

325 Vgl. *Thiele*, Art. 43 AEUV, in: Callies/Ruffert (Hrsg.), EUV/AEUV, 2011, Rn. 16.

326 Diese wurde durch den EuGH mehrfach bestätigt, so EuGH Rs. C-3/76, *Kramer*, Slg. 1976, 1279 Rn. 30/33; EuGH, Rs. 141/78, *Frankreich v. Vereinigtes Königreich*, Slg. 1979, 2923 Rn. 6.

und Erhaltungs- und Bewirtschaftungsmaßnahmen zuzurechnen sind, enthalten.

Neben den klassischen Unionsabkommen, die sich auf Art. 216 Abs. 1 AEUV stützen, wird im Zuge dieser Arbeit auch Art. 217 AEUV eine Rolle spielen. Dieser liefert die Kompetenzgrundlage für Assoziierungsabkommen der EU. Zu diesen zählt das bereits angesprochene EWRA.[327]

Teilweise erfordert der Abschluss eines Unionsabkommens ein gemeinsames Tätigwerden von Union und Mitgliedstaaten. Ist dies der Fall, werden sogenannte gemischte Abkommen geschlossen, bei denen sowohl die Union als auch die Mitgliedstaaten Vertragsparteien sind.[328] Dabei ist allerdings die Frage nach der Außenkompetenz der Union von der Notwendigkeit eines Zusammenwirkens von Union und Mitgliedstaaten zu trennen.[329] Nur letzteres entscheidet über die rechtliche Notwendigkeit des Abschlusses gemischter Abkommen. Ein Zusammenwirken von Union und Mitgliedstaaten in Form des Abschlusses eines gemischten Abkommens ist immer notwendig, wenn beispielsweise Finanzierungspflichten, über die üblichen Verwaltungskosten hinaus, für die Mitgliedstaaten begründet werden.[330] Diese Notwendigkeit besteht ferner, wenn die Außenkompetenz der EU sachlich nicht ausreicht, um allein ein Abkommen abschließen zu können.[331] Dies ist unstreitig dann der Fall, wenn Teile des Vertrages eine Materie der ausschließlichen Zuständigkeit der Mitgliedstaaten betreffen.[332] Uneinheitlich wird jedoch die Frage beantwortet, ob auch bei Vorliegen und Inanspruchnahme geteilter Außenkompeten-

327 Vgl. *Booß*, Art. 217 AEUV in: Lenz/Borchardt (Hrsg.), EU-Verträge, 2012, Rn. 8; *Mögele*, Art. 217 AEUV, in: Streinz (Hrsg.), EUV/AEUV, 2012, Rn. 6

328 Vgl. *Khan*, Art. 216 AEUV, in: Geiger/Khan/Kotzur (Hrsg.), EUV/AEUV, 2010, Rn. 13; *Bieber/Epiney/Haag*, Die Europäische Union, 2013, § 33 Rn. 19; *Schmalenbach*, Art. 216 AEUV, in: Callies/Ruffert (Hrsg.), EUV/AEUV, 2011, Rn. 5.

329 *Schmalenbach*, Art. 216 AEUV in: Callies/Ruffert (Hrsg.), EUV/AEUV, 2011, Rn. 23; *Müller-Ibold*, Art. 216 AEUV, in: Lenz/Borchardt (Hrsg.), EU-Verträge, 2012, Rn. 14; so auch zu verstehen *Mögele*, Art. 216 AEUV, in: Streinz (Hrsg.), EUV/AEUV, 2012, Rn. 39.

330 EuGH, Gutachten 1/78, *Naturkautschuk*, Slg. 1979, 1411 Rn. 60.

331 *Schmalenbach*, Art. 216 AEUV, in: Callies/Ruffert (Hrsg.), EUV/AEUV, 2011, Rn. 5.

332 *Mögele*, Art. 216 AEUV, in: Streinz (Hrsg.), EUV/AEUV, 2012, Rn. 40; *Müller-Ibold*, Art. 216 AEUV, in: Lenz/Borchardt (Hrsg.), EU-Verträge, 2012, Rn. 14; *Kumin/Bittner*, Die „gemischten" Abkommen zwischen der Europäischen Union und ihren Mitgliedstaaten einerseits und dritten Völkerrechtssubjekten andererseits, EuR 2012, Beiheft 2, S. 75 (75).

zen[333] durch die EU der Abschluss eines gemischten Abkommens rechtlich notwendig ist. Dies betrifft die Frage, ob die Union die vorhandene Kompetenz allein ausüben kann und die Mitgliedstaaten bei Inanspruchnahme der Unionskompetenz durch die EU im Sinne von Art. 2 Abs. 2 AEUV von einem Abschluss des Abkommens ausgeschlossen werden können.

Teilweise wird ein alleiniges Tätigwerden der Union bei geteilter Außenkompetenz abgelehnt.[334] Dies wird damit begründet, dass, würde man die Grundsätze des Art. 2 Abs. 2 AEUV auf Außenkompetenzen übertragen, im Ergebnis eine weitere ausschließliche Kompetenz der Union begründet würde.[335] Diese Ansicht überzeugt nicht. Es ist Bestandteil des Systems der Kompetenzübertragung des Unionsrechts, dass sofern die EU die geteilten Kompetenzen in Anspruch nimmt, die Mitgliedstaaten von der selbständigen Rechtssetzung in diesem Bereich ausgeschlossen werden. Dies gilt auch für die Außenkompetenz.[336] Außerdem richtet sich die Zuständigkeit zur Durchführung eines Abkommens nach den vom AEUV verliehenen Kompetenzen.[337] Wenn also die Union eine Außenkompetenz besitzt, welche die Mitgliedstaaten von einem isolierten Tätigwerden ausschließt und die EU außerdem für die Durchführung des Abkommens verantwortlich ist, scheint wenig begründbar, weshalb eine Beteiligung der Mitgliedstaaten an diesem Abkommen rechtlich zwingend sein soll. Durch den alleinigen Abschluss von Abkommen durch die Union bei geteilter Außenkompetenz ergibt sich auch kein Verstoß gegen den Grundsatz der begrenzten Einzelermächtigung und Art. 5 Abs. 2 EUV. Denn die ausdrückliche Verleihung der Außenkompetenzen bzw. die bei implizierten Kompetenzen vorliegende Parallelität von Innen- und Außenkompeten-

333 In den Fällen, in denen die Außenkompetenz der Union weder ausschließlich (Art. 3 AEUV) noch parallel ist (Art. 4 Abs. 3 und Abs. 4 AEUV), vgl. *Schmalenbach*, Art. 216 AEUV, in: Callies/Ruffert (Hrsg.), EUV/AEUV, 2011, Rn. 22; *Müller-Ibold*, Art. 216 AEUV, in: Lenz/Borchardt (Hrsg.), EU-Verträge, 2012, Rn. 18 f.

334 *Heuck*, Die Außenkompetenzen der Union nach dem Vertrag von Lissabon, Jura 35 (2013), S. 199 (206).

335 Vgl. *Heuck*, Die Außenkompetenzen der Union nach dem Vertrag von Lissabon, Jura 35 (2013), S. 199 (206).

336 Vgl. *Müller-Ibold*, Art. 216 AEUV, in: Lenz/Borchardt (Hrsg.), EU-Verträge, 2012, Rn. 18; *Schmalenbach*, Art. 216 AEUV, in: Calliess/Ruffert (Hrsg.), EUV/AEUV, 2011, Rn. 22.

337 EuGH Rs. C-316/91, *Parlament/Rat*, Slg. 1994 I-625, Rn. 26.

zen verhindert,[338] dass die EU durch den Abschluss von Unionsabkommen die Mitgliedstaaten in einem Politikfeld, für das sie keine Rechtssetzungskompetenz hat, bindet. Hinzu kommt, dass auch die zur Frage geteilter Außenkompetenzen verfassten Gutachten des EuGH keine Auskunft über die Frage der zwingenden Beteiligung der Mitgliedstaaten im Zuge des Abschlusses eines Abkommens bei geteilter Außenkompetenz geben. Der EuGH hat in diesen Fällen lediglich festgestellt, dass bestimmte Materien von Abkommen nicht in den Anwendungsbereich einer ausschließlichen, sondern einer geteilten Unionskompetenz fielen.[339] Ob dadurch zwingend die Mitgliedstaaten zu beteiligen waren, wurde offen gelassen.

Insofern sprechen die besseren Gründe dafür, eine rechtliche Notwendigkeit zum Abschluss von gemischter Abkommen nur dann anzunehmen, wenn das Abkommen eine Materie betrifft, die in eine ausschließlich mitgliedstaatliche Zuständigkeit fällt,[340] oder die soeben angesprochenen Finanzierungspflichten begründet werden. Das hindert aber die Union nicht daran, die Mitgliedstaaten am Abschluss eines Abkommens zu beteiligen, etwa indem sie bestimmte geteilte Außenkompetenzen nicht in Anspruch nimmt.[341] Die Frage nach der Beteiligung der Mitgliedstaaten ist dann jedoch weniger eine rechtliche als eine politische, die grundsätzlich im Rat entschieden werden wird.[342]

---

338 Bezüglich des Erfordernisses der Parallelität von Innen- und Außenkompetenzen vgl. zu Art. 216 Abs. 1 Var. 2 AEUV oben. Art. 216 Abs. 1 Var. 3 und 4 erfordern zu ihrer Anwendbarkeit bereits gegebene Sekundärrechtsakte, sodass auch in diesen Konstellationen die Parallelität von Innen- und Außenkompetenzen gewahrt ist.

339 EuGH Gutachten 2/92, *OECD*, Slg. 1995 I-521; Gutachten 1/94, *WTO*, Slg. 1994 I-5267.

340 Vgl. *Mögele*, Art. 216 AEUV, in: Streinz (Hrsg.), EUV/AEUV, 2012, Rn. 40; *Müller-Ibold*, Art. 216 AEUV, in: Lenz/Borchardt (Hrsg.), EU-Verträge, 2012, Rn. 14.

341 Vgl. Art. 2 Abs. 2 AEUV. Die Mitgliedstaaten sind, „solang und soweit“ die EU ihre Kompetenz nicht in Anspruch nimmt, weiter zuständig; vgl. *Kumin/Bittner*, Die „gemischten“ Abkommen zwischen der Europäischen Union und ihren Mitgliedstaaten einerseits und dritten Völkerrechtssubjekten andererseits, EuR 2012, Beiheft 2, S. 75 (75).

342 Vgl. *Mögele*, Art. 216 AEUV, in: Streinz (Hrsg.), EUV/AEUV, 2012, Rn. 40.

II. Geltung und Wirkung von Unionsabkommen im Unionsrecht

Grundsätzlich bilden Vorschriften in von der EU auf Grundlage des Art. 216 Abs. 1 AEUV geschlossenen und in Kraft getretenen völkerrechtlichen Verträgen einen „integrierenden Bestandteil" des Unionsrechts.[343] Dies ergibt sich zum Einen aus ständiger Rechtsprechung des EuGH[344] und zum Anderen aus Art. 216 Abs. 2 AEUV.

Gemischte Abkommen stellen bezüglich ihrer Geltung in der Unionsrechtsordnung einen Sonderfall dar. Integrierender Bestandteil der Unionsrechtsordnung werden diese Abkommen nur hinsichtlich der Bestimmungen, bezüglich derer die EU eine bestehende Außenkompetenz in Anspruch genommen hat.[345] Regelungen eines gemischten Abkommens, die in die alleinige Kompetenz eines Mitgliedstaates fallen, sind nicht integrierender Bestandteil des Unionsrechts.[346] Grund dafür ist, dass der Abschluss dieser Normen seine Grundlage nicht in Art. 216, 218 AEUV, sondern im Recht der Mitgliedstaaten findet.[347] Die Tatsache, dass die EU an dem Abschluss des Abkommens beteiligt war, darf aufgrund des Grundsatzes der begrenzten Einzelermächtigung aus Art. 5 Abs. 2 EUV nicht zu einer unionsrechtlichen Geltung dieser Normen führen.

Problematisch ist die Beurteilung der Geltung von Bestimmungen eines gemischten Abkommens in der Unionsrechtsordnung daher bezüglich solcher Regelungen, die in einen Politikbereich fallen, bei dem geteilte Außenkompetenzen bestehen und unklar bleibt, ob die Mitgliedstaaten oder die EU den entsprechenden Vertragsteil abschließen wollten. Um hier Unklarheiten zu vermeiden, geben die EU und die Mitgliedstaaten teilweise Erklärungen zur Inanspruchnahme von Kompetenzen bei

343 Vgl. dazu die grundlegende Entscheidung im Heageman-Urteil, EuGH Rs. C-181/73, *Haegemann/Belgischer Staat*, Slg. 1974, 449, Rn. 2/6; dazu im Detail *Müller-Ibold*, Art. 216 AEUV, in: Lenz/Borchardt (Hrsg.), EU-Verträge, 2012, Rn. 5; *Epiney/Gross*, Kompetenzverteilung zwischen der EG und ihren Mitgliedstaaten – Grundlagen, in: Umweltbundesamt (Hrsg.), EG Kompetenz bei völkerrechtlichen Verträgen im Umweltbereich, 2004, S. 33; *Schmalenbach*, Art. 216 AEUV, in: Calliess/Ruffert (Hrsg.), EUV/AEUV, 2011, Rn. 28; *Mögele*, Art. 216 AEUV, in: Streinz (Hrsg.), EUV/AEUV, 2012, Rn. 67.

344 Vgl. EuGH Rs. C-181/73, Haegmann/Belgischer Staat, Slg. 1974, 449, Rn. 2/6; Rs. C-104/81, Slg. 1982, 3612, Rn. 13.

345 Vgl. EuGH, Rs. C-459/03, Slg. 2006, I-4634, Rn. 84.

346 Vgl. *Schmalenbach*, Art. 216 AEUV, in: Callies/Ruffert (Hrsg.), EUV/AEUV, 2011, Rn. 43; *Mögele*, Art. 216 AEUV, in: Streinz (Hrsg.), EUV/AEUV, 2012, Rn. 68.

347 Vgl. *Mögele*, Art. 216 AEUV, in: Streinz (Hrsg.), EUV/AEUV, 2012, Rn. 68.

Abschluss von gemischten Abkommen ab. So geschah dies beispielsweise in Bezug auf das SRÜ.[348] Im Anhang II Beschluss 98/392 des Rates über den Abschluss des SRÜ erklärt die EU, dass ihr die Kompetenz bezüglich der Bewirtschaftung und Erhaltung der Seefischerei zukomme. Infolgedessen sei die EU befugt, in diesem Bereich einschlägige Normen zu erlassen und gegenüber Drittländern und anderen Internationalen Organisationen vertragliche Verpflichtungen einzugehen. Neben der Erklärung über die Zuständigkeit der Union im Rahmen des SRÜ existieren derartige Erklärungen auch zu anderen Abkommen, wie beispielsweise zum Übereinkommen zur Durchführung der Bestimmungen des Seerechtsübereinkommens der Vereinten Nationen vom 10. Dezember 1982 über die Erhaltung und Bewirtschaftung von gebietsübergreifenden Fischbeständen und weit wandernden Fischbeständen (Fischbestände-Übereinkommen, FBÜ)[349] oder dem ÜBV.[350]

Ist es nicht möglich herauszufinden, ob die EU in Bezug auf eine bestimmte Materie Kompetenzen in Anspruch nehmen wollte, muss aus Gründen der Rechtssicherheit die Bindungswirkung des Art. 216 Abs. 2 AEUV auf alle Teile des gemischten Abkommens erstreckt werden, für die grundsätzlich eine Unionskompetenz besteht.[351]

---

348 Anhang II Beschluss 98/392 des Rates über den Abschluss des SRÜ.

349 Agreement for the Implementation of the Provision of the United Nations Convention on the Law of the Sea of 10 December 1982 relating to the Conservation and Management of Straddling Fish Stocks and Highly Migratory Fish Stocks, 04.08.1995, 34 ILM 1542 (deutsche Übersetzung in: ABl. EG L 189 vom 03.07.1998, S. 16, Übereinkommen zur Durchführung der Bestimmungen des Seerechtsübereinkommens der Vereinten Nationen vom 10. Dezember 1982 über die Erhaltung und Bewirtschaftung von gebietsübergreifenden Fischbeständen und weit wandernden Fischbeständen, Fischbestände-Übereinkommen (FBÜ)); die Erklärung der EU zu der Kompetenzverteilung im Rahmen des FBÜ ist zu finden im Anhang B zum Beschluss 98/414/EG des Rates vom 08. Juni 1998 betreffend die Ratifikation des Übereinkommens zur Durchführung der Bestimmungen des Seerechtsübereinkommens der Vereinten Nationen vom 10. Dezember 1982 über die Erhaltung und Bewirtschaftung von gebietsübergreifenden Fischbeständen und weit wandernden Fischbeständen durch die Europäische Gemeinschaft, ABl. EG L 189 vom 03.07.1998, S. 14.

350 Anhang B des Beschlusses 93/626/EWG des Rates vom 25. Oktober 1993 über den Abschluss des Übereinkommens über die biologische Vielfalt, ABl. EG L 309 vom 13.12.1993, S. 1.

351 Vgl. im Ergebnis *Mögele*, Art. 216 AEUV, in Streinz (Hrsg.), EUV/AEUV, 2012, Rn. 69.

Aus der Tatsache, dass ein Abkommen integrierender Bestandteil der Unionsrechtsordnung wird, ergibt sich allerdings nicht automatische dessen bindende Wirkung gegenüber den EU-Organen oder den Mitgliedstaaten. Entscheidend ist vielmehr welche Wirkung in der internen Rechtsordnung die EU und die übrigen Vertragsparteien des Abkommens vereinbart haben.[352] Nur wenn diese Wirkung im Abkommen nicht geregelt ist, ist die Frage im Wege der Auslegung zu entscheiden.[353] Der Wille der EU eine Wirkung der vertraglichen Bestimmungen in der Unionsrechtsordnung herbeizuführen, kann in diesem Zusammenhang auch dadurch zum Ausdruck kommen, dass die EU Sekundärrecht zur Erfüllung der völkerrechtlichen Verpflichtungen erlässt oder ausdrücklich auf Bestimmungen des Abkommens verweist.

Auch die unmittelbare Wirkung von Verträgen in den mitgliedstaatlichen Rechtsordnungen sind nicht mit der Geltung der vertraglichen Bestimmungen in der Unionsrechtsordnung gleichzusetzen. Natürliche und juristische Personen können sich in der Regel erst dann auf Bestimmungen aus von der EU abgeschlossenen Verträgen berufen, wenn diese so hinreichend bestimmt sind, dass sie ohne Erlass eines weiteren Rechtsaktes befolgt werden können.[354]

B Multilaterale Unionsabkommen

I. Schutz-, Erhaltungs- und Bewirtschaftungsmaßnahmen

Die EU ist Vertragspartei zahlreicher völkerrechtlicher Verträge im Bereich des Umweltrechts. In dem nun folgenden Abschnitt soll es darum gehen, die Unionsabkommen, welche die Nutzung der lebenden Ressourcen regulieren, im Hinblick auf ihre Anwendbarkeit in der Arktis und

352 EuGH Rs. C-104/81, *Hauptzollamt Mainz/Kupferberg u. A.*, Slg. 1982, 3641, Rn. 17; Rs. C-149/96, *Portugal/Rat*, Slg. 1999, I-8395, Rn. 34; *Schmalenbach*, Art. 216 AEUV, in: Callies/Ruffert (Hrsg.), EUV/AEUV, 2011, Rn. 29.

353 Vgl. EuGH EuGH Rs. C-104/81, *Hauptzollamt Mainz/Kupferberg u. A.*, Slg. 1982, 3641, Rn. 17; Rs. C-149/96, *Portugal/Rat*, Slg. 1999, I-8395, Rn. 34.

354 Vgl. beispielsweise EuGH Rs. C-162/96, *Racke/Hauptzollamt Mainz*, Slg. 1998, I-3655, Rn. 31; *Schmalenbach*, Art. 216 AEUV, in: Callies/Ruffert (Hrsg.), EUV/AEUV, 2011, Rn. 33.

ihren Nutzen für den Erhalt der arktischen biologischen Vielfalt zu analysieren.[355]

Die in diesem Zusammenhang bedeutsamen Normen lassen sich dem Artenschutz einerseits und den Erhaltungs- und Bewirtschaftungsmaßnahmen andererseits zuordnen. Vorschriften im Bereich des Artenschutzes zählen zwar nicht zu den Nutzungsregulierungen im klassischen Sinne, jedoch enthalten Regelungen in diesem Bereich regelmäßig Vorgaben, die eine Entnahme von lebenden Organismen aus ihrem Lebensraum einschränken. Daher können auch Vorschriften aus dem Bereich des Artenschutzes grundsätzlich die Nutzung lebender Ressourcen regulieren. Im Bereich des Artenschutzes unterscheidet man den unmittelbaren und den mittelbaren Artenschutz. Der unmittelbare oder auch eigentliche Artenschutz umfasst die Regelungen, die den direkten Zugriff auf Tiere und Pflanzen betreffen.[356] Dagegen knüpft der mittelbare Artenschutz an den Schutz von Lebensräumen der Arten an. Die mittelbaren Artenschutznormen werden im Zuge der hier vorgenommenen Untersuchung nur insofern relevant, als dass sie Regelungen enthalten, welche die Nutzung von lebenden Ressourcen betreffen.

Neben den Artenschutznormen können auch solche Verträge, in denen vorgesehene Maßnahmen dem Bereich der Erhaltung und Bewirtschaftung zuzuordnen sind, erhebliche Bedeutung entfalten. Der Unterschied zum Artenschutz liegt darin, dass Erhaltung- und Bewirtschaftungsmaßnahmen die nachhaltige Nutzung von Ressourcen aus wirtschaftlichen Interessen im Blick haben, wohingegen der Artenschutz vorrangig auf die Bewahrung der Ressource gerichtet ist.

1. Maßnahmen zum Schutz aller lebender Ressourcen

Die Unionsabkommen unterscheiden sich besonders durch ihren Anwendungsbereich *ratione materiae*. So gibt es Abkommen, die den Schutz aller lebenden Organismen als Teil der biologischen Vielfalt bezwecken und solche, die nur bestimmte lebende Ressourcen zum Schutzobjekt haben. An dieser Stelle soll die Untersuchung mit der Betrachtung der universel-

355 Im Gegensatz zu den Regelungen, welche die Einhaltung dieser Normen beabsichtigen, die an späterer Stelle genauer zu betrachten sind.

356 *Gellermann*, in: Rengeling (Hrsg.), Handbuch des europäischen und deutschen Umweltrechts, 2003, Bd. II, Teilband 1, § 78 Rn. 3.

len Unionsabkommen, also mit solchen, die auf den Schutz aller lebenden Ressourcen gleichermaßen abzielen, begonnen werden.

a) Übereinkommen über die biologische Vielfalt

Im Zentrum dieser Arbeit steht der Erhalt der biologischen Vielfalt der Arktis, der über die Regulierung der Nutzung lebender Ressourcen gefördert werden soll. Gerade wenn der Erhalt der biologischen Vielfalt den Kern einer Untersuchung bildet, dann ist auf völkerrechtlicher Ebene an erster Stelle das ÜBV vom 5. Juni 1992 zu nennen, das am 29. Dezember 1993 in Kraft trat. Die Europäische Union trat dem Übereinkommen am 25. Oktober 1993 bei.[357]

Gemäß Art. 1 ÜBV ist das Ziel dieses Übereinkommens, die Erhaltung der biologischen Vielfalt sicherzustellen. Um dieses Ziel zu erreichen, will das Übereinkommen jedoch nicht die Nutzung der Komponenten der biologischen Vielfalt grundsätzlich verbieten, sondern strebt einen nachhaltigen[358] Umgang mit natürlichen Ressourcen an.[359] Dies wird schon in Art. 1 ÜBV deutlich, der ausdrücklich die Möglichkeit der Ressourcennutzung anerkennt.[360] Dabei geht das ÜBV davon aus, dass die Nutzung der Bestandteile der biologischen Vielfalt, das heißt auch die Nutzung von biologischen Ressourcen, sich wirtschaftlich lohnt. Insofern ordnet das ÜBV der biologischen Vielfalt einen wirtschaftlichen Wert zu. Die diesem Ansatz zu Grunde liegende Idee ist, dass Staaten mit wirtschaftlichen Werten verantwortungsvoller umgehen, als sie dies mit ideellen Werten tun.

Diese Grundlage des ÜBV ist auch auf die Problematik im Bereich der Arktis anwendbar. Noch sind die lebenden Ressourcen der Arktis in

357 Beschluss 93/626/EWG des Rates.

358 Das Prinzip der Nachhaltigkeit versucht Nutzung und Schutz von Ressourcen in Einklang zu bringen, damit die Ressourcen sich selber regenerieren können und dadurch langfristig erhalten bleiben, vgl. *Beyerlin/Marauhn*, International Environmental Law, 2011, S. 76 ff.

359 Vgl. *Friedland/Prall*, Schutz der Biodiversität: Erhaltung und nachhaltige Nutzung in der Konvention über die biologische Vielfalt, ZUR 2004, S. 193 (194); *Matz-Lück*, Biological Diversity, International Protection, in: Wolfrum, The Max Planck Encyclopedia of Public International Law, 2008, online edition www.mpepil.com, Stand: Dezember 2008, Rn. 29.

360 Art. 1 ÜBV nennt ebenfalls als Ziel der Konvention: „[…] the sustainable use of its components and the fair and equitable sharing of the benefits arising out of the utilization of genetic resources […]."

großen Teilen dem Zugriff der Staatengemeinschaft entzogen. Dennoch muss schon aktuell ein verantwortungsvoller Umgang mit den arktischen Ressourcen ins Blickfeld der Staaten gelangen.

aa) Anwendbarkeit in der Arktis

Art. 4 ÜBV bestimmt den Anwendungsbereich des Übereinkommens. Nach diesem ist das ÜBV überall dort anwendbar, wo den Vertragsparteien Hoheitsrechte zukommen. Eine Bindung an die Normen des ÜBV tritt zum einen aufgrund der Hoheitsgewalt der Vertragsparteien über die Komponenten der biologischen Vielfalt im eigenen Hoheitsgebiet ein.[361] Zum anderen wird eine solche aufgrund von Hoheitsrechten der Vertragsparteien über bestimmte Verfahren und Tätigkeiten ausgelöst.[362] Im Bereich der Arktis bedeutet das nicht nur eine Bindung der EU an die Normen des ÜBV im Bereich des nördlichen Finnlands und Schwedens, sondern auch im Bereich der Hohen See bezüglich der Tätigkeit, die von einem unter der Flagge eines Mitgliedstaates der EU fahrenden Schiff ausgeübt wird.[363] Daneben ist die Anwendbarkeit des ÜBV aber nicht nur bei Formen von Jurisdiktion gegeben, sondern schon die bloße Kontrollmöglichkeit über Verfahren oder Tätigkeiten reicht aus, um den Anwendungsbereich zu eröffnen.[364]

Die Maßnahmen des ÜBV beziehen sich nicht bloß auf bestimmte Arten, sondern auf alle biologischen Ressourcen.[365] Das bedeutet, dass generell alle in der Arktis lebenden Organismen in den Anwendungsbereich *ratione materiae* fallen.[366]

---

361 Vgl. Art. 4 lit. a ÜBV.

362 Vgl. Art. 4 lit. b ÜBV.

363 Zur Geltung auf europäischen Fischereifahrzeugen vgl. *Friedland/Prall*, Schutz der Biodiversität: Erhaltung und nachhaltige Nutzung in der Konvention über die biologische Vielfalt, ZUR 2004, S. 193 (198).

364 Art. 4 lit. b ÜBV sagt: „In the case of processes and activities, regardless of where their effects occur, carried out under its jurisdiction or control […]." Vgl. *Krüger*, Anwendbarkeit von Umweltschutzverträgen in der Antarktis, 2000, S. 263.

365 Biologische Ressourcen in diesem Sinne schließen gemäß Art. 2 ÜBV Organismen und Populationen ein. Dabei versteht die Biologie unter Organismen ein individuelles Lebewesen. Populationen bezeichnen eine Gruppe von Individuen. Biotische Bestandteile sind lebende Bestandteile.

366 Für die Anwendbarkeit des ÜBV in der Arktis im Ergebnis auch: *Trouwborst*, A Bird's-Eye View of Arctic Governance: Reflecting on the Role of International Law

bb) Regulierung der Nutzung lebender arktischer Ressourcen

Das ÜBV ist als Rahmenübereinkommen ausgestaltet und damit auf die Ausfüllung durch Protokolle angewiesen.[367] Die wichtigen Rahmenvorgaben, die das Potential besitzen, die Nutzung von lebenden Ressourcen sowohl an Land als auch zu Wasser[368] reglementieren zu können, enthält das ÜBV in den Art. 8 bis Art. 11, wobei die Art. 8 und Art. 9 ÜBV von besonderer Bedeutung sind. Art. 8 und Art. 9 ÜBV unterscheiden dabei nach Maßnahmen der *in-situ*-Erhaltung[369] und Maßnahmen der *ex-situ*-Erhaltung.[370] In Bezug auf den Erhalt der Arten in ihrem natürlichen Lebensraum werden die Staaten unter Anderem dazu angehalten, Voraussetzungen für die nachhaltige Nutzung zu schaffen[371] oder die Einbringung nicht einheimischer Arten zu verhindern, zu kontrollieren und zu beseitigen.[372] Ferner ist die Entwicklung von Artenschutznormen vorgesehen.[373] Allein schon diese Bereiche sind besonders für die Arktis von Bedeutung, leiden doch viele Arten bereits heute dadurch, dass diese von invasiven Arten verdrängt oder ihre Populationen erheblich durch die übermäßige Nutzung wie beispielsweise die Jagd dezimiert werden.[374]

Art. 8 lit. a und Art. 8 lit. b beschäftigen sich mit der Einrichtung von Schutzgebieten. Auch derartige Regelungen können im Rahmen der hier gegebenen Problemstellung bedeutsam sein, sofern an die Ausweisung

in Arctic Cooperation from a Bird Conservation Perspective, YPL 1 (2009), S. 410 (410); *Nowlan*, Arctic Legal Regime for Environmental Protection, 2001, S. 26; *Tuerk*, The Arctic and the modern Law of the Sea, in: van Dyke/Broder/Lee/Paih (Hrsg.), Governing Ocean Resources, 2013, S. 115 (121).

367 Vgl. *Fritz*, Integrierter Umweltschutz im Völkerrecht, 2009, S. 146; *Beyerlin/Marauhn*, International Environmental Law, 2011, S. 179; *Stadler/Korn*, Das Übereinkommen über die biologische Vielfalt, NuL 2008, S. 2 (3).

368 Vgl. zur Anwendbarkeit auf die marine biologische Vielfalt das von der Conference of the Parties (COP) verabschiedete Aktionsprogramm für die Umsetzung des ÜBV: Conservation and Sustainable Use of Marine and Costal Biological Diversity (Jakarta Mandate), 1995 (CBD Doc. COP 2 Dec. II/10), https://www.cbd.int/decision/cop/default.shtml?id=7083 (13.07.2014).

369 Gemäß Art. 2 ÜBV Maßnahmen zum Erhalt der Arten innerhalb ihres natürlichen Lebensraumes.

370 Gemäß Art. 2 ÜBV Maßnahmen zur Erhaltung außerhalb des natürlichen Lebensraumes, zum Beispiel in Zoos oder Aquarien.

371 Art. 8 lit. i ÜBV.

372 Art. 8 lit. h ÜBV.

373 Art. 8 lit. k ÜBV.

374 Vgl. dazu oben Kap. I, Abschnitt B.III.2.

von Schutzgebieten weitere Regelungen anknüpfen, die den Zugriff auf lebende Ressourcen reglementieren. Art. 9 enthält die Maßnahmen zur *ex-situ*-Erhaltung. Dazu gehört beispielsweise die Aufforderung an die Staaten, Maßnahmen zur Wiedereingliederung gefährdeter Arten ihren den natürlichen Lebensraum[375] zu ergreifen. Ferner soll die Entnahme von biologischen Ressourcen, zu denen sowohl das einzelnen Lebewesen als auch deren Population gehört,[376] aus ihrem Lebensraum zur sog. *ex-situ*-Haltung, sprich der Haltung außerhalb des Lebensraumes, geregelt und beaufsichtigt werden, sofern diese nicht zur Arterhaltung nötig sind.[377]

Zur Ausgestaltung des ÜBV erlassen die Vertragsparteien insbesondere Protokolle.[378] Bisher existieren zwei speziell für diesen Zweck geschaffene Protokolle in Form eigenständiger internationaler Abkommen.[379] Das sogenannte Cartagena-Protokoll[380] wurde am 29. Januar 2000 auf einem außerordentlichen Treffen der Vertragsstaaten verabschiedet und trat am 11. September 2003 in Kraft. Es wurde geschaffen, um die biologische Vielfalt vor Risiken zu schützen, die von lebenden modifizierten Organismen aus moderner Biotechnologie, das heißt Organismen, die eine neue Kombination genetischen Materials besitzen,[381] ausgehen.[382] Um die Vorgaben der Art. 8 lit. g ÜBV[383] und Art. 19 ÜBV[384] zu konkretisieren, enthält das Cartagena-Protokoll verschiedene Informations-, Entscheidungs- und

375 Art. 9 lit. c ÜBV.

376 Vgl. Art. 2 ÜBV.

377 Art. 9 lit. d ÜBV.

378 Vgl. *Beyerlin/Marauhn*, International Environmental Law, 2011, S. 179; *Fritz*, Integrierter Umweltschutz im Völkerrecht, 2009, S. 146; *Stadler/Korn*, Das Übereinkommen über die biologische Vielfalt, NuL 2008, S. 2 (3).

379 Vgl. dazu auch *Stadler/Korn*, Das Übereinkommen über die biologische Vielfalt, NuL 2008, S. 2 (3).

380 Cartagena Protocol on Biosafety to the Convention in Biological Biodiversity, 29.01.2000, 2226 UNTS 208 (deutsche Übersetzung in: ABl. EG L 201 vom 31.07.2002, S. 50, Protokoll von Cartagena über die biologische Sicherheit zum Übereinkommen über die biologische Vielfalt (Cartagena-Protokoll).

381 Art. 3 lit. g Cartagena-Protokoll.

382 Vgl. *Beyerlin/Marauhn*, International Environmental Law, 2011, S. 200.

383 Art. 8 lit. g lautet: „[...] establish or maintain means to regulate, manage or control the risks associated with the use and release of living modified organisms resulting from biotechnology which are likely to have adverse environmental impacts that could affect the conservation and sustainable use of biological diversity, taking also into account the risks to human health."

384 Art. 19 widmet dich dem Umgang mit Biotechnologie und Verteilung der daraus entstandenen Vorteile.

Sicherheitsnormen. Allerdings ist der Anwendungsbereich dieses Protokolls gemäß Art. 4 Cartagena-Protokoll auf den grenzüberschreitenden Transport, die Handhabung und den Umgang mit derartigen Organismen beschränkt. Für die Arktis, jedenfalls in Anbetracht der hier gegebenen Problemstellung der Nutzung lebender Ressourcen, erreicht das Cartagena-Protokoll keine Ausfüllung relevanter Normen. Zwar kann die Nutzung lebender Ressourcen auch in der Nutzung dieser für die Wissenschaft oder Biotechnologie liegen, das Cartagena-Protokoll regelt jedoch nicht den Zugriff auf Ressourcen zu diesem Zwecke, sondern es widmet sich den Risiken der Freisetzung genetisch veränderter Organismen und die Verwendung dieser in Futter, Lebensmitteln und Verarbeitung.

Das zweite Protokoll zum ÜBV ist das Nagoya-Protokoll.[385] Dieses tritt gemäß Art. 33 90 Tage nach der Hinterlegung der 50 Ratifikationsurkunde in Kraft. Anfang Juli 2014 erfolgte die Ratifikation vieler Staaten, sodass das Protokoll im Oktober 2014 vier Jahre nach seiner Annahme durch die Vertragsstaatenkonferenz des ÜBV in Kraft tritt.[386] Es bezieht sich auf die Verpflichtungen des Art. 15 ÜBV, der den Zugang der Vertragsparteien zu genetischen Ressourcen regelt.[387] Maßnahmen bezüglich des Zugriffs auf lebende Ressourcen enthält das Protokoll jedoch nicht.

Damit hat im Ergebnis keine Ausfüllung der Rahmenbestimmungen des ÜBV für die Arktis durch Protokolle stattgefunden. Eine solche ist wohl auch zeitnah nicht zu erwarten. Die Protokolle, die eigenständige Verträge sind, müssten von den Vertragsparteien unterzeichnet und ratifiziert werden. Aufgrund der momentanen Haltung der Anrainerstaaten, die primär von dem Interesse des wirtschaftlichen Vorteils der Nutzung aller Ressourcen geprägt ist, ist großer Widerstand bezüglich eines solchen Protokolls zu erwarten. Abgesehen von den besonderen Problemen der Arktis, ist die Verabschiedung von Protokollen zum ÜBV immer ein heikles und schwieriges Thema. Auf der 10. Vertragsstaatenkonferenz im

385 Nagoya Protocol on Access to Genetic Resources and the Fair and Equitable Sharing of Benefits Arising from their Utilization to the Convention on Biological Diversity, 29.10.2010 (UNEP Doc. UNEP/CBD/COP/DEC/X/1) http://www.cbd.int/doc/decisions/cop-10/cop-10-dec-01-en.pdf (13.07.2014) (Nagoya-Protokoll).

386 Vgl. http://www.cbd.int/abs/nagoya-protocol/signatories (13.07.2014).

387 Genetisches Material von tatsächlichem oder potentiellem Wert, Art. 2 ÜBV.

Jahre 2010 wurde erst kurz vor Ende dieser, ein Kompromiss über das Nagoya-Protokoll erreicht.[388]

Besondere Aufmerksamkeit seitens des ÜBV hat die Arktis bisher in Zusammenhang mit der Arbeitsgruppe zu Art. 8 lit. j,[389] der die Vertragsstaaten auffordert, die Gebräuche, Kenntnisse und Innovationen der indigenen Bevölkerungen zu beachten, erfahren.[390] Auch der Subsidiary Body on Scientific, Technical and Technological Advice[391] hat sich mit dem Status der arktischen biologischen Vielfalt beschäftigt.[392]

Ein großer Fortschritt für den Schutz der biologischen Vielfalt der Arktis seitens des ÜBV konnte im Frühjahr 2014 verzeichnet werten. Im März 2014 fand in Helsinki ein Workshop statt, der das Ziel hatte, ökologisch und biologisch bedeutsame marine Gebiete der Arktis zu identifizieren.[393] Im Zuge dieses Treffens wurden elf arktische marine Gebiete herausgearbeitet, welche die Kriterien eines ökologisch und biologisch bedeutsamen Gebietes erfüllen.[394] Die Kriterien, nach denen sich ein solches Gebiet bestimmt, entwickelte bereits die neunte Vertragsstaatenkonferenz des ÜBV.[395] Die nach diesen Kriterien identifizierte Gebiete werden

388 Vgl. *Winter*, Der Kompromiss von Nagoya, und wie es weitergeht, ZUR 2011, S. 57 (57).

389 Für mehr Information zu dieser Arbeitsgruppe siehe http://www.cbd.int/convention/wg8j.shtml (13.07.2014).

390 Vgl. hierzu Convention on Biological Diversity, Ad hoc open-ended Intercessional Working Group on Article 8(j) and Related Provisions of the Convention on Biological Diversity, Composite Report on the Status and Trends regarding the Knowledge, Innovations and Practice of Indigenous and Local Communities, 21.12.2005 (UNEP Doc. UNEP/CBD/WG8J/4/INF/3), http://www.cbd.int/doc/meetings/tk/8jcsu-01/other/8jcsu-01-wg8j-07-inf-03-en.pdf (13.07.2014).

391 Für mehr Information hierzu vgl. http://www.cbd.int/sbstta/(13.07.2014).

392 Convention on Biological Diversity, Subsidiary Body on Scientific, Technical and Technological Advice, Arctic Biodiversity, 05.08.2011 (UNEP Doc. UNEP/CBD/SBSTTA/15/14), http://www.cbd.int/doc/meetings/sbstta/sbstta-15/official/sbstta-15-14-en.pdf (13.07.2014).

393 Vgl. CBD, Report of the Arctic Regional Workshop to facilitate the description of Ecologically or Biologically Significant Marine Areas, 20.05.2014 (UNEP Doc. UNEP/CBD/EBSA/WS/2014/1/5), http://www.cbd.int/doc/meetings/mar/ebsaws-2014-01/official/ebsaws-2014-01-05-en.pdf (13.07.2014).

394 CBD, Report of the Arctic Regional Workshop to facilitate the description of Ecologically or Biologically Significant Marine Areas, 20.05.2014, S. 46; 52 ff.

395 Vgl. CBD, Decision adopted by the Conference of the Parties to the Convention on Biological Diversity at its Ninth Meeting, IX/20, Marine and coastal biodiversity, 09.10.2008 (UNEP Doc. UNEP/CBD/COP/DEC/IX/20), http://www.cbd.int/doc/decisions/cop-09/cop-09-dec-20-en.pdf (13.07.2014).

in einer Datenbank geführt und der Öffentlichkeit sowie Internationalen Organisationen zur Verfügung gestellt.[396] Besondere Bedeutung soll diese Datenbank jedoch im Rahmen der Verhandlungen der Arbeitsgruppe der Generalversammlung der Vereinten Nationen, die sich mit der Erhaltung und nachhaltigen Nutzung der marinen biologischen Vielfalt im Bereich der Hohen See auseinander setzt,[397] haben.[398] Die Tatsache, dass marine Gebiete der Arktis im Rahmen des ÜBV als ökologisch und biologisch besonders schützenswert identifiziert werden, lenkt insofern nicht nur die Aufmerksamkeit der Vertrags- und Anrainerstaaten der Arktis auf die arktische biologische Vielfalt, sondern rückt diese auch in den Fokus der Aufmerksamkeit der Staatengemeinschaft.

b) Berner Konvention

Ein weiteres Übereinkommen, das den Schutz von Flora und Fauna fördern soll, ist das Übereinkommen vom 19. September 1979 über die Erhaltung der europäischen wildlebenden Pflanzen und Tiere und ihrer natürlichen Lebensumwelt (Berner Konvention),[399] das im Rahmen des Europarates geschlossen wurde.[400] Diesem Übereinkommen ist auch die EU beigetreten.[401]

---

396 Vgl. http://www.cbd.int/ebsa/(13.07.2014).

397 Vgl. UN General Assembly, Resolution adopted by the General Assembly on 17 November 2004, Oceans and the law of the sea, 17.11.2004 (UN Doc. A/RES/59/24), para. 73; für weitere Informationen zu dieser Arbeitsgruppe, vgl. http://www.un.org/depts/los/biodiversityworkinggroup/biodiversityworkinggroup.htm (13.07.2014).

398 Vgl. CBD, Report of the Arctic Regional Workshop to facilitate the description of Ecologically or Biologically Significant Marine Areas, 20.05.2014 (UNEP Doc. UNEP/CBD/EBSA/WS/2014/1/5), S. 2, para. 3.

399 Nature Convention on the Conservation of European Wildlife and Natural Habitats, 19.19.1979, 1284 UNTS 209 (deutsche Übersetzung in: BGBl. 1984 II S. 620, Übereinkommen über die Erhaltung der europäischen wildlebenden Pflanzen und Tiere und ihrer natürlichen Lebensräume (Berner Konvention)).

400 Vgl. Präambel der Berner Konvention; *Proelß*, Migratory Species, International Protection, in: Wolfrum (Hrsg.), The Max Planck Encyclopedia of Public International Law, 2008, online edition www.mpepil.com, Stand Februar 2009, Rn. 21; *Bowman*, International Treaties and the Global Protection of Birds: Part I, JEL 11 (1999), S. 87 (106); *Lasén Díaz*, The Berner Konvention: 30 Years of Nature Conservation in Europe, RECIEL (19), 2010, S. 185 (186); *Sands/Peel*, Principles of International Environmental Law, 2012, S. 487.

401 Beschluss 82/72/EWG des Rates vom 03. Dezember 1981 über den Abschluss des Übereinkommens zur Erhaltung der europäischen freilebenden Tiere und wild-

aa) Anwendbarkeit in der Arktis

Eine Norm, die vergleichbar mit Art. 4 ÜBV den Anwendungsbereich regelt, enthält die Berner Konvention nicht. Vielmehr ergibt sich der Anwendungsbereich weitestgehend über die Jurisdiktionsmöglichkeiten der Mitgliedstaaten in Verbindung mit den verschiedenen Artikeln und Anhängen der Konvention. Die verschiedenen Regelungen sind demnach prinzipiell im Staatsgebiet der Mitgliedstaaten und im Bereich der AWZ und des FLS anzuwenden. Gleiches gilt in Bezug auf Tätigkeiten, die von Schiffen, die unter der Flagge einer Vertragspartei fahren, ausgeübt werden. Aus Sicht der EU bedeutet dies erneut eine Bindung an die vertraglichen Normen über die Gebiete des nördlichen Finnlands und Schwedens hinaus im Bereich der arktischen Gewässer aufgrund der Flaggenstaatjurisdiktion der Mitgliedstaaten.

Die Berner Konvention enthält in ihren Artikeln verschiedene Verpflichtungen der Vertragsparteien, die auf solche Arten bezogen sind, die in den Anhängen gelistet werden. Anhang I enthält die zu schützende Flora, die Anhänge II und III widmen sich der Tierwelt. In den Anhängen finden sich nicht nur aktuell vom Aussterben bedrohte Arten, sondern auch solche, deren Population stabil ist. Grund dafür ist, dass die Konvention zur Erreichung ihres Erhaltungszieles gemäß Art. 2 Berner Konvention den Mitgliedstaaten nicht nur aufgibt, die gefährdete Arten zu schützen, sondern generell die Populationen der gelisteten Arten „auf einem Stand zu erhalten oder zu bringen, der insbesondere den ökologischen, wissenschaftlichen und kulturellen Erfordernissen entspricht."[402]

Viele in der Arktis vorhandene und auch bedrohte Arten finden sich in den Anhängen wieder. Der Grönlandwal oder der Finnwal zählen zu den marinen Säugern, die in der Arktis beheimatet[403] und gleichzeitig in Anhang II gelistet sind. Gleiches gilt für viele weitere Arten sowohl der Fauna als auch der Flora.

---

wachsenden Pflanzen und ihrer natürlichen Lebensräume, ABl. EG L 38 vom 10.02.1982, S. 1.

402 Bezugnahme auf die deutsche Übersetzung, BGBl. 1984 II S. 620. In authentischer Sprache: „The Contracting Parties shall take requisite measures to maintain the population of wild flora and fauna at, or adapt it to, a level which corresponds in particular to ecological, scientific and cultural requirements […]".

403 *CAFF*, AFF, 2001, S. 249.

Aufgrund des Entstehungsrahmens und des Namens der Konvention[404] liegt jedoch die Überlegung nicht fern, ob die Anwendung der Konvention auf die im geografischen Europa[405] ansässigen Arten zu beschränken ist.[406] So sind zwar beispielsweise alle Kraniche in Anhang II[407] gelistet und unterliegen daher dem Schutz der Konvention, dieser könnten jedoch entgegen des Wortlauts auf die Arten beschränkt sein, die eine Verbindung zum geografischen Europa haben.[408] Dann wäre der in der Arktis vorkommende Schreikranich, der fast nie die europäischen Grenzen überquert,[409] wieder von Schutzmaßnahmen unter der Konvention ausgenommen. Die Konvention selber enthält, abgesehen von ihrem Titel, weder in ihren 24 Artikeln noch in der Präambel Anhaltspunkte für ein derartiges Verständnis.[410]

Es lassen sich jedoch andere Aspekte finden, die auf eine solche Beschränkung des Anwendungsbereiches *ratione materiae* hindeuten. Dies gilt für den aus dem Jahre 1997 stammende Vorschlag des Standing Committees[411] bezüglich der Änderung der Anhänge I und II.[412] Darin wird deutlich, dass es bei der Änderung der Anhänge auch darum gehen soll, Arten, die nicht ursprünglich zur europäischen Flora und Fauna zu

404 Nature Convention on the *Conservation of European wildlife* and natural habitats.

405 Dies meint die Staaten, die geografisch in der Regel Europa zugeordnet werden, unabhängig von ihrer Mitgliedschaft in der EU.

406 Diese Frage werfen auch auf *Bowman*, International Treaties and the Global Protection of Birds: Part I, JEL 11 (1999), S. 87 (107); *Lyster*, International Wildlife Law, 1985, S. 145.

407 Anhang II, Vögel, Ordnung der Kranichvögel (Gruiformes), Familie der Kraniche (Gruide).

408 Vgl. *Bowman*, International Treaties and the Global Protection of Birds: Part I, JEL 11 (1999), S. 87 (107); *Lyster*, International Wildlife Law, 1985, S. 145.

409 Vgl. *CAFF*, AFF, 2001, S. 249.

410 So auch *Bowman*, International Treaties and the Global Protection of Birds: Part I, JEL 11 (1999), S. 87 (107).

411 Das Standing Committee ist das Verwaltungsorgan der Konvention, es besteht aus Vertreten der Vertragsparteien, Beobachtern und Internationalen Organisationen, Art. 13–15.

412 Convention on the Conservation of European Wildlife and Natural Habitats, Standing Committee, Recommendation No. 56 (1997) concerning guidelines to be taken into account while making proposals for amendment of Appendices I and II of the Convention and while adopting amendments, 05.12.1997, https://wcd.coe.int/ViewDoc.jsp?id=1487227&Site=DG4-Nature&BackColorInternet=DBDCF2&BackColorIntranet=FDC864&BackColorLogged=FDC864 (13.07.2014).

zählen sind, zu streichen.[413] Ferner wird im Zuge einer Erklärung des Standing Committees aus dem Jahre 2004 auf den regionalen Bezug des Beitrags der Konvention zum Erhalt der Biologischen Vielfalt hingewiesen.[414] Hinzu kommt, dass aus Informationsmaterialien des Europarates deutlich hervorgeht, dass Ziel der Berner Konvention der Erhalt der europäischen Arten ist.[415] Legt man diese Quellen zu Grunde, scheint eine Einbeziehung von Arten, die keinerlei Bezug zu Europa haben, nicht gewollt.[416] Dagegen spricht auch nicht, dass der Beitritt zur Konvention prinzipiell allen Staaten offen steht. Zwar ist die Konvention im Rahmen des Europarates geschlossen worden, bis zum Inkrafttreten der Konvention konnten jedoch neben den Mitgliedstaaten des Europarates auch alle Staaten der damaligen Europäischen Wirtschaftsgemeinschaft (EWG) und Staaten, sich bei der Ausarbeitung der Konvention beteiligt hatten, Vertragsparteien werden.[417] Nach Inkrafttreten der Berner Konvention ist der Beitritt allen eingeladenen Staaten möglich. Bis heute hat die Berner Konvention 50 Mitgliedstaaten, darunter beispielsweise auch Staaten wie Marokko und Tunesien.[418]

Zu erklären ist diese Öffnung für alle Staaten damit, dass die Berner Konvention auch wandernde Arten schützen will, die eben einen Teil ihrer Lebenszeit auch außerhalb Europas verbringen, aber dennoch einen Bezug zu Europa aufweisen.[419] Das bedeutet, dass vom Telos der Konvention nur Arten, die einen Bezug zu Europa haben, geschützt werden sollen.[420] Tatsächlich fallen aktuell jedoch dieses Ziel und der Anwendungs-

413 „[…] exclude species non-native to Europe; […]", Standing Committee, Recommendation No. 56 (1997), 05.12.1997.

414 Convention on the Conservation of European Wildlife and Natural Habitats, Standing Committee, Strasbourg Declaration on the role of the Berner Konvention in the preservation of biological diversity, 30.11.2004, https://wcd.coe.int/ViewDoc.jsp?id=1561487&Site=DG4-Nature&Back ColorInternet=DBDCF2&BackColorIntranet=FDC864&BackColorLogged=FDC864 (13.07.2014), lit. A.

415 Council of Europe, The Berner Konvention, Questions and Answers No. 9, 2007, http://www.coe.int/t/dg4/cultureheritage/nature/Bern/Documents/QR9_en.pdf (13.07.2014), S. 13 ff.

416 Vgl. im Ergebnis *Lyster*, International Wildlife Law, 1985, S. 149.

417 Vgl. Art. 19 Berner Konvention.

418 Vgl. Informationen des Europarates: http://conventions.coe.int/Treaty/Commun/ChercheSig.asp?NT=104&CM=8& DF=&CL=ENG (13.07.2014).

419 Vgl. *Lyster*, International Wildlife Law, 1985, S. 149.

420 So im Ergebnis auch *Lyster*, International Wildlife Law, 1985, S. 148; *Dejéant-Pons*, European Biodiversity: The Berner Konvention of 19 September 1979 on the Con-

bereich *ratione materiae* auseinander. Über eine teleologische Reduktion den Anwendungsbereich verkleinern zu wollen, würde bedeutet, den Rechtsanwendern und nicht der Konvention die Bestimmung des Anwendungsbereiches zu überlassen. Dies würde für Unsicherheiten sorgen und gleichzeitig den Schutz der Arten unter der Konvention schwächen. Sollten Arten aufgelistet sein, die keinen Bezug zu Europa haben, sind diese aktuell gemäß den vertraglichen Bestimmungen zu schützen.[421] Eine Ausweitung der Bestimmungen der Konvention auf Arten der Arktis, die bisher nicht gelistet sind, ist dadurch allerdings nur beschränkt möglich.

Aufgrund des Titels der Konvention stellt sich ferner die Frage, ob etwaige Umsetzungsmaßnahmen der Mitgliedstaaten auf den europäischen Kontinent beschränkt sind. Hierfür lassen sich jedoch keinerlei Anhaltspunkte finden. Dies würde auch dem Sinn der Konvention, die eben auch wandernde Arten schützen will, vgl. Art. 1, widersprechen.[422] Die Verpflichtungen der Vertragsparteien bezüglich bestimmter Umsetzungsmaßnahmen reichen über die Grenzen des europäischen Kontinents hinaus. So hat die EU nach der Berner Konvention auch Arten im gesamten Bereich der Hohen See der Arktis zu schützen.

bb) Regulierung der Nutzung lebender arktischer Ressourcen

Die Normen der Berner Konvention lassen sich in den Art. 4 bis Art. 12 finden. Neben Art. 4, der sich zunächst dem Habitatschutz der wildlebenden und bedrohten Arten der Flora und Fauna widmet, enthalten die Art. 5 bis 9 Normen zum unmittelbaren Artenschutz. Dabei beinhalten diese Artikel für umweltrechtliche Übereinkommen ungewöhnlich konkrete und somit justiziable Normen. So schreibt Art. 5 vor, dass zu verbieten ist, die in Anhang I aufgeführten Pflanzenarten „absichtlich zu pflücken, zu sammeln, auszugraben oder auszureißen".[423] Ebenso bestimmt ist Art. 6, der sich der Fauna widmet, in dem er insbesondere in Bezug auf

servation of European Wildlife and Natural Habitats, in: Macdonald (Hrsg.), Essays in Honour of Wang Tieya, 1994, S. 211 (214).

421 Vgl. im Ergebnis *Sands/Peel*, Principles of International Environmental Law, 2012, S. 487.

422 So im Ergebnis auch *Lyster*, International Wildlife Law, 1985, S. 147.

423 Nach der deutschen Übersetzung in BGBl. 1984 II S. 620; in authentischer Sprache: „[...] Deliberate picking, collecting, cutting or uprooting of such plants shall be prohibited [...]."

die in Angang II aufgeführten Arten bestimmte Handlungsweisen verbietet.[424] So ist zum Beispiel jede Form des absichtlichen Fangens, Haltens und des absichtlichen Tötens von Vertretern der Anhang II Arten von den Vertragsparteien zu untersagen.[425] Aber auch der Handel mit toten oder lebenden Tieren, sowie einige weitere Störungshandlungen[426] sind zu verhindern. Die in Anhang III aufgeführten Arten, deren Populationen stabil sind, sind Gegenstand der Regelung des Art. 7, der deutlich weicher formuliert ist und den Vertragsstaaten einen aus Umweltrechtsabkommen bekannt großen Umsetzungsspielraum einräumt.

Die Berner Konvention erscheint insbesondere aufgrund der unmittelbar anwendbaren Artenschutznormen der Art. 5 und Art. 6 als besonders geeignet, um die Nutzung der lebenden Ressourcen der Arktis zu reglementieren. Allerdings enthält das Übereinkommen verschiedene Möglichkeiten, diese strengen Normen aufzuweichen. Nach Art. 9 Abs. 1 haben die Mitgliedstaaten jeder Zeit die Möglichkeit, aus verschiedenen Gründen Ausnahmen von den Normen der Art. 4 bis Art. 8 in Bezug auf bestimmte Populationen zu machen, sofern es deren Bestand nicht schadet. Zwar ist alle zwei Jahre ein Bericht über die nach Art. 9 Abs. 1 vorgenommenen Ausnahmen an das Standing Committee fällig. Die erste Bewertung, wann eine Population Schaden nimmt, obliegt jedoch den Vertragsparteien. Hinzu kommt, dass die Berichte bisher relativ selten überhaupt und selbst wenn, dann nicht pünktlich bei dem Committee eintrafen.[427]

Auch die EU hat von der Möglichkeit des Art. 9 Abs. 1 Gebrauch gemacht. Nach dem gemäß Art. 9 Abs. 2 über die gemachten Ausnahmen abzugebenden Bericht,[428] schaffen auf Unionsebene die Vogelschutzrichtlinie (VSRL)[429] und die FFH-RL den Rahmen für die Anwendung

424 Art. 6: „[…] The following […] will be prohibited […]."

425 Vgl. Art. 6 Nr. 1 Berner Konvention.

426 Z. B. Brut- oder Raststätten stören, Beunruhigen der Tiere.

427 *Bowman*, International Treaties and the Global Protection of Birds: Part I, JEL 11 (1999), S. 87 (122).

428 Kommission, Bericht [SEC(2001) 515 endgültig – Nicht im Amtsblatt veröffentlicht], http://europa.eu/legislation_summaries/environment/nature_and_biodiversity/l28050_de.htm (13.07.2014).

429 Richtlinie 2009/147/EG vom 30. November 2009 über die Erhaltung der wildlebenden Vogelarten (Vogelschutzrichtlinie, VSRL), ABl. EU L 20 vom 26.01.2010 (kodifizierte Fassung), S. 1, zuletzt geändert durch Richtlinie 2013/17/EU des Rates

der Berner Konvention. Danach sind also auf Unionsebene die Normen der Berner Konvention nur so weit anwendbar, wie die FFH- oder Vogelschutzrichtline dieses vorgeben. Insofern ist diese Konvention bezüglich des Beitrages der Union zum Schutz arktischer biologischen Vielfalt wenig hilfreich, da sie nur so weit reicht, wie das sekundäre Unionsrecht es vorgibt. Aus diesem Grund muss besonderes Gewicht auf die Begutachtung der sekundären unionsrechtlichen Normen gelegt werden.

2. Maßnahmen zum Schutz wandernder Arten

Die wandernden Arten der Arktis nehmen eine wichtige Stellung im arktischen Ökosystem ein. Dies betrifft besonders die Avifauna[430] und marine Säuger. Ihr Schutz gestaltet sich besonders schwierig, da diese Arten verschiedene Hoheitsgebiete sowie Zonen jenseits souveräner Rechte und staatlicher Hoheitsbefugnisse durchqueren. Ein wirksamer Schutz kann aus diesem Grund nur durch internationale Kooperation erreicht werden. Speziell zu diesem Zweck wurden einige Abkommen geschlossen.

a) Bonner Konvention

Zunächst ist in diesem Zusammenhang die Bonner Konvention vom 23. Juni 1979 zu nennen.[431] Ziel dieser Konvention, dem auch die damalige EWG im Jahre 1982 beitrat,[432] ist es, den Erhalt wandernder, wild lebender Tiere zu sichern.[433]

Der Schutzansatz der Konvention kann in zwei Säulen geteilt werden. Die erste Säule versucht, besonders gefährdete, in Anhang I gelistete Arten unter bestimmte Schutznormen zu stellen. Die zweite Säule regt bezüglich vieler anderer Arten, zu deren Schutz eine Kooperation verschiedener Staaten notwendig ist, zum Abschluss von Schutzabkommen an.

---

vom 13. Mai 2013 zur Anpassung bestimmter Richtlinien im Bereich Umwelt aufgrund des Beitritts der Republik Kroatien, ABl. EU L 158 vom 10.06.2013, S. 193.

430 *CAFF*, Arctic Biodiversity Trends 2010, S. 31.

431 Übereinkommen zur Erhaltung der wandernden wild lebende Tierarten, 23.06.1979, 1651 UNTS 333 (Bonner Konvention).

432 Beschluss 82/461/EWG des Rates vom 24. Juni 1982 über den Abschluss des Übereinkommens zur Erhaltung der wandernden wild lebenden Tierarten, ABl. EG L 210 vom 19.07.1982, S. 11 ff.

433 Zu entnehmen der Präambel des Übereinkommens.

aa) Anwendbarkeit in der Arktis

Der Anwendungsbereich der Bonner Konvention ist nicht *ratione loci* begrenzt. Dieser bestimmt sich vielmehr über die in den Anwendungsbereich fallenden Arten, die in den Anhängen gelistet sind[434] in Verbindung mit den Jurisdiktionsmöglichkeiten der Vertragsparteien. Allerdings sind die meisten Verpflichtungen der Bonner Konvention nicht an alle Vertragsparteien adressiert, sondern werden nur den sogenannten Arealstaaten auferlegt. Dies sind gemäß Art. I Abs. 1 lit. h die Staaten, die „über einen Teil des Verbreitungsgebiets der wandernden Arten Hoheitsrechte ausüben". Ferner sind Arealstaaten auch Flaggenstaaten von Schiffen, „deren Tätigkeit darin besteht, im Bereich der Hohen See wandernde Arten aus der Natur zu entnehmen".[435] Aus dieser Definition ergibt sich, dass sich die Verpflichtungen der Arealstaaten und insofern auch die Regelungen der Bonner Konvention auch auf die Gebiete des Arktischen Ozeans jenseits nationaler Hoheitsrechte erstrecken können.[436] Obwohl die EU kein Staat ist, kann diese dennoch Arealstaat im Sinne der Bonner Konvention sein.[437] Die in Art. I Abs. 1 lit. h bezeichneten Hoheitsrechte leitet die EU von den Mitgliedstaaten ab.

Dem größten Teil des Schutzmechanismus der Bonner Konvention unterfallen die in den Anhängen gelisteten Arten.[438] Terrestrische Arten der Arktis finden sich dort generell eher selten. Rentiere, Bären oder Polarfüchse sind nicht aufgeführt. Ähnlich verhält es sich bei den

434 Anhang I listet die wandernden Arten auf, die vom Aussterben bedroht sind und Anhang II die Arten, deren Erhaltung von einer Kooperation der Vertragsstaaten profitieren würden. Der Anwendungsbereich *ratione materiae* umfasst, wie die Zielsetzung der Konvention es vermuten lässt, gemäß Art. I Abs. 1 lit. a lediglich Tiere, sowohl an Land, als auch zu Wasser lebend, vgl. *Wolff*, Fisheries and die Environment, 2002, S. 104. Damit ist diese Konvention nicht um den Schutz aller lebenden Ressourcen geeignet, da sie insbesondere nicht die arktische Flora schützt.

435 Art. I lit. h Bonner Konvention.

436 Für die Anwendbarkeit der Bonner Konvention in der Arktis im Ergebnis auch: *Trouwborst*, A Bird's-Eye View of Arctic Governance: Reflecting on the Role of International Law in Arctic Cooperation from a Bird Conservation Perspective, YPL 1 (2009), S. 410 (410).

437 Vgl. Art. 1 lit. k Bonner Konvention

438 Vgl. Appendices I and II of the Convention on the Conservation of Migratory Species of Wild Animals, (as amended by the Conference of the Parties in 1985, 1988, 1991, 1994, 1997, 1999, 2002, 2005, 2008 and 2011), Effective 23rd February 2012, http://www.cms.int/sites/default/files/instrument/appendices_e.pdf (13.07.2014).

Fischen.[439] Allerdings ist bei diesem Punkt nicht ganz klar, ob dies auf die Unvollständigkeit der Anhänge oder auf die Definition der wandernden Arten zurückzuführen ist.[440] Arten sind gemäß Art. I Abs. 1 lit. a wandernd, wenn ein bedeutender Teil der „Gesamtpopulation oder geographisch abgrenzbare Teilpopulation jeder Art […] zyklisch und vorhersehbar eine oder mehrere nationale Zuständigkeitsgrenzen überquert". Bezüglich der nicht gelisteten Arten der Arktis könnte das Merkmal der Vorhersehbarkeit Probleme bereiten. Viele der nicht gelisteten Arten der Arktis wandern nicht jährlich wiederkehrend über bestimmte Grenzen, wie dies häufig bei der Avifauna der Fall ist, die beispielsweise bei ihrem jährlichen Zug von südlicheren Gebieten in die Arktis verschiedene nationale Zuständigkeitsbereiche überquert.[441] Vielmehr leben Arten wie Bären oder Rentiere generell in extrem großen Habitaten. Diese Arten könnten von vornherein vom Anwendungsbereich der Bonner Konvention ausgenommen sein. Gegen ein solches Verständnis spricht jedoch, dass Arten wie der Berggorilla, der ebenfalls in großen Habitaten lebt und sich nicht unbedingt zeitlich vorhersehbar bewegt, seit dem Jahre 1979 in Anhang I gelistet ist.[442] Dies deutet darauf hin, dass ein derart eingegrenzter Anwendungsbereich der Konvention nicht gewollt ist.[443] Hinzu kommt, dass die zweite Vertragsstaatenkonferenz im Jahre 1988 das Merkmal „zyklisch" genauer definierte. Danach bedeutet „zyklisch" jeden Kreislauf der Natur wie jährliche oder tägliche Zyklen, klimatische aber auch sonst jede Arte von Zyklus.[444] Dieses Verständnis deutet darauf hin, dass nicht unbedingt eine zeitliche Vorhersehbarkeit bestehen muss, sondern sich diese Vorhersehbarkeit auch anders bestimmen kann.[445]

---

439 Viele Arten sind nicht gelistet, wie der Grönländische Heilbutt, verschiedene Dorscharten, Wolfsfische oder die Lodde.

440 Zu dem Problem der Definition wandernder Arten vgl. auch *Lyster*, International Wildlife Law, 1985, S. 281 f.

441 Vgl. auch *Trouwborst*, A bird's eye view of the Arctic Governance: Reflecting on the Role of International Law in Arctic Cooperation from a Bird Conservation Perspective, YPL 1 (2009), S. 401 (403 f.).

442 Vgl. so auch *Lyster*, International Wildlife Law, 1985, S. 281 f.

443 Vgl. im Ergebnis *Lyster*, International Wildlife Law, 1985, S. 282.

444 Convention on Migratory Species (CMS), Resolution 2.2, Guidelines of the Application of Certain Terms of the Convention, 14.10.1988 (CMS Doc. Resolution 2.2), http://www.cms.int/sites/default/files/document/Res2.2_E_0_0.pdf (13.07.2014), para 1 lit. a (i).

445 Vgl. CMS Resolution 2.2, para. 1 lit. a (ii).

Insofern ist festzuhalten, dass die Anhänge der Bonner Konvention mit Blick auf die bedrohte arktische Fauna unvollständig sind. Etwas anderes gilt nur für die arktische Avifauna.

bb) Regulierung der Nutzung lebender arktischer Ressourcen

Die Tatsache, dass die überwiegende Anzahl der Regelungen der Bonner Konvention an Arealstaaten adressiert ist, führt zu einigen Schwächen der Konvention. Außerhalb der von nationalen Hoheitsrechten überlagerten Gebieten, ist die Qualifikation als Arealstaat davon abhängig, dass Arten von diesem Staat aus der Natur entnommen werden. Entnahme aus der Natur bedeutet gemäß Art. I lit. i Bonner Konvention „Jagen, Fischen, Fangen, absichtliches Beunruhigen, vorsätzlich Töten oder jeden derartigen Versuch". Aufgrund der Tatsache, dass die Konvention zwar Absicht bezüglich des Beunruhigens erfordert, nicht aber in Bezug auf das Fangen, ist davon auszugehen, dass die Bonner Konvention unter Entnahme auch Varianten des Fangs fasst, die nicht zielgerichtet erfolgen.[446] Dies ist aus dem Grund bedeutend, dass insbesondere viele marine wandernde Arten als Beifang verenden, weil diese sich in Fischernetzen oder Langleinen verfangen und dadurch nicht zum Atmen an die Wasseroberfläche zurück gelangen. Zwar kann die Auffassung vertreten werden, dass aufgrund der zusätzlichen Auflistung des Tötens nur die Tiere gefangen sind, die noch leben. Tote Exemplare wären dann nur bei vorsätzlichem Töten der Natur entnommen. Dies führt zu Fragen hinsichtlich des Verständnisses von Vorsatz. Sind Vertragsparteien der Bonner Konvention der Ansicht, dass vorsätzliches Töten Absicht erfordert, wäre der tote Beifang eines Exemplars gerade kein vorsätzliches Töten. Vertreten Staaten also sowohl die Ansicht, dass der tote Beifang keine Form des Jagens ist und vorsätzliches Töten Absicht bezüglich des Todes des Tieres erfordert, können sich diese ohne größeren Rechtfertigungsaufwand den an Arealstaaten adressierten Verpflichtungen der Konvention in Bezug auf typische Beifangarten entziehen. Eine solche Interpretation der Entnahme würde dazu führen, dass zwar der Beifang von lebenden, nicht aber von toten Exemplaren die

446 Vgl. im Ergebnis *Trouwborst*, Migratory Species Conservation in Warming Polar Oceans, with particular Reference to Seabirds, in: Molenaar/Oude Elferink/Rothwell (Hrsg.), The Law of the Sea and the Polar Regions, 2013, S. 163 (176).

Qualifikation als Arealstaat eröffnet, obwohl der Tod des Tieres deutlich gravierende Auswirkungen auf den Erhalt der Art hat.

Mit Blick auf die Ziele der Konvention scheint dieses Ergebnis widersinnig. So muss daher zu einem Verständnis von Entnahme gelangt werden, dass den kompletten Beifang einschließt. Dieses Ergebnis gilt auch mit Blick auf die Vertragsstaatenkonferenzen, die sich häufig mit der Problematik des Beifangs beschäftigt haben.[447] Auf welches Merkmal der Entnahme dabei der tote Beifang zu stützen ist, ist nicht abschließend geklärt. So bleibt es bei dem Problem, dass im Zweifelsfall den Staaten ein Argumentations- und Auslegungsspielraum in Bezug auf die Erfassung der Risiken des Beifangs unter der Bonner Konvention verbleibt.

Eine weitere Schwäche der Bonner Konvention ergibt sich dadurch, dass es den Vertragsparteien obliegt, sich für bestimmte Arten beim Sekretariat der Bonner Konvention[448] als Arealstaat zu benennen.[449] Auch diese Regelung bietet Vertragsparteien die Möglichkeit, sich in Bezug auf bestimmte gelistete Arten den Verpflichtungen zum Schutz dieser zu entziehen. Auch die EU ist bisher nicht Arealstaat für alle in der Arktis vorkommenden wandernden Arten, auf die ein Zugriff seitens der EU sicherlich möglich wäre.[450]

Normen zum Schutz der Arten enthält die Bonner Konvention primär in den Art. II bis Art. IV. Die meisten dieser Normen sind jedoch, wie in umweltvölkerrechtlichen Verträgen üblich, nur Rahmenvorschriften,[451] die den Vertragsparteien einen weiten Umsetzungsspielraum belassen. So wird gemäß Art. III Abs. 4 lit. c Bonner Konvention beispielsweise von den Arealstaaten die Bemühung zur Unterbindung von gefährdenden Einflüs-

---

447 CMS, Resolution 6.2, By-Catch, November 1999, http://www.cms.int/sites/default/files/document/Res6.02_E_0_0.pdf (13.07.2014); CMS, Resolution 8.14, By-Catch, 2005, (CMS Doc. UNEP/CMS/Resolution 8.14), http://www.cms.int/sites/default/files/document/CP8Res_8_14_Bycatch_eng_0.pdf (13.07.2014); CMS, Resolution 10.14, By-Catch of CMS-listed Species in Gillnet Fisheries, 2011 (CMS Doc. UNEP/CMS/Resolution 10.14), http://www.cms.int/sites/default/files/document/10_14_bycatch_e_0_0.pdf (13.07.2014).

448 Art. IX Bonner Konvention.

449 Art. VI Abs. 2 Bonner Konvention.

450 So ist die EU beispielsweise nicht als Arealstaat des Narwales gelistet, Liste der Arealstaaten der wandernden Arten, Stand November 2011, List of Range States of Migratory Species included in the CMS Appendices, http://www.cms.int/dugong/sites/default/files/document/inf_05_range_states_list_0.pdf (13.07.2014).

451 *Birnie/Boyle/Redgwell*, International Law and the Environment, 2009, S. 681.

sen auf die Anhang I gelisteten Arten gefordert. Neben derartigen Rahmennormen wird das in der Bonner Konvention liegende Potential zum Schutz eines Teils der arktischen biologischen Vielfalt durch die Norm des Art. III Abs. 5 verstärkt. Danach ist von den Arealstaaten zu verbieten, Tiere der in Anhang I gelisteten Arten aus der Natur zu entnehmen. Dieses Verbot bezieht sich auf das einzelne Tier, sprich das einzelne Exemplar dieser Art. Allerdings tritt auch hier erneut die Frage auf, ob Entnahme auch die nicht zielgerichtete Tötung oder Störung erfasst. Neben der Tatsache, dass die Vertragsparteien im Zweifelsfall geneigt sein werden, hier eine Auslegung zu ihren Gunsten zu wählen, leidet der tatsächliche Effekt der Regelung des Art. III Abs. 5 unter den dort enthaltenen verschiedenen Ausnahmetatbeständen. Von dem Verbot der Entnahme aus der Natur können danach aus wissenschaftlichen, kulturellen oder außerordentlichen Gründen, sowie wenn es die Überlebenschance der Art erhöht, Ausnahmen gemacht werden. Hinzu kommt, dass nur Arten des Anhangs I dem Schutz des Art. III Abs. 5 Bonner Konvention unterfallen. Gefährdete und nur in der Arktis vorkommende Arten wie der Belugawal,[452] der Narwal oder die Kegelrobbe finden sich lediglich in Anhang II. Ihr Schutz, unterfällt der zuvor bezeichneten zweiten Säule und hängt maßgeblich vom Abschluss weiterer völkerrechtlicher Übereinkommen ab.

Insofern obliegt der Schutz der arktischen Fauna weitgehend der Regelung des Art. IV Bonner Konvention. Sowohl Art. IV Abs. 3 als auch Art. IV Abs. 4 sehen den Abschluss von Abkommen zum Schutz wandernder wild lebender Tiere als geeignete Schutzmaßnahme. Dabei fordert Art. IV Abs. 3 von den Arealstaaten ein Bemühen um den Abschluss von Abkommen bezüglich des Schutzes von Anhang II Arten. Art. IV Abs. 4 hingegen sieht lediglich das Ergreifen von Maßnahmen seitens der Vertragsparteien der Konvention in Hinblick auf den Abschluss eines Abkommens vor, das sich generell auf alle wild lebenden wandernden Tiere bezieht, unabhängig von deren Listung in den Anhängen. Maßnahmen im Sinne von Art. IV Abs. 4 Bonner Konvention können beispielsweise Memoranda of Understanding, Resolutionen der Vertragsstaatenkonferenzen oder auch der Abschluss von verbindlichen Abkommen sein.[453] In

452 Zur Gefährdung vgl. *CAFF*, AFF, 2001, S. 249.

453 CMS Resolution 2.6, Implementation of Articles IV and V of the Convention, 14.10.1988 (CMS Doc. Resolution 2.6), http://www.cms.int/sites/default/files/document/Res2.6_E_0_0.pdf (13.07.2014), para.3; vgl. auch *Caddell*, Biodiversity Loss

Hinblick auf Arten, die nicht in den Anhängen der Bonner Konvention gelistet sind, sind die von den Vertragsparteien gemeinsam zu ergreifenden Maßnahmen insofern flexibler.[454]

Bis heute wurde sieben Abkommen unter Art. IV geschlossen.[455] Darunter unter Anderem das Abkommen zur Erhaltung der der afrikanisch-eurasischen wandernden Wasservögel (Afrikanisch-eurasische Wasservögel Abkommen, AEWA)[456] oder das Übereinkommen zum Schutz der Wale des Schwarzen Meeres, des Mittelmeeres und der angrenzenden Atlantischen Zonen.[457] Von diesen sieben geschlossenen Abkommen, sind vier Abkommen solche im Sinne des Art. IV Abs. 3,[458] der die Arealstaaten von Anhang II Staaten zu einem Abschluss von Abkommen animiert. Die drei weiteren Abkommen[459] sind solche im Sinne des Art. IV Abs. 4. Bisher ist die EU allerdings nicht Vertragspartei aller sieben Abkommen.

Neben diesen Abkommen existieren bisher 19 Memoranda of Understanding.[460] Sie sind Absichtserklärungen ohne rechtsverbindliche Wir-

---

and the Prospects for International Cooperation: EU Law and the Conservation of Migratory Species of Wild Animals, YEEL 8 (2008), S. 218 (228).

454 In Bezug auf die Flexibilität der Momoranda of Understanding vgl. *Proelß*, Mirgatory Species, International Protection, in: Wolfrum (Hrsg.), The Max Planck Encyclopedia of Public International Law, 2008, online edition www.mpepil.com, Stand: Februar 2009, Rn. 12.

455 Vgl. Information der Homepage der Konvention: http://www.cms.int/publications/agr_sum_sheets.htm (13.07.2014).

456 Agreement on the Conservation of African-Eurasien Water Birds, 16.06.1995, EMuT 995:45 (deutsche Übersetzung in: ABl. EU L 345 vom 08.12.2006, S. 26, Abkommen zur Erhaltung der afrikanisch-eurasischen Wasservögel (AEWA)).

457 Agreement on the Conservation of Small Cetaceans of the Black Sea, Mediterranean Sea and Contiguous Atlantic Area, 24.11.1996, 36 ILM 777 (Übereinkommen zum Schutz der Wale des Schwarzen Meeres, des Mittelmeeres und der angrenzenden Atlantischen Zonen).

458 AEWA; Abkommen zur Erhaltung der europäischen Fledermauspopulationen vom 10.09.1991, BGBl. 1993 II S. 1107; Agreement on the Conservation of Albatrosses and Petrels, 19.06.2001, 2258 UNTS 257 (Übereinkommen zum Schutz der Albatrosse und Sturmvögel); Agreement on the Conservation of Gorillas and their Habitats, 24.10.2007, http://www.cms.int/sites/default/files/instrument/Scanned_Agreement_text_E.pdf (13.07.2014).

459 Abkommen zur Erhaltung der Kleinwale in der Nord- und Ostsee, des Nordostatlantiks und der Irischen See, 17.03.1992, 1772 UNTS 217; Übereinkommen zum Schutz der Wale des Schwarzen Meeres, des Mittelmeeres und der angrenzenden Atlantischen Zonen; Abkommen zur Erhaltung der Seehunde im Wattenmeer, 16.10.1990, BGBl. 1991 II S. 1308.

460 CMS Resolution 2.6, para.3.

kung.[461] Als für die Fauna der Arktis relevantes Beispiel kann hier das Memorandum of Understanding zum Nonnenkranich[462] vom 1. Juli 1993 genannt werden.[463] In diesem wird die Zusammenarbeit der Vertragsparteien erneut gefordert und mit einem „Erhaltungsplan" für diese Art verbunden. Hinzu kommt, dass Maßnahmen angeordnet werden, um die traditionellen Brut-, Sammel- und Überwinterungsgebiete zu erhalten. Hieran lässt sich beispielhaft erkennen, dass die Memoranda of Understanding den Schutz einiger Arten konkretisieren können.

Bei der Bonner Konvention handelt es sich im Ergebnis um ein Abkommen mit erneut lediglich potentiellem Wert für die Arktis. Der tatsächliche Beitrag dieses Abkommens zum Schutz der arktischen Fauna hängt primär vom Abschluss weiterer Schutzabkommen im Sinne des Art. IV ab. Der Anhang I, der zum direkten Schutz einer Art führen kann, listet bisher wenig arktische Arten. Generell wäre es wünschenswert, die Anhänge auf weitere Arten der Arktis auszudehnen. Dies dürfte aufgrund der bereits dargestellten politischen Schwierigkeiten im Bereich der Arktis aktuell wohl unwahrscheinlich sein.[464] Hinzu kommt, dass Teile der arktischen biologischen Vielfalt einem weniger stringenten Schutz unterliegen, indem die Bonner Konvention Auslegungsspielraum bezüglich der Erfassung der Problematiken des Beifangs belässt.

b) Abkommen zur Erhaltung der der afrikanisch-eurasischen wandernden Wasservögel

Ein weiteres Abkommen, das sich mit dem Erhalt wandernder Arten beschäftigt, ist das soeben erwähnte AEWA vom 16. Juni 1995, welches das wohl bedeutendste unter Art. IV Abs. 3 Bonner Konvention geschlos-

461 So zum Beispiel CMS, Memorandum of Understanding on the Conservation of Migratory Birds of Prey in Africa and Eurasia, 22.10.2008, CMS Convention Text, Agreements and MOUs, Volume III – MOUs, 2011, S. 108 ff., para. 2; Memorandum of Understanding on the Conservation of Migratory Sharks, 12.12.2010, CMS Convention Text, Agreements and MOUs, Volume III – MOUs, 2011, S. 125 ff., Abschnitt 1, para. 1.

462 Zum Vorkommen des Nonnenkranichs in der Arktis, vgl. *CAFF*, AFF, 2001, S. 249.

463 CMS, Memorandum of Understanding concerning Conservation Concerning Measures for the Siberian Crane, 13.12.1998, CMS Convention Text, Agreements and MOUs, Volume III – MOUs, 2011, S. 3 ff., Basic Principle, para. 1.

464 Vgl. dazu oben, S. 67.

sene Abkommen darstellt.[465] Dieses Abkommen, dem die EU im Jahre 1995 beitrat,[466] schützt aktuell[467] 255 Vogelarten. Im Wesentlichen soll AEWA erreichen, afrikanisch-eurasische Wasservögel in einer günstigen Erhaltungssituation zu belassen, beziehungsweise wieder in eine solche zu bringen.[468]

aa) Anwendbarkeit in der Arktis

Gemäß Art. I Abs. 1 umfasst der Anwendungsbereich AEWAs *ratione loci* das Gebiet der Wandersysteme der afrikanisch-eurasischen Wasservögel, das Hoheitsgebiete von über 100 Staaten einschließt.[469] Dieses wird in Anlage I des Abkommens genauer bestimmt. Auch weite Gebiete der Arktis fallen danach in den Anwendungsbereich.[470]

Welche Wasservögel unter den Anwendungsbereich des Abkommens fallen, regelt im Wesentlichen die Listung der verschiedenen Arten in Anhang II. Unter den 255 gelisteten Arten finden sich auch viele Vögel, die zur Avifauna der Arktis zu zählen sind.[471] Insofern geht AEWA über die Anforderungen des Art. IV Abs. 3 Bonner Konvention hinaus, indem es nicht nur den Schutz der in Anhang II der Bonner Konvention gelisteten Arten umfasst, sondern auch weitere Arten einschließt.

---

465 Vgl. *Caddell*, International Law and the Protection of Migratory Wildlife: An Appraisal of Twenty-Five Years of the Bonn Convention, Colo. J. Int'l Envtl. Law & Policy 16 (2005), S. 113 (132).

466 Beschluss 2006/871/EG des Rates vom 18. Juni 2005 über den Abschluss des Abkommens zur Erhaltung der afrikanisch-eurasischen wandernden Wasservögel im Namen der Europäischen Gemeinschaft, ABl. EG L 345 vom 08.12.2006, S. 24.

467 Stand: 13.07.2014.

468 Vgl. Art II Abs. 1 AEWA.

469 Vgl. *Adam*, Waterbirds, the 2010 Biodiversity Target, and Beyond: AEWA's Contribution to Global Biodiversity Governance, Environmental Law 38 (2008), S. 87 (96).

470 Vgl. *Trouwborst*, A bird's eye view of the Arctic Governance: Reflecting on the Role of International Law in Arctic Cooperation from a Bird Conservation Perspective, YPL 1 (2009), S. 401 (416).

471 Die Bedeutung AEWAs für die Arktis verdeutlicht auch die Kooperation von CAFF mit dem AEWA Sekretariat, vgl. Resolution on Cooperation between the Secretariat of the African-Eurasian Migratory Waterbirds Agreement and the Conservation of Arctic Flora and Fauna Working Group, 12.07.2012, http://www.caff.is/images/Press_releases/roc_aewa_caff_FINAL.pdf (13.07.2014).

bb) Regulierung der Nutzung lebender arktischer Ressourcen

Die entscheidenden Regelungen AEWAs, die Vorgaben zur Regulierung der Ressourcennutzung machen, lassen sich in den Art. II bis IV finden. Dabei richten sich diese Regelungen im Gegensatz zur Bonner Konvention nicht nur an Arealstaaten, sondern an alle Vertragsparteien.[472] Allerdings regelt Art. II Abs. 1 AEWA, dass die Vertragsparteien die Maßnahmen der Art. III und IV „within their national jurisdiction“[473] anzuwenden haben. Diese Formulierung erweckt den Eindruck, dass die Schutzmaßnahmen der Art. III und IV nur in Gebieten, in denen die Staaten mindestens beschränkte Hoheitsbefugnisse haben, anzuwenden sind. Dann würden die Verpflichtungen aus AEWA nicht bis in den zentralen Arktischen Ozean reichen, sondern sich auf die Territorien sowie Wirtschaftszonen der Vertragsparteien beschränken. Für ein solches Verständnis spricht der Vergleich dieser Formulierung mit anderen Abkommen. Gerade wenn es um souveräne Rechte und Hoheitsbefugnisse im Bereich der Gewässer geht, bietet sich ein Vergleich zu Formulierungen des SRÜ an. Dieses verwendet „limits of national jurisdiction“ immer in einem Kontext, indem es um die Abgrenzung des Gebietes von Bereichen mit mindestens Hoheitsbefugnissen der Vertragsparteien des SRÜ geht.[474] Dies lässt eine Interpretation von Art. II Abs. 1 AEWA in die Richtung zu, die zu einer Beschränkung der Anwendbarkeit AEWAs auf Territorien und Wirtschaftszonen der Vertragsparteien führt. Die Verpflichtungen von AWEA sind insofern für den marinen Bereich allein an Küstenstaaten adressiert. Dieses Verständnis verstärkt sich bei Lektüre des nach Art. IV AEWA zu schaffenden Aktionsplans, der in para. 2.1.1. bestimmte Schutzmaßnahmen im Rahmen eines Aktionsplans für „parties with populations“ vorschreibt, hier also eine Form von Zuordnung der zu schützenden Art zu der Vertragspartei als Voraussetzung für eine Verpflichtung dieser Partei sieht. Für eine regionale Begrenzung der Verpflichtungen aus Art. III und IV AEWA spricht ferner der Beschluss des Rates über den Abschluss von AEWA.[475] Art. 3 Abs. 3 dieses Beschlusses besagt, dass Änderungen von AEWA durch die Kommission nur dann beschlossen werden dürfen, wenn diese nicht über den Rahmen der VSRL hinaus gehen. Insofern ist davon auszugehen,

472 Art. I Abs. 2 lit. e AEWA.

473 Art. I Abs. 1 AEWA.

474 Vgl. Präambel Punkt 6; Art. 1 Abs. 1 para. 1; Art. 142 Abs. 1; Art. 208 SRÜ.

475 Beschluss des Rates 2006/871/EG, S. 24.

dass Verpflichtungen aus AEWA nicht weiter als die der VSRL reichen sollen. Die VSRL erfasst in ihrem Anhang nicht alle in AEWA gelisteten 255 Vogelarten, sodass davon ausgegangen werden muss, dass die sich für die EU ergebenden Verpflichtungen aus AEWA sich nicht auf alle gelisteten Arten beziehen können. Eine Einschränkung wird hier über die räumliche Begrenzung der Pflichten erreicht. Dies führt im Ergebnis dazu, dass die Verpflichtung der EU für die Arten mit Bezug zu den Gebieten mir Hoheitsrechten der Mitgliedstaaten besteht. Arten der Arktis, auf die über Schiffe der Union im Bereich der Hohen See zugegriffen werden könnte, muss die EU jedenfalls auf Grundlage von AEWA nicht schützen.

AEWAs Vorteil gegenüber der Bonner Konvention besteht insbesondere darin, dass der in Art. IV AEWA vorgesehene Aktionsplan zu einer Konkretisierung der Schutznormen der Art. III Abs. 4 und Abs. 5 Bonner Konvention führt. Art. III Abs. 2 lit. a AEWA regelt, dass die 255 gelisteten Vogelarten unter einen Schutz gestellt werden, wie dieser nach Art. III Abs. 4 und Abs. 5 Bonner Konvention besteht. Para. 2.1.1. des Aktionsplans spezifiziert dann diese Regelung in Bezug auf die in seiner Tabelle gelisteten Arten.[476]

Neben den unmittelbaren Artenschutznormen sieht der Aktionsplan noch Regelungen zum Habitatschutz sowie zur Steuerung menschlicher Tätigkeiten und zur Forschung vor. Dabei werden insbesondere die Jagd und der Ökotourismus als negative menschliche Einflüssen identifiziert.[477] Die in diesem Kontext vorgesehenen Normen bleiben jedoch sehr unbestimmt.

AEWA ist mit Blick auf die Arktis ein Abkommen von großer Bedeutung, was nicht zuletzt auf seinen weiten Anwendungsbereich *ratione loci und materiae* und den ambitionierten Aktionsplan zurückzuführen ist. Der Einfluss AEWAs ist in der Unionrechtsordnung für die arktischen Arten vorhanden, die beispielsweise auf ihren Zugrouten im Hoheitsgebiet der Mitgliedstaaten der Union einen Zwischenstopp einlegen. Darüber hinaus geht dieser jedoch nicht. In den arktischen Gewässern werden nur die Arten in den AWZs der Küstenstaaten geschützt. Problematisch ist diese Begrenzung der AEWA-Schutzmaßnahmen aus dem Grund, dass

476 Vgl. para. 1.1. Aktionsplan AEWA, Anlage III.

477 Die zugrundliegende vertragliche Bestimmung bietet Art. III Abs. 2 lit. a AEWA i. V. m. Art. III Abs. 4 Bonner Konvention.

Seevögel häufig als Beifang, auch im Bereich der Hohen See, enden. Diese Problematik ist auch für die Hohe See der Arktis zu befürchten.

3. Maßnahmen zur Erhaltung und Bewirtschaftung mariner Ressourcen

Von herausragender Bedeutung für den Erhalt der arktischen biologischen Vielfalt sind die Ressourcen des aArktischen Ozeans, deren Bestand durch die Nutzung des Menschen gefährdet wird. Zu diesen lebenden marinen Ressourcen zählen alle lebenden Komponenten des marinen Ökosystems,[478] die einen ökonomischen Nutzen habe können. Darunter fallen Pflanzen, Fische und auch marine Säuger. Unter letztere zu subsumieren sind zumindest die Tiere, die ihr Leben im oder sehr nah zum Meer verbringen.[479] Insofern umfasst der Begriff der marinen Säuger insbesondere Wale, aber auch Robben.[480] Einige Vertreter der Avifauna wie Albatrosse und Sturmvögel werden ebenfalls zu den marinen Ressourcen gezählt.[481] Diese sind jedoch weniger Gegenstand des Schutzes spezieller Abkommen zum Schutz und zur Erhaltung der marinen Ressourcen, sondern werden durch die Bonner Konvention, AEWA oder das Übereinkommen zum Schutz der Albatrosse und Sturmvögel, zu dem die EU jedoch nicht Vertragspartei ist, geschützt.

478 Vgl. z. B. Art. 1 lit. c Convention on Future Multilateral Cooperation in North East Atlantic Fisheries, 18.11.1980, 1285 UNTS 129 (Übereinkommen über die künftige multilaterale Zusammenarbeit auf dem Gebiet der Fischerei im Nordostatlantik-NOAFÜ) i. d. F. der „Neue" Konvention with amendments in 2004 and 2005 http://www.neafc.org/system/files/london-declarlation_and_new_convention.pdf (13.07.2014) („Neue" Konvention), lautet: „„*Living marine resources*" means all living components of marine ecosystems." Die Änderungen des NOAFÜ wurden bisher nicht ratifiziert; allerdings einigten sich die Vertragsparteien die „Neue" Konvention vorläufig anzuwenden.

479 Vgl. *Proelß*, Marine Mammals, in: Wolfrum (Hrsg.), The Max Planck Encyclopedia of Public International Law, 2008, online edition www.mpepil.com, Stand Juli 2007, Rn. 1.

480 Vgl. *Proelß*, Marine Mammals, in: Wolfrum (Hrsg.), The Max Planck Encyclopedia of Public International Law, 2008, online edition www.mpepil.com, Stand Juli 2007, Rn. 1; aus naturwissenschaftlicher Sicht vgl. *CAFF*, AFF, 2001, S. 220; teilweise wird sogar der Eisbär zu den marinen Ressourcen gezählt, vgl. *Bankes*, The Conservation and Utilization of Marine Mammals in the Arctic Region, in: Molenaar/Oude Elferink/Rothwell (Hrsg.), The Law of the Sea and the Polar Regions, 2013, S. 293 (293).

481 *Sands/Peel*, Principles of International Environmental Law, 2012, S. 429.

Den wirtschaftlich interessantesten Teil der lebenden marinen Ressourcen bilden die Fischereiressourcen. Zu diesen zählen nicht nur Fisch im engeren Sinne, sondern auch Schalen- und Weichtiere des Ozeans.[482] Nicht ganz so deutlich lässt sich die Frage beantworten, ob der völkerrechtliche Begriff der Fischereiressourcen auch marine Säuger einbezieht. Bei der überwiegenden Anzahl an Unionsabkommen, die auf Fischereiressourcen abstellen, ist dies der Fall. Dennoch kann bezüglich dieser Definition keine allgemeine Aussage getroffen werden. Vielmehr ist für jedes Abkommen einzeln festzustellen, wie es Fischereiressourcen definiert.[483]

Hauptnutzungsfaktor der Fischereiressourcen ist eindeutig der Fang zur späteren Nahrungsgewinnung. Die EU ist einer der drei größten Fischfang-Akteure[484] und einer der Hauptkonsumenten der arktischen Fischereiressourcen.[485] Ungefähr 60% der norwegischen und 80% der isländischen Fischexporte wurden im Jahre 2008 in die EU geliefert.[486] Dabei sind gerade Island und Norwegen die Nationen, welche die größten Fangmengen in arktischen Gewässern zu verzeichnen haben. In den Jahren 1990 bis 2006 fischten diese rund 74% der in der Arktis gefangenen Gesamtmenge ab.[487] Über Schiffe unter der Flagge der Mitgliedstaaten der EU betreibt diese auch selbst Fischerei in arktischen Gewässern.[488] Nach Angaben der EU wird derzeit vor allem in der Barentssee und entlang der isländischen und norwegischen Küsten gefischt.[489] Hinzu kommt, dass auf

482 Auch das NOAFÜ i. d. F. der „Neuen" Konvention definiert Fischereiressourcen. Darunter fallen Fisch, aber auch sesshafte und nicht sesshafte Weich- und Krustentiere, Art. 1 lit. b lautet: „„*Fishery resources*" means resources of fish, molluscs, crustaceans and including sedentary species […]." Vgl. auch *Birnie/Boyle/Redgwell*, International Law and the Environment, 2009, S. 702.

483 Diese Problematik besteht ebenfalls in Hinblick auf den Begriff der Fischerei.

484 *Yagi*, High Seas Fisheries Today: Challenges and Remedies under the Global Economy, Vidas/Schei (Hrsg.), The World Ocean in Globalization, 2011, S. 209 (211).

485 *Barnes*, International Regulation of Fisheries Management in Arctic Waters, GYIL 54 (2011), S. 193 (200).

486 *Rudloff*, Fisch im Wasser? Die EU und die Arktisfischerei, osteuropa 61 (2011), Heft 2–3, Logbuch Arktis, S. 163 (174).

487 *Rudloff*, Fisch im Wasser? Die EU und die Arktisfischerei, osteuropa 61 (2011), Heft 2–3, Logbuch Arktis, S. 163 (171).

488 Zu den Fischfangebieten der EU in Nordatlantik vgl. Informationen der Kommission: http://ec.europa.eu/fisheries/documentation/publications/poster_tac2011_en.pdf (13.07.2014).

489 Mitteilung der Kommission an das Europäische Parlament und den Rat – Die Europäische Union und die Arktis, 21.11.2008, KOM (2008) 763, S. 8, para 3.2.

europäischer Ebene bekannt ist, dass aufgrund von Veränderungen in der arktischen Umwelt die Fanggebiete der EU in Zukunft ausgeweitet werden können.[490] Insofern besteht ein besonderes Interesse der EU an den Möglichkeiten der arktischen Fischerei.[491]

Für die EU bestehen einige völkerrechtlichen Verpflichtungen zur Regulierung der Nutzung lebender mariner Ressourcen, die von Schiffen unter der Flagge ihrer Mitgliedstaaten vorgenommen wird. Dabei sind diese Verpflichtungen nicht nur als Bestandteil des Unionsrechts von Bedeutung, sondern vor dem Hintergrund der Fischerei außerhalb von Gebieten mit souveränen Rechten und nationalen Hoheitsbefugnissen unerlässlich. Dort besteht nicht nur für die EU die Möglichkeit zur Fischerei, sodass internationale Kooperation dringend erforderlich ist, wenn die marinen Ressourcen langfristig erhalten bleiben sollen.

a) Seerechtsübereinkommen

aa) Anwendbarkeit in der Arktis

Einen definierten Anwendungsbereich hat das SRÜ nicht. Als „Constitution for the Ocean"[492] ist es uneingeschränkt auf den Ozean oder das Meer anwendbar.[493] Nach der „klassischen Definition" umfasst das Meer „den

490 Mitteilung der Kommission an das Europäische Parlament und den Rat – Die Europäische Union und die Arktis, 21.11.2008, KOM (2008) 763, S. 8, para 3.2.

491 *Koivurova/Molenaar/VanderZwaag*, Canada, the EU, and Arctic Ocean Governance: A Tangled and Shifting Seascape and Future Directions, JTLP 18 (2009), S. 247 (273).

492 *Koh*, A Constitution for the Ocean, 1982, http://www.un.org/depts/los/convention_agreements/texts/koh_english.pdf (13.07.2014). Zur Verwendung dieses Begriffs, vgl. z. B. *Harrison*, Making the Law of the Sea, 2011, S. 48; *Molenaar*, Arctic Fisheries Conservation and Management: Initial Steps of Reform of the International Legal Framework, YPL 1 (2009), S. 472 (433); *de la Fayette*, A New Regime for the Conservation and Sustainable Use of Marine Biodiversity and Genetic Resources Beyond the Limits of National Jurisdiction, IJMCL 24 (2009), S. 221 (223); *Rothwell*, Polar Ocean Governance in the 21st Century, Ocean Yearbook 26 (2012), S. 343 (344); *Anderson*, The Role of Flag States, Port States, Costal States and International Organizations in the Enforcement of International Rules and Standards Governing the Safety of Navigation and the Prevention of Pollution from Ships under the UN Convention on the Law of the Sea and other International Agreements, SJICL 2 (1998), S. 557 (557).

493 Vgl. *Proelß*, Meeresschutz im Völker- und Europarecht, 2004, S. 74.

gesamten miteinander verbundenen salzhaltigen Wasserkörper."[494] Der Begriff des Meeres im SRÜ geht jedoch über dieses historische Verständnis hinaus und schließt auch den Festlandsockel, sowie den Meeresboden mit ein.[495] Das bedeutet für das SRÜ eine Anwendung auf alle Weltmeere und deren Zonen und damit auch unproblematisch für den Arktischen Ozean.[496] Ein weiteres Indiz für eine Anwendbarkeit des SRÜ auf die Arktis lässt sich darin erkennen, dass das SRÜ in Art. 234 SRÜ Rechte für Küstenstaaten auch in eisbedeckten Gebieten vorsieht.

bb) Regulierung der Nutzung lebender arktischer Ressourcen

(1) Nutzung lebender Ressourcen im Küstenmeer und der AWZ

Neben der Hoheit, die die Küstenstaaten aufgrund der Souveränität über ihr Küstenmeer ausüben,[497] verfügen diese auch über souveräne Rechte und Hoheitsbefugnisse in ihrer AWZ.[498] Art. 56 Abs. 1 lit. a SRÜ verleiht dem Küstenstaat souveräne Rechte zum Zwecke der Ausbeutung, Erhaltung und Bewirtschaftung der lebenden Ressourcen. Die Zuweisung souveräner Rechte in Art. 56 Abs. 1 lit. a SRÜ wird durch die Art. 61 ff. SRÜ konkretisiert.[499] Diese widmen sich explizit der Erhaltung und der Nutzung der lebenden marinen Ressourcen in der AWZ.

Die Regelungen der Art. 61 ff. SRÜ sind allerdings an Küstenstaaten adressiert, zu welchen die Mitgliedstaaten der EU in Bezug auf arktische

---

494 *Hafner*, in: Graf Vitzthum (Hrsg.), Handbuch des Seerechts, 2006, Kap. 5 Rn. 25.

495 Vgl. *Hafner*, in: Graf Vitzthum (Hrsg.), Handbuch des Seerechts, 2006, Kap. 5 Rn. 27.

496 Vgl. *Balton*, Considering Future Arctic Fisheries, in: Nordquist/Moore/Heidar (Hrsg.), Changes in the Arctic Environment and the Law of the Sea, 2010, S. 401 (402); *Harders*, Regionaler Umweltschutz in der Arktis, 1997, S. 18; *Jóhannsdóttir*, The European Union and the Arctic: Could Icelands's Accession to the EU Change the EU's Influence in the Arctic?, GYIL 54 (2011), S. 353 (358); *Jeffers*, Ensuring the Protection of Arctic Marine Biodiversity in the Face of Climate Change, in: Nordquist/Moore/Heidar (Hrsg.), Changes in the Arctic Environment and the Law of the Sea, 2010, S. 323 (336); *VanderZwaag*, Law of the Sea and Governance of Shipping in the Arctic and Antarctic, in: Loukacheva (Hrsg.), Polar Law Textbook, 2010, S. 45 (45).

497 Art. 2 Abs. 1 SRÜ.

498 Vgl. *Birnie/Boyle/Redgwell*, International Law and the Environment, 2009, S. 716.

499 Vgl. *Proelß*, in: Graf Vitzthum (Hrsg.), Handbuch des Seerechts, 2006, Kap. 3, Rn. 225.

Gewässer nicht zählen. Relevanz entfalten diese Regelungen für die EU in der Arktis daher nur mittelbar, wenn die EU von der Nutzung der Ressourcen in einer nicht mitgliedstaatlichen AWZ ausgeschlossen wird, bzw. diese Rechte zur Nutzung von Ressourcen in der AWZ von Nicht-EU-Staaten verliehen bekommt. Die Staaten und Internationalen Organisationen, denen Zugangsrechte gewährt werden, sind an die von den Küstenstaaten auf Grundlage der Art. 61 ff. SRÜ getroffenen Maßnahmen zur Erhaltung der Bestände gebunden.[500] Die Gewährung solcher Zugangs- oder Nutzungsrechte erfolgt auf bilateraler Ebene. Diesen bilateralen Beziehungen wird sich an späterer Stelle gewidmet.

(2) Nutzung lebender Ressourcen der Hohen See

Neben der Nutzung lebender mariner Ressourcen in den Wirtschaftszonen der Küstenstaaten der Arktis kann die Fischerei der EU auch im Bereich der arktischen Hohen See erfolgen. Bewirtschaftet wird die Hohe See im Gegensatz zur AWZ von allen Flaggenstaaten. Nach Art. 87 Abs. 1 lit. e SRÜ gilt auf der Hohen See die Freiheit der Fischerei. Diese Freiheit, die als „Abwesenheit staatlicher Kontrolle der Fischerei" definiert wird,[501] ist jedoch tatsächlich nicht in vollem Umfang gegeben.[502] Beschränkungen erfährt sie insbesondere durch Art. 116 SRÜ,[503] der diese unter einen dreifachen Vorbehalt stellt.

Zunächst sind danach die vertragliche Verpflichtungen[504] der Staaten, deren Angehörige auf Hoher See fischen, zu beachten.[505] Ferner steht

500 Vgl. Art. 62 Abs. 4 SRÜ.

501 *Ziemer*, Das gemeinsame Interesse an einer Regelung der Hochseefischerei, 2000, S. 23; vgl. *Churchill/Lowe*, The law of the sea, 2000, S. 203.

502 Vgl. *Rothwell/Stephens*, The International Law of the Sea, 2010, S. 168; *de la Fayette*, A New Regime for the Conservation and Sustainable Use of Marine Biodiversity and Genetic Resources Beyond the Limits of National Jurisdiction, IJMCL 24 (2009), S. 221 (236); *Orrego Vicuña*, The Changing International Law of the High Seas Fisheries, 1999, S. 45 f.; *Rayfuse*, The United Nations Agreement on Straddling and Highly Migratory Fish Stocks as an Objective Regime: A Case of Wishful Thinking?, AYIL 20 (1999), S. 253 (253).

503 Vgl. *Wolfrum/Matz*, The Interplay of the United Nations Convention on the Law of the Sea and the Convention on Biological Diversity, Max Planck YUNL 4 (2000), S. 455 (452).

504 Gemeint sind vertragliche Verpflichtungen aus andern Abkommen, wie beispielsweise dem FBÜ, dem sich später noch gewidmet wird.

505 Art. 116 lit. a SRÜ.

die Freiheit der Fischerei unter dem Vorbehalt des Art. 116 lit. b SRÜ, der die Beachtung der Rechte und Pflichten der Küstenstaaten nach den Art. 63 ff. SRÜ in das Recht der Hohen See inkorporiert. Zentral sind dabei die Bestimmungen zu den Kooperationsverpflichtungen der Fischerei betreibenden Staaten aus Art. 63 Abs. 2 und Art. 64 Abs. 1 SRÜ. Art. 63 Abs. 2 SRÜ widmet sich den Ressourcen, die innerhalb der AWZ und den daran angrenzenden Gebieten der Hohen See vorkommen, Art. 64 Abs. 1 SRÜ bezieht sich auf den Schutz wandernder Arten.[506] Hintergrund dieser Normen ist, dass die Bestände in der AWZ stark befischt werden. Diese überqueren in der regelmäßig die 200-Seemeilen-Grenze der AWZ, wodurch der Zugriff auf diese auch im Bereich der Hohen See möglich ist. Legen die Küstenstaaten, wie es ihnen nach Art. 61 Abs. 1 SRÜ zusteht, hohe Fangquoten (Total Allowable Catch-TAC) fest, besteht die Gefahr, dass diese Bestände in der angrenzenden Hohen See über die TAC hinaus gefangen und damit langfristig erheblich geschädigt werden. Küstenstaaten und Staaten, die diese Bestände im Bereich der Hohen See befischen, unterliegen daher in Bezug auf Arten, welche die Grenzen von AWZ zur Hoher See überqueren, gleichermaßen der Pflicht sich zu bemühen, entweder unmittelbar oder im Rahmen von Internationalen Organisationen Maßnahmen zu ergreifen, um die Bestände zu erhalten. Ferner haben die Küstenstaaten das Recht, an den Erhaltungs- und Bewirtschaftungsmaßnahmen im an die AWZ grenzenden Bereich der Hohen See beteiligt zu werden, unabhängig davon, ob sie dort fischen.[507] In Bezug auf die wandernden Arten (Art. 64 Abs. 1 SRÜ) geht das SRÜ noch einen Schritt weiter und verlangt mehr als ein rein formaler Verhandlungsprozess.[508] Die Erfüllung der verschiedenen Kooperationspflichten muss dabei allerdings nicht in dem Anschluss rechtlich bindender Übereinkommen liegen.

506 Welche Arten im Sinne des SRÜ wandernd sind, bestimmt gemäß Art. 64 Abs. 1 SRÜ die Anlage I zum SRÜ.

507 Vgl. *Ziemer*, Das gemeinsame Interesse an einer Regelung der Hochseefischerei, 2000, S. 50.

508 *Proelß*, in: Graf Vitzthum (Hrsg.), Handbuch des Seerechts, 2006, Kap. 3, Rn. 230.

Anadrome[509] und katadrome[510] Bestände sind Gegenstand der Art. 116 lit. b, Art. 66 und Art. 67 SRÜ. Im Grundsatz darf der Fang dieser Arten nur landwärts der 200- Seemeilen-Grenze ausgeübt werden.[511] Begrenzt zugelassen wird lediglich der Fang der anadromen Arten außerhalb der AWZ gemäß Art. 66 Abs. 3 lit. a SRÜ. Praktisch führt aber auch diese Regelung zu einem Verbot des Fangs im Bereich der Hohen See.[512] Auch gilt bezüglich dieser Arten nicht die Regelung, dass ein Küstenstaat, der eine TAC festgelegt und nicht abgefischt hat, anderen Staaten einen Überschuss zu gewähren hat.[513] Das bedeutet für die EU in Bezug auf den Fischfang in der Arktis im Ergebnis ein Verbot der Befischung von katadromen Arten der Hohen See und nur ein sehr beschränktes Zugangsrecht zu anadromen befischbaren Beständen.

Der dritte Vorbehalt, unter dem die Fischerei im Bereich der Hohen See steht, ist in Art. 116 lit. c SRÜ enthalten, der besagt, dass die Art. 116 bis Art. 120 SRÜ zu befolgen sind. Art. 119 SRÜ fordert die Hohe See befischenden Staaten zur Anwendung bestimmter Erhaltungsmaßnahmen auf. Dabei muss dieser so verstanden werden, dass die primär gewünschte Maßnahme zum Schutz der lebenden Ressourcen die Festlegung von TACs ist. Die nach Art. 119 SRÜ zu treffenden Maßnahmen haben den Zweck, den größtmöglichen Dauerertrag (Maximum Sustainable Yield, MSY) zu sichern. MSY bedeutet ein Erhalt des Bestandes der lebenden Ressource von ca. 50% gegenüber dem Niveau, dass dieser ohne Befi-

509 Anadrome Bestände sind solche, die zur Laichzeit vom Meer kommend die Flüsse hinauf schwimmen um dann in den Flüssen zu laichen, zum Beispiel der Lachs; vgl. *Orrego Vicuña*, The International Law of High Seas Fisheries: From Freedom of Fishing to Sustainable Use, in: Schram Stokke (Hrsg.), Governing High Seas Fisheries, 2001, S. 23 (27).

510 Katadrome Bestände sind solche, die zur Laichzeit vom Binnenland kommend die Flüsse in Richtung Meer hinab schwimmen, um dann im Meer zu laichen.

511 Art. 66 Abs. 3 lit. a und Art. 67 Abs. 2.

512 Vgl. *Orrego Vicuña*, The International Law of High Seas Fisheries: From Freedom of Fishing to Sustainable Use, in: Schram Stokke (Hrsg.), Governing High Seas Fisheries, 2001, S. 23 (27).

513 Nach Art. 61 Abs. 1 SRÜ legt der Küstenstaat die zulässige Fangmenge über seine lebenden Ressourcen, sowie nach Art. 62 Abs. 2 SRÜ seine Kapazität zum Fang in der AWZ fest. Hat er nicht die Kapazität zum Fang der nach Art. 61 Abs. 1 SRÜ festgelegten Menge, hat er anderen Staaten Zugang zu diesen Ressourcen zu gewähren, Art. 62 Abs. 1 SRÜ.

schung erreichen würde.[514] Diese Grenze versucht, Bestände auf einem Level zu erhalten, dass es ermöglicht, dass einzelne Bestände ihre Größe beibehalten und dadurch die Fangmöglichkeit konstant bleibt.[515] Sowohl die Fischbestände als auch die Wirtschaft profitieren von diesem Erhaltungsniveau. Überschreitet man diese Grenze des MSY, wird der Fischbestand nicht unbedingt ausgelöscht, seine Größe wird jedoch reduziert und die Fangmengen verringern sich. Insofern geht das SRÜ hier von einer Grenze der Fangmengen aus, die der Nachhaltigkeit entspricht, sprich von einer konstanten Nutzung bei Regenerierbarkeit der genutzten Ressource. Auch im Bereich der Hohen See muss auf lange Sicht sowohl die wirtschaftliche Nutzbarkeit als auch die Sicherung der Bestände gewährleistet werden.[516]

Die Festlegung dieser TACs ist jedoch nur eine geeignete Maßnahme zum Schutz der lebenden Ressourcen der Hohen See, wenn auch diese unter Kooperation der Staaten, die in den jeweiligen Gebieten der Hohen See fischen, erfolgt. Nicht zuletzt aus diesem Grund fordert Art. 118 SRÜ zur Zusammenarbeit bei der Erhaltung und Bewirtschaftung der Ressourcen der Hohen See auf und spricht die Zusammenarbeit im Rahmen Internationaler Organisationen an. Das anvisierte Ziel der Aktivitäten nach Art. 118 SRÜ muss das tatsächliche Erreichen einer Einigung sein.[517]

Eine weitere Norm, die aufgrund eines Verweises in Art. 120 SRÜ auch für die Hohe See gilt, widmet sich dem Erhalt der marinen Säuger. Art. 120, 65 S. 1 SRÜ gehen von der Möglichkeit der Nutzung der Meeressäuger aus, berechtigen jedoch eine Internationale Organisation, über Kooperationsmaßnahmen hinausgehende Schutznormen zu verabschieden. Diese hier angesprochene Internationale Organisation ist vorrangig die durch das Internationale Walfangübereinkommen[518] geschaffene International

514 *Khalilian/Froese/Proelß/Requate*, Designed for failure: A critique of the Common Fisheries Policy of the European Union, Marine Policy 34 (2010), S. 1178 (1178).

515 *Khalilian/Froese/Proelß/Requate*, Designed for failure: A critique of the Common Fisheries Policy of the European Union, Marine Policy 34 (2010), S. 1178 (1178).

516 Insofern wird hier deutlich, dass die Maßnahmen zur Regulierung der Nutzung lebender Ressourcen im Bereich der Hohen See als Erhaltung- und Bewirtschaftungsmaßnahmen und nicht als Maßnahmen des Artenschutzes zu qualifizieren sind.

517 Vgl. *Ziemer*, Das gemeinsame Interesse an einer Regelung der Hochseefischerei, 2000, S. 42.

518 International Convention for the Regulation of Whaling, 02.12.1946, 161 UNTS 72 (deutsche Übersetzung in: BGBl. 1982 II S. 559, Internationales Übereinkommen

Whaling Commission[519] (IWC).[520] Diese hat im Jahre 1982 ein Moratorium erlassen, das den kommerziellen Walfang verbietet.[521] Die EU ist an dieses Moratorium jedoch nicht gebunden, da die Beschlüsse der IWC nur für ihre Mitgliedstaaten verbindlich sind.[522] Das bedeutet jedoch nicht, dass die EU sich nicht selbst strengere Normen auferlegen kann und von dieser Möglichkeit durch den Erlass von Sekundärrecht Gebrauch gemacht hat.

Das SRÜ ist die weltweite angewandte Grundlage des Seerechts und damit auch des Rechts zur Nutzung lebender mariner Ressourcen. Aufgrund seines unbeschränkten Anwendungsbereiches gilt dies auch im Bereich der Arktis. Neben absoluten Grundlagen, wie der Zuweisung von souveränen Rechten und Hoheitsbefugnissen, regelt das SRÜ die Begrenzung der Ressourcennutzung nur rudimentär. Dabei macht es immer wieder deutlich, dass eine Erhaltung und Bewirtschaftung der lebenden marinen Ressourcen ausschließlich im Zuge internationaler Kooperation erfolgen kann.[523]

Hier ist daher in der Folge zu untersuchen, ob die EU diesen Vorgaben des SRÜ im Bereich der Arktis nachkommt. Diese wird in dem Abschluss weiterer Abkommen zur Erhaltung- und Bewirtschaftung von lebenden marinen Ressourcen liegen.

b) Übereinkommen zur Erhaltung und Bewirtschaftung von gebietsübergreifenden und weit wandernden Fischbeständen

Das FBÜ wurde im Jahre 1995 geschlossen. Auch dieses Übereinkommen soll über den Erhalt mariner Ressourcen einen Beitrag zur Bewahrung der biologischen Vielfalt leisten.[524] Der Grund für den Abschluss des FBÜ war

zur Regelung des Walfangs).

519 Vgl. Art. III Abs. 1 Internationales Übereinkommen zur Regelung des Walfangs.

520 *Binie/Boyle/Redgewell*, International Law and the Environment, 2009, S. 724; *Churchill/Lowe*, The Law of the Sea, 1999, S. 317; *Proelß*, in: Graf Vitzthum (Hrsg.), Handbuch des Seerechts, 2006, Kap. 3, Rn. 244; *Beyerlin/Marauhn*, International Environmental Law, 2011, S. 138 f.

521 Die Maßnahmen der IWC werden regelmäßig überarbeitet, vgl. aktuell Para. 10 lit. e Schedule for the International Convention for the Regulation of Whaling, 2012, http://iwc.int/private/downloads/1lv6fvjzo6f48wc44w4s4w8gs/Schedule-February-2013.pdf (13.07.2014).

522 Die EU ist kein Mitglied der IWC.

523 Vgl. *Beyerlin/Marauhn*, International Environnemental Law, 2011, S. 120.

524 Punkt 7 der Präambel des FBÜ; auch das FBÜ verfolgt den ganzheitliche oder ökosystemaren Ansatz, der über die weit wandernden und gebietsübergreifenden

das Versagen des SRÜ, gebietsübergreifende und weit wandernde Fischbestände vor Übernutzung zu schützen.[525] Dabei ist das FBÜ ein eigenständiger Vertrag, der die Durchführung der Bestimmungen des SRÜ vorantreiben will.[526] Auch die EU ist seit dem 8. Juni 1998 Vertragspartei des FBÜ.[527]

aa) Anwendbarkeit in der Arktis

Das FBÜ gilt auch in den arktischen Gewässern. Dies kann zum einen aus dem Umstand abgeleitet werden, dass es Vorgaben des in der Arktis anwendbaren SRÜ spezifiziert. Zum anderen ergibt sich dies auch mittelbar aus Art. 3 FBÜ, der die Anwendung des FBÜ umschreibt und dabei gerade keine Beschränkung *ratione loci* vornimmt.

Der Anwendungsbereich *ratione materiae* umfasst die gebietsübergreifenden und weit wandernden Fischbestände.[528] Weit wandernde oder in authentischer Sprache „highly migratory" Arten sind dabei solche, die sich innerhalb und außerhalb der AWZ befinden, was sich schon aus Art. 64 Abs. 1 SRÜ ergibt, der die gleiche Terminologie benutzt. Gebietsübergreifende Bestände oder „straddling stocks" im Sinne des FBÜ umfas-

---

Fischbestände hinaus die biologische Vielfalt und die Ökosysteme in die zu ergreifenden Maßnahmen mit einbezieht, vgl. Art. 5 lit. g, lit. d und lit. e FBÜ.

525 Vgl. *Czybulka*, Die Erhaltung der Biodiversität im marinen Bereich, ZUR 2008, S. 241 (243); *Freestone/Makuch*, The New International Law of Fisheries: The 1995 United Nations Straddling Stocks Agreement, YIEL 6 (1996), S. 3 (4); *Oude Elferink*, The Determination of Compatible Conservation and Management Measures for Straddling and Highly Migratory Fish Stocks, Max Planck YUNL 5 (2001), S. 551 (552).

526 Vgl. Art. 4 FBÜ; vgl. auch *Harrison*, Making the law of the sea, 2011, S. 103; *Molenaar*, Arctic Fisheries Conservation and Management: Initial Steps of Reform of the International Leal Framework, YPL 1 (2009), S. 472 (444); *Proelß*, Meeresschutz im Völker- und Europarecht, 2004, S. 150; *Orrego Vicuña*, The International Law of High Seas Fisheries: From Freedom of Fishing to Sustainable Use, in: Schram Stokke (Hrsg.), Governing High Seas Fisheries, 2001, S. 23 (35); *Freestone/Makuch*, The New International Law of Fisheries: The 1995 United Nations Straddling Stocks Agreement, YIEL 6 (1996), S. 3 (23).

527 Beschluss 98/414/EG des Rates, S. 14.

528 Wobei Fisch im Sinne des FBÜ „die Weich- und Schalentiere mit Ausnahme der sesshaften Arten" umfasst, Art. 1 Abs. 1 lit. c FBÜ. Das FBÜ bezieht sich auf Fische bzw. Fischbestände und nutzt nicht den Begriff der Fischereiressource, wodurch die Frage nach der Einbeziehung der marinen Ressourcen nicht aufkommt. Diese werden nicht in den Anwendungsbereich des FBÜ einbezogen.

sen die Bestände, die innerhalb der Hohen See[529] oder sowohl der AWZ als auch der Hohen See zu finden sind, nicht jedoch solche, die in verschiedenen AWZs, nicht aber der Hohen See vorkommen.[530] Dieser Befund wird dadurch unterstrichen, dass gemäß Art. 3 Abs. 1 FBÜ die Normen des FBÜ primär auf Gebiete der Hohen See bezogen sind. Werden ausnahmsweise auch Bestände innerhalb der AWZ erfasst, wird dies, wie es für Art. 6 und Art. 7 FBÜ der Fall ist, gesondert erwähnt.[531] Aufgrund der Tatsache, dass das FBÜ nicht über einen Listenansatz den Anwendungsbereich *ratione materiae* bestimmt, besitzt es einen biologisch weiten, alle gebietsübergreifenden und weit wandernden Fischbestände umfassenden Anwendungsbereich. Dies kann für die wandernden Arten der Arktis von großer Bedeutung sein, da auch bisher nicht bekannte oder gefährdete Arten in arktischen Gewässern automatisch in den Anwendungsbereich fallen.

bb) Regulierung der Nutzung lebender arktischer Ressourcen

Art. 63 Abs. 2, Art. 64 SRÜ sowie Art. 116 ff. SRÜ widmen sich bereits dem Schutz der weit wandernden und gebietsübergreifenden Arten. Sobald diese Bestände auch seewärts der 200 Seemeilengrenze befischt werden, verlangt das SRÜ die Kooperation der auf diese Bestände zugreifenden Staaten. Dadurch ist der Schutz der Fischbestände außerhalb der AWZ aber nicht automatisch in dem Maß gewährleistet, wie es zu einem langfristigen Erhalt dieser Ressourcen notwendig wäre.[532] An dieser Stelle setzt das FBÜ an.[533] Oft bleibt es dabei bei Normen, die jedenfalls in materieller Hinsicht den Vertragsparteien Umsetzungsspielraum belassen. So kon-

529 Für eine Anwendbarkeit des FBÜ auf Bestände, die nur innerhalb der Hohen See vorkommen, spricht sich auch aus *Lodge/Nandan*, Some Suggestions Towards Better Implementation of the United Nations Agreement on Straddling Fish Stocks and Highly Migratory Fish Stocks of 1995, IJMCL 20 (2005), S. 345 (371).

530 So die Definition der UN, UN Atlas of the Ocean, http://www.oceansatlas.org/servlet/CDSServlet?status=NDoxOTkoMSZjdG5faW5mb192aWV3X3NpemU9Y3RuX2luZm9fdmlld19mdWxsJjY9ZW4mMzM9KiYzNz1rb3M~ (13.07.2014); *Proelß*, Meeresschutz im Völker- und Europarecht, 2004, S. 150 f.; *Birnie/Boyle/Redgwell*, International Law and the Environment, 2009, S. 734; *Churchill/Lowe*, The Law of the Sea, 1999, S. 305.

531 Art. 3 Abs. 1 FBÜ.

532 Vgl. *Nowlan*, Arctic Legal Regime for Environmental Protection, 2001, S. 30.

533 Vgl. *Anderson*, The Straddling Stock Agreement of 1995 – an Initial Assessment, ICLQ 45 (1996), S. 462 (468).

kretisiert Art. 5 FBÜ zwar inhaltlich die Pflicht der Staaten zur Zusammenarbeit nach dem SRÜ, indem er beispielsweise verlangt, dass die Staaten den Beifang aus der Fischerei durch verschiedene Maßnahmen auf ein Mindestmaß beschränken.[534] Die konkrete Ausgestaltung bleibt aber den Vertragsparteien überlassen.

Strenger gehandhabt wird hingegen die Kooperation zwischen den Staaten in formeller Hinsicht. Während die Art. 63 Abs. 2, Art. 64, Art. 116 ff. SRÜ maximal ernsthafte Bemühungen um abgestimmte Erhaltungs- und Bewirtschaftungsmaßnahmen fordern, enthält das FBÜ an einigen Stellen die generelle Pflicht zum Erfolg der Kooperation.[535] Nach Art. 7 Abs. 2 FBÜ[536] muss eine Einigung erzielt werden, um die Vereinbarkeit von verschiedenen Erhaltungs- und Bewirtschaftungsmaßnahmen für die Hohe See und die AWZ der Küstenstaaten zu gewährleisten.[537] Allerdings bleibt diese Kooperationsverpflichtung mit Blick auf die Küstenstaaten nicht bestehen. Art. 7 Abs. 2 FBÜ geht über die Regelungen des SRÜ hinaus und beschneidet die Küstenstaaten in ihren souveränen Rechten nach Art. 56 Abs. 1 lit. a SRÜ, was mit Blick auf Art. 311 Abs. 2 SRÜ und Art. 4 FBÜ[538] nicht zulässig ist.[539] Eine Kooperationspflicht in Bezug auf die in der Hohen See Fischerei betreibenden Staaten bleibt hingegen bestehen.[540]

Der entscheidende Mechanismus zur Erfüllung der Kooperationspflichten nach dem FBÜ ist die Beteiligung der Vertragsparteien an Regionalen Fischereiorganisationen.[541] Im Rahmen der Zusammenarbeit der

---

534 Art. 5 f. FBÜ.

535 *Ziemer*, Das gemeinsame Interesse an einer Regelung der Hochseefischerei, 2000, S. 118.

536 Art. 7 Abs. 2 FBÜ lautet: "[...] to this end, coastal States and States fishing on the high seas have a duty to cooperate for the purpose of achieving compatible measures in respect of such stocks [...]".

537 Vgl. *Proelß*, Meeresschutz im Völker- und Europarecht, 2004, S. 154.

538 Art. 311 Abs. 2 SRÜ und Art. 4 FBÜ. Diese Regelungen bedeutet für das Verhältnis von FBÜ und SRÜ, das hier nicht gilt, dass Staaten sich durch den Abschluss des FBÜ schärferen Pflichten als denen des SRÜ unterwerfen können, sofern diese Möglichkeit nicht im SRÜ vorgesehen ist.

539 Vgl. *Proelß*, Meeresschutz im Völker- und Europarecht, 2004, S. 156.

540 Aufgrund des Art. 116 lit. a SRÜ ergibt sich auch kein Problem mit der Freiheit der Fischerei auf der Hohen See, da diese unter dem Vorbehalt steht, dass keine vertraglichen Bestimmungen entgegen stehen, vgl oben.

541 Vgl. *Molenaar*, Arctic Fisheries Conservation and Management: Initial Steps of Reform of the International Legal Framework, YPL 1 (2009), S. 472 (445).

Staaten durch Internationale Organisationen sind beispielsweise die Aufteilung von festgelegten TACs[542] oder der Umgang mit erhobenen Daten mögliche Mittel zur Erhaltung und Bewirtschaftung.[543]

Die Einhaltung der Kooperationspflichten wird durch weitere Normen vorangetrieben. Zugang zu den Ressourcen der Hohen See sollen nur die Vertragsparteien erhalten, die sich auch tatsächlich an bestehenden Organisationen beteiligen. So ist nach Art. 8 Abs. 3 FBÜ durch die Vertragsstaaten die Kooperationspflicht zu erfüllen, indem eine Bindung an die von der regionalen Fischereiorganisation festgelegten Erhaltungs- und Bewirtschaftungsmaßnahmen herbeiführen.[544] Diese können Sie durch einen Beitritt zu der Organisation, einer Beteiligung an dieser oder die Zustimmung bezüglich der Anwendung der von dieser Organisation erlassenen Maßnahmen schaffen. In diesem Zusammenhang ist auch Art. 17 Abs. 4 zu beachten, der regelt, dass die Staaten, die Mitglieder einer Fischereiorganisation sind, Informationen in Hinblick auf Schiffe von Staaten, die nicht mit der Fischereiorganisation kooperieren, austauschen. Die Staaten, die Mitglieder der Fischereiorganisation sind, haben sogar Maßnahmen im Einklang mit dem FBÜ und dem Völkerrecht zu treffen, um Schiffe nicht beteiligter Staaten von Tätigkeiten abzuhalten, welche die Wirksamkeit von erlassenen Maßnahmen mindern.[545]

Die Anrainer des Arktischen Ozeans sind alle Vertragsparteien des FBÜ. Daher haben diese sich an Fischereiorganisationen zu beteiligen, sofern solche die Fischerei in der arktischen Hohen See betreffen. An derartigen Kooperationsformen hat auch die EU teilzunehmen, sofern in der Zukunft Fischerei von Schiffen unter der Flagge der EU Mitgliedstaaten in der arktischen Hohen See betrieben wird.

Neben diesen Maßnahmen, die auf die Kooperation der Vertragsstaaten abzielen, setzt das FBÜ zur Erhaltung gebietsübergreifender und weit wandernden Fischbestände gemäß Art. 6 FBÜ auf den Vorsorgeansatz. Dieser ist im Bereich der Hohen See, aber auch innerhalb der AWZ

542 Art. 10 lit. b FBÜ.

543 Art. 10 lit. e FBÜ.

544 Eine derartige Beteiligung ist nach dem FBÜ Voraussetzung um Zugang zu den Fischereiressourcen, für diese die Bestimmungen der Organisation anwendbar sind, zu erhalten, Art. 8 Abs. 4 FBÜ.

545 Art. 17 Abs. 4 S. 2 FBÜ. Solche Maßnahmen können beispielsweise die Versagung von Hafendiensten sein.

von Küstenstaaten in Bezug auf gebietsübergreifenden und weit wandernden Arten zu beachten.[546] Maßgebend für diesen Ansatz ist der Gedanke, dass die Wirkung menschlicher Eingriffe auf die Umwelt meist nicht ganz sicher und abschließend vorauszusagen ist. Voraussetzung einer Anwendung des Vorsorgeansatzes ist insofern eine Unsicherheit über Eintritt und Ausmaß eines Umweltschadens.[547] Diese tatsächliche Unsicherheit darf nicht die Begründung dafür sein, erforderliche Maßnahmen zum Schutz der Fischbestände aufzuschieben oder nicht zu ergreifen.[548] Ziel des im FBÜ verankerten Vorsorgeansatzes ist es, die Fischbestände mindestens auf einem Niveau zu erhalten, das zu einem größtmöglichen Dauerertrag (MSY) führt.[549] Dabei soll er eine flexiblere Handhabung von Maßnahmen ermöglichen, welche die Fischerei nicht grundsätzlich verbieten müssen.[550] Schon mit Blick auf Art. 4 FBÜ und die Nutzungsbefugnisse aus dem SRÜ muss dies gelten. Ferner wird diese Interpretation durch die dritte Konferenz zur Verhandlung des FBÜ gestützt.[551] Zuvor wurde der Vorsorgeansatz[552] oft so radikal interpretiert, dass er zu einer vollständigen Untersagung verschiedener Nutzungen geführt hatte.[553]

546 Art. 3 Abs. 1 FBÜ.

547 Vgl. zu Tatbestand und Rechtsfolgen des Vorsorgeansatzes allgemein *Proelß*, Das Umweltvölkerrecht vor den Herausforderungen des Klimawandels, JZ 2011, S. 495 (497 ff.); *Beyerling/Marauhn*, Umweltvölkerrecht, 2011, S. 54 f.

548 Art. 6 Abs. 2 FBÜ. Vgl. Principle 15 Rio Declaration on Environment and Development, 14.06.1992 (UNCED Doc. A/CONF.151/5/Rev. 1), 31 ILM 874; *Tanaka*, The Changing Approaches to Conservation of Marine Living Resources in International Law, ZaöRV 71 (2011), S. 291 (312).

549 Vgl. Art. 6 Abs. 3 lit. b, Anhang II FBÜ, para. 2 und 7 FBÜ.

550 Vgl. zur Flexibilität des Vorsorgeansatzes ITLOS, *Southern Bluefin Tuna Case*, Order of 27 August 1999, Separate Opinion of Judge *Laing*, ITLOS Reports 1999, S. 305 ff. (309), § 19.

551 UN General Assembly, UN Conference on Straddling Fish Stocks and Highly Migratory Fish Stocks, 26.01.1994 (UN Doc. A/Conf.164/INF/8), S. 6, Para. 21.

552 Teilweise wird vertreten, dass Vorsorgeansatz und Vorsorgeprinzip unterschiedliche Inhalte haben, vgl. *Wakefield*, Fisheries: A Failure of Values, CMLR 46 (2009), S. 431 (442). Eine klare Trennung lässt die jedoch in der Literatur nicht ausmachen, sodass Vorsorgeansatz und Vorsorgeprinzip oft auch synonym genutzt werden, vgl. *Proelß/Houghton*, The EU Common Fisheries Policy in the light of the precautionary principle, OCMA 70 (2012), S. 22 (23). Im Sinne dieser Arbeit werden dem völkerrechtlichen Vorsorgeansatz und dem völkerrechtlichen Vorsorgeprinzip die gleiche Bedeutung beigemessen. Wird in der Folge der Begriff „Vorsorgeansatz" genutzt, bezeichnet dieser den völkerrechtlichen Vorsorgeansatz. Vorsorgeprinzip wird in der Folge im unionsrechtlichen Kontext genutzt.

553 Vgl. UN General Assembly, UN Conference on Straddling Fish Stocks and Highly Migratory Fish Stocks, 26.01.1994 (UN Doc. A/Conf.164/INF/8), S. 6, Para. 21.

Einen grundsätzlich gültigen und in seinen Ausmaßen bestimmten Handlungsauftrag lässt sich aus der Anwendbarkeit des Vorsorgeansatzes auch im Rahmen des FBÜ nicht ableiten. Allerdings enthalten Art. 6 Abs. 3 bis Abs. 5 FBÜ Vorgaben, die sich auf die im Rahmen des Vorsorgeansatzes notwendige Bewertung der Erhaltungszustände weit wandernder oder gebietsübergreifender Arten beziehen. Diese Risikobewertung[554] bietet die Grundlage dafür, dass die Entscheidungsträger die notwendigen Schutzmaßnahmen ergreifen können. Art. 6 Abs. 6 FBÜ geht noch einen Schritt weiter und schreibt das Ergreifen vorsorglicher Maßnahmen für neue Fischereien vor. Diese Aussage hat besondere Bedeutung für die Fischerei in der Arktis, die sich in Zukunft auf bislang nicht befischte Bestände ausdehnen wird. Es sind also im Sinne des Vorsorgeansatzes im FBÜ schon jetzt vorsorgliche Erhaltungs- und Bewirtschaftungsmaßnahmen zu ergreifen, die sicherstellen, dass das MSY-Niveau erreicht wird. Aber auch in Bezug auf bereits befischte Bestände der Arktis ist der Vorsorgeansatz von besonderer Bedeutung. Die Änderungen der arktischen Umwelt führen zu Unsicherheiten bezüglich der Bewegung oder der Gesundheit der gebietsübergreifenden und weit wandernden Fischbestände. Durch Art. 6 FBÜ wird die Beobachtung und Bewertung der Erhaltungssituation der Bestände durch die Staaten vorangetrieben.

Für den Erhalt der biologischen Vielfalt der Arktis ist das FBÜ von großer Bedeutung. Zwar werden nur die gebietsübergreifenden und weit wandernden Arten von den Maßnahmen unter dem FBÜ betroffen. Der Schutz dieser bedeutsamen marinen Ressourcen im Bereich der Hohen See wird jedoch durch das FBÜ verstärkt. Konkrete materielle Normen sind aber auch im FBÜ nicht enthalten. Insofern ist das zentrale Element des FBÜ die Kooperationspflicht der Staaten, insbesondere in Verbindung mit den Internationalen Organisationen[555] sowie die Verpflichtung zur Beachtung des Vorsorgeansatzes.

c) OSPAR Konvention

Eine weitere Konvention mit Relevanz für den Erhalt der arktischen biologischen Vielfalt ist das Übereinkommen zur Erhaltung der marinen Umwelt

554 Sie ist sowohl für die Eröffnung des Anwendungsbereiches als auch für die Bewertung der nach dem Vorsorgeansatz notwendigen Maßnahmen unerlässlich.

555 Hierzu sogleich in Kap. II, Abschnitt B.I.4.

im Nordostatlantik vom 22. September 1992,[556] die sogenannte OSPAR Konvention. Die Konvention hat 16 Vertragsparteien,[557] darunter auch die EU, die im Jahr 1997 der Konvention beitrat.[558] Die OSPAR Konvention widmet sich vorrangig, aber nicht ausschließlich der Verschmutzungsproblematik des Nordostatlantiks.[559] Gemäß Art. 2 Abs. 1 lit. a OSPAR Konvention sollen die Vertragsparteien alle notwendigen Schritte „zum Schutz des Meeresgebiets vor schädlichen Auswirkungen menschlicher Aktivitäten"[560] unternehmen, um einen integrierten Meeresumweltschutz zu ermöglichen.[561]

Nach Art. 1 lit. a gilt die OSPAR Konvention *ratione loci* für Teile des Atlantiks, sowie Teile des Arktischen Ozeans. Das Europäische Nordmeer sowie ein Teil der Barentssee und des zentralen Arktischen Ozeans liegen in ihrem Anwendungsbereich und machen 40% des Anwendungsbereiches der Konvention aus.[562] Dabei gilt die Konvention in sämtlichen Gewässern, sprich in innere Gewässern, Küstengewässern, der AWZ und in der Hohen See im Sinne des SRÜ, sowie auf dem Grund unter diesen Wassersäulen.[563]

556 Convention for the Conservation of the Marine Environment of the North-East Atlantic, 22.09.1992, 32 ILM 1069 (deutsche Übersetzung in: ABl. EG L 104 vom 03.04.1998, S. 3, Übereinkommen über den Schutz der Meeresumwelt des Nordostatlantiks (Oslo und Paris Konvention – OSPAR Konvention)).

557 Belgien, Dänemark, Finnland, Frankreich, Deutschland, Island, Irland, Luxemburg, Niederlande, Norwegen, Portugal, Spanien, Schweden, Schweiß, Vereinigte Königreich und die EU.

558 Beschluss 98/249/EG des Rates vom 07. Oktober 1997 über den Abschluss des Übereinkommens zum Schutz der Meeresumwelt des Nordostatlantiks im Namen der Gemeinschaft, ABl. EG L 104 vom 03.04.1998, S. 1.

559 Vgl. *Erbguth/Schlacke*, Umweltrecht, 2014, § 15 Rn. 39.

560 Bezugnahme auf die deutsche Übersetzung, ABl. EG L 104 vom 03.04.1998, S. 3. Die OSPAR Commission macht unter Anderem als schädliche Aktivität aus: Mareculture, Tourismus etc., vgl. http://www.ospar.org/content/content.asp?menu=00760302270000_000000_000000 (13.07.2014).

561 *Marr/Beyer/Rüsch,* Außenkompetenz der Mitgliedstaaten unter dem OSPAR-Übereinkommen im Bereich des Meeresschutzes, in: Umweltbundesamt (Hrsg.), EG Kompetenzen bei völkerrechtlichen Verträgen unter besonderer Berücksichtigung des OSPAR-Übereinkommens, 2004, S. 49 (49).

562 Vgl. die Karte unter http://www.ospar.org/content/content.asp?menu=00420211000000_000000_000000 (13.07.2014).

563 Art. 2 Abs. 1, Art. 1 lit. a OSPAR Konvention.

Der Schutz der marinen biologischen Vielfalt wurde insbesondere über Anlage V[564] der OSPAR Konvention Teil des Schutzregimes. Insgesamt gibt es fünf Anlagen, die gemäß Art. 14 para. 1 OSPAR Konvention Bestandteil dieser sind.[565] Auf der ersten Tagung der OSPAR Commission[566] in Portugal im Jahre 1998 wurde Anlage V zur OSPAR Konvention mit dem Ziel, die Kooperation der Mitgliedstaaten zum Schutz der Meeresgebiete auszuweiten, um alle menschlichen negativen Einflüsse auf die Umwelt des Nordostatlantiks zu erfassen,[567] beschlossen.[568] Dies soll dazu beitragen, dass die Ökosysteme und die biologische Vielfalt der Meeresgebiete[569] erhalten werden. Nach Art. 3 Abs. 2 lit. ii Anlange V besteht die Pflicht der OSPAR Commission, Wege zu ermitteln, um schützende, erhaltende oder vorsorgende Maßnahmen einzurichten, die sich auf bestimmte Arten oder Habitate beziehen. Hier lassen sich zunächst

564 OSPAR Annex V on the Protection and Conservation of the Ecosystem and Biological Diversity of the Maritime Area, 24.07.1988, http://www.ospar.org/html_documents/ospar/html/ospar_convention_e_updated_text_2007_annex_v.pdf (13.07.2014) (deutsche Übersetzung in: ABl. EU L 118 vom 19.05.2000, S. 44, Anlage V des Übereinkommens zum Schutz der Meeresumwelt des Nordatlantiks über den Schutz und die Erhaltung der Ökosysteme und der biologischen Vielfalt (Anlage V); zur Geltung in der EU vgl. Beschluss 2000/340/EG des Rates vom 08. Mai 2000 zur Annahme – im Namen der Gemeinschaft – der neuen Anlage V des Übereinkommens zum Schutz der Meeresumwelt des Nordatlantiks über den Schutz und die Erhaltung der Ökosysteme und der biologischen Vielfalt des Meeresgebiets und des entsprechenden Anhangs 3, ABl. EG L 180 vom 08.05.2000, S. 44.

565 Die Anlagen der OSPAR Konvention versuchen die Rahmennormen des Abkommens zu konkretisieren. Konkrete und unmittelbar justiziable Normen finden sich jedoch auch dort nicht.

566 Diese ist eine Internationale Organisation mit eigener Rechtspersönlichkeit, Art. 10–12, vgl. auch *Lagoni*, Das OSPAR-Übereinkommen von 1992 und der Schutz der Nordsee, in: Koch/Lagoni (Hrsg.), Meeresumweltschutz für Nord- und Ostsee, 1996, S. 79 (85). Sie besteht aus Vertretern der Mitgliedstaaten, Art. 10 Abs. 1 OSPAR Konvention. Aufgabe der Kommission ist die Ausführung des Übereinkommens zu betreuen, indem sie Programme und Maßnahmen zur Verhinderung von negativen menschlichen Einflüssen auf die Meeresgebiete entwickelt, Art. 10 Abs. 2 lit. c OSPAR Konvention. Ferner kann sie Vorschläge zur Änderungen des Übereinkommens oder zur Weiterentwicklung von Anlagen unterbreiten und diese gegebenenfalls im Einklang mit den Normen zur Änderung des Abkommens oder der Anhänge verabschieden.

567 OSPAR Commission Homepage, http://www.ospar.org/content/content.asp?menu=01481200000000_000000_000000 (13.07.2014).

568 Vgl. Art. 16 i. V. m. Art. 15 OSPAR Konvention.

569 Art. 2 Anlage V, dabei definiert Anlage V die Begriffe biologische Vielfalt, Ökosystem und Habitat durch Bezugnahme auf das ÜBV, Art. 1 Anlage V.

auch Normen zur Regulierung der Nutzung von lebenden Ressourcen vermuten, tatsächlich sind solche jedoch nicht gegeben. Zwar wurde, um die Arbeit der Kommission auf diesem Gebiet sinnvoll voranzutreiben und die Setzung von Prioritäten zu ermöglichen, eine Liste (sogenannte OSPAR-Liste)[570] der gefährdeten Arten und Habitate erarbeitet,[571] die als Vertrag, der im Rahmen des OSPAR Konvention anwendbar sein soll, geschlossen. Diese Liste, die durch Vorschläge der Vertragsparteien der Konvention geschaffen wurde,[572] ist dabei jedoch, was gefährdete Arten im Anwendungsbereich der OSPAR Konvention betrifft, im Vergleich zu Anhängen anderer völkerrechtlicher Abkommen sehr knapp gehalten.[573] Dies hat verschiedene Gründe.

Zunächst soll Anlage V, zu dessen Implementierung die OSPAR-Liste herangezogen werden soll, nicht die Fragen der Fischerei und der Transportschifffahrt betreffen, da diese Aspekte Regelungen anderer Kommissionen und Organisationen wie Fischereiorganisationen oder der IMO unterstehen.[574] Ferner weist die Einleitung zur Liste ausdrücklich darauf hin, dass, um doppelte Arbeit zu vermeiden, die Vertragsstaaten Maßnahmen im Rahmen der Bonner, Berner und Ramsar Konvention,[575] sowie die FFH-RL und VSRL der EU beachten sollen, sofern sie an dieses Recht

570 OSPAR, OSPAR List of Threatened and/or Declining Species and Habitats, 2008, OSPAR Agreement 2008-6, http://www.ospar.org/v_measures/browse.asp (13.07.2014).

571 Vgl. OSPAR List of Threatened and/or Declining Species and Habitats, Introduction, para. 2.

572 Vgl. OSPAR List of Threatened and/or Declining Species and Habitats, Introduction, para. 2.

573 Bezüglich der marinen Säuger finden sich lediglich Wale auf der Liste, unter Anderem der stark gefährdeten Grönlandwal oder der nicht gefährdeten Atlantischen Nordkaper. Arten, wie die gefährdete Kegelrobbe sind dort nicht aufgeführt. Bei der Avifauna finden sich in der Liste die Mantelmöwe, die Elfenbeinmöwe oder die Dickschnalbellumme. Vgl. bezüglich der Gefährdung *CAFF*, AFF, 2001, S. 222ff.

574 Vgl. Art. 4 Anlage V. Bezüglich der Kompetenzverteilung der North East Atlantic Fisheries Commission und der OSPAR Commission, vgl. OSPAR, Memorandum of Understanding between the North East Atlantic Fisheries Commission (NEAFC) and the OSPAR Commission, 2008, OSPAR Agreement 2008-4, http://www.ospar.org/v_measures/browse.asp (13.07.2014).

575 Convention on Wetlands of International Importance especially as Waterfowl Habitat, 02.02.1971, 996 UNTS 245 (deutsche Übersetzung in: BGBl. 1976 II S. 1266, Übereinkommen über Feuchtgebiete, insbesondere als Lebensraum für Wasser- und Watvögel, von internationaler Bedeutung (Ramsar Konvention)).

gebunden sind.[576] Dies lässt darauf schließen, dass man sich im Rahmen der OSPAR Konvention durchaus bewusst ist, dass sich in Bezug auf den Schutz der biologischen Vielfalt Überschneidungen mit anderen Maßnahmen ergeben. Danach muss die OSPAR Konvention nur schützen, was nicht schon durch andere Instrumente geschützt ist. Dieser Verweis erscheint schon aus dem Grund sinnvoll, dass doch teilweise die Abkommen, auf die verwiesen wird, griffigere Normen erhalten, als die OSPAR Konvention dies in Bezug auf den Schutz der biologischen Vielfalt tut. Maßnahmen, welche den Zugriff auf marine arktische Ressourcen verhindern oder beschränken, enthält die OSPAR Konvention daher nicht.

Eine Möglichkeit, den Erhalt der biologischen Vielfalt voranzutreiben, stellt die Pflicht der OSPAR Commission zum Habitatschutz da, die sich aus Art. 3 Abs. 1 lit. b ii Anlage V der OSPAR Konvention ergibt.[577] Ein System von Schutzgebieten kann jedoch nur bei bestimmter Ausgestaltung den Zugriff auf lebende Ressourcen regulieren. Zwar sind unter der OSPAR-Konvention sechs Schutzgebiete außerhalb nationaler Hoheitsbefugnisse ausgewiesen worden.[578] Diese Schutzgebiete liegen jedoch bislang außerhalb der arktischen Grenzen.[579] Insofern liefert die OSPAR Konvention momentan keine Normen, welche die Nutzung lebender arktischer Ressourcen zu regulieren vermögen.

4. Erhaltungs- und Bewirtschaftungsmaßnahmen regionaler Fischereiorganisationen

Das SRÜ und das FBÜ sehen die weitere Zusammenarbeit der Staaten insbesondere im Rahmen regionaler Organisationen vor, um den Bestand

576 Vgl. OSPAR List of Threatened and/or Declining Species and Habitats, Introduction, para 5.

577 Vgl. zum inhaltlichen Reichweite des Art. 3 Abs. 1 lit. b ii auch OSPAR, OSPAR Recommendation 2003/3 on a Network of Marine Protected Areas 2003, http://www.ospar.org/v_measures/browse.asp (13.07.2014); *Koivurova/Molenaar*, International Governance and Regulation of the Marine Arctic, 2009, S. 18, para. 2.5.6.

578 http://www.ospar.org/content/content.asp?menu=00180302000011_000000_000000 (13.07.2014); Vgl. Zu der Ausweisung von Schutzgebieten unter der OPAR Konvention *Matz-Lück/Fuchs*, Die Ausweisung mariner Schutzgebiete in Hoheitsfreien Räumen am Beispiel der OSPAR-Abkommens, ZUR 2012, S. 532 (537).

579 Vgl. hierzu die Karte im 2012 Status Report on the OSPAR Network of Marine Protected Areas, http://www.ospar.org/documents/dbase/publications/p00618/p00618_2012_mpa_status%20report.pdf (13.07.2014), dort Figure 10, S. 27.

der Fischereiressourcen zu sichern. In diesem Sinne existieren fünf solcher Organisationen, deren Mitglied die EU ist, die durch regionale Fischereiabkommen geschaffen wurden und Verbindungen zur Arktis aufweisen.

a) North East Atlantic Fisheries Commission

Im Jahre 1980 wurde von Dänemark (für die Färöer und Grönland), Island, Russland, Norwegen und der EU[580] das Übereinkommen über die künftige multilaterale Zusammenarbeit auf dem Gebiet der Fischerei des Nordostatlantiks (Nordostatlantik-Fischereiübereinkommen, NOAFÜ) unterzeichnet.[581] Ziel des Übereinkommens ist es, die Erhaltung und bestmögliche Nutzung der Fischereiressourcen des Nordostatlantiks zu fördern.[582] In den Jahren 2004 und 2005 wurden Änderungen des NOAFÜ angenommen. Die Vertragsparteien haben sich geeinigt, die geänderte Fassung des NOAFÜ vorläufig anzuwenden, solange die Ratifizierung nicht abgeschlossen ist.[583] Tatsächlich unterscheiden sich die „Neue" Konvention und das NOAFÜ in seiner ursprünglichen Fassung nur in wenigen Punkten.

Das NOAFÜ, auch in der Fassung der „Neuen" Konvention, enthält selbst keine unmittelbaren Schutzmaßnahmen, sondern sieht die Gründung einer Nordatlantischen-Fischerei-Kommission (North-East Atlantic Fisheries Commission, NEAFC) vor. Diese Internationale Organisation[584] stellt das zentrale Kooperationsforum im Nordostatlantik da. Dies gilt sowohl in Bezug auf den Erlass von Management- und Durchsetzungsmaßnahmen als auch bezüglich des Austausches wissenschaftlich relevan-

580 Beschluss 81/608/EWG des Rates vom 13. Juli 1981 über den Abschluss des Übereinkommens über die künftige multilaterale Zusammenarbeit auf dem Gebiet der Fischerei im Nordostatlantik, ABl. EG L 227, vom 12.08.1981, S. 22.

581 Ferner unterzeichneten Estland, Bulgarien, Polen und Schweden das Übereinkommen. Nach Aufnahme dieser Staaten in die heutige EU sind diese nicht mehr selber Vertragspartei, sondern werden durch die EU vertreten. Vertragsparteien der Fischereiabkommen ist aufgrund der ausschließlichen Außenkompetenz allein die EU, vgl. dazu oben Kap. II, Teil A.

582 Präambel NOAFÜ.

583 Vgl. "New" Convention with amendments in 2004 and 2005 http://www.neafc.org/system/files/london-declarlation_and_new_convention.pdf (13.07.2014) („Neue" Konvention).

584 Vgl. zum Status der Internationalen Organisation Art. 3 Abs. 2 NOAFÜ/"Neue" Konvention.

ter Daten.[585] Die NEAFC besteht aus maximal zwei Repräsentanten der Vertragsparteien,[586] wobei bei Abstimmungen jede Partei eine Stimme hat.[587] Aktuell sind die EU, Island, Norwegen, Russland und Dänemark (bezüglich Färöer und Grönland) Mitglieder der NEAFC.[588]

Die NEAFC wird im Rahmen des Anwendunsgebreiches des NOAFÜ/„Neue" Konvention tätig. Der Anwendungsbereich *ratione loci* erstreckt sich nach Art. 1 Abs. 1 lit. a NOAFÜ/Art. 1 lit. a „Neue" Konvention über Teile des Nord-Ost Atlantiks und des Arktischen Ozeans. Eine Begrenzung nach Norden ist nicht aufgeführt.[589] Der Anwendungsbereich *ratione materiae* hat durch die Überarbeitung in den Jahren 2004 und 2005 eine Erweiterung erfahren. Nach dem NOAFÜ umfasst dieser alle Fischereiressourcen mit Ausnahme der marinen Säuger und sesshaften Arten.[590] Nach der Änderung bezieht der Anwendungsbereich *ratione materiae* nun ausdrücklich sesshafte Arten ein.[591] Auch die weit wandernden marinen Säuger sind unter den Anwendungsbereich zu fassen. Dies ergibt sich aus Art. 1 lit. b „Neue" Konvention, der bezüglich der wandernden Arten, die in seinen Anwendungsbereich fallen können, auf den Anhang I des SRÜ verweist. Zu den weit wandernden Arten nach dem SRÜ zählen gemäß der Liste des Anhang I auch Wale.

Hinzu kommt, dass das NOAFÜ marine Säuger explizit vom Anwendungsbereich ausschloss. Die „Neue" Konvention tut dies hingegen nicht. Insofern ist davon auszugehen, dass die „Neue" Konvention unter Fischereiressourcen prinzipiell auch marine Säuger fasst. Allerdings fallen die marinen Säuger sowie anadrome Arten im Ergebnis fast vollständig wieder aus dem Anwendungsbereich heraus. Soweit die Erhaltung wan-

585 Vgl. Art. 4 NOAFÜ/„Neue" Konvention.

586 Art. 3 Abs. 3 NOAFÜ/„Neue" Konvention.

587 Art. 3 Abs. 9 NOAFÜ/„Neue" Konvention.

588 Vgl. http://www.neafc.org/(13.07.2014).

589 Der Anwendungsbereich erstreckt sich gemäß Art. 1 Abs. 1 NOAFÜ und Art. 1 lit. a para. 1 „Neue" Konvention bis nördlich von 36° nördlicher Breite zwischen 42° westlicher Länge und 51° östlicher Länge. Nördlich von 59° nördlicher Breite verbreitert sich der Anwendungsbereich noch und verläuft in westlicher Begrenzung bei 44° westlicher Länge. Vgl. auch die Karte bei *Kvalvik*, The North East Atlantic Fisheries Commission & Sustainable Principles: Lessons to be Learned?, in: Russell/VanderZwaag (Hrsg.), Recasting Transboundary Fisheries Management in the Light of Sustainability, 2010, S. 387 (389).

590 Art.1 Abs. 2 NOAFÜ; vgl. auch *Wolff*, Fisheries and the Environment, 2002, S. 81.

591 Art. 1 lit. b „Neue" Konvention.

dernder und anadromer Bestände Gegenstand anderer Abkommen sind, sind diese gemäß Art. 1 Abs. 2 NOAFÜ/Art. 1 lit. b „Neue“ Konvention nicht mehr Gegenstand der Konvention. Damit ergeben sich keine Überschneidungen mit anderen Fischereiabkommen oder Kommissionen, wie der Internationalen Konvention zur Erhaltung der Tunfischbestände im Atlantik (IKETA),[592] den Regulierungen der IWC, dem Übereinkommen zur Kooperation im Bereich der Forschung, Erhaltung und des Managements mariner Säuger im Nordatlantik[593] oder dem Übereinkommen zur Lachserhaltung im Nordatlantik (Nordatlantik-Lachserhaltungsübereinkommen (NALÜ)).[594]

Die NEAFC erlässt Empfehlungen, welche die Festlegung einer TAC,[595] Regelungen zur Beschaffenheit von Fischernetzen,[596] Mindestgrößen für gefangen Fisch[597] oder die Schließung von Fischereien[598] vorsehen können. Die Befugnisse der NEAFC zum Erlass solcher Empfehlungen sind unterschiedliche gefasst und davon abhängig, ob eine Empfehlung für den Bereich der Hohen See oder für Gebiete mit Hoheitsrechten von Küstenstaaten erlassen werden soll.[599] Sofern sich die Empfehlungen auf Hohe See beziehen, ist der Erlass von Empfehlungen gemäß Art. 5 NOAFÜ/ „Neue“ Konvention immer möglich.[600] Mit Blick auf die Arktis stellt sich

592 International Convention for the Conservation of Atlantic Tunas, 14.05.1966, 673 UNTS 63 (deutsche Übersetzung in: ABl. EG L 162 vom 18.06.1986, S. 34, Internationale Konvention zur Erhaltung der Thunfischbestände im Atlantik (IKETA)).

593 Agreement on Cooperation in Research, Conservation and Management of Marine Mammals in the North Atlantic, 09.04.1992, http://www.nammco.no/webcronize/images/Nammco/659.pdf (13.07.2014). (Übereinkommen zur Kooperation im Bereich der Forschung, Erhaltung und des Managements mariner Säuger im Nordatlantik).

594 Convention for the Conservation of Salmon in the North Atlantic Ocean, 02.03.1982, 1338 UNTS 33 (deutsche Übersetzung in: ABl. EG L 378 vom 31.12.1982, S. 25, Übereinkommens zur Lachserhaltung im Nordatlantik (NALÜ)).

595 Art. 7 lit. e NOAFÜ/„Neue“ Konvention.

596 Art. 7 lit. a NOAFÜ/„Neue“ Konvention.

597 Art. 7 lit. b NOAFÜ/„Neue“ Konvention.

598 Art. 7 lit. c NOAFÜ/„Neue“ Konvention.

599 Eine Karte der Gebiete der Hohen See im NEAFC Anwendungsbereich ist zu finden bei *Churchill*, Managing Straddling Fish Stocks in the North-East Atlantic: A Multiplicity of Instruments and Regime Linkages – but How Effective a Management?, in: Schram Stokke (Hrsg.), Governing High Seas Fisheries, 2001, S. 235 (236).

600 Diese Bereiche umfassen den zentralen Arktischen Ozean, sowie das Banana Hole und das Loop Hole, vgl. zur Lage dieser Kap. I, Abschnitt A.

die Frage, ob die NEAFC Empfehlungen für die Gewässer um Spitzbergen auf Grundlage von Art. 5 NOAFÜ/„Neue“ Konvention erlässt. Davon ist allerdings nicht auszugehen, da abgesehen von Russland[601] alle Mitglieder der NEAFC die Ansicht vertreten, dass Norwegen die 200-Seemeilen-Zone um Spitzbergen-Archipel ausweisen durfte.[602] Insofern muss im Rahmen der NEAFC eher davon ausgegangen werden, dass Empfehlungen mit Bezug zu die 200-Seemeilen-Zone um den Spitzbergen-Archipel auf Grundlage von Art. 6 NOAFÜ/„Neue“ Konvention erlassen würden. Dieser regelt die Abgabe von Empfehlungen für Gebiete, in denen den Parteien Hoheitsrechte zustehen. Hier ist die Abgabe von Empfehlungen gemäß Art. 6 NOAFÜ/„Neue“ Konvention nur möglich, wenn der Staat, dem diese Rechte zukommen, diese Empfehlung erfragt hat und diese dann bei der Abstimmung in der Kommission die Stimme dieses Staates erhält.

Die erlassenen Empfehlungen binden die Mitgliedstaaten unter den Voraussetzungen des Art. 12 und Art. 13 NOAFÜ/„Neue“ Konvention.[603] Im Grundsatz gilt, die Empfehlungen werden bindend, sofern die Vertragspartei nicht gegen diese Einspruch einlegt. Ist dies der Fall, gilt die Empfehlung für diese Partei nicht.[604] Legen drei oder mehr Parteien Einspruch ein, wird die Empfehlung für keine der Parteien bindend.[605]

Die NEAFC erarbeitet einerseits selbstständig Empfehlungen, meist nach Konsultation von wissenschaftlichen Stellen wie dem Internationa-

601 Vgl. *Pedersen/Henriksen*, Svalbard's Maritime Zone: The End of Legal Uncertainty? IJMCL 24 (2009), S. 141 (144).

602 Zu den Ansichten der verschiedenen Staaten vgl. *Molenaar*, Fisheries Regulation in the Maritime Zones of Svalbard, IJMCL 27 (2012), S. 3 (18 ff.).

603 Vgl. Hierzu im Detail *McDorman*, Implementing Existing Tools: Turning Words Into Actions – Decision-making Processes of Regional Fisheries Management Organizations (RFOs), IJMCL 20 (2005), S. 423 (446 f.).

604 Art. 12 Abs. 2 lit. b NOAFÜ/„Neue“ Konvention.

605 Art. 12 Abs. 2 lit. c NOAFÜ/„Neue“ Konvention.

len Rat für Meeresforschung[606] (ICES).[607] Ferner ist es möglich, dass sich die Mitglieder der NEAFC in sogenannten „Agreed Records" bereits über bestimmte Erhaltungs- und Bewirtschaftungsmaßnamen geeinigt haben. Dann werden diese unverbindlichen Absprachen der Mitglieder zur Grundlage der NEAFC Empfehlung.[608]

Mitte 2014 sind 38 Empfehlungen zu Erhaltungs- und Bewirtschaftungsmaßnahmen der NEAFC in Kraft.[609] Diese enthalten zahlreiche Managementmaßnahmen für einzelne Fischbestände.[610] Die EU ist mit zwei Ausnahmen, Empfehlungen bezüglich derer sie Einspruch eingelegt hat, an die Empfehlungen der NEAFC gebunden. Eine dieser Ausnahmen verbietet Rückwürfe des Beifangs bestimmter Arten.[611] Die zweite dieser Empfehlungen legte eine TAC für den Fang von Rundnasen-Grenadier in bestimmten Meeresgebieten fest.[612]

606 Der ICES ist ein Netzwerk, das aus mehr als 1600 Wissenschaftlern verschiedener Nationen besteht und mittlerweile 20 Mitgliedstaaten hat. Er koordiniert und treibt die Forschung im marinen Bereich voran. Er arbeitet insbesondere in den Bereichen der Ozeanographie, der marinen Umwelt, dem marinen Ökosystem und mariner Ressourcen im Nordatlantik und der Ostsee. Der ICES arbeitet mit verschiedenen regionalen Fischereiorganisationen zusammen, so z. B. der NEAFC. Weitere Informationen zum ICES: http://www.ices.dk/Pages/default.aspx (13.07.2014); vgl. auch Convention for the International Council for the Exploration of the Sea, 12.09.1964, 652 UNTS 237 (deutsche Übersetzung in: BGBl. 1969 II S. 1134, Übereinkommen über den Internationalen Rat für Meeresforschung). Inwiefern die Vorgaben dieses Rates den tatsächlichen naturwissenschaftlichen Erfordernissen entsprechen, kann im Zuge dieser Arbeit nicht beurteilt werden. Diese Einschätzung ist den Biologen zu überlassen.

607 Vgl. Art. 14 NOAFÜ/„Neue" Konvention. Vgl. auch Memorandum of Understanding between the North-East Atlantic Fisheries Commission and the International Council for the Exploration of the Sea, 2007, http://www.neafc.org/system/files/ices_mou_2007.pdf (13.07.2014).

608 Vgl. beispielsweise NEAFC, Conservation and Management Measures For Norwegian Spring Spawning (Atlanto-Scandian) Herring, 14.03.2013 (Recommendation 17:2013), http://www.neafc.org/system/files/Rec17_Herring.pdf (13.07.2014).

609 Eine Auflistung sämtlicher Empfehlungen ist abrufbar unter: http://www.neafc.org/current-measures-list (13.07.2014).

610 Ebenfalls enthalten sind Regelungen, die das von der NEAFC entwickelte System zur Durchsetzung ihrer Empfehlungen betreffen; dazu an späterer Stelle.

611 NEAFC, Discard Ban 2010, 17.11.2009 (Recommendation XVI:2010), http://www.neafc.org/system/files/rec16_ban_on_discards_neafc_ra.pdf (13.07.2014). Die NEAFC erwähnt für jede Empfehlung gesondert, welche Vertragspartei an die jeweilige Empfehlung nicht gebunden ist, vgl. dazu die Übersichten zu den einzelnen Recommendations unter http://www.neafc.org/current-measures-list (13.07.2014).

612 NEAFC, Management of Roundnose Grenadier (Coryphaenoides Rupestris) in the NEAFC Regulatory Area, 10.12.2013, (Recommendation 4-Rev.1:2014), http://

Die Empfehlungen der NEAFC zum Management einzelner Bestände enthalten überwiegend so hinreichend bestimmte Vorgaben, dass diese ohne Spielraum der NEAFC Mitglieder umgesetzt werden müssen. Diese beziehen sich überwiegend auf die Festlegung von TACs oder Fangverboten in bestimmten Zeiträumen sowie auf Konditionen des Fangs. Oft regeln die Empfehlungen der NEAFC auch die Allokation der Fangmöglichkeiten unter den Mitgliedern. Dies gilt aber nicht immer. Die NEAFC nahm beispielsweise in einer Empfehlung zu Rotbarsch in dem südöstlichen Teil des Europäischen Nordmeeres (norwegische See), die in den hier gezogenen Grenzen der Arktis liegt, eine solche Verteilung der TACs im Jahre 2012 nicht vor.[613] Vielmehr legten sie fest, dass zwischen Januar 2012 und dem 14. August 2012, sowie im Dezember 2012 der Fang von Rotbarsch in diesem Gebiet verboten war.[614] In der Zeit von Mitte August bis Dezember setzte die NEAFC eine TAC in Höhe von 7500 Tonnen fest.[615] Es wurde ein Monitoringsystem eingerichtet, sodass die NEAFC die Fangquote beobachten konnte und die Vertragsparteien des NOAFÜ bei Abfischung von 80% der Quote benachrichtigte,[616] damit diese den Fang dann unterbinden konnten, bis die volle Quote erreicht war. Am 15. August 2012 startete die Fangperiode für Rotbarsch auf Grundlage der Empfehlung und bereits am 24. September 2012 waren 80% der TAC abgefischt.

Im Ergebnis kann festgehalten werden, dass die Gründung der NEAFC für die Arktis von Bedeutung ist. Die NEAFC hat bereits einige auch für die Arktis relevante Empfehlungen erlassen.[617] Alle arktischen Arten und Bestände erfassen diese Empfehlungen jedoch aktuell bei weitem nicht.

Hinzu kommt, dass der Anwendungsbereich *ratione loci* nach Ost und West begrenzt ist. Dies führt dazu, dass sich der Anwendungsbereich in Form eines Tortenstücks nach Norden immer weiter verschmälert. In der Folge deckt der Anwendungsbereich der NOAFÜ/„Neue“ Konvention im zentralen arktischen Ozean nur noch einen kleinen Bereich ab.

---

www.neafc.org/rec/2014/04 (13.07.2014).

613 NEAFC, Conservation and Management Measures for Redfish in the Regulatory Area (ICES Subareas I and II) in 2012, 11.11.2011 (Recommendation 2:2012), http://www.neafc.org/system/files/rec_2_redfish_i%2526ii_pro.pdf (13.07.2014).

614 Para. 1 NEAFC Recommendation 2:2012.

615 Para. 2 NEAFC Recommendation 2:2012.

616 Para. 3 NEAFC Recommendation 2:2012.

617 So zum Beispiel NEAFC, Redfish in ICES I and II, 19.11.2012 (Recommendation 1:2013), http://www.neafc.org/system/files/Rec1_redfish_ICES_I_and_II-Norway.pdf (13.07.2014).

Das NOAFÜ weist einen weiteren Mangel gerade in Anbetracht der in der Arktis gegebenen Veränderungen auf. Es ist ein geschlossenes Übereinkommen, in dem Sinne, dass drei Viertel der Vertragsparteien einer Neuaufnahme zustimmen müssen.[618] Dieser Umstand erschwert zumindest die Ausweitung der Vertragsparteien.

b) Northwest Atlantic Fisheries Organisation

Auch für den Nordwestatlantik wurde eine regionale Fischereiorganisation geschaffen, die Northwest Atlantic Fisheries Organisation (NAFO). Die NAFO findet ihre Grundlage in dem Übereinkommen über die künftige multilaterale Zusammenarbeit auf dem Gebiet der Fischerei im Nordwestatlantik (Nordwestatlantik-Fischereiübereinkommen, NAFÜ).[619] Der Anwendungsbereich *ratione loci* dieses Übereinkommens grenzt unmittelbar an den Anwendungsbereich des NOAFÜ. Gemäß Art. I Abs. 1 dehnt sich der Übereinkommensbereich des NAFÜ in der Arktis westlich der Grenzen des NOAFÜ und nördlich von 35° nördlicher Breite entlang der Küste Grönlands über die Davidstraße und die Baffin-Bucht aus. Im Gegensatz zum NOAFÜ reicht der Anwendungsbereich *ratione loci* jedoch nicht bis an den geografischen Nordpol, sondern endet bei 78° 10' nördlicher Breite.

Von dem Übereinkommensgebiet zu unterscheiden ist der Regelungsbereich des NAFÜ, der sich gemäß Art. I Abs. 2 nur auf die im Überein-

618 Art. 20 Abs. 4 NOAFÜ/"Neue" Konvention.

619 Art. II Convention on the Future Multilateral Cooperation in the Northwest Atlantic Fisheries, 01.01.1979, 1135 UNTS 370 (deutsche Übersetzung in: ABl. EG L 378 vom 30.12.1978, S. 30, Übereinkommen über die künftige multilateral Zusammenarbeit auf dem Gebiet der Fischerei im Nordwestatlantik (Nordwestatlantik-Fischereiübereinkommen – NAFÜ)). Die EU ist seit dem 01.01.1979 Partei, vgl. Verordnung 3179/78 des Rates vom 28. Dezember 1978 über den Abschluß des Übereinkommens über die künftige multilaterale Zusammenarbeit auf dem Gebiet der Fischerei im Nordwestatlantik durch die Europäische Wirtschaftsgemeinschaft, ABl. EG L 378 vom 30.12.1978, S. 1. Die im Jahre 2007 verabschiedete Änderung des NAFÜ ist noch nicht in Kraft getreten, NAFO General Council, Amendment to the Convention on Future Multilateral Cooperation in the Northwest Atlantic Fisheries, 28.09.2007 (NAFO Doc. GC Doc. 07/4), http://archive.nafo.int/open/gc/2007/gcdoc07-04.pdf (13.07.2014). Drei Viertel der NAFO-Mitglieder müssten diese Änderung ratifizieren. Auch die NAFO ist eine Internationale Organisation mit Rechtspersönlichkeit, Art. II Abs. 3 NAFÜ. D

kommensbereich liegenden Gebiete der Hohen See bezieht.[620] Das bedeutet, dass zwar in der Arktis liegende Gewässer des Nordatlantiks, nicht aber des Arktischen Ozeans in den Regelungsbereich des NAFÜ fallen, da die Gebiete der Hohen See des Arktischen Ozeans nördlich von 78° 10' nördlicher Breite liegen. Dies ist darauf zurückzuführen, dass die grönländische und die kanadische AWZ in der Davidstraße und der Baffin-Bucht zum überwiegenden Teil unmittelbar an einander grenzen.[621] Insofern fallen nur arktische Gewässer südlich von 61° Nord, also ungefähr ab der Höhe der Südspitze Grönlands in den Regelungsbereich des NAFÜ.

Ratione materiae gestaltet sich der Anwendungsbereich ähnlich zu dem des NOAFÜ, indem Fischereiressourcen mit Ausnahme des Lachses, der Tunfischbestände, des Marlins, der Wahlbestände, sofern von der IWC verwaltet, und der sesshaften Arten, erfasst werden.[622]

Die NAFO besteht gemäß Art. II Abs. 2 NAFÜ aus einem allgemeinen Rat, einem wissenschaftlichen Rat, einer Fischereikommission und einem Sekretariat.[623] Unmittelbar mit der Bewirtschaftung und Erhaltung der Fischereiressourcen ist die Fischereikommission befasst.[624] Diese kann nach Art. XI Abs. 2 Vorschläge für gemeinsame Maßnahmen der Vertragsparteien zum Zwecke einer optimalen Nutzung der Fischerei-

620 Vgl. *Russell,* ICCAT and NAFO: Implementation of Sustainability Principles and Practice in the Management of Straddling and Highly Migratory Fish Stocks, in: Russell/VanderZwaag (Hrsg.), Recasting Transboundary Fisheries Management in the Light of Sustainability, 2010, S. 239 (240); *Aneiros,* Spain, the European Union, and Canada: A New Phase in the unstable Balance in the Northwest Atlantic Fisheries, ODIL 42 (2011), S. 155 (161).

621 Vgl. Dazu die Karte unter http://www.nafo.int/(13.07.2014).

622 Art. I Abs. 4 NAFÜ. Wale sind im Rahmen des NAFÜ als Fischereiressourcen zu bewerten. Treten die Änderungen des NAFÜ in Kraft, dann erfasst der Anwendungsbereich in Zukunft alle Fische, Muscheln und Krustentiere mit Ausnahme der sesshaften Arten über die Küstenstaaten souveräne Rechte ausüben sowie anadrome und katadrome Arten, insoweit wie diese unter anderen Übereinkommen bewirtschaftet werden, Art. I lit. f. Auch weit wandernde Arten die in Anhang I des SRÜ gelistet sind, werden erfasst. Insofern wird der Anwendungsbereich des NAFÜ dem der NEAFC „Neue" Konvention angeglichen.

623 Gemäß Art. V Abs. 2 der angenommenen Änderung wird in Zukunft die Organisation aus der Kommission, einem wissenschaftlichen Rat und einem Sekretariat bestehen.

624 Eine Zusammenstellung der Maßnahmen der NAFO für das Jahr 2013 ist zu finden in NAFO Fisheries Commission, Conservation and Enforcement Measures 2013 (CEM 2014) (NAFO/FC Doc. 14/1 (Serial No. N6272)), http://www.nafo.int/ (13.07.2014).

ressourcen im Regelungsbereich des NAFÜ verabschieden.[625] Die Empfehlungen der Fischereikommission haben rechtsverbindliche Wirkung,[626] sofern nicht von der Mehrheit der Mitglieder Einspruch eingelegt wird. Legen nur einzelne Mitglieder Einspruch ein, wird die Maßnahme für diese einzelnen Staaten nicht verbindlich. Auch im Rahmen der Handlungen der Fischereikommission der NAFO ist die Festlegung von TACs ein wichtiges Schutzinstrument, das Bereiche der Arktis erfasst. Im Gebiet 3M[627] beispielsweise, das innerhalb der hier gezogenen arktischen Grenzen liegt, legte die Fischereikommission eine TAC für die Kabeljaubestände in Höhe von 14521 Tonnen fest, von der die EU 8281 Tonnen befischen darf.[628]

Trotz einiger wichtiger Vorgaben der NAFO für die Fischerei ist die Bedeutung des NAFÜ für die Arktis jedoch deutlich geringer, als dies bezüglich des NOAFÜ der Fall ist. Dies liegt zum einen an dem Regelungsbereich, der in der Arktis liegende Gebiete des Nordatlantiks, nicht aber des Arktischen Ozeans umfasst. Dadurch sind zum einen die Vorgaben der NAFO für die arktische Fischerei der EU von geringer Relevanz. Zum Anderen sind die Einflussmöglichkeiten der EU über die NAFO zum Erhalt der lebenden marinen Ressourcen recht gering.

c) International Commission for the Conservation of Atlantic Tunas

Eine weitere Internationale Organisation, die durch ein regionales Fischereiabkommen gegründet wurde, ist die International Commission for the Conservation of Atlantic Tunas (ICCAT).[629] Ziel der zugrunde liegenden IKETA, der auch die EU beigetreten ist,[630] ist gemäß der Präambel die

625 Vgl. *Aneiros*, Spain, the European Union, and Canada: A New Phase in the unstable Balance in the Northwest Atlantic Fisheries, ODIL 42 (2011), S. 155 (161).

626 Art. XI Abs. 7 NAFÜ.

627 Vgl. Karte der Gebiete der NAFO, http://www.nafo.int/fisheries/frames/fishery.html (13.07.2014). Der violette Teil kennzeichnet das Gebiet, für das die Fischereikommission verbindliche Vorschläge erlassen kann.

628 Annex I CEM 2014.

629 Art. III IKETA. Auch die ICCAT ist eine Internationale Organisation, vgl. www.iccat.int (13.07.2014).

630 Beschluss 86/238/EWG des Rates vom 09. Juni 1986 über den Beitritt der Gemeinschaft zu der Internationalen Konvention zur Erhaltung der Thunfischbestände im Atlantik in der Fassung des Protokolls zu der am 10.07.1984 in Paris unterzeichneten Schlussakte der Konferenz der Bevollmächtigten der Vertragsparteien der Konvention, ABl. EG L 162 vom 18.06.1986, S. 33.

„Bestände der Tunfische und diesen verwandte Arten des Atlantischen Ozeans auf einem Niveau zu erhalten, das eine gleichbleibende optimale Nutzung [...] gewährleistet.“[631]

Ratione loci umfasst der Anwendungsbereich der IKETA den kompletten Atlantischen Ozean und die angrenzenden Meere,[632] womit sie Gewässer der Arktis mit einschließen kann. Die Bedeutung der IKETA für die Arktis fällt tatsächlich dennoch gering aus. Dies ist darauf zurückzuführen, dass nur der Teil des Arktischen Ozeans zwischen der Nordostküste Grönland und der Westküste Spitzbergens in den Konventionsbereich einbezogen wird. Der zweite und gewichtigere Grund, der zu einer geringen Bedeutung der IKETA für den Erhalt der arktischen biologischen Vielfalt führt, ist der Abwendungsbereich *ratione materiae*. Dieser bezieht sich auf Thunfische und mit diesen verwandte Arten.[633] Diese Arten überqueren jedoch selten die arktischen Grenzen.

Um das Ziel der Konvention zu erreichen, kann die ICCAT Empfehlungen aussprechen, die von den Mitgliedstaaten unter den Voraussetzungen des Art. VIII Abs. 1 lit. a IKETA anzuwenden sind.[634] Dabei ist gemäß Art. II IKETA diese so auszulegen, dass die Rechte der Küstenstaaten nicht berührt werden. Die ICCAT kann daher jedenfalls nicht einseitig Emp-

631 Bezugnahme auf die deutsche Übersetzung in: ABl. EG L. 162 vom 18.06.1986, S. 34.

632 Art. I IKETA. Die IKETA spricht in diesem Zusammenhang von dem „Konventionsbereich“. Vgl. auch die Karte des Konventionsbereiches, http://ec.europa.eu/fisheries/cfp/international/rfmo/index_de.htm (13.07.2014).

633 Dies ergibt sich aus der Präambel der IKETA. Tunfische gehören zu den makrelenartigen Fischen. Die makrelenartigen Fische wiederum bestehen aus zwei Kladen (Kladen sind monophyletische Gruppen, systematische Einheiten, die einen gemeinsamen Vorfahren haben, von dem alle Nachfahren sind), den makrelenartigen Fischen im engeren Sinne und den schwertfischartigen. Zu den schwertfischartigen Fischen zählen auch die Fächer und Speerfische, beispielsweise die Marline. Das bedeutete eine, wenn auch nicht besonders nahe Verwandtschaft zwischen Tunfischen, Schwertfischen, den Marlinen und den Speerfischen, was wiederum erklärt, warum auch diese Gattungen bzw. Arten heute dem ICCAT-Schutzmechanismus unterfallen. Das “Compendium management recommendations and resolutions adopted by the ICCAT for the conservation of Atlantic tunas and tuna like species” führt im Inhaltsverzeichnis alle Arten auf, deren Schutz sich die IKETA widmet, vgl. ICCAT, Compendium management recommendations and resolutions adopted by the ICCAT for the conservation of Atlantic tunas and tuna like species, 2011, http://www.iccat.es/Documents/Recs/ACT_COMP_2011_ENG.pdf (13.07.2014).

634 Vgl. Hierzu im Detail, *McDorman*, Implementing Existing Tools: Turning Words Into Actions – Decision-making Processes of Regional Fisheries Manegement Organisations (RFOs), IJMCL 20 (2005), S. 423 (443 f.)

fehlungen erlassen, die in den AWZs oder Fischereischutzzonen der Mitglieder gelten.[635]

Die Empfehlungen der ICCAT sollen die Bestände, die im Konventionsbereich befischt werden, auf einem Niveau erhalten, das eine gleichbleibende optimale Nutzung ermöglicht. Dieser angestrebte Erhaltungsstand ist mit dem MSY gleichzusetzen.[636] Dabei muss auch hier das MSY nur der zu schützende Mindestwert sein, um nicht einen Widerspruch zum Vorsorgeansatz in Art. 6 FBÜ herzuführen.[637] Allerdings wurde dies in den vergangenen Jahren anders gehandhabt. Die ICCAT sah das MSY als zu erreichenden Zielwert an.[638]

Einen wirklichen Erfolg konnte die ICCAT lange Zeit nicht erzielen.[639] Dies ging primär auf die Uneinigkeit unter den Parteien zurück, die Empfehlungen der ICCAT anzunehmen. Zwar sind diese unter den Voraussetzungen des Art. VIII IKETA verbindlich,[640] jedoch bestehen umfang-

635 Insofern wird die ICCAT einseitig keine Empfehlungen für die Gewässer um Spitzbergen erlassen. Die überwiegende Anzahl der ICCAT Mitglieder erkennt das Recht Norwegens, eine 200 Seemeilen breite Zone mit Hoheitsbefugnissen auszuweisen, an.

636 Vgl. *Russell*, ICCAT and NAFO: Implementation of Sustainability Principles and Practice in the Management of Straddling and Highly Migratory Fish Stocks, in: Russell/VanderZwaag (Hrsg.), Recasting Transboundary Fisheries Management in the Light of Sustainability, 2010, S. 239 (282).

637 Vgl. Art. 6 Abs. 3 lit. b, Anhang II FBÜ, para. 2 und 7 FBÜ; *Russell*, ICCAT and NAFO: Implementation of Sustainability Principles and Practice in the Management of Straddling and Highly Migratory Fish Stocks, in: Russell/VanderZwaag (Hrsg.), Recasting Transboundary Fisheries Management in the Light of Sustainability, 2010, S. 239 (283).

638 Vgl. *Russell*, ICCAT and NAFO: Implementation of Sustainability Principles and Practice in the Management of Straddling and Highly Migratory Fish Stocks, in: Russell/VanderZwaag (Hrsg.), Recasting Transboundary Fisheries Management in the Light of Sustainability, 2010, S. 239 (283).

639 Die ICCAT wurde lange Zeit als „International Conspiracy to Catch All Tunas" bezeichnet; vgl. *Proelß*, Meeresschutz im Völker- und Europarecht, 2004, S. 237.

640 Für eine Verbindlichkeit der Maßnahmen spricht das ansonsten detailliert geregelte Einspruchsverfahren, das ein Inkrafttreten der Empfehlungen sowohl für eine Partei als auch allgemein, verhindern kann. Für eine Verbindlichkeit sprechen sich aus *Proelß*, Meeresschutz im Völker- und Europarecht, 2004, S. 237; *Korman*, International Management of a High Seas Fishery: Political and Property-Rights Solution and the Atlantic Bluefin, VJIL 51 (2011), S. 697 (708); gegen eine Verbindlichkeit wohl *Russell*, ICCAT and NAFO: Implementation of Sustainability Principles and Practice in the Management of Straddling and Highly Migratory Fish Stocks, in: Russell/VanderZwaag (Hrsg.), Recasting Transboundary Fisheries Management in the Light of Sustainability, 2010, S. 239 (282).

reiche opt-out Rechte. Auch heute noch ist im Rahmen der ICCAT eher undurchsichtig, welche Mitglieder sich an welche Empfehlungen gebunden fühlen.

d) North Atlantic Salmon Conservation Organization

Die vorletzte an dieser Stelle zu nennende Fischereiorganisation ist die North Atlantic Salmon Conservation Organization (NASCO). Diese wurde durch das NALÜ gegründet.[641] Das NALÜ, dessen Anwendungsbereich sich auf die Lachsbestände[642] in den Gebieten nördlich von 36° nördlicher Breite außerhalb von Gebieten mit Hoheitsrechten der Küstenstaaten bezieht, ist das einzige der in diesem Abschnitt vorgestellten regionalen Abkommen, das nicht ausschließlich auf die Gründung einer Kommission zur Erreichung des grundlegenden Ziels setzt, sondern das auch unmittelbar geltende Normen enthält. Um das Ziel, die Erhaltung, Wiederherstellung, Vergrößerung und rationelle Bewirtschaftung der Lachsbestände im Nordatlantik zu fördern, wird der Lachsfang gemäß Art. 2 Abs. 1 NALÜ außerhalb der Zonen mit Fischereihoheit der Küstenstaaten generell verboten. Dies gilt auch bereits ab der zwölf Seemeilen-Grenze,[643] natürlich mit einigen Ausnahmen.[644] So ist der Lachsfang innerhalb der AWZs im Nordatlantik in den Gebieten zugelassen, die der Westgrönlandkommission[645] bis zu 40 Seemeilen von der Basislinie aus bzw. der Nordostatlantikkommission[646], innerhalb der den Färöer zuzuordnenden Gebiete, unterstehen.

641 Vgl. Art. 3 NALÜ. Die EWG war Gründungspartei, Beschluss 82/886/EWG des Rates vom 13. Dezember 1982 zum Abschluss des Übereinkommens zur Lachserhaltung im Nordatlantik, ABl. EG L 378 vom 31.12.1982, S. 24. Die NASCO besteht aus einem Rat, drei regionalen Kommissionen und einem Sekretariat, vgl. Art. 3 NALÜ.

642 Gemeint ist der Lachs der Gattung „salmo" und der Familie der „Salmonide".

643 Art. 2 Abs. 2 NALÜ.

644 Vgl. dazu *Rayfuse*, Non-Flag State Enforcement in High Seas Fisheries, 2004, S. 105.

645 Eine der drei regionalen Kommissionen der NASCO. Die Westgrönlandkommission ist zuständig für die Meeresgewässer innerhalb der Fischereihoheitsgebiete ab der Westküste Grönlands von Norden aus westlich einer Linie, die von 44° westlicher Länge südlich von 59° nördlicher Breite, dann ostwärts bis zu 42° westlicher Länge und anschließend weiter südwärts erstreckt, Art. 3 Abs. 4 b NALÜ.

646 Eine der drei regionalen Kommissionen der NASCO. Die Nordostatlantikkommission ist östlich der Gebiete, die der Westgrönlandkommission unterstehen, zuständig.

Im Ergebnis bedeutet dies, dass, sofern Schiffen unter der Flagge der Mitgliedstaaten der EU nicht durch Vereinbarungen mit den Färöer oder Grönland ein Recht zum Lachsfang innerhalb der AWZ dieser zukommt, der Lachsfang in der Arktis nicht möglich ist.

e) Western and Central Pacific Fisheries Commission

Die Mitglieder der Western and Central Pacific Fisheries Commission (WCPFC) sind gemäß Art. 3 Abs. 1 des Übereinkommens über die Erhaltung und Bewirtschaftung weit wandernder Fischbestände im westlichen und mittleren Pazifik (West- und Zentralpazifik-Fischereiübereinkommen – WZPFÜ)[647] an die Bestimmungen des WZPFÜ gebunden. Mitglieder der WCPFC, die eine Internationale Organisation ist,[648] sind die Staaten, die in nach Anhang I des WZPFÜ erklärt haben, an die Bestimmungen des Übereinkommens gebunden zu sein.[649] Hierzu zählt auch die EU.[650]

Art. 3 Abs. 1 WZPFÜ umschreibt den Zuständigkeitsbereich der WCPFC, der den Pazifischen Ozean umfasst.[651] Geografische Abgrenzungen werden nur bezüglich der Grenzen im Süden und Osten, nicht hingegen in Richtung Norden gezogen. Es stellt sich die Frage, ob sich der Übereinkommensbereich tatsächlich bis in die Arktis erstreckt, wie Art. 3 Abs. 1 es vermuten lassen würde. Im Bereich des Nordpazifiks verläuft die hier gewählte arktische Grenze verhältnismäßig weit Richtung Süden, südlich entlang der Aleuten bei ca. 52° nördlicher Breite. Nach Angaben der WCPFC liegt ein Teil der Aleuten noch im Übereinkom-

647 Convention on the Conservation and Management of Highly Migratory Fish Stocks in the Western and Central Pacific Ocean, 05.09.2000, 2275 UNTS 43 (deutsche Übersetzung in: ABl. EU L 32 vom 04.02.2005, S. 3, Übereinkommen über die Erhaltung und Bewirtschaftung weit wandernder Fischbestände im westlichen und mittleren Pazifik (WZPFÜ)).

648 Art. 9 Abs. 6 WZPFÜ.

649 Art. 9 Abs. 2 WZPFÜ.

650 Beschluss 2005/75/EG des Rates vom 26. April 2004 über den Beitritt der Gemeinschaft zum Übereinkommen über die Erhaltung und Bewirtschaftung weit wandernder Fischbestände im westlichen und mittleren Pazifik, ABl. EU L 32 vom 04.02.2005, S. 1.

651 Das WZPFÜ spricht in diesem Zusammenhang von Übereinkommensbereich, nicht von Zuständigkeitsbereich.

mensbereich.[652] Damit besteht nur ein kleiner Bereich der Überschneidung des Zuständigkeitsbereiches der WCPFC mit der Arktis.

Der Anwendungsbereich *ratione materiae* des WZPFÜ umfasst nach Art. 3 Abs. 3 alle weit wandernden Fischbestände[653] im Übereinkommensbereich, mit Ausnahme des Makrelenhechts. Weit wandernde Fischbestände in diesem Sinne sind die Fischbestände, die in Anhang I SRÜ gelistet sind.[654] Daneben kann die WCPFC zu schützende Arten festlegen.[655] Damit bestimmt die WCPFC im Ergebnis den Anwendungsbereich *ratione materiae.*[656]

Neben einigen allgemeinen Erhaltungs- und Bewirtschaftungsmaßnahmen in den Art. 5 bis Art. 8 enthält auch das WZPFÜ in Art. 10 die Möglichkeit der WCPFC, Beschlüsse zu erlassen, die vorbehaltlich der Regelungen des Art. 20 Abs. 6 und Abs. 7 WZPFÜ für die Mitglieder der Kommission verbindlich werden.[657] Art. 20 Abs. 6 und Abs. 7 WZPFÜ sieht dabei die Überprüfung der Beschlüsse der WCPFC vor, ein opt-out Recht für einen einzelnen Staat besteht jedoch nicht.

Verwirrung bereitet Art. 10 WZPFÜ. Dieser regelt den Aufgabenbereich der Kommission in den Gebieten unter nationaler Jurisdiktion. Neben Art. 10 enthält das WZPFÜ keine weitere Aufgabenzuweisung an die WCPFC. Hier stellt sich die Frage, ob dann die WCPFC ausschließlich im Bereich nationaler Jurisdiktion tätig wird. Ziel des Übereinkommens ist nach Art. 2 die langfristige Erhaltung und die nachhaltige Nutzung der weit wandernden Arten im westlichen und mittleren Pazifik durch wirksame Bewirtschaftung gemäß dem SRÜ und dem FBÜ[658] sicherzustel-

652 Vgl. zum Anwendunsgsbereich die Karten abgedruckt bei *Meltzer*, Global Overview of Straddling and Highly Migratory Fish Stocks: Maps and Charts Detailing RFMO Coverage and Implementation, IJMCL 20 (2005), S. 571 (593).

653 Die WCPFC bezieht sich ausdrücklich nicht auf Fischereiressourcen, sondern auf Fischbestände, womit fest steht, dass marine Säuger nicht in den Anwendungsbereich fallen.

654 Art. 1 lit. f WZPFÜ.

655 Art. 1 lit. f WZPFÜ.

656 Die Gründung ist vorgesehen in Art. 9 Abs. 1 WZPFÜ.

657 Art. 20 Abs. 5 WZPFÜ.

658 Das WZPFÜ ist das einzige hier relevante Übereinkommen, das zeitlich nach dem FBÜ abgeschlossen wurde. In Folge dessen orientiert dieses sich stark an dem FBÜ. Vgl. *Saunders*, The Western and Central Pacific Fisheries Commission: Management Challenges and Development Imparatives, in: Russell/VanderZwaag (Hrsg.),

len.[659] Der Verweis auf das FBÜ schafft hier Klarheit. Dieses will in erster Linie die Bestände schützen, die sich auch im Bereich der Hohen See befinden. Damit muss sich auch das WZPFÜ auf den Schutz der Bestände der Hohen See beziehen. Wenn die WCPFC demnach für die Erhaltung und Bewirtschaftung weit wandernder Fischbestände im westlichen und mittleren Pazifik eingesetzt ist, muss sie diese auch im Bereich der Hohen See beeinflussen können. Ein derartiges Verständnis ergibt sich auch aus der Entstehungsgeschichte des WZPFÜ. Während der Verhandlungen bestand Uneinigkeit über die Frage, wie weit die Kompetenzen der Kommission reichen sollten. Dass diese jedenfalls im Bereich der Hohen See vorhanden sein sollten, schien hingegen klar.[660] Heute werden auf Grundlage von Art. 10 WZPFÜ eine Vielzahl von Beschlüssen der WCPFC erlassen, die für die Hohe See gelten.[661] Für die Arktis führt dieser Umstand jedoch dazu, dass die Bedeutung des WZPFÜ für den Schutz arktischer biologischer Vielfalt als gering zu bewerten ist. Zwar besteht zwischen dem Zuständigkeitsbereich der WCPFC und der Arktis eine räumliche Überschneidung, allerdings haben diese Gewässer nicht den Status der Hohen See.[662] Der Zuständigkeitsbereich der WCPFC erreicht nicht das im Beringmeer gelegene „Donut-Hole".[663]

f) Zusammenfassung

Im Ergebnis lässt sich festhalten, dass die Normen der regionalen Fischereiorganisationen, deren Mitglied die EU ist, nur beschränkt zum Schutz der arktischen biologischen Vielfalt beitragen können. Dies liegt in erster

Recasting Transboundary Fisheries Management in the Light of Sustainability, 2010, S. 149 (158).

659 Art. 2 WZPFÜ spricht von dem Durchführungsübereinkommen, bei dem es sich gemäß Art. 1 lit. b um das FBÜ handelt.

660 Vgl. *Tarte*, A Duty to Cooperate: Building a Regional Regime for the Conservation and Management of Highly Migratory Fish Stocks in the Western and Central Pacific, Ocean Yearbook 16 (2002), S. 261 (283). Vgl. im Ergebnis *Saunders*, The Western and Central Pacific Fisheries Commission Management Challenges and Development Imperatives, in: Russell/VanderZwaag (Hrsg.), Recasting Transboundary Fisheries Management in the Light of Sustainability, 2010, S. 149 (160).

661 Diese können abgerufen werden unter http://www.wcpfc.int/conservation-and-management-measures (13.07.2014).

662 Vgl. hierzu die Karte der FAO, http://www.fao.org/fishery/rfb/wcpfc/en (13.07.2014).

663 Vgl. dazu oben Kap. I, Abschnitt A.

Linie daran, dass die Anwendungsbereiche in einer Weise abgesteckt sind, die dazu führt, dass lediglich Teile des Arktischen Ozeans in den Anwendungsbereich fallen.[664] Wohl auch aus diesem Grunde sprach sich der Rat im Jahre 2009 bereits für eine Ausweitung des Mandats der Fischereiorganisationen mit Blick auf den Arktischen Ozean aus.[665]

Andere Abkommen dieser Art, zu denen ein Beitritt der EU bisher nicht erfolgte, befassen sich mit den Fischbeständen des Nordpazifiks. Dabei sind auch diese Abkommen in der Regel so ausgestaltet, dass sie für die Arktis eine sehr geringe Bedeutung entfalten.[666] Insofern fällt auch die fehlende Mitgliedschaft der EU in diesen Fischereiorganisationen mit Blick auf die Arktis nicht ins Gewicht.

Neben der beschränkten Zuständigkeit der Fischereiorganisationen für arktische Gewässer befassen sich nur wenige Empfehlungen der Organisationen mit arktischen Arten. Ein Grund für dieses Problem ist, dass innerhalb der Arktis momentan nur wenige Erkenntnisse über die Fischbestände vorliegen.[667] Im Sinne des Vorsorgeansatzes darf dieser Umstand

664 Vgl. im Ergebnis *Molenaar*, Arctic Fisheries Management, in: Molenaar/Oude Elferink/Rothwell (Hrsg.), The Law of the Sea and the Polar Regions, 2013, S. 243 (261); *Potts*, The Management of Living Marine Resources in the Polar Regions, in: Loukacheva (Hrsg.), Polar Law Textbook, 2010, S. 65 (74).

665 Council Conclusion, 2985th Foreign Affairs Meeting, 08.12.2009, para. 10.

666 Vgl. Convention for the Conservation of Anadromous Fish Stocks in the North Pacific Ocean, 11.02.1992, http://www.npafc.org/new/publications/HandBook/English%20%28page1-44%29.pdf (13.07.2014), der Anwendungsbereich erstreckt sich gemäß Art. 1 zwar auf das Beringmeer, allerdings nur auf Gebiete außerhalb nationaler Hoheitsbefugnisse, die im Beringmeer nur sehr klein sind, das „Donut-Hole" (vgl. Kap. I, Abschnitt A).; die gleiche Wirkung für die Arktis entfaltet die Convention on the Conservation and Management of Pollock Resources in the Central Bering Sea, 16.06.1994, http://www.afsc.noaa.gov/REFM/CBS/Docs/Convention%20on%20Conservation%20of%20Pollock%20in%20Central%20Bering%20Sea.pdf (13.07.2014), Art. I; die Convention for the Preservation of the Halibut Fishery of the Northern Pacific Ocean and Bering Sea, 02.03.1953, CTS 1935/14, as amended by the Protocol amending the Convention between Canada and the United States of America for the Preservation of the Halibut Fishery of the Northern Pacific Ocean and Bering Sea, 29.03.1979, CTS 1980/44 bezieht sich auf die kanadischen und US-amerikanischen Gebiete der Beringsee; die Convention for a North Pacific Marine Science Organization, 12.12.1990, http://www.pices.int/about/convention.aspx (13.07.2014) steht nach Art. XIV nur Staaten offen.

667 Vgl. *Molenaar*, Arctic Fisheries Management, in: Mollenaar/Oude Elferink/Rothwell (Hrsg.), The Law of the Sea and the Polar Regions, 2013, S. 243 (260). Dabei muss beachtet werden, dass nicht nur in bisher recht unerforschten Gebieten, sondern generell die Bewertung des Zustandes einzelner Bestände Schwierigkeiten be-

jedoch nicht zur Untätigkeit bezüglich des Managements dieser Fischbestände führen. Auch die Fischereiorganisationen sind über ihre Beziehung zum FBÜ hinaus heute weitgehend dem Vorsorgeansatz verpflichtet. Als positives Beispiel kann hier die NAFO genannt werden, die den Vorsorgeansatz bereits im Jahre 1999 implementierte.[668] Die geänderte Fassung des NAFÜ, die bisher nicht in Kraft getreten ist, sieht in Art. III lit. c die Anwendung des Vorsorgeansatzes ausdrücklich vor. Auch im Rahmen der NASCO begann die Implementierung des Vorsorgeansatzes zum Ende der 1990er Jahre.[669] Im gültigen Vertragstext festgehalten ist der Vorsorgeansatz in Art. 5 lit. a WZPFÜ, ebenso wie in Art. 4 Abs. 2 lit. b NOAFÜ/ „Neue" Konvention. Nur im Rahmen der ICCAT lässt dieser sich nicht finden.[670]

Allein der Umstand, dass der Vorsorgeansatz in vielen regionalen Fischereiübereinkommen festgeschrieben ist, führt noch nicht zu einem Beitrag der Fischereiorganisationen zum Schutz der arktischen biologischen Vielfalt. Vielmehr muss diesem Ansatz auch Folge geleistet werden,[671] was aufgrund von Unklarheiten bezüglich des Inhalts und der Reichweite des Vorsorgeansatzes mit Schwierigkeiten behaftet sein kann.[672] Aufgrund der Nähe der regionalen Fischereiabkommen zum FBÜ ist aber davon auszugehen, dass das vom Vorsorgeansatz anvisierte Ziel die Erhaltung der Fischbestände auf der Ebene des MSY ist.

---

reitet, vgl. *Barkin/DeSombre*, Do we need a global fisheries management organization?, JESS 2013, S. 232 (232 f.).

668 NAFO Fisheries Commission, Resolution 2/99 of the Fisheries Commission to Guide Implementation of the Precautionary Approach within NAFO, 17.09.1999 (NAFO Doc. FC Doc. 99/13), http://www.nafo.int/publications/resolutions/res2-99.html (13.07.2014).

669 NASCO, Agreement on Adoption of the Precautionary Approach, 1998 (NASCO Doc. CNL(98)46), http://www.nasco.int/pdf/agreements/pa_agreement.pdf (13.07.2014).

670 *Russell*, ICCAT and NAFO: Implementation of Sustainability Principles and Practice in the Management of Straddling and Highly Migratory Fish Stocks, in: Russell/ VanderZwaag (Hrsg.), Recasting Transboundary Fisheries Management in the Light of Sustainability, 2010, S. 239 (302); *Proelß*, Meeresschutz im Völker-und Europarecht, 2004, S. 237 f.; *Russell/VanderZwaag*, Ecosytem & Precautionary Approach to International Fisheries Governance: Beacons of Hope, Seas of Confusion and Illusion, in: Russell/VanderZwaag (Hrsg.), Recasting Transboundary Fisheries Management in the Light of Sustainability, 2010, S. 25 (67).

671 Vgl. *Rayfuse*, Precaution and the Protection of Marine Biodiversity in Areas beyond National Jurisdiction, IJMCL 27 (2012), S. 773 (781).

672 Vgl. dazu *Beyerlin/Marauhn*, International Environmental Law, 2011, S. 54 f.

Neben arktisspezifischen Problemen der regionalen Fischereiabkommen treten auch allgemeine Probleme hinzu. Die Effektivität der Maßnahmen der Fischereikommissionen hängt von verschiedenen Faktoren ab, wie aktuellen wirtschaftlichen Interessen der Mitgliedstaaten oder dem Maß an Einigkeit unter diesen.[673] So können zwar theoretisch von den Fischereikommissionen verbindliche Regelungen zu TACs, Schonzeitenregelungen, Tiefseefischerei, Beifang oder Verboten bestimmter Fragemethoden erlassen werden. Allerdings sehen einige regionale Fischereiabkommen die Möglichkeit eines „opt-out" rechts vor.[674]

5. Bewertung

Die Regulierung der Nutzung arktischer lebender Ressourcen und damit der Schutz arktischer biologischer Vielfalt werden nur sehr eingeschränkt durch multilaterale Unionsabkommen realisiert. Einige Unionsabkommen entfalten, wie die Berner Konvention oder AEWA, für den Erhalt der arktischen biologischen Vielfalt durch die Union kaum eine eigenständige Wirkung. Dies ist auf die Reichweite der Bindung der Union an die Abkommen oder deren beschränkten Anwendungsbereich zurückzuführen. Andere Unionsabkommen besitzen zwar das Potential, den Schutz der arktischen biologischen Vielfalt zu fördern, leiden jedoch an anderen Mängeln. Oft geben die in den Abkommen enthaltenen Regelungen zum Schutz, zur Erhaltung und zur Bewirtschaftung lebender Ressourcen nur einen Rahmen vor. Dies gilt beispielsweise für das ÜBV, welches das einzige sowohl alle terrestrische als auch alle marine Ressourcen schützende Abkommen ist. Das ÜBV muss durch die Vertragsparteien ausgeformt werden. Eine solche Ausformung hat für die Arktis bisher nicht stattgefunden und ist in nächster Zeit auch nicht zu erwarten. Auch in Bezug auf solche multilateralen Unionsabkommen, die konkretere Normen enthalten, ist deren Zuschnitt auf die arktische biologische Vielfalt unbefriedigend. So kann zwar der Schutz der Bonner Konvention die arktische

673 Vgl. Ørebrech/Sigurjonsson/McDorman, The 1995 United Nations Straddling and Highly Migratory Fish Stocks Agreement: Management, Enforcement and Dispute Settlement, IJMCL 13 (1998), S. 119 (120 f.).

674 Vgl. Zu dem Problem des opt-outs auch *Schiffman*, Marine Conservation Agreements, 2008, Kap. 2 ff.; *Proelß*, Meeresschutz im Völker- und Europarecht, 2004, S. 246 ff.

biologische Vielfalt erfassen, aufgrund der Ausgestaltung der Konvention wird das Potential aktuell noch nicht ausgeschöpft. Eine Ausweitung des Anwendungsbereiches erscheint hier ebenso unwahrscheinlich wie der Abschluss weiterer Abkommen nach Art. IV Bonner Konvention.

Dies ist darauf zurückzuführen, dass die Arktis ein Gebiet voller Unsicherheiten ist. Zum einen fehlen hinsichtlich der arktischen Flora und Fauna noch die naturwissenschaftlichen Grundlagen, um das Verhalten der Arten, ihre Anpassungsfähigkeit an Veränderungen und insbesondere den Gerad ihrer Bedrohung beurteilen zu können.[675] Zum anderen versuchen die Anrainerstaaten ihre eigenen wirtschaftlichen Interessen durchzusetzen. Solange die Möglichkeiten in dieser Hinsicht nicht geklärt sind, ist eine Bindung dieser an Regelungen zum Umweltschutz nicht zu erwarten.

Der fehlende Zuschnitt der Abkommen auf die Arktis, wissenschaftliche Unklarheiten und mangelnde Kooperationsbereitschaft der Staaten stellen Probleme dar, die sich besonders auf die marinen Ressourcen auswirken. Diese werden durch verschiedene multilaterale Unionsabkommen geschützt. Die Bonner-Konvention und die Berner Konvention listen dabei überwiegend Arten auf, die im Rahmen des kommerziellen Fischfangs nicht genutzt werden. Das ÜBV hingegen erfasst alle marinen Ressourcen und bietet daher prinzipiell Überschneidungen zum SRÜ. Art. 22 Abs. 2 ÜBV enthält jedoch eine Klausel, die besagt, dass die Vertragsparteien die ÜBV hinsichtlich der Meeresumwelt im Einklang mit ihren Rechten und Pflichten aus dem Seerecht ausführen.[676] Der Schutz der marinen Ressourcen ergibt sich daher primär durch das SRÜ und die Folgeabkommen.[677]

675 Vgl. *Ridgeway*, Issues in Arctic Fisheries Governance, a Canadian Perspective, in: Nordquist/Norton/Heidar (Hrsg.), Changes in the Arctic Environment and the Law of the Sea, 2010, S. 409 (412).

676 Vgl. hierzu auch: *Wolfrum/Matz*, The Interplay of the United Nations Convention on the Law of the Sea and the Convention on Biological Diversity, May Planck YUNL 4 (2000), S. 445 (465).

677 Vgl. *Friedland/Prall*, Schutz der Biodiversität: Erhaltung und nachhaltige Nutzung in der Konvention über die Biologische Vielfalt, ZUR 2004, 193 (198); *de Sadeleer/Born*, Droit international et communautaire de la biodiversité, 2004, Rn. 256.

Das SRÜ und das FBÜ enthalten selbst keine Standards zur Regulierung der Ressourcennutzung, sondern setzten auf internationale Kooperation zur Erhaltung und Bewirtschaftung der Fischbestände der Hohen See. Nur auf diese Bestände kann die EU ohne weitere bilaterale Verhandlungen zugreifen. An der nach dem SRÜ und FBÜ erforderlichen Kooperation beteiligt sich die EU über die Mitgliedschaft in verschiedenen Fischereiorganisationen. Im Bereich der Arktis besteht jedoch das Problem, dass nur kleine Gebiete der arktischen Gewässer in den Zuständigkeitsbereich dieser Organisationen fallen. Die Empfehlungen, die den Arktischen Ozean erreichen können, beziehen sich tatsächlich bisher eher selten auf arktische Gewässer oder Arten.

Der Schutz der marinen Ressourcen durch multilaterale Unionsabkommen muss demnach auf zwei Ebenen erweitert werden. Zum einen müssen die Kompetenzen der Fischereiorganisationen räumlich ausgedehnt werden, bzw. eine neue Fischereiorganisation für die Arktis geschaffen werden. Zum anderen müssen Empfehlungen gemäß dem Vorsorgeansatz auch bei wissenschaftlicher Unsicherheit über Bestandsgrößen arktische Ressourcen erfassen, um diese auf einem Stand, der dem MSY-Niveau entspricht, zu erhalten.

Hinzu kommt, dass die Empfehlungen der Fischereiorganisationen bisher nicht die Wasservögel und marinen Säuger zu schützen versuchen, was meist auf den Anwendungsbereich der zugrunde liegenden Übereinkommen zurückzuführen ist. Der Schutz der Wasservögel und marinen Säuger durch multilaterale Unionsabkommen muss insofern über das SRÜ, das ÜBV, die Bonner und Berner Konvention erfolgen, deren Schwächen in Bezug auf den Erhalt der arktischen biologischen Vielfalt aufgezeigt wurden. Andere bestehende Übereinkommen sind aufgrund ihres Anwendungsbereiches oder der Reichweite der Bindung der EU in diesem Zusammenhang wenig hilfreich. So erfasst das Übereinkommen zum Schutz der Albatrosse und Sturmvögel aufgrund seines Anwendungsbereiches *ratione materiae* nur drei Vertreter der arktische Avifauna.[678] Insofern hat die Tatsache, dass die EU dem Übereinkommen bisher nicht

678 Vgl. *Trouwborst*, Migratory Species Conservation in Warming Polar Oceans, with particular Reference to Seabirds, in: Molenaar/Oude Elferink/Rothwell (Hrsg.), The Law of the Sea and the Polar Regions, 2013, S. 163 (186).

beigetreten ist, für den Schutz der arktischen biologischen Vielfalt durch Unionsabkommen nur wenig Gewicht.

Das Übereinkommen zur Regelung des Walfangs ist in Bezug auf den Schutz der marinen Säuger sicherlich von besonderer Bedeutung; allerdings steht das Übereinkommen Internationalen Organisationen nicht offen.[679] Auch dem Übereinkommen zur Kooperation im Bereich der Forschung, Erhaltung und des Managements mariner Säuger im Nordatlantik ist die EU bislang nicht beigetreten. Das kann darauf zurückzuführen sein, dass dieses aufgrund der Unzufriedenheit einiger Staaten mit dem Walfangverbot der IWC erlassen wurde.[680]

So ist der Beitritt gemäß Art. 10 Abs. 1 zunächst nur Island, Grönland, den Färöer und Norwegen, also den Staaten des Nordatlantiks, die selbst Walfang betreiben, möglich. Die EU steht jedoch offen hinter einem Walfangverbot, weshalb es logisch erscheint, dass sie nicht einem Abkommen, das von der Möglichkeit zur Nutzung von Walen ausgeht, beitritt. Hinzu kommt in Bezug auf die marinen Säuger, dass diese oft nicht zielgerichtet gefangen werden, sondern als Beifang verenden. Gerade dieser Problematik wird jedoch durch Unionsabkommen nicht direkt begegnet. So ist die EU bisher nicht Vertragspartei des Abkommens zur Erhaltung der Kleinwale in der Nord- und Ostsee, des Nordostatlantiks und der Irischen See aus dem Jahre 1992. Dieses Abkommen, das nach Art. IV Abs. 4 Bonner Konvention geschlossen wurde,[681] wurde von der EU unterzeichnet aber bisher nicht ratifiziert.[682] Es zielt unter anderem darauf ab, den Beifang der Kleinwale zu verhindern.[683] Aufgrund seines nach Art. 1 lit. 2 lit. b definierten Anwendungsbereiches *ratione loci* entfaltet es, unabhängig von

679 Vgl. *Churchill/Owen*, The EC Common Fisheries Policy, 2010, S. 381; der Vertrag spricht in Bezug auf seine Vertragsparteien von „Contracting Governments".

680 Vgl. dazu *Proelß*, Meeresschutz im Völker- und Europarecht, 2004, S. 256; *Bankes*, The Conservation and Utilization of Marine Mammals in the Arctic Region, in: Molenaar/Oude Elferink/Rothwell (Hrsg.), The Law of the Sea and the Polar Regions, 2013, S. 293 (312 f.).

681 Art. 8 Abs. 1 Abkommen zur Erhaltung der Kleinwale in der Nord- und Ostsee, des Nordostatlantiks und der Irischen See.

682 Vgl. http://www.cms.int/en/legalinstrument/ascobans (13.07.2014).

683 Vgl. Anhang para. 1 und 3 Abkommen zur Erhaltung der Kleinwale in der Nord- und Ostsee, des Nordostatlantiks und der Irischen See.

seiner auch ansonsten als eher gering zu bewertenden Bedeutung,[684] keine unmittelbare[685] Wirkung für die Arktis.[686]

Der Abschluss neuer Abkommen beziehungsweise die Weiterentwicklung bestehender Verträge zum Schutz, zur Erhaltung und Bewirtschaftung der lebenden arktischen Ressourcen ist dringend erforderlich. Dem werden sich auch zunehmend die Anrainerstaaten der Arktis bewusst. Zu Beginn des Jahres 2014 beschlossen fünf Anrainerstaaten der Arktis, die USA, Kanada, Dänemark, Norwegen und Russland, verbeugende Übergangsmaßnahmen zu vereinbaren, um vorerst die Fischerei auf der arktischen Hohen See zu unterbinden.[687] Hintergrund dieses Beschlusses ist, dass bislang zu wenige Informationen über arktische Fischbestände und in der Folge ebenfalls nicht ausreichende Erhaltungs- und Bewirtschaftungsmaßnahmen bestehen.[688] Infolgedessen soll in Zukunft vorerst die Fischerei unterbunden werden. Einzelheiten, wie insbesondere der genaue Anwendungsbereich, sind jedoch noch ungeklärt. Das Europäische Parlament hat in seiner Entschließung vom 12.03.2014 diesen Vorstoß begrüßt.[689]

Momentan ist mit Blick auf die Regulierung der Nutzung arktischer Ressourcen durch multilaterale Unionsabkommen insbesondere diplomatische Anstrengung seitens der EU gefordert. Diese hat jedoch nicht nur in Hinblick auf den Abschluss eines neuen Abkommens, sondern auch im Zuge von Vertragsstaatenkonferenzen zu erfolgen. Einseitig kann die EU

684 Dies ist darauf zurückzuführen, dass alle Vertragsparteien auch Mitgliedstaaten der EU sind und die EU sich in verschiedenen Sekundärrechtakten mit dem Schutz von Kleinwalen beschäftigt.

685 Mittelbar könnte sich über den Schutz wandernder Arten sicherlich ein positiver Effekt für die Arten der Arktis einstellen, vgl. *Bankes*, The Conservation and Utilization of Marine Mammals in the Arctic Region, in: Molenaar/Oude Elferink/Rothwell (Hrsg.), The Law of the Sea and the Polar Regions, 2013, S. 293 (297), dort Fn. 19.

686 Gemäß Art. 1 Abs. 2 lit. c Abkommen zur Erhaltung der Kleinwale in der Nord- und Ostsee, des Nordostatlantiks und der Irischen See endet der Anwendungsbereich in nördlicher Richtung bei 62° Nord und bietet daher keine Überschneidung mit der hier gewählten Grenze der Arktis.

687 *Weber*, Arctic Fishing Ban Reached, http://thechronicleherald.ca/canada/1190229-arctic-fishing-ban-reached (13.07.2013).

688 *Weber*, Arctic Fishing Ban Reached, http://thechronicleherald.ca/canada/1190229-arctic-fishing-ban-reached (13.07.2013).

689 Entschließung des Europäischen Parlaments vom 12. März 2014 zu der EU-Strategie für die Arktis, 12.03.2013 (EU Doc. P7_TA-Prov(2014)0236), para. 15.

über die Annahme von Empfehlungen der Fischereiorganisationen oder die Erklärung als Arealstaat für arktische Arten im Sinne der Bonner Konvention sicherlich Signale setzten.

II. Durchsetzung der Schutz-, Erhaltungs- und Bewirtschaftungsmaßnahmen

Die verschiedenen soeben dargestellten Regelungen aus multilateralen Unionsabkommen, seien diese dem Artenschutz oder der Erhaltung und Bewirtschaftung lebender Ressourcen zuzurechnen, vermögen tatsächlich nur insoweit die Nutzung lebender Ressourcen zu reglementieren, wie diese auch befolgt werden.[690] Probleme treten dann auf, wenn Nutzer sich nicht an Schonzeiten, Störungsverbote, Fang- oder Tötungsverbote sowie TACs halten,[691] die ihre Grundlage in völkerrechtlichen Bestimmungen finden. Zwar sind nicht die einzelnen Nutzer, sondern die Staaten und Internationalen Organisationen Adressaten der völkerrechtlichen Regelungen. Diesen fällt es jedoch häufig schwer, die Einhaltung der von ihnen aufgrund völkerrechtlicher Verpflichtung erlassenen Normen zu kontrollieren bzw. gegenüber den Nutzern durchzusetzen. Aus diesem Grund müssen Regelungen geschaffen werden, die in Bezug auf die Einhaltung der Normen durch die Nutzer der Ressourcen die Kooperation der Staaten sicher stellen.

1. Normen in Schutzabkommen

Viele der bereits dargestellten Unionsabkommen zum Schutz, zur Erhaltung und zur Bewirtschaftung der lebenden Ressourcen enthalten überwiegend Rahmenvorschriten, die der Umsetzung durch die Vertragsparteien bedürfen. Wohl auch aus diesem Grunde, sprich mangels justiziabler

690 Vgl. *Churchill/Owen*, The EC Common Fisheries Policy, 2010, S. 111; *Tanaka*, The Changing Approaches to Conservation of Marine Living Resources in International Law, ZaöRV 71 (2011), S. 291 (317); *Borg*, Conservation on the High Seas, 2012, S. 217; *Matz-Lück/Fuchs*, Die Ausweisung mariner Schutzgebiete in Hoheitsfreien Räumen am Beispiel der OSPAR-Abkommens, ZUR 2012, S. 532 (542).

691 Vgl. bezüglich der marinen Ressourcen *Riddle*, Illegal, Unreported, and Unregulated Fishing: Is International Cooperation Contagious?, ODIL 37 (2006), S. 265 (266).

Normen, sind jedenfalls in den Abkommen, die nicht ausschließlich marine Ressourcen schützen, keine unmittelbaren Normen zur Durchsetzung ihrer Regelungen enthalten. Dem Problem der Durchsetzung wird dann vielfach auf Ebene der Vertragsstaatenkonferenzen begegnet. So hat beispielsweise die Vertragsstaatenkonferenz der Bonner Konvention eine Resolution verabschiedet, die ihre Vertragsparteien aufruft, an einer Reduktion des Beifangs durch internationale Beobachtungsverfahren mitzuarbeiten.[692]

2. Normen in multilateralen Unionsabkommen zur Erhaltung- und Bewirtschaftung mariner Ressourcen

Gerade in Bezug auf die Erhaltung der lebenden marinen Ressourcen ist die Durchsetzung der Normen zum Schutz, zur Erhaltung und Bewirtschaftung mit erheblichen Herausforderungen für die internationale Gemeinschaft verbunden. Das Meer ist weitläufig und schwer überschaubar, was die Kontrolle der Nutzer der dort vorhandenen Ressourcen erheblich erschwert. Hinzu kommt, dass die Umgehung von Normen für die Nutzer aus wirtschaftlichen Gründen noch immer attraktiv erscheint.[693]

a) Seerechtsübereinkommen und OSPAR Konvention

Das SRÜ weist in Art. 73 Abs. 1 den Küstenstaaten die Aufgabe zu, innerhalb der AWZ die erforderlichen Maßnahmen zu ergreifen, um die erlassenen Gesetze zur Erhaltung und Bewirtschaftung der lebenden Ressourcen durchzusetzen. Über die 200 Seemeilengrenze hinaus gibt das SRÜ nur den Flaggenstaaten Rechte zur Durchsetzung von Erhaltungs- und Bewirtschaftungsmaßnahmen. Eine Einschränkung dieser Flaggenhoheit kann allein durch Vertrag geschaffen werden.[694]

Im Rahmen der OSPAR Konvention lassen sich in Art. 23 Aufgabenzuweisungen an die OSPAR Commission bezüglich der Einhaltung der

692 CMS, Resolution 8.14, By-Catch, 2005 (UNEP Doc. UNEP/CMS/Resolution 8.14), http://www.cms.int/bodies/COP/cop8/documents/proceedings/pdf/eng/CP8Res_8_14_ByCatch_eng_rev.pdf (13.07.2014), para. 2 lit. c.

693 Vgl. *Schmidt*, Economic Drivers of Illegal, Unreported and Unregulated (IUU) Fishing, IJMCL 20 (2009), S. 479 ff.

694 Art. 116 lit. a SRÜ.

Maßnahmen, die auf Grundlage der OSPAR Konvention erlassen wurden, finden. Die der OSPAR Commission zugewiesenen Aufgaben sind zweigeteilt.[695] Sie hat die Einhaltung der Konvention sowie die unter dieser erlassenen Entscheidungen und Empfehlungen durch die Vertragsparteien zu bewerten.[696] In einem zweiten Schritt beschließt sie gemäß Art. 23 lit. b OSPAR Konvention über Regelungen, die zwecks Umsetzung der verschiedenen Maßnahmen zu ergreifen sind. Wie genau diese Maßnahmen aussehen, ob also auch Sanktionen beschlossen werden können,[697] wird allein aus dem Wortlaut nicht deutlich. Diese Problematik spielt aber in dem hier vorliegenden Zusammenhang keine besondere Rolle. Art. 23 OSPAR Konvention zielt darauf ab, die Einhaltung der Konvention durch die Vertragsparteien voranzutreiben. Mangelhafte Einhaltung einer Konvention durch die Vertragsparteien kann zwar auch zu Problemen bei der Durchsetzung von Schutz-, Erhaltungs- und Bewirtschaftungsmaßnahmen führen, ist jedoch von der hier aufgeworfenen Problematik zu unterscheiden. Zur Durchsetzung gegenüber den Nutzern der Ressourcen hält die OSPAR Konvention keine Regelung bereit. Damit unterscheidet sie sich deutlich vom FBÜ, das gerade den Aspekt der Einhaltung von Normen durch die Nutzer anspricht.

b) Übereinkommen zur Erhaltung und Bewirtschaftung von gebietsübergreifenden und weit wandernden Fischbeständen

Schon die Präambel des FBÜ verdeutlicht, dass sich die Vertragsparteien der Notwendigkeit der Durchsetzung der Erhaltungs- und Bewirtschaftungsmaßnahmen bewusst sind.[698] Aus diesem Grund enthält das FBÜ an verschiedenen Stellen Vorgaben, die zur Durchsetzung seiner Normen sowie der Erhaltungs- und Bewirtschaftungsmaßnahmen von Fischereiorganisationen beitragen sollen.

---

695 Vgl. *Sands/Peel*, Principles of International Environmental Law, 2012, S. 153.

696 Art. 23 lit. a OSPAR Konvention.

697 Zu dieser Frage vgl. *Proelß*, Meeresschutz im Völker-und Europarecht, 2004, S. 224f.

698 Punkt 4 Präambel FBÜ. Dort ist die Aufforderung an die Flaggen-, Hafen- und Küstenstaaten enthalten, die Erhaltungs- und Bewirtschaftungsmaßnahmen wirksam durchzusetzen.

Zum einen zielt das FBÜ auf die Überwachung und Kontrolle der eigenen Schiffe ab. Art. 18 FBÜ nimmt die Flaggenstaaten in die Pflicht und regelt, dass Staaten ihren Schiffen nur dann die Fischerei auf Hoher See gestatten, wenn diese auch ihren Verantwortungen aus dem FBÜ und dem SRÜ nachzukommen.[699] Dazu hat der Flaggenstaat verschiedene Maßnahmen zu ergreifen, wie die Kontrolle durch Fanglizenzen, -genehmigungen und -erlaubnisse,[700] die Einrichtung eines nationalen Schiffsregisters,[701] oder die Aufstellung von Normen, welche die Überprüfung des Fangs von Zielarten und Nichtzielarten, beispielsweise durch Marktstatistiken, ermöglichen.[702]

Zum Anderen setzt das FBÜ auf gegenseitige Unterstützung und Kontrolle bezüglich der Einhaltung von Erhaltungs- und Bewirtschaftungsmaßnahmen. Die diesbezüglichen Grundlagen lassen sich in Teil VI des FBÜ finden. Auch in diesem Bereich sieht das FBÜ die Kooperation im Rahmen der Fischereiorganisationen als geeignetes Mittel zur Erreichung seines Ziels an. Dies wird zum einen praktische Gründe haben.[703] Die Gebiete, die den Fischereiorganisationen unterstehen, sind räumlich begrenzt. Dadurch können die Fischereiorganisationen sich auf ihren Zuständigkeitsbereich konzentrieren. Auch nötige finanzielle Mittel sind über eine Internationale Organisation leichter bereitzustellen als seitens einzelner Staaten. Neben diesen Erwägungen ist es zielführend, auch die Durchsetzung der Erhaltungs- und Bewirtschaftungsmaßnahmen durch die Fischereiorganisationen zu regeln, da nicht das FBÜ, sondern eben diese Organisationen die materiellen Vorgaben erlassen.

Grundvoraussetzung der Durchsetzung von Erhaltungs- und Bewirtschaftungsmaßnahmen ist, dass die Fischereifahrzeuge, welche die Maßnahmen der Fischereiorganisationen missachten, identifiziert werden.

699 Art. 18 Abs. 2 FBÜ.

700 Art. 18 Abs. 3 lit. a FBÜ. Diese Begriffe werden im Rahmen des FBÜ nicht definiert. Im Allgemeinen ist es aber so, dass Lizenzen zum Einsatz eines Fischereifahrzeuges berechtigen, wohingegen Erlaubnisse dem Fischereifahrzeug mit Lizenz gestatten, eine bestimmte Ressource zu nutzen. Der Begriff der Genehmigung wir im internationalen Fischereirecht meist unspezifisch genutzt und beschreibt in der Regel eine generelle Gestattung.

701 Art. 18 Abs. 3 lit. c FBÜ.

702 Art. 18 Abs. 3 lit. f FBÜ.

703 Vgl. *Tanaka*, The Changing Approaches of Conservation of Marine Living Resources in International Law, ZaöRV 71 (2011), S. 291 (319).

Genau an dieser Stelle setzt Teil VI des FBÜ an. Die Normen des Teils VI des FBÜ beziehen sich im Gegensatz zu den vorher genannten Regelungen nicht auf Schiffe, sondern auf Fischereifahrzeuge. Insofern ist davon auszugehen, dass Schiffe und Fischereifahrzeuge nicht gleichbedeutend sind, vielmehr stellen Fischereifahrzeuge eine Untergruppe der Schiffe da. Daher werden von Teil VI nicht alle an der Fischerei beteiligten Schiffe erfasst. Es ist zu vermuten, dass Fabrik- oder Verarbeitungsschiffe sowie auch Begleitschiffe nicht den Regelung der Art. 21 FBÜ ff. unterfallen.[704]

Wichtigstes Mittel zur Identifikation der schädlich handelnden Fischereifahrzeuge sind die Inspektionsverfahren. Die Vertragsstaaten des FBÜ, die Mitglieder einer Fischereiorganisation sind, können Fischereifahrzeugen der Vertragsstaaten des FBÜ, die sich auf Hoher See im Gebiet dieser Organisation befinden, durch Inspektoren kontrollieren lassen.[705] Ziel der Kontrolle muss sein, die Einhaltung der Erhaltungs- und Bewirtschaftungsmaßnahmen dieser Organisation zu weit wandernden und gebietsübergreifenden Fischbeständen festzustellen.[706]

Dabei können diese Kontrollen durch ausgewiesene Inspektoren des betreffenden Staates erfolgen und müssen nicht etwas ausschließlich von Kriegsschiffen vorgenommen werden.[707] Zwar ist es zutreffen, dass auch hier gilt, dass aufgrund der Bestimmung des Art. 4 FBÜ das FBÜ nicht Normen enthalten kann, die strenger sind als die des SRÜ. Art. 110 SRÜ, der Fälle regelt, in denen ein Kriegsschiff fremde Schiffe auf Hoher See anhalten und kontrollieren darf, öffnet sich jedoch in Übereinstimmung mit Art. 4 FBÜ vertraglich geregelten weiteren Eingriffsmöglichkeiten.[708]

704 Vgl. *Tahindro*, Conservation and Management of Transboundary Fish Stocks: Comments in Light of the Addition of the 1995 Agreement for the Conservation and Management of Straddling Fish Stocks and Highly Migratory Fish Stocks, ODIL 28 (1997), S. 1 (37). Vgl. zu dieser Problematik auch *Palma/Tsamenyi/Edeson*, Promoting Sutainable Fisheries, 2010, S. 35.

705 Art. 21 Abs. 1 und Abs. 14 FBÜ. Diese Befugnis zur Kontrolle von Schiffen ist auch nicht mit dem SRÜ unvereinbar, Art. 110 Abs. 1 SRÜ. Gemäß Art. 110 Abs. 1 SRÜ ist das Betreten von Schiffen in vertraglich vorgesehenen Fällen zulässig, vgl. *Proelß*, Meeresschutz im Völker-und Europarecht, 2004, S. 172 f.

706 Art. 21 Abs. 1 FBÜ.

707 Dafür, dass die Kontrolle lediglich von Kriegsschiffen ausgeführt werden kann, spricht sich aus: *Proelß*, Meeresschutz im Völker- und Europarecht, 2004, S. 172.

708 Art. 110 SRÜ in der authentischen englischen Version sagt: „Except where acts of interference derive from powers conferred by treaty, a warship which encounters […]“; eine Beschränkung der Öffnungsklausel des Art. 110 SRÜ dahingehend, dass vertraglich zwar Gründe der Kontrolle, nicht aber die Frage, von wem Kontrollen

Aufgrund der Öffnungsklausel in Art. 92 Abs. 1 SRÜ stellt diese Auslegung von Art. 21 FBÜ auch keinen Eingriff in die Flaggenhoheit da.

Sofern ein Schiff ohne Flagge kontrolliert werden soll, dürfte es jedoch dabei bleiben, dass dieses nur durch Kriegsschiffe einer Inspektion unterworden werden kann. Eine Prüfung, ob vertraglich anderer Regelungen vorgesehen wurden, ist dann nicht möglich. Dies ist vor dem Hintergrund bedauerlich, dass gerade die Schiffe, die keiner Kontrolle durch Flaggenstaaten unterliegen, oft Erhaltungs- und Bewirtschaftungsmaßnahmen missachten.

Die genauen Verfahren für derartige Inspektionen regeln die Mitglieder der Fischereiorganisationen unter Beachtung von Art. 22 FBÜ.[709] Dies führt dazu, dass in der Praxis die Inspektionsverfahren den Fischereiorganisationen obliegen. Unklarheiten bestehen bezüglich der Frage, ob das von den Fischereiorganisationen festgelegte Verfahren auch für Nichtmitglieder der Organisation, die aber Vertragsparteien des FBÜ sind, gilt.[710] Sollte dies bejaht werden, scheint auf den ersten Blick eine Drittbindung der Regelungen der Fischereiorganisationen vorzuliegen. Mit Blick auf Art. 21 Abs. 1 FBÜ zeigt sich jedoch, dass es sich nicht um eine Abweichung von der *pacta tertiis* Regel handelt, sondern die Vertragsparteien des FBÜ mit Unterzeichnung einer solchen Bindung zustimmten. In Verbindung mit der im FBÜ durchscheinenden Intention, die FBÜ-Vertragsstaaten zu einer Beteiligung an regionale Fischereiorganisationen zu veranlassen, ist davon auszugehen, dass das FBÜ tatsächlich die Inspektion aller Vertragsparteien nach dem jeweiligen Verfahren der Fischereiorganisationen vorsehen möchte.[711] Die damit einhergehende Einschrän-

---

durchgeführt werden können, geregelt werden können, werden nicht genannt bei: *Wolfrum*, in: Handbuch des Seerechts, Kap. 3, Rn. 45; *Ziemer*, Das gemeinsame Interesse an einer Regelung der Hochseefischerei, 2000, S. 137ff.

709 Vgl. Art. 21 Abs. 2 FBÜ. Das sich diese nicht auf die FBÜ Parteien beziehen kann, ergibt sich schon daraus, dass wenn diese nicht Mitglieder der Organisationen sind, sie die Anforderung des Art. 21 Abs. 2 FBÜ gar nicht erfüllen können, *Orrego Vicuña*, The Changing International Law of High Seas Fisheries, 1999, S. 248.

710 So *Orrego Vicuña*, The Changing International Law of High Seas Fisheries, 1999, S. 248.

711 Es wird immer wieder diskutiert, ob das FBÜ auch Drittstaaten bindet. Diese Frage spielt für die vorliegende Arbeit jedoch keine Rolle, da es um einen Beitrag der EU zum Schutz arktische biologischer Vielfalt geht, und die EU Vertragspartei des FBÜ ist. Eine Diskussion zur Frage der Drittwirkung des FBÜ ist zu finden bei *Orrego Vicuña*, The Changing International Law of High Sea Fisheries, 1999, S. 209f.;

kung der Flaggenstaatshoheit ist mit Blick auf das SRÜ aufgrund von Art. 92 Abs. 1 S. 1 2. Halbsatz nicht problematisch.

Folge eines Inspektionsverfahrens nach Art. 21 FBÜ, sollte sich der Verdacht des Verstoßes gegen Erhaltungs- und Bewirtschaftungsmaßnahmen bestätigen, ist die Übermittlung des Sachverhalts inklusive vorhandener Beweise an den Flaggenstaat,[712] der wiederum Durchsetzungsmaßnahmen gegenüber dem Schiff ergreift.[713] Sollte der Flaggenstaat gegenüber seinem negativ aufgefallenen Fischereifahrzeug untätig bleiben und hat das Schiff einen schweren Verstoß begangen,[714] regelt Art. 21 Abs. 8 FBÜ mögliche Folgemaßnahmen.[715]

Der Identifikation von Normen missachtenden Fischereifahrzeugen dient ebenfalls die Regelung des Art. 23 FBÜ. Anknüpfungspunkt ist dabei nicht mehr die Jurisdiktion des Flaggen-, sondern des Hafenstaates. Die Hafenstaaten dürfen und müssen nach Art. 23 FBÜ bestimmte Maßnahmen „in Übereinstimmung mit dem Völkerrecht"[716] ergreifen, um den Erfolg der Erhaltungs- und Bewirtschaftungsmaßnahmen der Fischereiorganisationen sowie weltweiter derartiger Normen[717] zu fördern. Gerade die Einbeziehung der Hafenstaaten ist von besonderer Bedeutung. Hintergrund ist, dass der gefangene Fisch, um in den Handel gelangen zu können, notwendiger Weise angelandet werden muss. Wenn an diesen Stellen die Einhaltung der Erhaltungs- und Bewirtschaftungsmaßnahmen kontrolliert wird, kann die Durchsetzung der Normen erheblich gefördert werden. Welche Maßnahmen unter anderem ergriffen werden können, regelt Art. 23 Abs. 2 und Abs. 3 FBÜ. So kann beispielsweise nach

---

Rayfuse, The United Nations Agreement on Straddling and Highly Migratory Fish Stocks as an Objective Regime: A Case of Wishful thinking? AYIL 20 (1999) S. 253 ff.; *Ziemer*, Das gemeinsame Interesse an einer Regelung der Hochseefischerei, 2000, S. 193 ff.; *Proelß*, Art. 34, in: Dörr/Schmalenbach (Hrsg.), Vienna Convention on the Law of Treaties, 2012, Rn. 58.

712 Art. 21 Abs. 5 FBÜ.

713 Art. 21 Abs. 6 und Abs. 7 FBÜ.

714 Dieser wird in Art. 11 FBÜ bestimmt und liegt beispielsweise dann vor, wenn gezielt ein Bestand befischt wird, für den ein Fangverbot besteht (Art. 11 lit. d FBÜ) oder mit verbotenen Geräten Fischerei betrieben wird (Art. 21 lit. e FBÜ).

715 Dieser nennt beispielsweise die Sicherung von Beweismaterial oder die Eskortierung des Schiffes in den nächsten Hafen.

716 Bezugnahme auf die deutsche Übersetzung in: Abl. EG L 189 vom 03.07.1998, S. 16.

717 Dies meint Normen aus weltweit geltenden Abkommen, die so konkret gefasst sind, dass sie den Vertragsparteien keinen Spielraum bei der Umsetzung belassen.

Art. 23 Abs. 3 FBÜ die Anlandung und Umladung von Fängen verboten werden, sofern diese nicht in Übereinstimmung mit Erhaltungs- und Bewirtschaftungsmaßnahmen erfolgt ist. Insofern findet an dieser Stelle eine Ausformung des Rechts der Hafenstaaten statt.[718] Es ist gewohnheitsrechtlich anerkannt und Ausdruck der Hoheitsgewalt eines Staates über sein Territorium, dass Hafenstaaten entscheiden, wem sie Zutritt zu ihren Häfen gewähren.[719] Wenn außer Frage steht, dass die Hafenstaaten, abgesehen von einigen Ausnahmen,[720] selbst entscheiden können, ob sie Fischereifahrzeugen in ihre Häfen einlaufen lassen, dann ist nur logische Konsequenz daraus, dass sie auch in der Folge entscheiden, wie dieser Zugang genau ausgestaltet ist.

Das FBÜ verpflichtet die EU im Ergebnis zur internationalen Kooperation im Rahmen der Durchsetzung der materiellen Normen der Fischereiorganisationen. Anknüpfungspunkt ist dabei in erster Linie die Identifikation von Fischereifahrzeugen von FBÜ-Parteien, die Erhaltungs- und Bewirtschaftungsmaßnahmen missachten. Dieser Kooperationsverpflichtung, die auch für die arktischen Gewässer gilt, unterliegen neben der EU auch die Anrainer des Arktischen Ozeans.[721] Allerdings setzt das FBÜ voraus, dass Fischereiorganisationen bestehen und diese Erhaltungs- und Bewirtschaftungsmaßnahmen erlassen haben. Dies ist, wie oben gesehen, jedoch nur eingeschränkt der Fall. Das FBÜ schafft aber sicherlich einen Mechanismus, der dazu dient Fischereifahrzeuge, die in anderen Gebieten Erhaltungs- und Bewirtschaftungsmaßnahmen missachtet haben, als

718 Vgl. *Orrego Vicuña*, The Changing International Law of High Seas Fisheries, 1999, S. 264; *Ziemer*, Das gemeinsame Interesse an einer Regelung der Hochseefischerei, 2000, S. 145; *Braid*, Illegal, Unreported and Unregulated Fishing: An Analysis of the Legal, Economic and Historical Factors Relevant to its Development and Persistence, MJIL 5 (2004), S. 299 (331); a. A. *Proelß*, Meeresschutz im Völker- und Europarecht, 2004, S. 175.

719 Vgl. *Orrego Vicuña*, The Changing International Law of High Seas Fisheries, 1999, S. 261; *Molenaar*, Port State Jurisdiction, in: Wolfrum (Hrsg.), The Max Planck Encyclopedia of Public International Law, 2008, online edition www.mpepil.com, Stand August 2009, Rn. 7; *de La Fayette*, Access to Ports in International Law, IJMCL 11 (1996), S. 1 (1); *Palma/Tsamenyi/Edeson*, Promoting Sustainable Fisheries, 2010, S. 63; *Rayfuse*, Non-Flag State Enforcement in High Sea Fisheries, 2004, S. 64.

720 In Fällen Höherer Gewalt oder in einer Notlage.

721 Vgl. zum Status des FBÜ http://www.un.org/depts/los/reference_files/status2010.pdf (13.07.2014).

nicht vertrauenswürdig einzustufen und in der Folge nicht unter europäischer Flagge in der Arktis Fischerei betreiben zu lassen.

3. Spezielle multilaterale Unionsabkommen

Neben den Regelungen zur Durchsetzung der Schutz-, Erhaltungs- und Bewirtschaftungsmaßnahmen in den bereits dargestellten Abkommen wurden seitens der Staatengemeinschaft auch solche Verträge entwickelt, die sich speziell dem Problem der Durchsetzung von Erhaltungs- und Bewirtschaftungsmaßnahmen widmen.

a) Einhaltungs-Übereinkommen

Im November 1993 wurde das Übereinkommen zur Förderung der Einhaltung internationaler Erhaltungs- und Bewirtschaftungsmaßnahmen durch Fischereifahrzeuge auf Hoher See (Einhaltungs-Übereinkommen) geschlossen.[722] Ausgangspunkt der Entwicklung des Einhaltungs-Übereinkommens war das grundlegende Problem, dass viele Flaggenstaaten der notwendigen Kontrolle ihrer Fischereifahrzeuge nicht in ausreichender Weise nachkamen.[723] Ziel der vertragsschließenden Parteien war daher, einen Mechanismus zu entwerfen, der dafür sorgt, dass die Flaggenstaaten die unter ihrer Flagge fahrenden Fischereifahrzeuge bezüglich der Einhaltung von internationalen Erhaltungs- und Bewirtschaftungsnormen[724] besser kontrollieren können.

Das Einhaltungs-Übereinkommen trat erst im April 2003, also fast zehn Jahre nach seinem Abschluss, in Kraft. Im Jahre 2014 waren nur 39

722 Agreement to Promote Compliance with International Conservation and Management Measures by Fishing Vessels on the High Seas, 24.11.1993, 2221 UNTS 91 (deutsche Übersetzung in: ABl. EG L 177 vom 16.07.1996, S. 26, Übereinkommen zur Förderung der Einhaltung internationaler Erhaltungs- und Bewirtschaftungsmaßnahmen durch Fischereifahrzeuge auf Hoher See (Einhaltungs-Übereinkommen)).

723 Vgl. *Sands/Peel*, Principles of International Environmental Law, 2012, S. 410; *Ziemer*, Das gemeinsame Interesse an einer Regelung der Hochseefischerei, 2000, S. 177; *Rayfuse*, Non-Flag State Enforcement in High Seas Fisheries, 2004, S. 40.

724 Dies sind Maßnahmen der Fischereiorganisationen, sowie solche, die in Verträgen oder internationalen Vereinbarungen festgelegt wurden, Art. I lit. b Einhaltungs-Übereinkommen.

Staaten und Internationale Organisationen, darunter auch die EU,[725] dem Übereinkommen beigetreten. Allein aus diesem Grund scheint die Bedeutung des Einhaltungs-Übereinkommens für die Arktis eher gering. Um zu einem endgültigen Befund zu gelangen, bedarf es aber auch hier einer genaueren Analyse.

Grundsätzlich findet das Einhaltungs-Übereinkommen Anwendung auf alle Fischereifahrzeuge, die auf Hoher See Fischerei betreiben.[726] Fischereifahrzeuge sind gemäß Art. I lit. a Einhaltungs-Übereinkommen die „Schiffe, die zum Zwecke der kommerziellen Nutzung der lebenden Meeresressourcen eingesetzt sind [...] und alle anderen Schiffe, die unmittelbar an solchen Fangoperationen beteiligt sind".[727] Die Definition knüpft unmittelbar an die Nutzung der Ressourcen an. Dies lässt vermuten, dass Schiffe, wie beispielsweise Kühlfrachter, welche nur unterstützend tätig werden, nicht unter den Begriff der Fischereifahrzeuge fallen.[728] Die Schiffe, die also Fisch erst nach einer Umladung an Bord führen, sind nicht Fischereifahrzeuge im Sinne des Einhaltungs-Übereinkommens.

Der Anwendungsbereich *ratione materiae* ist nicht ausdrücklich bestimmt, ergibt sich jedoch über den Begriff der Fischereifahrzeuge, der an die lebenden Meeresressourcen anknüpft.[729] Infolge dessen ist der Anwendungsbereich *ratione materiae* so auszulegen, dass alle lebenden Meeresressourcen, sprich auch die marinen Säuger, in den Schutzbereich einbezogen sind, obgleich diese nicht die tatsächlich primär im Rahmen des Einhaltungs-Übereinkommens zu schützende Ressource darstellen.

Das Einhaltungs-Übereinkommen arbeitet, wie auch das FBÜ, mit dem Erfordernis einer Autorisierung für Fischereifahrzeuge unter der Flagge der Vertragsparteien.[730] Eine solche Autorisierung erlischt gemäß

725 Beschluss 96/428/EG des Rates vom 25. Juni 1996 über die Annahme – durch die Gemeinschaft – des Übereinkommens zur Förderung der Einhaltung internationaler Erhaltungs- und Bewirtschaftungsmaßnahmen durch Fischereifahrzeuge auf Hoher See, ABl. EG 177 vom 16.07.1996, S. 24.

726 Wobei hier beschränkt Ausnahmen möglich sind, Art. II Abs. 2 Einhaltungs-Übereinkommen.

727 Bezugnahme auf die deutsche Übersetzung in: ABl. EG L 177 vom 16.07.1996, S. 26.

728 Vgl. *Palma/Tsamenyi/Edeson*, Promoting Sustainable Fisheries, 2010, S. 35; vgl. zu dieser Problematik *Orrego Vicuña*, The Changing International Law of High Seas Fisheries, 1999, S. 230.

729 Art. I lit. a Einhaltungs-Übereinkommen.

730 Art. III Abs. 2 Einhaltungs-Übereinkommen. Die Vertragsparteien sind verpflichtet, den Einsatz der Fischereifahrzeuge unter ihrer Flagge im Bereich der Hohen

Art. III Abs. 4 Einhaltungs-Übereinkommen automatisch, sobald das Fischereifahrzeug nicht mehr zum Führen der Flagge berechtigt ist. Der Einsatz von Fischereifahrzeugen, die zuvor gegen internationale Erhaltungs- und Bewirtschaftungsmaßnahmen verstoßen haben, darf seitens der Vertragsparteien nicht ohne Weiteres gestattet werden. Vielmehr unterliegt dies strengen Voraussetzungen.[731]

Weitere Pflichten der Vertragsparteien sind in den Art. III bis Art. IX des Einhaltungs-Übereinkommens geregelt. Einen Mehrwert im Zuge der Durchsetzung von Erhaltungs- und Bewirtschaftungsmaßnahmen weisen diese, gerade im Vergleich zu den differenzierteren Normen des FBÜ,[732] im Ergebnis aber nicht auf. Einzige Ausnahme ist die Regelung des Art. VI Einhaltungs-Übereinkommen. Danach haben die Flaggenstaaten der FAO bestimmte Informationen über ihre Fischereifahrzeuge zuzuführen.[733] Die FAO stellt dann wiederum die an sie übermittelten Informationen den anderen Vertragsparteien zur Verfügung. Derartige Informationen umfassen nicht nur Angaben wie den Namen des Fischereifahrzeuges, den Schiffstyp oder die Länge,[734] sondern können auch Angaben wie Fangmethoden oder Tonnage beinhalten.[735] Dieser Austausch von Informationen ermöglicht es, dass die Vertragsparteien sich über beobachtete Verstöße im Vorgehen der Fischereifahrzeuge, wie beispielsweise die Verwendung unzulässiger Fangmethoden, informieren können.

Durch die geringe Anzahl an Parteien hat sich der anvisierte weltweite Informationsaustausch über Fischereifahrzeuge bisher nicht eingestellt. Hinzu kommen die vielen Überschneidungen zum FBÜ.[736] Dies gilt auch

---

See nur dann zuzulassen, wenn diese eine entsprechende Autorisierung haben, Art. III Abs. 2 Einhaltungs-Übereinkommen. Eine solche darf wiederum nur dann ausgestellt werden, wenn angesichts der Verbindung des Flaggenstaates zu seinem Schiff dieser überzeugt ist, dass er seine Verpflichtung aus dem Übereinkommen erfüllen kann, Art. III Abs. 3 Einhaltungs-Übereinkommen.

731 Zu den Voraussetzungen vgl. Art. III Abs. 5 Einhaltungs-Übereinkommen.

732 Insbesondere Berechtigungen zur gegenseitigen Inspektion sind nicht vorgesehen. Diese sind vielmehr unter den Parteien zu regeln, vgl. Art. V Abs. 2 und Abs. 3 Einhaltungs-Übereinkommen.

733 Art. VI Einhaltungs-Übereinkommen.

734 Vgl. zur Pflicht zur Übermittlung dieser Angaben Art. VI Abs. 1 Einhaltungs-Übereinkommen.

735 Vgl. dazu Art. VI Abs. 2 Einhaltungs-Übereinkommen.

736 Für den Wert der parallel bestehenden Regelungen des FBÜ und Einhaltungs-Übereinkommens spricht sich aus *Moore*, The FAO Compliance Agreement, in:

mit Blick auf die Arktis. Neben der EU sind auch die Anrainer der Arktis Parteien des FBÜ.[737] Island und Russland sind dem Einhaltungs-Übereinkommen hingegen nicht beigetreten.[738]

b) Übereinkommen über Hafenstaatmaßnahmen

Das Übereinkommen über Hafenstaatmaßnahmen zur Verhinderung, Bekämpfung und Unterbindung der illegalen, nicht gemeldeten und unregulierten Fischerei (Hafenstaatmaßnahmen-Übereinkommen, HSM-Übereinkommen)[739] ist das erste völkerrechtliche Übereinkommen, das ausschließlich zur Bekämpfung der illegalen, unangemeldeten und unregulierten (IUU) Fischerei (IUU-Fischerei) entwickelt wurde.[740] Nach der Legaldefinition in Art. 1 lit. e bestimmt sich IUU-Fischerei dach dem Verständnis des Internationalen Aktionsplans (International Plan of Action – IPOA) zur Unterbindung der illegalen, unangemeldeten und unregulierten Fischerei (IPOA-IUU).[741] IUU-Fischerei liegt zusammengefasst immer dann vor, wenn Fischerei nicht in Übereinstimmung mit rechtlichen Vorgaben, festgelegter Meldepflichten, oder auch ohne eine Bindung an Erhaltungs- und Bewirtschaftungsmaßnahmen trotz negativer Auswirkungen erfolgt.

Nordquist/Moore (Hrsg.), Current Fisheries Issues and the Food And Agriculture Organization of the United Nations, 2000, S. 77 (85 f.).

737 http://www.un.org/depts/los/reference_files/status2010.pdf (13.07.2014).

738 http://www.fao.org/fileadmin/user_upload/legal/docs/1_012s-e.pdf (13.07.2014).

739 Agreement on Port State Measures to Prevent, Deter and Eliminate Illegal, Unreported and Unregulated Fishing, 22.11.2009, printed version OJ EC L 191 vom 22.07.2011, S. 3 (deutsche Übersetzung in: ABl. EU L 191 vom 22.07.2011, S. 3, Übereinkommen über Hafenstaatmaßnahmen zur Verhinderung, Bekämpfung und Unterbindung der illegalen, nicht gemeldeten und unregulierten Fischerei (Hafenstaatmaßnahmen-Übereinkommen, HSM-Übereinkommen); die Erklärung der EU zu der Kompetenzverteilung im Rahmen des HSM-Übereinkommens ist zu finden im Anschluss an den Vertragstext des HSM-Übereinkommens, Erklärung über die Zuständigkeit der Europäischen Union in Bereichen, die durch das Übereinkommen über Hafenstaatmaßnahmen zur Verhinderung, Bekämpfung und Unterbindung der illegalen, unangemeldeten und unregulierten Fischerei geregelt werden, ABl. EU L 191 vom 22.07.2011, S. 18.

740 Vgl. in diesem Sinne die Zielbestimmung in Art. 2 HSM-Übereinkommen; vgl. auch *Sands/Peel*, Principles of International Environmental Law, 2012, S. 434.

741 Para. 3 International Plan of Action to prevent, deter and eliminate illegal, unreported and unregulated fisheries, 02.03.2001, ftp://ftp.fao.org/docrep/fao/012/y1224e/y1224e00.pdf (13.07.2014) (IPOA-IUU).

Das im November 2009 ausgehandelte Übereinkommen ist bisher nicht in Kraft getreten. Nach Art. 29 HSM-Übereinkommen liegt der Zeitpunkt des Inkrafttretens 30 Tage nach der Hinterlegung der 25. Ratifikations-, Annahme- oder Genehmigungsurkunde. Bisher haben jedoch lediglich neun Staaten[742] sowie die EU entsprechende Urkunden hinterlegt.[743]

Das HSM-Übereinkommen stellt in erster Linie Verpflichtungen für Hafenstaaten auf. Grundgedanke des HSM-Übereinkommens ist, dass die Hafenstaaten nur den Schiffen Zugang zu ihren Häfen gewähren, die nicht in den Verdacht geraten sind, sich der IUU-Fischerei schuldig gemacht zu haben.[744] Dabei haben die Hafenstaaten, abgesehen von einigen Ausnahmen, das Übereinkommen auf alle Schiffe[745] anzuwenden, die nicht berechtigt sind, ihre eigene Flagge zu führen.[746] Das HSM-Übereinkommen richtet sich an alle Häfen weltweit und bezieht sich auf den Schutz aller lebenden marinen Ressourcen und marinen Ökosysteme.[747] Das bedeutet, dass es sich auch dem Schutz der arktischen Ressourcen widmet.

Um bestimmen zu können, welches Schiff tatsächlich IUU-Fischerei betreibt, müssen die Hafenstaaten von den Schiffen vor Einlaufen in ihre Häfen Informationen verlangen.[748] Auf Grundlage dieser Information entscheiden die Hafenstaaten, ob sie dem entsprechenden Schiff Zugang zu ihrem Hafen gewähren.[749] Wird der Zugang zum Hafen verweigert, ist dies dem Flaggenstaat, sowie den eventuell betroffenen Küstenstaaten und Fischereiorganisationen mitzuteilen.[750] Sollte ein Schiff bereits in den

742 Chile, Myanmar, Norwegen und Sri Lanka, Gabun, Neuseeland, Oman, Seeschellen und Uruguay.

743 http://www.fao.org/fishery/topic/166283/en (13.07.2014); Beschluss 2011/443/EU des Rates von 20. Juni 2011 über die Genehmigung des Übereinkommens über Hafenstaatmaßnahmen zur Verhinderung, Bekämpfung und Unterbindung der illegalen, unangemeldeten und unregulierten Fischerei im Namen der Europäischen Union, ABl. EU L 191 vom 22.07.2011, S. 1.

744 Art. 9 Abs. 1, Abs. 4 HSM-Übereinkommen.

745 Schiff bedeutet: „any vessel, ship of another type or boat used for, equipped to be used for, or intended to be used for, fishing or fishing related activities", Art. 1 lit. j HSM-Übereinkommen. Diese Definition bezieht also auch solche Schiffe in den Anwendungsbereich ein, die den Zugriff auf die Ressourcen unterstützen.

746 Art. 3 Abs. 1 HSM-Übereinkommen.

747 Vgl. Art. 2 HSM-Übereinkommen.

748 Art. 8 HSM-Übereinkommen.

749 Art. 9 Abs. 1 HSM-Übereinkommen.

750 Art. 9 Abs. 3 HSM-Übereinkommen.

Hafen eingefahren sein, untersagen die Hafenstaaten diesem die Nutzung der Hafenanlagen, sofern Hinweise vorliegen, die auf eine Gefährdung von Erhaltungsmaßnahmen hindeuten.[751] Auch hier treten in der Folge gemäß Art. 11 Abs. 3 HSM-Übereinkommen Informationspflichten gegenüber Flaggen- und Hafenstaaten sowie relevanten Organisationen ein.

Teil 4 des HSM-Übereinkommens begründet die Pflicht zur Inspektion der Schiffe, die in die Häfen gelassen wurden. Auch diese Inspektionen sollen zur Identifikation der Schiffe beitragen, die IUU-Fischerei betreiben. Die so gewonnenen Ergebnisse sind gemäß Art. 15 den Flaggenstaaten, beteiligten Staaten und zuständigen regionalen Fischereiorganisationen, sowie der FAO mitzuteilen. Wird bei der Inspektion festgestellt, dass ein Schiff IUU-Fischerei betrieben hat, muss vom Hafenstaat die Nutzung des Hafens zum Zwecke des Anlandens, des Umladens, Verpackens etc. untersagt werden.[752]

Das HSM-Übereinkommen weist auch einige Schwächen auf. Um den Zugang oder die Nutzung der Häfen verweigern zu können, muss sicher sein, dass ein Schiff IUU-Fischerei betreibt. Da bei weitem nicht jedes Schiff einer Inspektion unterzogen werden kann, dürfte, selbst wenn das HSM-Übereinkommen weltweit angewandt würde, die Dunkelziffer lange Zeit recht hoch bleiben. Daneben, sollte das HSM-Übereinkommen jemals in Kraft treten, wird sich sicher ein ähnlicher Effekt wie der der Billigflaggen auch bei den Häfen einstellen. Es wird dann „Billighäfen" oder „ports of convenience"[753] geben, die sich nicht an diesem Übereinkommen beteiligen.

Für den Erhalt der arktischen biologischen Vielfalt kann das HSM-Übereinkommen von besonderer Bedeutung sein, da es nicht nur an die Missachtung von Erhaltungs- und Bewirtschaftungsmaßnahmen, sondern an IUU-Fischerei anknüpft. Damit ist auch die unregulierte Fischerei erfasst.[754] Diese liegt beispielsweise dann vor, wenn ein Schiff im Regelungsbereich einer Fischereiorganisation Fischerei betreibt und nicht

751 Vgl. im Einzelnen Art. 11 HSM-Übereinkommen.

752 Art. 18 Abs. 1 lit. b HSM-Übereinkommen.

753 Vgl. *Molenaar*, Port State Jurisdiction to Combat IUU Fishing: The Port State Measures Agreement, in: Russell/VanderZwaag (Hrsg.), Recasting Transboundary Fisheries Management in the Light of Sustainability, 2010, S. 369 (373); *Tanaka*, The Changing Approaches to Conservation of Marine Living Resources in International Law, ZaöRV 71 (2011), S. 291 (329).

754 Art. 1 lit. e HSM-Übereinkommen i. V. m. para. 3.3 IPOA-IUU.

unter der Flagge eines Mitgliedstaates dieser Organisation fährt.[755] Sie ist auch gegeben, wenn keine Erhaltungsmaßnahmen für Fischbestände bestehen, die Fischerei aber in einer Art und Weise vollzogen wird, die mit der Verantwortung der Staaten für den Erhalt der lebenden marinen Ressourcen unvereinbar ist.[756] Das bedeutet, jeder Fischbestand, der nicht von Erhaltungs- und Bewirtschaftungsmaßnahmen betroffen ist, ist ein unregulierter Bestand.[757] Konsequenzen sind an diese Qualifikation eines Fischbestandes nur geknüpft, wenn die Nutzung zur Gefährdung des Bestandes oder anderer mariner Ressourcen führt. Insofern kann es unregulierte Fischerei geben, die nicht erfordert, dass Maßnahmen nach HSM-Übereinkommen ergriffen werden.[758] Schwierig ist dabei allerdings, dass nicht geregelt ist, wer bestimmt, dass eine Gefährdung eines Fischbestandes vorliegt. Zwar arbeiten die Vertragsparteien mit der FAO zusammen, jedoch sind deren Statistiken und Berichte über den Zustand der befischten Bestände jedenfalls nach dem Abkommen nicht verbindliche Grundlage der Bewertung der Erhaltungssituation.

4. Maßnahmen der regionalen Fischereiorganisationen

a) Grundlagen in den regionalen Fischereiabkommen

Die größte Bedeutung für den Erhalt der arktischen lebenden Ressourcen durch die EU hat aufgrund des weiten Zuständigkeitsbereiches *ratione loci* und *ratione materiae* die NEAFC. Unmittelbar im NOAFÜ/„Neue“ Konvention sind keinerlei Normen enthalten, welche die Durchsetzung der Erhaltungs- und Bewirtschaftungsmaßnahmen fördern. Gemäß Art. 8 NOAFÜ/„Neue“ Konvention kann die NEAFC jedoch auch Empfehlungen bezüglich Kontrollmaßnahmen erlassen, die das Ziel verfol-

755 Vgl. Art. 1 lit. e HSM-Übereinkommen i. V. m. para. 3.3.1 IPOA-IUU.

756 Art. 1 lit. e HSM-Übereinkommen i. V. m. para. 3.3.2. IPOA-IUU.

757 Vgl. *Palma/Tsamenyi/Edeson*, Promoting Sustainable Fisheries, 2010, S. 52.

758 Vgl. Art. 1 lit. e HSM-Übereinkommen i. V. m. para. 3.4. IPOA-IUU. Para. 4.3. IPOA-IUU trägt dem Umstand Rechnung, dass im Bereich der Hohen See der Anteil an unregulierter Fischerei sehr hoch ist, diese jedoch nicht immer negative Auswirkungen auf den befischten Bestand haben muss, vgl. *Palma/Tsamenyi/Edeson*, Promoting Sustainable Fisheries, 2010, S. 53.

gen sollen, die Empfehlungen der NEAFC durchzusetzen.[759] Ein System zur Durchsetzung von Erhaltungs- und Bewirtschaftungsmaßnahmen im Rahmen des NOAFÜ kann sich demnach nur durch von der NEAFC erlassenen Empfehlungen ergeben. Gleiches gilt im Rahmen des NAFÜ, der IKETA und des NALÜ.[760]

Im Rahmen des WZPFÜ verhält sich dies hingegen anders. Dieses enthält in Teil V und Teil VI Normen, die zur Durchsetzung der Erhaltungs- und Bewirtschaftungsmaßnahmen geeignet sind. Teil V regelt die Pflichten der Flaggenstaaten, wie zum Beispiel die aus dem FBÜ und dem Einhaltungs-Übereinkommen bekannte Autorisierung[761] für Fischereifahrzeuge,[762] die im Bereich der Hohen See Fischerei betreiben wollen.[763] Auch die Normen des Teils VI des WZPFÜ orientieren sich stark an den in Art. 19 ff. FBÜ enthaltenen Regelungen. Teil VI enthält Normen zur Aufbringung und Inspektion von Fischereifahrzeugen, die sogar ausdrücklich auf die Art. 21 und Art. 22 FBÜ verweisen. Die hier enthaltenen Normen beziehen sich jedoch alle auf den Teil der Hohen See im Zuständigkeitsbereich der WCPFC und sind aus diesem Grund in den arktischen Gebieten ohne größere Bedeutung. Zwar könnte argumentiert werden, dass auch die Kontrolle von Schiffen außerhalb der Arktis, die allerdings im Arktischen Ozean Fischerei betrieben haben, einen Beitrag zur Durchsetzung der Erhaltungs- und Bewirtschaftungsmaßnahmen für arktische Bestände leisten kann. Durch die Beringstraße besteht eine unmittelbare Verbindung zwischen dem Arktischen Ozean und dem Nordpazifik, womit nicht unwahrscheinlich ist, dass sich Fischereifahrzeuge nach

759 Auch hier sind die Voraussetzungen zum Erlass der Empfehlungen davon abhängig, ob sich diese auf Gebiete unter oder außerhalb nationaler Hoheitsbefugnisse beziehen. Nach Art. 8 Abs. 2 NOAFÜ/„Neue" Konvention können Empfehlungen für Gebiete, die unter nationalen Hoheitsbefugnissen stehen nur dann erlassen werden, wenn der Küstenstaat diese erfragt und bei der Abstimmung im Rahmen der Kommission seine Zustimmung erteilt. Bezüglich der Verbindlichkeit derartiger Normen gilt oben Gesagtes.

760 Art. XI Abs. 5 NAFÜ ist die Grundlage für Empfehlungen der Fischereikommission in Bezug auf Kontroll- und Überwachungsmaßnahmen; Art. VIII Abs. 1 lit. a IKETA; Art. 4 Abs. 2 NALÜ.

761 Im WZPFÜ als Genehmigung beschrieben.

762 Fischereifahrzeuge im Sinne des WZPFÜ bezeichnet „[...] any vessel used or intended for use for the purpose of fishing, including support ships, carrier vessels and any other vessel directly involved in such fishing operation", Art. 1 lit. e WZPFÜ. Fischerei wird ebenfalls weit verstanden, vgl. Art. 1 lit. d WZPFÜ.

763 Art. 24 Abs. 2 WZPFÜ.

der Fischerei in der Arktis im Pazifik und damit im Zuständigkeitsbereich der WCPFC aufhalten. Allerdings verhält es sich im Rahmen der bereits erwähnten Normen zur Durchsetzung der Erhaltungs- und Bewirtschaftungsmaßnahmen anderer Fischereiorganisationen so, dass sich diese auf die Feststellung von Verletzungen der sie erschaffenen regionalen Fischereiabkommen sowie auf deren Grundlage erlassenen Empfehlungen der Fischereikommissionen beziehen.[764] Nichts anderes gilt für die WCPFC. Art. 25 WZPFÜ macht deutlich, dass die Pflichten der Vertragsparteien in diesem Bereich auf die Durchsetzung der Erhaltungs- und Bewirtschaftungsmaßnahmen der WCPFC abzielen. Das bedeutet, dass mangels Erhaltungs- und Bewirtschaftungsnormen für speziell arktische Ressourcen der Durchsetzungsmechanismus der WCPFC nicht greift. Positive Effekte können aber sicherlich bezüglich der wandernden Arten, welche die hier gezogenen arktischen Grenzen überqueren, vorhanden sein.

b) Maßnahmen der Fischereiorganisationen

Das System der Fischereiorganisationen zur Durchsetzung von Erhaltungs- und Bewirtschaftungsmaßnahmen kann als System bestehend aus zwei Säulen verstanden werden. Die erste Säule stellt die gegenseitige Kontrolle der Vertragsstaaten untereinander da. Hier geht es in erster Linie darum, die Flaggenstaaten über die Missachtung von Normen durch ihre Schiffe zu informieren und gegebenenfalls zu Maßnahmen gegenüber ihren Schiffen anzuhalten. Die zweite Säule bilden die Empfehlungen und Normen der Fischereiorganisationen, die versuchen, die Nichtvertragsparteien der regionalen Fischereiorganisationen indirekt zu einem Verhalten zu veranlassen, das den Erfolg der jeweiligen Erhaltungs- und Bewirtschaftungsmaßnahmen nicht gefährdet.

764 Dies ergibt sich aus Art. 8 Abs. 1 NOAFÜ, der den Erlass von Normen zur Durchsetzung von Erhaltungs- und Bewirtschaftungsmaßnahmen mit dem Ziel zulässt, das NOAFÜ oder darunter erlassene Empfehlungen durchzusetzen. Gleiches gilt für die NAFO gemäß Art. XI Abs. 5 NAFÜ; im Rahmen des NALÜ und der IKETA wird dies nicht deutlich, da Art. 4 Abs. 2 NALÜ bzw. Art. VIII Abs. 1 lit. a IKETA die Kompetenzen der Fischereikommissionen zum Erlass der Normen ganz allgemein regelt.

aa) Gegenseitige Kontrolle

Im Rahmen des NOAFÜ, NAFÜ, IKETA und des NALÜ wurden durch die entsprechenden Organisationen Maßnahmen, die sich der Durchsetzung von Erhaltungs- und Bewirtschaftungsmaßnahmen widmen, erlassen. Neben den vielen Empfehlungen der NEAFC zur Bewirtschaftung der Fischbestände hat diese seit dem Jahre 1996 fortlaufend an einem System zur Kontrolle und Durchsetzung der Erhaltungs- und Bewirtschaftungsmaßnahmen (Scheme of Control and Enforcement, SCE 2014)[765] gearbeitet.[766] Auch die EU ist an das SCE 2014 gebunden.[767]

Sein Anwendungsbereich bezieht sich nach Art. 2 SCE 2014 auf alle Fischereifahrzeuge,[768] die Fischerei im Regelungsbereich der NEAFC betreiben. Unter dem Regelungsbereich versteht das SCE 2014 die im Anwendungsbereich liegenden Meeresgebiete, die den Status der Hohen See haben.[769]

Die überwiegende Anzahl der Kontroll- und Monitoringmaßnahmen, die das SCE 2014 vorsieht, enthalten Pflichten, die an Vertragsparteien des NOAFÜ/„Neue" Konvention adressiert sind. So werden beispielsweise Autorisierungen für Fischereifahrzeuge unter ihrer Flagge der Vertragsparteien,[770] wie diese auch im FBÜ, im Einhaltungs-Übereinkommen oder im IPOA-IUU vorhanden sind, vorgesehen.[771] Ferner wird nach Vorlage des IPOA-IUU[772] ein umfassendes Monitoringsystem für Fischerei entworfen.[773] Außerdem ist in Kapitel IV die Inspektion von Fischereifahrzeugen durch andere NEAFC-Mitglieder geregelt. Diese Inspektionen werden durch notifizierte Inspektoren der Vertragsparteien durchgeführt,

765 NEAFC, Scheme of Control and Enforcement 2014, http://www.neafc.org/scheme (13.07.2014).

766 Vgl. *Rayfuse*, Non-Flag State Enforcement in High Sea Fisheries, 2004, S. 213.

767 Dies ergibt sich aus der ständigen Anwendung der SCE 2014 durch die EU, vgl. z. B. NEAFC, Report of the 30th annual meeting of the NEAFC, November 2011, Vol. I, http://www.neafc.org/system/files/AM2011-final-report-09.pdf (13.07.2014), S. 61 f.

768 Jedes Schiff, das aus kommerziellem Zwecke zur Entnahme von Fischereiressourcen eingesetzt wird. Dazu zählen auch Verarbeitungsschiffe und solche die an Umladungen beteiligt sind, Art. 1 lit. e SCE 2014.

769 Art. 1 lit. d SCE 2014.

770 Art. 4 SCE 2014.

771 Art. 18 Abs. 3 lit. a FBÜ, Art. III Abs. 2 Einhaltungs-Übereinkommen, Paras. 44 ff. IPOA-IUU.

772 Vgl. Para. 80.7 IPOA-IUU.

773 Art. 9 ff. SCE 2014.

sogenannten „NEAFC inspectors". Der Ablauf einer Inspektion stimmt in den wesentlichen Punkten mit Art. 22 FBÜ überein.

Ferner stellt das SCE 2014 in den Art. 20 ff. Kontrollpflichten der Hafenstaaten auf. Anwendbar sind diese Normen dann, wenn Schiffe unter der Flagge einer NOAFÜ-Vertragspartei in einem Hafen einer anderen Vertragspartei anlanden oder umschiffen.[774] Bevor Fischereifahrzeuge allerdings in einen Hafen einlaufen, müssen sie die für diesen Hafen zuständigen Behörden über ihre Ankunft informieren und bestimmte Daten zu ihrem Schiff und ihrer Ladung übermitteln.[775] Am 1. Januar 2012 startete NEAFC die Nutzung eines elektronischen Systems zur Hafenstaatkontrolle. Die seitens der Fischereifahrzeuge an die Hafenstaaten zu sendenden Informationen können so vereinfacht übermittelt werden, sofern der Hafenstaat sich auch an diesem System beteiligt. Innerhalb der EU nehmen bisher die Niederlande, Dänemark, Irland, Großbritannien, Lettland, Estland, Deutschland, Frankreich, Spanien und Schweden an diesem System teil.[776] Ferner sind auch Russland, Norwegen, Island, die Färöer und Grönland beteiligt.[777]

Die Erlaubnis zum Anlanden oder zum Umladen von Fängen in einem Hafen wird seitens des Hafenstaates nur dann gegeben, wenn die Flaggenstaaten des Schiffes hinreichend versichern können, dass das Fischereifahrzeug Fischerei in Übereinstimmung mit den im Rahmen der NEAFC geltenden Regelungen betreibt.[778] Die in den Häfen befindlichen Schiffe können dann bezüglich der Einhaltung der Normen vom Hafenstaat kontrolliert werden. Ferner haben nach Art. 25 SCE 2014 die Vertragsparteien mindestens 15% der Schiffe, die in ihren Häfen anlanden oder umschiffen, einer Inspektion in Hinblick auf die Einhaltung der NEAFC Normen zu unterziehen.

Auch die anderen Fischereiorganisationen haben spezielle Normen zur Durchsetzung der Erhaltungs- und Bewirtschaftungsmaßnahmen erlassen. Im Rahmen des NAFÜ wurden durch die Fischereikommission verschiedene solcher Normen geschaffen. Diese lassen sich für das Jahr 2014 in den jährlich veröffentlichten NAFO Conservation and Enforce-

774 Art. 20 SCE 2014.
775 Art. 22 SCE 2014.
776 https://psc.neafc.org/ (13.07.2014).
777 https://psc.neafc.org/ (13.07.2014).
778 Art. 23 Abs. 2 SCE 2014.

ment Measures (CEM 2014) finden, in denen auch die von der Fischereikommission erlassenen Erhaltungs- und Bewirtschaftungsmaßnahmen aufgeführt sind. Auch hier sieht die Fischereikommission Maßnahmen zum Monitoring, Inspektionen[779] und Hafenstaatkontrollen vor.[780] Im Wesentlichen sind diese Normen den NEAFC Regelungen sehr ähnlich. Hinzu kommt, dass bei aktiven Fischereifahrzeugen[781] im NAFO-Regelungsbereich ein Beobachter an Bord sein muss, der die Beachtung der Erhaltungs- und Bewirtschaftungsmaßnahmen kontrolliert.[782]

Im Gegensatz zu den Regelungen zur Durchsetzung der Erhaltungs- und Bewirtschaftungsmaßnahmen der NEAFC und der NAFO sind die Regelungen der NASCO ausgesprochen spärlich ausgestaltet. So gibt es im Rahmen der NASCO kein besonders ausgearbeitetes Monitoring System, sondern die Mitgliedstaaten geben Informationen über Fischereitätigkeiten sowie Anlandung von Fängen von Nichtmitgliedstaaten an das NASCO Sekretariat weiter.[783]

Anders verhält sich dies in Bezug auf die ICCAT. Die ICCAT hat einen gemeinsamen Plan zur internationalen Inspektion erlassen, der in wesentlichen Punkten den Inspektionen unter der NEAFC oder NAFO ähnelt.[784] Zusätzlich existieren verschiedene Empfehlungen, die eine Überwachung der Tunfisch-Fischerei möglich machen soll.[785] Vergleichbar mit den

779 NAFO führte im Jahre 2010 214 Inspektionen durch, http://www.nafo.int/fisheries/frames/fishery.html (13.07.2014).

780 Art. 25 ff. CEM 2014.

781 Auch im Rahmen des NAFO CEM sind Fischereifahrzeuge nicht nur solche, die unmittelbar auf die Ressourcen zugreifen, sondern auch unterstützende Schiffe, wie Transportschiffe oder Ähnliches, Art. 1 Nr. 8 CEM 2014.

782 Art. 30 CEM 2014.

783 NASCO Council, Resolution of the Council of NASCO at its ninth annual meeting, Fishing for Salomon on the High Sea, Juni 1992 (NASCO Doc. CNL(92)54), http://www.nasco.int/pdf/agreements/Resolution_high_seas.pdf (13.07.2014).

784 ICCAT, Scheme of Joint International Inspection, Annex 8 of ICCAT Recommendation amending the Recommendation by ICCAT to establish a multiannual recovery plan for bluefin tuna in the eastern Atlantic and Mediterranean, 2008 (ICCAT Doc. Recommendation 2008-05), http://www.iccat.int/Documents/Recs/compendiopdf-e/2008-05-e.pdf (13.07.2014).

785 ICCAT, Recommendation Amending Recommendation 09-11 on an ICCAT Bluefin Tuna Catch Documentation Program, 2011 (ICCAT Doc. Recommendation 11-20), http://www.iccat.int/Documents/Recs/compendiopdf-e/2011-20-e.pdf (13.07.2014); Recommendation regarding compliance in the bluefin tuna and North Atlantic swordfish fisheries, 1996 (ICCAT Doc. Recommendation 96-14), http://www.iccat.es/Documents/Recs/ACT_COMP_2011_ENG.pdf (13.07.2014); Recom-

ICCAT Empfehlungen sind auch die Beschlüsse der WCPFC in diesem Bereich.[786]

bb) Überwachung und Sanktionierung der Nicht-Vertragsparteien

Neben den Normen der Fischereiorganisationen, die auf die Überwachung der Fischereifahrzeuge der Mitglieder abzielen, erlassen diese auch Regelungen zum Umgang mit Nichtmitgliedern.[787] Ein entscheidender Unterschied ist, dass die einseitig durchführbaren Inspektionen auf See wegfallen, da diese Inspektionen eine Einschränkung der Flaggenhoheit erfordern[788] und eine Abweichung von Art. 110 SRÜ darstellen, die gemäß Art. 92 Abs. 1, Abs. 110 Abs. 1 SRÜ nur durch Vertrag erfolgen kann. Durchführbar ist eine Inspektion auf Hoher See jedoch dann, wenn die Flaggenhoheit seitens der inspizierenden Partei vollständig anerkannt wird und die inspizierte Partei der Inspektion zustimmt.[789] Nicht erforderlich sein dürfte die Zustimmung des Kapitäns aufgrund der Regelung des Art. 21 Abs. 1 FBÜ dann, wenn es sich bei dem zu kontrollierenden Schiff zwar nicht um ein Fischereifahrzeug unter der Flagge eines Mitgliedstaates der Fischereiorganisation handelt, dafür aber um eines einer Vertragspartei des FBÜ. Im Rahmen der von der NEAFC erlassenen Durchsetzungsmaßnahmen wird gemäß Art. 38 Abs. 3 SCE 2014 davon ausgegangen, dass das Fischereifahrzeug sich der IUU-Fischerei[790] schuldig gemacht hat, sofern die Besatzung und insbesondere der Kapitän die Mitarbeit an der Inspektion verweigert.

Die Kontrolle durch die Hafenstaaten ist hingegen immer möglich, da die Einfahrt in Häfen freiwillig erfolgt und die Konditionen der Einfahrt

mendation Concerning the Establishment of an ICCAT Record of Vessels over 20 m Authorized to Operate in the Convention Area, 2011 (ICCAT Doc. Recommendation 11-12), http://www.iccat.int/Documents/Recs/compendiopdf-e/2011-12-e.pdf (13.07.2014)); und Andere.

786 Vgl. hierzu die Auflistung der in diesem Zusammenhang bedeutenden Beschlüsse unter http://www.wcpfc.int/wcpfc-monitoring-control-and-surveillance-mcs-scheme (13.07.2014).

787 Vgl. Art. 35 ff. SCE 2014; Art. 48 ff. CEM 2014.

788 Vgl. *Rayfuse*, To Our Children's Children: From Promoting to Achieving Compliance in High Seas Fisheries, IJMCL 20 (2005) S. 509 (515).

789 Vgl. Art. 38 Abs. 3 SCE 2014.

790 IUU-Fischerei im Rahmen des NOAFÜ wird definiert unter Verweis auf die Definition des IPOA-IUU, Art. 1 lit. l SCE 2014.

und der Nutzung der Häfen Ausdruck der Hoheit der Hafenstaaten über ihre Häfen ist.[791] So gelten im Rahmen der NEAFC die Normen bezüglich des Einlaufens in einen Hafen auch für die Fischereifahrzeuge einer Nichtvertragspartei. Nach Art. 40 SCE 2014 ist jedes dieser Fischereifahrzeuge im Hafen eines NEAFC-Mitglieds einer Inspektion zu unterziehen. Sollten sich diese Fischereifahrzeuge nicht kooperativ zeigen, so ist nach Art. 40 Abs. 3 SCE 2014 auch hier davon auszugehen, dass das Fischereifahrzeug IUU-Fischerei betreibt.

Dass das SEC 2014 die Schiffe hier als IUU-Fischerei betreibend verstanden wissen will, erscheint aufgrund der Definition von IUU-Fischerei und mit Blick auf Art. 8 NOAFÜ/„Neue" Konvention verfehlt. Nach Art. 8 NOAFÜ/„Neue" Konvention kann die NEAFC nur Empfehlungen zur Durchsetzung eigener Erhaltungs- und Bewirtschaftungsmaßnahmen erlassen. IUU-Fischerei umfasst jedoch weitere schädliche Maßnahmen, die nicht in Zusammenhang mit der Missachtung der Vorschiften der Fischereiorganisationen stehen.[792] Eine tatsächliche Überschreitung der Kompetenzen der NEAFC ergibt sich jedoch im Ergebnis nicht. Dies verdeutlicht Art. 44 SCE 2014, der die Folgen für Identifizierung als IUU-Fischerei betreibendes Fischereifahrzeuge enthält. Die so identifizierten Fischereifahrzeuge, die nicht unter der Flagge eines Mitgliedstaates oder mit der jeweiligen Fischereiorganisation kooperierenden Staaten fahren, werden in sog. Negativen-[793] oder IUU-Listen geführt. Auf die IUU-Liste gelangen aber nur die Fischereifahrzeuge, die durch Gefährdung des Erfolgs der Empfehlung der NEAFC aufgefallen sind. Insofern verwendet das SCE 2014 zwar den Begriff der IUU-Fischerei, beschränkt sich aber tatsächlich auf die Variante der unregulierten Fischerei nach para 3.3.1. IPOA-IUU und Art. 8 NOAFÜ/„Neue" Konvention.

Die NEAFC führt seit dem Jahre 2005 zwei verschiedene IUU-Listen, die ihre Grundlage in Art. 44 SCE 2014 finden. Die A-Liste ist zunächst als vorläufige Liste zu verstehen. Schiffe auf dieser Liste unterliegen einigen Beschränkungen, wie beispielsweise der Regelung, dass diese keine Fänge in den Hoheitsgewässern der NOAFÜ-Vertragsparteien anlanden

791 Vgl. oben, S. 121 f.

792 Beispielsweise auch dann, wenn das Schiff ohne Erlaubnis innerhalb der Wirtschaftzone eines anderen Staates gefischt hat, para. 3.1.1 IPOA-IUU i. V. m. Art. 1 lit. l SCE 2014.

793 Vgl. *Calley,* Market Denial and International Fisheries Regulation, 2012, S. 114.

dürfen.[794] Schiffe auf der B-Liste müssen hingegen mit weitaus stärkeren Beschränkungen rechnen. Diese dürfen beispielsweise gar nicht in Häfen der NOAFÜ-Vertragsparteien einfahren,[795] oder der Import von Fisch von diesen Schiffen wird seitens der NOAFÜ-Vertragsparteien verboten.[796] Die B-Liste enthält Fischereifahrzeuge, die zuvor auf der A-Listegeführt wurden und zu deren Entlastung seitens der Flaggenstaaten nichts vorgebracht werden konnte.[797] Nach Angaben der NEAFC ist dieses System sehr erfolgreich und konnte tatsächlich zur Reduzierung der IUU-Fischerei beitragen.[798] Aktuell hat die NEAFC zwar keine Fischereifahrzeuge auf der A-Liste verzeichnet, die B-Liste führt hingegen acht Fischereifahrzeuge, wovon bei sechs Schiffen der Flaggenstaat nicht bekannt ist. Auch die anderen Fischereiorganisationen sehen vergleichbare Listenansätze vor.[799]

Neben positiven Effekten bereitet das Listenverfahren der Fischereiorganisationen auch Probleme. So kann das Verfahren zur Listung unter Umständen einige Jahre dauern. Zunächst muss ein Fischereifahrzeug identifiziert werden, anschließend sind in den jeweiligen Verfahren Sitzungen von Gremien von Nöten. In dieser Zeit können die Fischereifahrzeuge weiter ungehindert Ressourcen nutzen.[800] Darüber hinaus existieren auch für die Schiffe Möglichkeiten, den Maßnahmen zu entgehen, beispielsweise indem sie Flaggenstaat und Namen ändern. Aufgrund dieser Problematik entstand die Idee, in Zukunft positive Listen zu führen. Auf diesen sollen die Schiffe aufgenommen werden, die sich entsprechend der

794 Art. 45 Abs. 1 lit. b SCE 2014.

795 Art. 45 Abs. 2 lit. a SCE 2014.

796 Art. 45 Abs. 2 lit. e SCE 2014.

797 http://www.neafc.org/mcs/iuu (13.07.2014).

798 http://www.neafc.org/mcs/iuu (13.07.2014).

799 Art. 53ff. NAFO CEM 2014; ICCAT, Recommendation Further Amending Recommendation 09-10 Establishing a List of Vessels Persumed to have Carried out Illegal, Unreported and Unregulated Fishing Activities in the ICCAT Convention Area, 2011 (ICCAT Doc. Recommendation 11-18), http://www.iccat.int/Documents/Recs/compendiopdf-e/2011-18-e.pdf (13.07.2014), para. 9; die IUU Liste kann abgerufen werden unter http://www.iccat.int/en/IUU.asp (13.07.2014). WCPFC, Conservation and Management Measures to Establish a List of Vessels Presumed to have carried out Illegal, Unreported and Unregulated Fishing Activities in the WCPO, 10.10.2010 (WCPFC Doc. CMM 2010-06); die IUU Liste der WCPFC kann abgerufen werden unter http://www.wcpfc.int/wcpfc-iuu-vessel-list (13.07.2014).

800 Vgl. *Calley*, Market Denial and International Fisheries Regulation, 2012, S. 118; *Rayfuse*, To Our Children's Children: From Promoting to Archieving Compliance in High Seas Fisheries, IJMCL 20 (2005) S. 509 (524).

Erhaltungs- und Bewirtschaftungsmaßnahmen verhalten. Nur wer auf der positiven Liste steht, soll dann in Zukunft seine Fänge anlanden dürfen.[801] Die ICCAT führt eine solche „Positive Liste" bereits.[802] Alle dort nicht gelisteten Schiffe geraten automatisch in den Verdacht IUU-Fischerei zu betreiben.[803] Auch im Rahmen der WCPFC wird ein solcher Ansatz verfolgt.[804]

Die ICCAT erlässt zusätzlich dazu Empfehlungen wirtschaftlicher Art gegenüber einigen Flaggenstaaten. Im Jahre 2003 traf eine solche Empfehlung den Handel mit Bolivien.[805] Die ICCAT-Mitglieder sollen danach Maßnahmen ergreifen, die die Einfuhr von Großaugenthun und Produkte aus diesem, die aus Bolivien stammen, verbieten. Vorausgegangen waren mehrfache Aufforderungen an Bolivien mit der ICCAT zusammenzuarbeiten, damit auch unter bolivischer Flagge fahrende Schiffe Tunfischfischerei in einer Weise betreiben, die mit den ICCAT Bestimmungen vereinbar ist. Bisher ist eine Kooperation jedoch nicht erfolgt.

Die Fischereiorganisationen bieten momentan den detailliertesten Mechanismus zur Durchsetzung der Erhaltungs- und Bewirtschaftungsmaßnahmen, der für die Arktis in der Theorie ebenso wie für weiter südliche Gebiete Wirkung entfalten kann. Die EU ist an diesen Mechanismen der Fischereiorganisationen beteiligt. Auftretende Schwächen der Systeme sind meist auf die geringe Beteiligung der Staaten zurückzuführen. Es ist jedoch eine fortlaufende Entwicklung zu erkennen, die darauf abzielt, Schwächen des bestehenden Systems auszugleichen.

801 Vgl. *Calley*, Market Denial and International Fisheries Regulation, 2012, S. 118.

802 ICCAT, Recommendation 11-12.

803 ICCAT, Recommendation 11-12, para. 1.

804 Art. 24 Abs. 5 WCPFC.

805 ICCAT, Recommendation by ICCAT regarding Bolivia pursuant to the 1998 Resolution concerning the unreported and unregulated catches of tuna by large-scale longline vessels in the Convention area, 2003 (ICCAT Doc. Recommendation 02-17), enthalten in ICCAT-Compendium management recommendations and resolutions adopted by the ICCAT for the conservation of Atlantic tunas and tuna like species, 2011, S. 170 f., http://www.iccat.es/Documents/Recs/ACT_COMP_2011_ENG.pdf (13.07.2014).

5. Bewertung

Die generelle Bedeutung der Normen zur Durchsetzung ist immens, denn nur diese vermögen der Vielzahl von Schutz-, Erhaltungs- und Bewirtschaftungsmaßnahmen auch tatsächlich Effektivität zu verleihen. Das aktuelle Konzept zur Durchsetzung von Schutz-, Erhaltungs- und Bewirtschaftungsmaßnahmen ist, jedenfalls in formeller Hinsicht, auf die Arktis ebenso anwendbar, wie auf andere Gebiete der Welt.

Im Zuge der Durchsetzung der Schutz-, Erhaltungs- und Bewirtschaftungsmaßnahmen steht an erster Stelle zwangsläufig immer die Identifikation derer, die Ressourcen nicht ordnungsgemäß nutzen. Hier hat sich mittlerweile über das FBÜ und die Fischereiorganisationen ein System zur Identifikation von Fischereifahrzeugen und diesbezüglichem Informationsaustausch entwickelt.

Neben der Identifikation der Normen missachtenden Fischereifahrzeuge, ist die Sanktionierung dieser von besonderer Bedeutung. Auf völkerrechtlicher Ebene kann sich diese allein durch den beschränkten Zugang bzw. Nutzung der Häfen ergeben. Weitere Maßnahmen bleiben den Flaggenstaaten überlassen. Diese können beispielsweise erteilte Autorisierungen, unter ihrer Flagge zu fischen, wieder entziehen. Rechtlich verbindlich sehen solche Konsequenzen bisher lediglich die Fischereiorganisationen vor, deren Zuständigkeiten bei weitem nicht die ganze Arktis abdecken. Es bleibt insofern nur die Kontrolle der eigenen Fischereifahrzeuge durch die Flaggenstaaten.

Das derzeitige System, das sich aus den zwei Stufen Identifikation und Sanktionierung zusammensetzt, hat eine logische Grundvoraussetzung, die für die Anwendbarkeit innerhalb der Arktis ein großes Problem bedeutet. Durchgesetzt werden kann nur, was auch tatsächlich besteht. Gerade dies ist im Bereich der Arktis nur sehr eingeschränkt der Fall. Da momentan nicht an IUU-Fischerei angeknüpft wird, entfaltet der Durchsetzungsmechanismus für die arktischen Gewässer nur wenig Wirkung. Dies macht sich im Bereich der Hohen See bemerkbar. Daneben ergibt sich auch ein Problem für die Bestände der AWZ, denn gerade in diesen Bereichen fiel die illegale Fischerei in den vergangenen Jahren besonders hoch aus.[806] Zwar haben es die Küstenstaaten in der Hand, in ihrer AWZ

806 Dies gilt insbesondere in Bezug auf den arktischen Kabeljau, *Schram Stokke*, Barents Sea Fisheries – the IUU Struggle, ARLP 1 (2010), S. 207 (208).

Erhaltungs- und Bewirtschaftungsmaßnahmen zu erlassen, die Durchsetzung dieser kann aber ohne Frage auf internationaler Ebene erfolgen. Der momentane Durchsetzungsmechanismus knüpft jedoch gerade nicht an nationale Erhaltungs- und Bewirtschaftungsmaßnahmen an. An dieser Stelle könnte das Inkrafttreten des HSM-Übereinkommens weiterhelfen, das auch die Missachtung der Erhaltungs- und Bewirtschaftungsmaßnahmen der Küstenstaaten in der jeweiligen AWZ als illegale Fischerei versteht.[807]

C. Das Abkommen über den Europäischen Wirtschaftsraum

Die EU mit ihren 28 Mitgliedstaaten ist ein wichtiger Handelspartner Norwegens und Islands im Rahmen des 31 Staaten umfassenden EWR.[808] Der EWR ermöglicht den Staaten der Europäischen Freihandelsassoziation (European Free Trade Association-EFTA),[809] am Binnenmarkt der EU teilzunehmen, ohne der EU beitreten zu müssen.[810]

Im Vergleich zu anderen Unionsabkommen ist das EWRA,[811] das die primäre vertragliche Grundlage des EWR darstellt, sowohl inhaltlich als auch strukturell an primärvertraglichen Unionsregelungen orientiert. Auch das Sekundärrecht der EU beeinflusst das Recht des EWR, indem es über Verweise des EWRA in die Anhänge desselben integriert wird.[812] Um auf gleichem Stand mit dem sekundären Unionsrecht zu sein, wird das EWRA in den Politikfeldern mit Relevanz für den EWR laufend fortent-

807 Vgl. Art. 1 lit. e HSM-Übereinkommen i. V. m. para. 3.1.1 IPOA-IUU.

808 *Rudloff*, Fisch im Wasser. Die EU und die Arktisfischerei, osteuropa 61 (2011), Heft 2–3, S. 163 (170).

809 Vgl. Art. 2 lit. b EWRA. EFTA-Staaten sind Island, Liechtenstein, Norwegen, und die Schweiz. Allerdings ist die Schweiz nicht EWRA-Vertragspartei. Für weitere Informationen vgl. *Norgberg/Hökborg/Johansson/Eliasson/Dedichen*, EEA Law, 1993, S. 39 ff.

810 Vgl. *Wallis*, Forgotten Enlargement, Future EU Relations with Iceland, Norway and Switzerland, 2004, S. 9.

811 Das EWRA ist kein auf Grundlage von Art. 216 Abs. 1 AEUV abgeschlossenes klassisches Unionsabkommen. Bei dem EWRA handelt es sich vielmehr um ein Assoziierungsabkommen der EU, das seine primärvertragliche Grundlage in Art. 217 AEUV findet. Vgl. dazu *Booß*, Art. 217 AEUV, in: Lenz/Borchardt (Hrsg.), EU Verträge, 2012, Rn. 8; *Mögele*, Art. 217 AEUV, in Streinz (Hrsg.), EUV/AEUV, 2012, Rn. 6.

812 Vgl. Art. 2 lit. a und Art. 119 EWRA, die besagen, dass die Rechtsakte, auf die Bezug genommen wird, Bestandteile des Abkommens sind.

wickelt, womit von einer dynamischen Vertragsentwicklung gesprochen werden kann.[813] Diese wird durch Beschlüsse des Gemeinsamen EWR-Ausschusses,[814] in dem die Vertragsparteien des EWRA vertreten sind, vollzogen. Die Beschlüsse ergehen gemäß Art. 93 Abs. 2 EWRA im Einvernehmen zwischen der EU einerseits und den EFTA-Staaten, die Vertragsparteien des EWRA sind, andererseits.

Die Fortentwicklung des EWRA durch den Gemeinsamen Ausschuss darf jedoch nicht zu der Annahme verleiten, auch im Rahmen des EWR-Rechts unionsähnliche Strukturen, etwa in der Form, dass eine eigene Rechtsordnung begründet würde, vorfinden zu können. Die Beschlüsse des Gemeinsamen Ausschusses sind vielmehr als Beschlüsse der Vertragsparteien über eine Vertragsänderung zu qualifizieren, womit sich das EWR-Recht im Rahmen des „klassischen Völkerrechts" bewegt.[815] Eine Anpassung des EWR-Rechts an das Unionsrecht beruht damit nicht auf einer rechtlichen, sondern einer politischen Verpflichtung der Vertragsparteien.[816]

I. Anwendungsbereich des Rechts des europäischen Wirtschaftsraumes

Der Anwendungsbereich *ratione loci*[817] des EWRA bestimmt sich nach Art. 126 EWRA und umfasst die Gebiete der Mitgliedstaaten der EU gemäß den Unionsverträgen sowie die Hoheitsgebiete Islands und Nor-

813 Vgl. *Sejersted*, Between Sovereignty and Supranationalism in the EEA Context – On the Legal Dynamics of the EEA-Agreement, in: Müller-Graff/Selvig (Hrsg.), The European Economic Area, 1997, S. 43 (48); *Mech*, EWR und europäische Integration, 2007, S. 35; *Müller-Graff*, EEA-Agreement and EC Law: A Comparison in Scope and Content – Overview in the Basic Legal Link between Norway and the European Union, in: Müller-Graff/Selvig (Hrsg.), The European Economic Area, 1997, S. 17 (18); *Hillion*, Integrating an Outsider: An EU Perspective on Relations with Norway, EFAR 16 (2011), S. 489 (501).

814 Art. 92 Abs. 1 EWRA; zur Verbindlichkeit derartiger Beschlüsse vgl. Art. 7 EWRA; *Hannesson*, The Status of Non-Implemented EEA Law in Iceland: Lessons from the Judicial Reactions of the Supreme Court to International Law, NJIL 80 (2011), S. 425 (428).

815 Vgl. *Mech*, EWR und europäische Integration, 2007, S. 43.

816 Vgl. *Mech*, EWR und europäische Integration, 2007, S. 81.

817 Der Anwendungsbereich *ratione personae* ergibt sich über Art. 2 lit. b EWRA.

wegens. Neben Finnland[818] betrifft auch Norwegen eine besondere Regelung, denn obwohl der Spitzbergen-Archipel der Souveränität Norwegens unterfällt,[819] sind diese Inseln vom EWR ausgeschlossen.[820]

Da Art. 126 EWRA nicht auf die Hoheitsgebiete der Vertragsparteien abstellt, sondern in Bezug auf die Union und ihre Mitgliedstaaten den Anwendungsbereich auf die Geltung der Unionsverträge bezieht,[821] sind die Bestimmungen des EWRA prinzipiell auch auf die AWZ und den Festlandsockel der Vertragsparteien anzuwenden. Nichts anderes kann dann für Norwegen und Island gelten. Umweltschutzbestimmungen, sollten solche mit Relevanz für die hier gegebenen Problemstellung Bestandteil des EWRA sein, gelten somit auch für die marinen Gebiete der Vertragsparteien, in denen diesen souveräne Rechte und beschränkte Hoheitsbefugnisse zukommen.

II. Regulierung der Nutzung lebender arktischer Ressourcen

Über den Kern, den die aus den Unionsverträgen bekannten Grundfreiheiten bilden,[822] werden weitere Regelungen im EWRA geschaffen. In Teil V (Art. 72 bis 77 EWRA) enthält das EWRA die sogenannten horizontalen Bestimmungen, die für die Verwirklichung der Grundfreiheiten eine erhebliche Bedeutung haben.[823] Inwiefern sich eine Einflussnahme auf die Regulierung der Nutzung arktischer Ressourcen durch das EWRA ergibt, hängt maßgeblich von diesen Regelungen ab. Zu den horizontalen Bestimmungen zählen auch die Bestimmungen zum Umweltschutz gemäß Art. 73 ff. EWRA. Art. 73 EWRA regelt die Umweltpolitik der Vertragsparteien. Ziel ist dabei: „die Umwelt zu erhalten, zu schützen und ihre Qualität zu verbessern, zum Schutz der menschlichen Gesundheit

818 Das EWRA umfasst nicht die Ålandinseln.

819 Vgl. Kap I, Abschnitt A.II.; *Buttler* (Hrsg.), Spitsbergen, 2007, S. 21; *Norberg/Hökborg/Johansson/Eliasson/Dedichen*, EEA Law, 1993, S. 304.

820 Das Protokoll 40 zum EWRA (ABl. EG L 1 vom 03.01.1994, S. 208) berechtigt Norwegen durch einen nationalen Hoheitsakt den Archipel von der Anwendung des Abkommens auszunehmen. Diese Berechtigung hat Norwegen genutzt. Vgl. *Koivurova*, Environmental Protection in the Arctic and Antarctic, in: Loukacheva (Hrsg.), Polar Law Textbook, 2010, S. 23 (28); *Mech*, EWR und europäische Integration, 2007, S. 37.

821 Vgl. oben Kap I, Abschnitt C.III.1.b).

822 Vgl. Art. 2 Abs. 2 EWRA.

823 *Mech*, EWR und europäische Integration, 2007, S. 38.

beizutragen und eine umsichtige und rationelle Verwendung der natürlichen Ressourcen zu gewährleisten".[824] Insofern erweckt insbesondere Art. 73 Abs. 1 lit. c EWRA den Eindruck, Auswirkungen auf die Reglementierung der Nutzung arktischer Ressourcen haben zu können. Bei Betrachtung des Anhangs XX, der gemäß Art. 75 EWRA die in diesem Zusammenhang in das EWR-Recht übernommenen Unionsrechtsakte listet, zerschlägt sich dieser Eindruck jedoch. Sekundärrechtliche Rechtsakte, auf die in Anhang XX EWRA Bezug genommen wird, sind solche, die sich auf die Umweltmedien Wasser und Luft beziehen, sowie einige allgemeine Bestimmungen, sowie solche, die Sekundärrechtsakte zu chemischen Stoffen, industriellen Risiken, Biotechnologie, Abfall und Lärm betreffen. Normen, die dem Schutz von biologischer Vielfalt zuzuordnen sind, werden nicht Bestandteil des EWRA.[825] Dies gilt sowohl für Regelungen zum Habitatschutz als auch für Bestimmungen des unmittelbaren Artenschutzes. Die Aufführung der natürlichen Ressourcen in Art. 73 Abs. 1 ist damit zu erklären, dass der EWRA-Text sich stark an den Unionsverträgen orientiert. So gleicht Art. 73 Abs. 1 EWRA sehr deutlich Art. 191 Abs. 1 AEUV.[826] Hinzu kommt, dass der Umweltschutz im Rahmen des EWR auch durchaus natürliche Ressourcen wie Wasser und Luft zum Regelungsgegenstand hat.

Dieser Befund lässt schon erahnen, dass auch Erhaltungs- und Bewirtschaftungsmaßnahmen in Bezug auf marine Ressourcen nicht in das Recht des EWR integriert sind. So wird die Gemeinsame Fischereipolitik (GFP) der Union nicht Bestandteil des EWR-Rechts.[827] Das bedeutet jedoch nicht, dass der EWR keine Berührungspunkte zur Fischereiwirtschaft hat, denn es wird der Handel mit Fischereierzeugnissen in

---

824 Art. 73 I EWRA.

825 Vgl. *Jóhannsdóttir*, The European Union and the Arctic: Could Icelands's Accession to the EU Change the EU's Influence in the Arctic?, GYIL 54 (2011), S. 353 (366).

826 Vgl. *Norberg/Hökborg/Johansson/Eliasson/Dedichen*, EEA Law, 1993, S. 624.

827 Vgl. *Koivurova/Kokko/Duyck/Sellheim/Stepien*, EU Competences affecting the Arctic, Study requested by the European Parliament, 2010, S. 17, para. 1.3.4; *Jóhannsdóttir*, The European Union and the Arctic: Could Icelands's Accession to the EU Change the EU's Influence in the Arctic?, GYIL 54 (2011), S. 353 (366); *Mech*, EWR und europäische Integration, 2007, S. 38; *Bjarnason*, Island – Ein widerspenstiger EU-Beitrittskandidat, KAS Auslandsinformationen 5/2012, S. 35 (37); *Churchill/Ørebech*, The European Economic Area and Fisheries, IJMCL 8 (1993), S. 453 (468).

Protokoll 9 zum EWRA geregelt.[828] Die in diesem Protokoll enthaltenen Bestimmungen machen jedoch nur Vorgaben zu Zöllen, zur Verhütung von Wettbewerbsverfälschungen oder verbotenen Diskriminierungen von EWRA-Vertragsparteien.

Damit sind insgesamt keine unmittelbaren Regelungen zur Nutzung lebender Ressourcen Gegenstand des Rechts des EWRs. Eine Erweiterung der Sachgebiete des EWRAs wäre nur unter den Voraussetzungen des Art. 118 EWRA möglich. Dieser sieht eine Erweiterung durch den Abschluss weiterer Abkommen, die dann das EWRA ergänzen, vor. Zu einer solchen Erweiterung wird es jedoch mit Blick auf die Regelungen zur Ressourcennutzung sicherlich nicht unter der Beteiligung Norwegens oder Islands kommen. Dies lässt sich in Bezug auf marine Ressourcen besonders deutlich machen. Gerade Norwegen profitiert wirtschaftlich von dem guten Erhaltungszustand seiner marinen Ressourcen. Auch in Bezug auf Island ist die GFP der Union ein Politikbereich, der die Beitrittsverhandlungen zwischen Island und der Union erschwert,[829] womit nicht davon auszugehen ist, dass Island sich dann anderweitig der Fischereipolitik der Union unterwerfen wird.

Die Idee des Schutzes lebender Ressourcen lässt sich im EWRA daher nur indirekt finden, indem beispielsweise der Schutz von Pflanzen und Tieren Rechtfertigungsgrund für Beschränkungen des freien Warenverkehrs sind.[830] Dieser Umstand führt dazu, dass sekundärrechtliche Beschränkungen der Einfuhr bestimmter Produkte in die EU auch gegenüber Island und Norwegen gelten. So entfaltet beispielsweise auch die Verordnung 1007/2009 über den Handel mit Robbenerzeugnissen[831] Relevanz für den EWR.[832] Diese Art der Einflussnahme ist jedoch nicht der Tatsache zuzuordnen, dass die EU Vertragspartei des EWRA ist, sondern

828 Protokoll 9 über den Handel mit Fisch und Anderen Meereserzeugnissen, ABl. EG L 1 vom 03.01.1994, S. 160.

829 Vgl. *Schymik*, Island auf EU-Kurs, SWP-Aktuell 24 (2009), S. 1 (3); *Bjarnason*, Island – Ein widerspenstiger EU-Beitrittskandidat, KAS Auslandsinformationen 5/2012, S. 35 (37, 51); *Warnecke*, Ist Island reif für den EU-Beitritt?, 2010, S. 3 ff.

830 Art. 13 EWRA.

831 Verordnung 1007/2009 vom 16. September 2009 über den Handel mit Robbenerzeugnissen, ABl. EU L 286 vom 31.10.2009, S. 36 (Robbenverordnung).

832 *Koivurova/Kokko/Duyck/Sellheim/Stepien*, The present and future competence of the European Union in the Arctic, Polar Record 48 (2012), S. 361 (368).

beruht auf der Setzung von Sekundärrecht zum Schutz, zur Erhaltung oder Bewirtschaftung bestimmter Arten.

Damit scheidet die Regulierung der Nutzung lebender arktischer Ressourcen über das Recht des EWRs aus. Sowohl der Schutz der biologischen Vielfalt als auch Regelungen zur Fischerei sollen nicht Gegenstand des EWR-Rechts sein. Über Regelungen zu Handelsbeziehungen ist hingegen eine Einflussnahme möglich, die in Bezug auf ihre tatsächlichen Auswirkungen von der Ausprägung des Sekundärrechts abhängig ist.

D. Bilaterale Unionsabkommen

Den Schutz der arktischen biologischen Vielfalt kann die EU auch auf bilateraler Ebene beeinflussen, in dem sie mit den Anrainern der Arktis,die nicht EU-Mitglieder sind, Abkommen schließt.[833]

I. Grönland

1. Verhältnis von Grönland zu Dänemark und der EU

Das Verhältnis der EU zu Grönland ist ein besonderes, nicht zuletzt, da Grönland der Souveränität Dänemarks untersteht und bis zum Jahre 1985 durch Dänemark selbst Mitglied der damaligen EWG war.[834] Schon zum Zeitpunkt des Beitritts Dänemarks zur EWG[835] stimmte allerdings die Mehrzahl der Grönländer gegen einen Beitritt.[836] Als dieser dennoch

833 Vgl. Kommission und Hohe Vertreterin der EU für Außen- und Sicherheitspolitik, Gemeinsame Mitteilung an das Europäische Parlament und den Rat vom 26.06.2012, Entwicklung einer Politik der Europäischen Union in der Arktis: Fortschritte seit 2005 und nächste Schritte, JOIN(2012) 19 final, Teil 2, S. 19, para. 3.

834 *Schymik*, Grönland und Dänemark – Schlüsselländer der Arktis, in: Rill (Hrsg.), Die Arktis, 2010, S. 69 (79).

835 Vertrag zwischen dem Königreich Belgien, der Bundesrepublik Deutschland, der Französischen Republik, der Italienischen Republik, dem Großherzogtum Luxemburg, dem Königreich der Niederlande – Mitgliedstaaten der Europäischen Gemeinschaften – und dem Königreich Dänemark, Irland, dem Königreich Norwegen und dem Vereinigten Königreich Großbritannien und Nordirland über den Beitritt des Königreichs Dänemark, Irlands, des Königreichs Norwegen und des Vereinigten Königreichs Großbritannien und Nordirland zur Europäischen Wirtschaftsgemeinschaft und zur Europäischen Atomgemeinschaft, ABl. EG L 73 vom 27.03.1972, S. 5.

836 *Bach/Taagholt*, Greenland and the Arctic Region, 1982, S. 8; *Kleist*, Greenland's Self-Government, in: Loukacheva (Hrsg.), Polar Law Textbook, 2010, S. 171 (173);

erfolgte, verschärften sich die Bestrebungen der Grönländer, sich selbst zu verwalten und sich dadurch weiter von der ehemaligen Kolonialmacht Dänemark[837] zu lösen. Die Durchsetzung der Selbstverwaltung gelang Grönland auf Grundlage des Selbstverwaltungsgesetzes aus dem Jahre 1978, wodurch die Gesetzgebungskompetenz in verschiedenen Politikfeldern auf Grönland überging.[838] Im Jahre 1985 folgte dann aufgrund einer 1982 durchgeführten Volksabstimmung der Austritt Grönlands aus der damaligen EWG.[839] Die unionsrechtliche Grundlage des Austritts Grönlands ist in einer Änderung der Unionsverträge zu finden.[840]

Am 21. Juni 2009 wurde die Selbstverwaltung Grönlands mit dem Gesetz zur Selbstverwaltung von 2009[841] auf eine neue Stufe gehoben.[842] Dieses Gesetz umfasst 33 Politikfelder, aufgeführt in zwei Listen, auf denen Grönland die Legislativgewalt, die Finanzierung, die Verwaltung und sämtliche Exekutivaufgaben selber wahrnehmen kann.[843] Unter diesen 33 Politikfeldern findet sich in Liste II unter Nr. 24 der marine Umweltsektor. Darüber hinaus sieht Kapitel 9 des Selbstverwaltungsgesetzes von 2009 vor, dass bestimmte Bereiche,[844] die nach dem Selbstverwaltungsgesetz von 1978 schon in die grönländische Selbstverwaltung fielen, auch dort

Krämer, Greenland's European Community (EC)-Referendum, Background and Consequences, GYIL 25 (1982), S. 273 (273); *Göcke*, The 2008 Referendum on Greenland's Autonomy and what it Means for Greenland's Future, ZaöRV 69 (2009), S. 103 (106).

837 Erst mit Inkrafttreten des dänischen Grundgesetzes am 05.06.1953 war Grönland keine dänische Kolonie mehr, *Bach/Taagholt*, Greenland and the Arctic Region, 1982, S. 7; *Kleist*, Greenland's Self-Government, in: Loukacheva (Hrsg.), Polar Law Textbook, 2010, S. 171 (173); *Schymik*, Grönland und Dänemark – Schlüsselländer der Arktis, in: Rill (Hrsg.), Die Arktis, 2010, S. 69 (73).

838 Section 1 Subsection 1 Act No. 577 of 29 November 1978, Australian Indigenous Law Reporter 13, 2006, S. 1 ff., http://www.austlii.edu.au/au/journals/AILR/1996/13.html (13.07.2014) (Greenland Home Rule Act).

839 *Bach/Taagholt*, Greenland and the Arctic Region, 1982, S. 8.

840 Vertrag zur Änderung der Verträge zur Gründung der Europäischen Gemeinschaft bezüglich Grönlands vom 13.03.1984, ABl. EG L 29 vom 01.02.1985, S. 1.

841 Act No. 473 of 12 June 2009, http://uk.nanoq.gl/Emner/Government/~/media/6CF403B6DD954B77BC2C33E9F02E3947.ashx (13.07.2014) (Act on Greenland Self-Government).

842 Vgl. *Kleist*, Greenland's Self-Government, in: Loukacheva (Hrsg.), Polar Law Textbook, 2010, S. 171 (171).

843 Vgl. *Kleist*, Greenland's Self-Government, in: Loukacheva (Hrsg.), Polar Law Textbook, 2010, S. 171 (175).

844 Genauer die Chapter 4 und 5 Greenland Home Rule Act.

verbleiben.[845] Dieser Verweis führt dazu, dass heute die Umweltpolitik zu den Politikfeldern zählt, auf denen Grönland sich selbst verwalten kann.[846] Gleiches gilt für die Fischereipolitik[847] und zunehmend auch für die Politik zu den natürlichen Ressourcen.[848] Seinen durch die Selbstverwaltungsgesetze eingeräumten Befugnissen kommt Grönland auch nach. Noch unter dem System des grönländischen Selbstverwaltungsgesetzes von 1978 trat beispielsweise mit Wirkung zum 1. Januar 1989 ein grönländisches Umweltschutzgesetz in Kraft.[849]

Aufgrund der weitreichenden grönländischen Selbstverwaltung besteht heute kein mittelbarer Einfluss der EU über Dänemark auf das grönländische Umwelt- und Fischereirecht. Auch Abkommen, die Dänemark allein oder im Rahmen der EU abschließt, binden nicht automatisch Grönland.[850] Grönland selbst kann seit dem Jahre 2009 selbstständig Abkommen mit Drittstaaten oder Internationalen Organisationen im Namen Dänemarks abschließen, sofern diese Abkommen lediglich Grönland und Bereiche, in denen Grönland die Kompetenz übertragen wurde, betreffen.[851] Vor 2009 war ein eigenständiges Handeln Grönlands auf dem Sektor der Außenbeziehungen nicht vorgesehen. Die auswärtigen Angelegenheiten waren Aufgabe Dänemarks,[852] was dazu führte, dass Abkommen zwischen einem Drittstaat und Grönland und Dänemark geschlossen wurden.

Das Interesse der EU an Grönland bleibt jedoch auch ohne diese Einflussmöglichkeiten aus verschiedenen Gründen bestehen. So kann eine enge

845 Section 23 Subsection 3 Act on Greenland Self-Government.

846 Section 23 Subsection 3 Act on Greenland Self-Government i. V. m Section 4 Subsection 2 and Schedule No. 17 Greenland Home Rule Act.

847 Section 23 Subsection 3 Act on Greenland Self-Government i. V. m. Section 4 and Schedule No. 5 Greenland Home Rule Act.

848 Auch in Bezug auf den Umgang mit den mineralischen Ressourcen, über die sich Grönland und Dänemark lange die Kompetenz teilten (Section 8 Subsection 2 Greenland Home Rule Act), kann sich Grönland mittlereile selbst verwalten (Section 3 Subsection 2, List II No. 26 Act on Greenland Self-Government).

849 Vgl. *Harders*, Grönland: Selbstverwaltung und Umweltschutz in der Arktis, NuR 1990, S. 302 (305); *Kleist*, Greenland's Self-Government, in: Loukacheva (Hrsg.), Polar Law Textbook, 2010, S. 171 (173).

850 Vgl. Section 12 Subsection 4, Section 13 Act on Greenland Self-Government.

851 Vgl. Section 12 Act on Greenland Self-Government.

852 Vgl. Section 11 und 13 Greenland Home Rule Act.

Bindung zu Grönland auch indirekte Einflussmöglichkeiten in der Arktis schaffen.[853] Bereits im Jahre 2008 erklärte die Kommission im Zuge einer Mitteilung zur Arktispolitik, dass ein Beitrag der EU zur multilateralen Governance der Arktis in der verbesserten Zusammenarbeit mit Grönland liegen könne.[854] Hier seien zusätzliche Bemühungen erforderlich, damit die EU Grönland gegenüber eine bedeutendere Rolle als Partner beim Management der empfindlichen Umwelt und bei der Bewältigung neuer Herausforderungen übernehmen könne.[855]

Die Beziehungen der EU zu Grönland wurden für die Jahre 2007 bis 2013 besonders durch einen Ratsbeschluss aus dem Jahre 2006 beeinflusst,[856] der wiederum seine politische Grundlage in einer Erklärung der EU, Grönlands und Dänemarks findet.[857] Die so entwickelte Partnerschaft zwischen der EU und Grönland verfolgt das Ziel, einen Dialog über entscheidende Fragen, beispielsweise im Bereich Bodenschätze, Tourismus und Kultur, zu sichern[858] und eine „Basis für eine wirtschaftliche, finanzielle, wissenschaftliche, bildungspolitische und kulturelle Zusammenarbeit zu schaffen".[859] In diesem Sinne sieht das partnerschaftliche Konzept verschiedene Kooperationsmaßnahmen in enger Abstimmung zwischen der Kommission, der Regierung Grönlands und der Regierung Dänemarks vor.[860] Im Kern plant die grönländische Regierung bestimmte Programme für verschiedene Politikfelder, welche die finanzielle Unter-

853 Vgl. Vorschlag für einen Beschluss des Rates über die Beziehungen zwischen der Europäischen Union einerseits und Grönland und dem Königreich Dänemark andererseits, 07.12.2011, KOM(2011) 846 endgültig, S. 2.

854 Mitteilung der Kommission an das Europäische Parlament und den Rat – Die Europäische Union und die Arktis, 21.11.2008, KOM (2008) 763 endgültig, S. 14 para. 4.

855 Mitteilung der Kommission an das Europäische Parlament und den Rat – Die Europäische Union und die Arktis, 21.11.2008, KOM (2008)763 endgültig, S. 14, para. 4.

856 Beschluss des Rates 2006/526/EG vom 17. Juli 2006 über die Beziehungen zwischen der Europäischen Gemeinschaft einerseits und Grönland und dem Königreich Dänemark andererseits, ABl. EU L 208 vom 29.07.2006, S. 28.

857 Gemeinsame Erklärung der Europäischen Gemeinschaft einerseits und der örtlichen Regierung Grönlands und der Regierung Dänemarks andererseits über eine Partnerschaft zwischen der Europäischen Gemeinschaft und Grönland, ABl. EU L 208 vom 29.07.2006, S. 32.

858 Art. 1 lit. a und b Beschluss des Rates 2006/526/EG.

859 Art. 1 lit. c Beschluss des Rates 2006/526/EG.

860 Art. 5 Abs. 2 Beschluss des Rates 2006/526/EG.

stützung der Union genießen.[861] So leistet die EU im Ergebnis insbesondere einen finanziellen Beitrag[862] zur Bekämpfung der Entwicklungsprobleme Grönlands. Gleichzeitig gelingt damit auch, die Einbeziehung der EU in bestimmte Politikfelder finanziell attraktiv zu machen. Insofern ist die Förderung Grönlands, die sich nicht zuletzt mit dem in Art. 3 Abs. 1 EUV genannten Ziel begründen lässt, nicht ganz uneigennützig.

Auch der Beschluss des Rates über die Beziehungen zwischen der Europäischen Union und Grönland für die Jahre 2014 bis 2020[863] lässt erkennen, dass das Verhältnis der EU zu Grönland zunehmend zumindest auch strategischen Interessen der Union geschuldet ist. Danach trage die Beziehung der EU zu Grönland der geostrategischen Lage Grönlands in der Arktis, der Exploration und Nutzung der natürlichen Ressourcen Rechnung und gewährleiste verstärkte Kooperation und einen intensiven Politikdialog zu diesen Themen.[864] Daneben nennt dieser Beschluss aber auch die Umwelt und biologische Vielfalt als wichtigste Bereiche der Zusammenarbeit.[865] Die Partnerschaft in den Jahren 2007–2013 bezog sich noch nicht explizit auf diese Politikfelder. Inwieweit sich die Kooperation der EU und Grönland im Bereich der natürlichen Ressourcen und der biologischen Vielfalt in den kommenden Jahren intensivieren und über politische Erklärungen hinaus zu verbindlicheren Instrumenten entwickeln wird, bleibt abzuwarten.

2. Umweltschutzabkommen

Abkommen zwischen der EU und Grönland mit dem Ziel des verbesserten Umweltschutzes in Grönland existieren bislang nicht. Der Beitrag der EU beäuft sich in diesem Sinne auf die eben angesprochene finanzielle Unterstützung Grönlands.[866]

861 Art. 7 Beschluss des Rates 2006/526/EG.

862 Rund 25 Millionen Euro, die insbesondere in den grönländischen Bildungssektor fließen, vgl. *Schymik*, Grönland und Dänemark – Schlüsselländer der Arktis, in: Rill (Hrsg.), Die Arktis, 2010, S. 69 (73).

863 Beschluss 2014/137/EU vom 14. März 2014 des Rates über die Beziehungen zwischen der Europäischen Union einerseits und Grönland und dem Königreich Dänemark andererseits, ABl. EU L 76 vom 15.03.2014, S.1.

864 Art. 1 Beschluss 2014/137/EU.

865 Art. 3 Abs. 2 lit. c Beschluss 2014/137/EU.

866 Vgl. beispielsweise Art. 6 Beschluss 2014/137/EU.

Allerdings besteht eine zunehmende Kooperation zwischen Grönland und der Europäischen Umweltagentur (EUA)[867]. Die EUA ist eine wissenschaftliche Einrichtung der EU mit Rechtspersönlichkeit.[868] Sie wurde durch die Verordnung über die Europäische Umweltagentur und das Europäische Umweltinformations- und Umweltbeobachtungsnetz eingerichtet.[869] Die EUA soll auf europäischer Ebene Informationen zur Verfügung stellen, auf deren Grundlage Umweltschutzmaßnahmen ergriffen werden können. Diese Informationen klären beispielsweise über den Zustand des Bodens, der Tier- und Pflanzenarten sowie der Biotope auf.[870] Ferner ist Aufgabe der EUA, die Umsetzung von Umweltschutzmaßnahmen technisch und wirtschaftlich zu unterstützen.[871]

Grönland und die EUA arbeiten auf Grundlage von Kooperationsabkommen zusammen. So soll das Kooperationsübereinkommen vom 25. November 2010 zur Verbesserung der Umweltsituation durch Umweltinformationen für politische Entscheidungen beitragen.[872] In diesem Sinne werden Informationen über biologische Vielfalt und das Arktische Ökosystem ausgetauscht.[873] Über derartige Kooperationsabkommen werden zwar keine im Ergebnis verbindlichen Umweltschutzstandards für Grönland festgelegt, Bedeutung entfalten diese aber in dem Sinne, dass sie der Union zu einem besseren Verständnis der arktischen Umwelt verhelfen

867 Eine detaillierte Darstellung der EUA findet sich bei *Davies,* The European Environment Agency, YEL 14 (1994), S. 313 ff.

868 Art. 7 Verordnung 401/2009 des Europäischen Parlaments und des Rates vom 23. April 2009 über die Europäische Umweltagentur und das Europäische Umweltinformations- und Umweltbeobachtungsnetz (kodifizierte Fassung), ABl. EU L 126 vom 21.05.2009, S. 13 (Verordnung zur Errichtung einer EUA); *Hutter*, Europäische Umweltagentur (EUA), in: Bergmann (Hrsg.), Handlexikon der EU, 2012, S. 322; *Airoldi*, The European Union and the Arctic, 2008, S. 68.

869 Art. 1 Abs. 1 Verordnung 1210/90 des Rates vom 07. Mai 1990 zur Errichtung einer Europäischen Umweltagentur und eines Europäischen Umweltinformations- und Umweltbeobachtungsnetzes, ABl. EG L 120 vom 11.05.1990, S. 1. Diese wurde durch die Verordnung zur Errichtung einer EUA aufgehoben.

870 Art. 3 Abs. 2 lit. c Verordnung zur Errichtung einer EUA; vgl. *Davies,* The European Environment Agency, YEL 14 (1994), S. 313 (324).

871 Art. 1 Abs. 2 Verordnung zur Errichtung einer EUA.

872 Vgl. beispielsweise das Cooperation Agreement between the Government of Greenland and the European Environment Agency signed in Nuuk, 25 November 2010, http://www.eea.europa.eu/highlights/eea-to-enhance-cooperation-with-greenland/cooperation-agreement-between-the-government/view (13.07.2014).

873 Cooperation Agreement between the Government of Greenland and the European Environment Agency signed in Nuuk, 25 November 2010, S. 1.

können. Gleiches gilt für Grönland, das in dem Prozess der Lösung von Dänemark an Informationsdefiziten leiden wird.

3. Fischereiabkommen

Zeitgleich mit dem Austritt Grönlands aus der EWG trat das erste Fischereiabkommen zwischen der Union sowie Dänemark und Grönland andererseits in Kraft.[874] Das Fischereiabkommen von 1985 räumte Fischereifahrzeugen der Mitgliedstaaten der EWG[875] limitierte Fangrechte für bestimmte Bestände in grönländischen Gewässern ein.[876]

Das Fischereiabkommen von 1985 wurde durch ein Partnerschaftliches Fischereiabkommen von 2007 zwischen der EU und Grönland aufge-

874 Art. 13 Fischereiabkommen zwischen der Europäischen Wirtschaftsgemeinschaft einerseits und der Regierung Dänemarks und der örtlichen Regierung Grönlands andererseits, 13.03.1984, ABl. EG L 29 vom 01.02.1985, S. 9 (Fischereiabkommen von 1985); Art. 4 der Verordnung 223/85 des Rates vom 29. Januar 1985 über den Abschluss des Fischereiabkommens zwischen der Europäischen Wirtschaftsgemeinschaft einerseits und der Regierung Dänemarks und der örtlichen Regierung Grönlands andererseits, ABl. EG L 29 vom 01.02.1985, S. 8, bestimmt: „Diese Verordnung tritt am Tag des Inkrafttretens des Vertrages zur Änderung der Verträge zur Gründung der Europäischen Gemeinschaften bezüglich Grönlands in Kraft."

875 Fischereifahrzeuge der EU ist jedes „Schiffe, das für die kommerzielle Nutzung biologischer Meeresschätze ausgerüstet ist, oder eine Tonnare für Roten Thun" und das „die Flagge eines Mitgliedstaates führt und in der Union registriert ist", Art. 4 Nr. 4 und Nr. 5 Verordnung 1380/2013 des Europäischen Parlaments und des Rates vom 11. Dezember 2013 über die Gemeinsame Fischereipolitik und zur Änderung der Verordnungen (EG) Nr. 1954/2003 und (EG) Nr. 1224/2009 des Rates sowie zur Aufhebung der Verordnungen (EG) Nr. 2371/2002 und (EG) Nr. 639/2004 des Rates und des Beschlusses 2004/585/EG des Rates, ABl. EU L 354 vom 28.12.2013, S. 22 (Grundverordnung 2014, GVO 14), zuletzt geändert durch Verordnung 1385/2013 des Rates vom 17. Dezember 2013 zur Änderung der Verordnungen (EG) Nr. 850/98 und (EG) Nr. 1224/2009 des Rates sowie der Verordnungen (EG) Nr. 1069/2009, (EU) Nr. 1379/2013 und (EU) Nr. 1380/2013 des Europäischen Parlaments und des Rates aufgrund der Änderung des Status von Mayotte gegenüber der Europäischen Union, ABl. EU L 354 vom 28.12.2013, S. 86. „In der Union registriert" wird leider seitens der EU nicht definiert. Die einzig mögliche Erklärung für diesen Zusatz ist, dass das Schiff dort registriert sein muss, wo Unionsrecht gilt, sprich EUV und AEUV Anwendung finden. Dabei dürfte eine solche Regelung den Interessen der Mitgliedstaaten entsprechen, da mit der Registrierung der Schiffe außerhalb des Anwendungsbereichs der Unionsverträge meist eine Einschränkung der tatsächlichen Kontrolle der Mitgliedstaaten über die Schiffe einhergeht. Vgl. zu diesem Auslegungsproblem *Churchill/Owen*, The EC Common Fisheries Policy, 2010, S. 67.

876 Art. 2 Abs. 1 Fischereiabkommen von 1985.

hoben.[877] Auch dieses Abkommen hat zum Gegenstand, der Union Fangmöglichkeiten in der grönlandischen AWZ zu gewähren.[878] Im Gegenzug zahlt die EU Grönland einen Ausgleichsbetrag für den Zugang zu den grönländischen Fischereien sowie Fördermittel zur Unterstützung einer verantwortungsvollen, nachhaltigen Fischerei.[879]

Die genaue Aufschlüsselung der Fangquoten, Voraussetzung für die Erteilung von Fanglizenzen für Fischereifahrzeuge der Union,[880] sowie die Höhe und Bedingungen der finanziellen Gegenleistungen werden in einem Protokoll mit dazugehörigen Anhängen zu dem Partnerschaftlichen Fischereiübereinkommen festgesetzt.[881] Das erste mit dem Partnerschaftlichen Fischereiübereinkommen in Kraft getretene Protokoll galt für den Zeitraum vom 01. Januar 2007 bis zum 31. Dezember 2012.[882] Das zweite Protokoll zum Fischereiabkommen[883] läuft bis zum 31. Dezember 2015.[884]

---

877 Art. 15 Partnerschaftliches Fischereiabkommen zwischen der Europäischen Gemeinschaft einerseits und der Regierung Dänemarks und der Autonomen Regierung Grönlands andererseits, ABl. EU L 172 vom 30.06.2007, S. 4 (Partnerschaftliches Fischereiübereinkommen).

878 Art. 5 Abs. 1 Partnerschaftliches Fischereiübereinkommen.

879 Art. 7 Abs. 1 Partnerschaftliches Fischereiübereinkommen.

880 Auch bezeichnet als Fanggenehmigungen. Diese enthalten die Berechtigung für Fischereifahrzeuge der EU, in der grönländischen AWZ zu fischen sowie die einem Fischereifahrzeug zugewiesene Fangquoten.

881 Art. 5 Abs. 1, Art. 6 Abs. 2 und Art. 7 Abs. 1 Partnerschaftliches Fischereiübereinkommen.

882 Art. 1 Protokoll zur Festsetzung der Fangmöglichkeiten und der finanziellen Gegenleistung nach dem partnerschaftlichen Fischereiübereinkommen zwischen der Europäischen Gemeinschaft einerseits und der Regierung Dänemarks und der Autonomen Regierung Grönlands andererseits (1. Protokoll zum Partnerschaftlichen Fischereiübereinkommen), ABl. EU L 172 vom 30.06.2007, S. 9. Das Partnerschaftliche Fischereiübereinkommen hat den gleichen Geltungszeitraum, allerdings verlängert sich dies automatisch um weitere sechs Jahre, sofern keine Kündigung erfolgt, Art. 12 Partnerschaftliches Fischereiabkommen. Mangels Kündigung einer der Vertragsparteien gilt das Partnerschaftlicher Fischereiübereinkommen nun bis zum 31.12.2018.

883 Protokoll zur Festsetzung der Fangmöglichkeiten und der finanziellen Gegenleistung nach dem partnerschaftlichen Fischereiübereinkommen zwischen der Europäischen Gemeinschaft einerseits und der Regierung Dänemarks und der Autonomen Regierung Grönlands andererseits (2. Protokoll zum Partnerschaftlichen Fischereiübereinkommen), ABl. EU L 293 vom 23.10.2012, S. 5.

884 Art. 1 Abs. 1 2. Protokoll zum Partnerschaftlichen Fischereiübereinkommen.

Zunächst bestimmt das zweite Protokoll zum Partnerschaftlichen Fischereiübereinkommen die Fangmöglichkeiten, die der EU zugeteilt werden, aufgeschlüsselt nach der entsprechenden Zielart und mit der Option einer Anpassung der Fangquoten bei guter Erhaltungssituation der Bestände.[885] So räumte Grönland der EU beispielsweise eine Quote für Kabeljau in seiner AWZ über 2200 Tonnen im Jahre 2013 ein.[886] Insgesamt erhält die EU die Möglichkeit, knapp 86 000 Tonnen Fisch pro Jahr abzufischen. Die Aufteilung der Quoten unter den Mitgliedstaaten erfolgt dann EU-intern auf Grundlage von EU-Sekundärrechtsakten.[887]

Der Anhang des zweite Protokolls zum Partnerschaftlichen Fischereiübereinkommen enthält auch die Bedingungen für die Ausübung des Fischfangs in der Grönländischen AWZ. Diese Bedingungen beziehen sich insbesondere auf Voraussetzungen und Verfahren der Erteilung von Fanggenehmigungen für die Fischereifahrzeuge und Voraussetzungen, welche die Überwachung der Fischerei ermöglichen sollen.[888] Die EU bekommt zwar nach dem zweite Protokoll zum Partnerschaftlichen Fischereiübereinkommen bestimmte Fangmöglichkeiten zugewiesen, die sie unter den Mitgliedstaaten aufteilen kann. Die Mitgliedstaaten können jedoch diese Quoten nicht selbständig an ihre Fischereifahrzeuge weiterleiten. Vielmehr entscheiden die grönländischen Behörden, welche Fischereifahrzeuge eine Lizenz zur Fischerei in der AWZ Grönlands erhalten.[889] Für diese Lizenzen zahlen die Fischereifahrzeuge je nach Art und Umfang der Lizenz Gebühren.[890]

Mit der Erteilung von Fangmöglichkeiten verknüpft ist die Gegenleistung der EU. Diese beläuft sich für den Zeitraum der Geltung des zweite

885 Art. 1 2. Protokoll zum Partnerschaftlichen Fischereiübereinkommen.

886 Art. 1 Abs. 5 2. Protokoll zum Partnerschaftlichen Fischereiübereinkommen.

887 Art. 3 Verordnung 753/2007 des Rates vom 28. Juni 2007 über den Abschluss des partnerschaftlichen Fischereiübereinkommens zwischen der Europäischen Gemeinschaft einerseits und der Regierung Dänemarks und der Autonomen Regierung Grönlands andererseits, ABl. EU L 172 vom 30.06.2007, S. 1.

888 Vorgesehen ist das Führen von Fischereilogbüchern, in denen die getätigten Fänge zu verzeichnen sind, Inspektionen der beteiligten Fischereifahrzeuge oder die Überwachung durch satellitengestützte Schiffsüberwachungssysteme, Kap. III ff. Anhang zum 2. Protokoll zum Partnerschaftlichen Fischereiübereinkommen.

889 Kap. I, A, Nr. 3 Anhang zum 2. Protokoll zum Partnerschaftlichen Fischereiübereinkommen.

890 Kap. I, B, Nr. 2 Anhang zum 2. Protokoll zum Partnerschaftlichen Fischereiübereinkommen.

Protokolls auf insgesamt 17 847 244 Euro jährlich.[891] Von diesem Betrag fließen pro Jahr 2 743 041 Euro in die Förderung einer verantwortungsvollen Fischerei in der grönländischen AWZ.[892] Die in diesem Sinne bereitgestellten Gelder finanzieren ein mehrjähriges sektorales Programm zur Förderung der verantwortungsvollen Fischerei.[893] Festgelegt und überprüft wird dieses Programm, sein Erfolg und die Verwendung der seitens der Union bereitgestellten Mittel durch den Gemeinsamen Ausschuss der Vertragsparteien.[894] Werden die Ziele des Programmes nicht erreicht, kann die EU die Zahlung der dazu bereitgestellten Gelder aussetzen.[895]

Darüber hinaus ist auch eine wissenschaftliche Zusammenarbeit zwischen der EU und Grönland vorgesehen, um der Entwicklung der Bestände in der grönländischen AWZ Rechnung zu tragen.[896] Neben der Grundsatzregelung, dass eben solche Zusammenarbeit erfolgen soll, trifft weder das Partnerschaftliche Fischereiübereinkommen selbst, noch das zweite Protokoll genauere Bestimmungen.

II. Färöer

1. Verhältnis der Färöer zur EU

Die Färöer unterstehen zwar ebenfalls der Souveränität Dänemarks, unterschieden sich jedoch insofern von Grönland, als dass sie nach der Zeit der Besetzung durch Großbritannien[897] unmittelbar einen Autonomiestatus erhielten.[898] Im Jahre 1946 stimmten die Bewohner der Färöer über die Frage der Trennung von Dänemark, zu dem die Färöer seit 1814 gehörten,[899] ab, wobei sich eine knappe Mehrheit für die Abspaltung aussprach.[900] Das dänische Parlament vertrat jedoch die Ansicht, dass bei einem derartig

891 Art. 2 Abs. 1 2. Protokoll zum Partnerschaftlichen Fischereiübereinkommen.
892 Art. 2 Abs. 1 lit. b 2. Protokoll zum Partnerschaftlichen Fischereiübereinkommen.
893 Art. 3 2. Protokoll zum Partnerschaftlichen Fischereiübereinkommen.
894 Vgl. Art. 4 2. Protokoll zum Partnerschaftlichen Fischereiübereinkommen.
895 Art. 6 Abs. 2 2. Protokoll zum Partnerschaftlichen Fischereiübereinkommen
896 Art. 4 Partnerschaftliches Fischereiübereinkommen.
897 *West*, Faroe, 1972, S. 176 ff.
898 *Schymik*, Grönland und Dänemark – Schlüsselländer der Arktis, in: Rill (Hrsg.), Die Arktis, 2010, S. 69 (73).
899 *Wylie*, The Faroe Islands, 1987, S. 89.
900 *West*, Faroe, 1972, S. 187 ff.

knappen Abstimmungsergebnis[901] in Verbindung mit sehr geringer Beteiligung der Einwohner[902] nicht von einer tatsächlichen Entscheidung zu Gunsten der Souveränität der Färöer ausgegangen werden könne.[903] So wurde im Endeffekt eine Abspaltung der Färöer verhindert. Die folgenden Parlamentswahlen der Färöer zeigten, dass dies Ergebnis keinesfalls dem Interesse der Einwohner der Färöer widersprach. Es wurde deutlich, dass die Mehrheit der Einwohner nicht eine totale Abspaltung von Dänemark, sondern die Möglichkeit zu einer weitreichenden autonomen Verwaltung erstrebte.[904]

In Folge dessen wurde am 23. März 1948 das Färöische Autonomiegesetz erlassen.[905] Dieses Gesetz überträgt, wie auch das grönländische Selbstverwaltungsgesetz, den Färöer auf verschiedenen Politikfeldern mit besonderem lokalem Bezug die Kompetenz zur Selbstverwaltung.[906] Zu diesen Bereichen gehören auch die Bereiche des Schutzes, Erhalts und Zugriffs auf Tiere sowie die Fischerei.[907]

Die frühere Autonomie der Färöer führte dazu, dass sie im Jahre 1973 den Beitritt zur EWG nicht mit vollzogen.[908] Das bedeutet jedoch nicht, dass die Färöer und die EU nicht in Beziehung zueinander getreten sind. Auf Grundlage des Authorisation Act[909] können die Färöer selbständig Abkommen mit Internationalen Organisationen aushandeln und abschließen, wenn diese ausschließlich Bereiche betreffen, für die die Färöer die

901 Nur 48,7% zu 47, 2%, bei 4,1% nicht auswertbaren Stimmen, *West*, Faroe, 1972, S. 188.

902 Nur 66, 4% der registrierten Wähler stimmten ab, *West*, Faroe, 1972, S. 188.

903 *West*, Faroe, 1972, S. 188.

904 *West*, Faroe, 1972, S. 190.

905 Act No. 137 of 23 March 1948, englische Übersetzung: http://stm.dk/_p_12710.html (13.07.2014) (Home Rule Act of the Faroe Islands).

906 Vgl. Section 4 Home Rule Act of the Faroe Islands. Aktuell wird an einer eigenen Verfassung der Färöer gearbeitet, dazu *Larsen/Rógvi*, A New Faroese Constitution? – Faroe Islands between Parliamentary Sovereignty and Sub-Sovereign Constitutionalism, between Statutory Positivism and Pragmatic Reasoning, YPL 4 (2012), S. 341 ff.

907 List A No. 13 Home Rule Act of the Faroer Islands.

908 Vgl. auch Section 5 des Home Rule Act of the Faroer Islands.

909 Act No. 579 of 24 June 2005 concerning to the concluding of agreements under international law by the Government of the Faroes, englische Übersetzung: http://stm.dk/_a_2956.html (13.07.2014) (Authorisation Act).

legislativen und administrativen Rechte haben.[910] Vor Inkrafttreten des Authorisation Act am 29. Juli 2005 könnten die Färöer nur gemeinsam mit der dänischen Regierung Partei solcher Abkommen werden.[911]

Mit den Färöer bzw. den Färöer und Dänemark hat die EU verschiedene Abkommen geschlossen. Eines dieser Abkommen regelt die Handelsbeziehungen zwischen der EU und den Färöer,[912] ein anderes leitet die wirtschaftlich-technische Zusammenarbeit.[913] Beide Abkommen haben jedoch nicht die unmittelbare Nutzung von Ressourcen zum Gegenstand, auch wenn im Endeffekt beide Abkommen Auswirkungen auf den Erhaltungszustand der lebenden Ressourcen haben können. Besonders deutlich wird das in Bezug auf das Abkommen zum Handel zwischen den Färöer und der EU, das Zollregelungen und Vereinbarungen in Bezug auf Fisch und Fischereierzeugnisse enthält.[914] Ziel dieses Abkommens ist, den Handel zwischen den Vertragsparteien durch gleiche Wettbewerbsbedingungen und den Abbau von Handelshemmnissen zu erreichen.[915] Insofern führt dieses Abkommen zu einem vereinfachten Handel mit lebenden Ressourcen.

2. Fischereiabkommen

Neben den beiden bereits genannten Abkommen hat die EWG auch ein Fischereiabkommen mit den Färöer und Dänemark geschlossen. Dieses Abkommen wurde im Jahre 1980 verabschiedet[916] und trat am 1. Februar 1990 in Kraft.[917] Es galt zunächst gemäß Art. 12 für einen Zeitraum von

910 Section 1 Subsection 1 Authorisation Act.

911 Section 5 des Home Rule Act of the Faroer Islands.

912 Abkommen zwischen der Europäischen Gemeinschaft einerseits und der Regierung von Dänemark und der Landesregierung der Färöer andererseits, 1997, ABl. EG L 53 vom 22.02.1997, S. 2 (Handelsabkommen Färöer).

913 Abkommen zwischen der Europäischen Union und der Regierung der Färöer über wissenschaftlich-technische Zusammenarbeit, 2009, ABl. EU L 245 vom 17.09.2010, S. 2.

914 Art. 8 i. V. m. Protokoll Nr. 1 Handelsabkommen Färöer.

915 Art. 1 Handelsabkommen Färöer.

916 Fischereiabkommen zwischen der Europäischen Wirtschaftsgemeinschaft einerseits und der Regierung von Dänemark und der Landesregierung der Färöer andererseits, ABl. EG L 226 vom 29.08.1980, S. 12 (Fischereiabkommen mit den Färöer).

917 Information der Kommission, http://ec.europa.eu/fisheries/cfp/international/agreements/faeroe_islands/index_en.htm (13.07.2014).

zehn Jahren und verlängert sich ohne Kündigung jeweils um weitere sechs Jahre. Mangels Angaben über eine Kündigung des Abkommens durch eine der Vertragsparteien ist davon auszugehen, dass das Fischereiabkommen bis Ende des Jahres 2018 läuft.

Von seiner systematischen Ausgestaltung her unterscheidet es sich von dem Partnerschaftlichen Fischereiübereinkommen der EU mit Grönland. Im Rahmen des Fischereiabkommens mit den Färöer stellt die EU diesen keine finanzielle Gegenleistung zur Verfügung, sondern weist auch den Färöer Quoten zum Fischfang „in den Gebieten unter der Fischereihoheit" ihrer Mitgliedstaaten zu.[918] Die Voraussetzung für den Zugang der Fischereifahrzeuge zu diesen Gebieten, sprich die Frage nach dem Erfordernis nach Lizenzen,[919] regeln die Parteien eigenständig und teilen sich dies gegenseitig mit.[920]

Die gegenseitige Gewährung von Fischereimöglichkeiten werden zwischen der EU und der Färöer jährlich im Rahmen einfacher Konsultationen ausgehandelt.[921] Die Quoten finden sich dann auf EU-Ebene in den Sekundärrechtsakten wieder, welche die jährlichen Fangmöglichkeiten für Fischereifahrzeuge der EU sowie solche in EU-Gewässern[922] enthalten.[923] Lange Zeit waren die Konsultationen jedoch nicht zielführend, sodass ein Austausch von Quoten im Ergebnis nicht stattfand. Im Jahre 2014 war es zwar zum Zeitpunkt des Inkrafttretens des entsprechenden Sekundärrechtsaktes nicht möglich, die Verhandlungen mit den Färöer abzuschließen.[924] Die entsprechende Verordnung sieht jedoch vor, dass Fischereifahrzeuge der Union in färöischen und Fischereifahrzeuge der Färöer in

918 Art. 1 Fischereiabkommen mit den Färöer.

919 Lizenzen regeln hier den Zugang eines Fischereifahrzeugs zur fremden AWZ sowie die diesem zugewiesene Fangquote.

920 Art. 3 Fischereiabkommen mit den Färöer.

921 Art. 2 lit. b Fischereiabkommen mit den Färöer.

922 Unter Unionsgewässern sind nach Art. 3 lit. a GVO 14 die Gewässer unter der Hoheit oder der Gerichtsbarkeit der Mitgliedstaaten zu verstehen.

923 Für das Jahr 2014 regelte dies die Verordnung 43/2014 des Rates vom 20. Januar 2014 zur Festsetzung der Fangmöglichkeiten für bestimmte Fischbestände und Bestandsgruppen in den Unionsgewässern sowie für Unionsschiffe in bestimmten Nicht-Unionsgewässern (2014), ABl. EU L 24 vom 28.01.2014, S. 1, zuletzt geändert durch Verordnung 732/2014 des Rates vom 3. Juli 2014 zur Änderung der Verordnungen (EG) Nr. 754/2009 und (EU) Nr. 43/2014 im Hinblick auf bestimmte Fangmöglichkeiten, ABl. EU L 197 vom 04.07.2014, S. 1.

924 Vgl. Erwägungsgrund 18 der Verordnung 43/2014.

Unionsgewässern fischen.[925] Im weiteren Verlauf des Jahres 2014 konnte dann Einigung erzielt werden, sodass ein Austausch von Fangmöglichkeiten zwischen der EU und den Färöer wieder enthalten ist.[926]

Dass es lange Zeit zu keinem Austausch von Quoten kam, ist wahrscheinlich auf den schlechten Erhaltungszustand der färöischen Bestände und Uneinigkeiten bezüglich notwendiger Erhaltungsmaßnahmen zurückzuführen. Zwischen den Färöer und der EU herrschte in letzter Zeit häufig Streit über die Festlegung von Fangquoten und das Niveau von Schutzstandards. Dies ist beispielsweise in Bezug auf den atlanto-skandischen Hering der Fall, der von Norwegen, Russland, Island, den Färöern und der Europäischen Union befischt wird und für den in der Vergangenheit die Staaten gemeinsame Erhaltungs- und Bewirtschaftungsmaßnahmen im Zuge von Konsultationen festgelegt haben. Die Färöer beteiligten sich an diesen Konsultation im Jahre 2013 nicht mehr und kündigten statt dessen an, eine Quote festzulegen, die 145% über der Quote für 2012 lag, obwohl sich die anderen Staaten verständigt hatten, im Interesse der Bestandserhaltung die Quote um 26% zu reduzieren.[927] In der Folge wurden die Färöer seitens der EU mit Handelsbeschränkungen belegt.[928] Im Juni 2014 konnte jedoch eine Einigung über Erhaltungs- und Bewirtschaftungsmaßnahmen für bestimmte Bestände erzielt werden, sodass die Handelsbeschränkungen wieder aufgehoben werden sollen.[929]

Neben der gegenseitigen Gewährung von Fischereimöglichkeiten enthält Art. 6 den Grundsatz der Zusammenarbeit und Förderung der Vertragsparteien zur rationellen Verwendung der Ressourcen. Über diesen Grundsatz geht das Abkommen jedoch nicht hinaus.

925 Art. 5 Abs. 2 und Art. 3 der Verordnung 43/2014.

926 Vgl. Verordnung 432/2014 des Rates vom 22. April 2014 zur Änderung der Verordnung (EU) Nr. 43/2014 hinsichtlich bestimmter Fangmöglichkeiten, ABl. EU L 126 vom 29.04.2014, S. 1.

927 Pressemitteilung der Europäischen Kommission, Kommission kündigt mögliche Maßnahmen gegen die Färöer im Zusammenhang mit Heringsfischerei an, 17.05.2013, http://europa.eu/rapid/press-release_IP-13-441_de.htm (13.07.2014).

928 Durchführungsverordnung 793/2013 der Kommission vom 20. August 2013 mit Maßnahmen gegenüber den Färöern zur Erhaltung des atlanto-skandischen Heringsbestands Text von Bedeutung für den EWR, Abl. EU L 223 vom 21.08.2013, S. 1.

929 Kommission, Heringsstreit zwischen der EU und den Färöer beinahe beendet, 11.06.2014 (IP/14/668).

III. Island

Nicht nur zu den dänischen Autonomiegebieten, sondern auch zu Island pflegt die EU intensive Beziehungen. Diese sind geprägt durch die Zusammenarbeit im EWR und die Politik der nördlichen Dimension.[930]

Kennzeichnend für die EU und Island war außerdem, dass Island am 17. Juli 2009 einen Antrag auf EU-Mitgliedschaft stellte.[931] Ungefähr ein Jahr nach dem Antrag Islands begannen die offiziellen Aufnahmeverhandlungen.[932] Obwohl Island aus wirtschaftlichen Gründen ein großes Interesse an einem Beitritt unterstellt werden kann,[933] gerieten die Beitrittsverhandlungen ins Stocken. Zurückzuführen ist dies unter Anderem auf die verschiedenen Vorstellungen bezüglich der Annahme der Fischereipolitik der EU.[934] Island ist wirtschaftlich, aber auch kulturell stark von seinem Fischereisektor geprägt und möchte sich aus diesem Grunde nicht den vergleichsweise strengen Regelungen der GFP unterwerfen.[935] Hinzu kommt, dass im April 2013 die isländische Regierung wechselte. Die amtierende Regierung sprach sich gegen den EU-Beitritt Islands aus und wurde in diesem Punkt von der Mehrheit der Isländer unterstützt.[936] Im

930 Vgl. oben Kap. I, Abschitt C.I.4 und C.III.1.b).

931 The Government of Iceland, Application for Membership, 16.07.2009, http://eeas.europa.eu/iceland/iceland_application.pdf (13.07.2014).

932 Vgl. General EU Position, Ministerial meeting opening the Intergovernmental Conference on the Accession of Iceland to the European Union, 27.07.2010, http://europe.mfa.is/media/esb/27072010-ESB-statement-en.pdf (13.07.2014); Informationen der Kommission unter http://ec.europa.eu/enlargement/countries/detailed-country-information/iceland/index_de.htm (13.07.2014).

933 *Jóhannsdóttir*, The European Union and the Arctic: Could Icelands's Accession to the EU Change the EU's Influence in the Arctic?, in: GYIL 2011 (54), S. 353 (369); *Schymik*, Island auf EU-Kurs, Beitritt als Rettungsanker, SWP-Aktuell 24 (2009), S. 3.

934 Vgl. *Bjarnason*, Island – Ein widerspenstiger EU-Beitrittskandidat, KAS Auslandsinformationen 5/2012, S. 35 (51 ff.); *Schymik*, Island auf EU-Kurs, Beitritt als Rettungsanker, SWP-Aktuell 24 (2009), S. 3.

935 Vgl. *Bjarnason*, Island – Ein widerspenstiger EU-Beitrittskandidat, KAS Auslandsinformationen 5/2012, S. 35 (37 f.); *Schymik*, Island auf EU-Kurs, Beitritt als Rettungsanker, SWP-Aktuell 24 (2009), S. 3.

936 Spiegel online, Machtwechsel in Reykjavik: Isländer entscheiden sich gegen Europa, 28.04.2013, http://www.spiegel.de/politik/ausland/machtwechsel-islaender-entscheiden-sich-gegen-europa-a-896995.html (13.07.2014).

Ergebnis zog die isländische Regierung im Februar 2014 den Beitrittsantrag zurück.[937]

Seit vielen Jahren besteht jedoch auch eine Verbindung zwischen der EU und Island auf Grundlage bilateraler Abkommen und der Beteiligung Islands an EU-Agenturen, wie der EUA.[938] Neben der Zusammenarbeit im Rahmen der EUA existiert ein Kooperationsabkommen über Forschung und Entwicklung im Bereich der Umwelt,[939] das jedoch keine Umweltstandards setzt.

Daneben hat die EU auch mit Island ein Fischereiabkommen geschlossen, das den Austausch von Fischereirechten vorsieht.[940] Dieses Abkommen wurde für einen Zeitraum von zehn Jahren ab Inkrafttreten abgeschlossen und verlängert sich stillschweigend, sofern keine Kündigung erfolgt, jeweils um sechs Jahre.[941] Das Fischereiabkommen mit Island trat am 15. Dezember 1993 in Kraft[942] und läuft aufgrund stillschweigender Verlängerung bis 15. Dezember 2015.

Das Fischereiabkommen ist in Bezug auf das gewählte Tauschsystem, Lizenzen,[943] Kontrollen[944] der Fischereitätigkeit sowie Zusammenarbeit im Bereich der Erhaltung und Bewirtschaftung der Meeresschätze[945] mit dem Fischereiabkommen der Färöer vergleichbar. In jährlichen Konsultationen werden die gegenseitigen Quoten festgelegt, die über die jährlich neu erlassene Verordnung zur Festlegung der Fangquoten in das europä-

937 Die Zeit, Island verzichtet auf EU-Mitgliedschaft, http://www.zeit.de/politik/ausland/2014-02/island-europaeische-union-beitritt-abbruch (13.07.2014).

938 http://www.eionet.europa.eu/countries (13.07.2014).

939 Kooperationsabkommen zwischen der Europäischen Wirtschaftsgemeinschaft und der Republik Island über Forschung und Entwicklung im Bereich der Umwelt: „Wissenschaft und Technologie für den Umweltschutz (STEP)" und „Europäisches Programm über Klimatologie und natürliche Risiken (EPOCH)", 1992, ABl. EU L 54 vom 28.02.1992, S. 41.

940 Art. 4 Abkommen zwischen der Europäischen Wirtschaftsgemeinschaft und der Republik Island über Fischerei und Meeresumwelt, 1993, ABl. EG L 161 vom 02.07.1993, S. 2 (Fischereiabkommen Island).

941 Art. 12 Abs. 1 Fischereiabkommen Island.

942 http://ec.europa.eu/fisheries/cfp/international/agreements/iceland/index_de.htm (13.07.2014).

943 Art. 5 Fischereiabkommen Island. Auch hier regeln Lizenzen den Zugang zur AWZ sowie die Fangquoten des jeweiligen Fischereifahrzeugs.

944 Art. 6 Fischereiabkommen Island.

945 Art. 1 Fischereiabkommen Island.

ische Sekundärrecht integriert werden.[946] Allerdings zeigt sich auch hier, dass seit einigen Jahren ein Austausch an Quoten nicht mehr stattfindet. Gemäß Erwägungsgrund 18 der Verordnung 43/2014 war es nicht möglich, die Konsultationen mit Island für das Jahr 2014 abzuschließen. Die TACs der EU in isländischen Gewässern wurden auf null festgelegt, was auch durch die TACs ergänzende Verordnung 432/2014 nicht geändert wurde. Über die Umstände, die einen Abschluss der Verhandlungen scheitern lassen, kann auch hier nur spekuliert werden. Möglich ist, dass die verschiedenen Ansichten der EU und Islands zu Bestandserhaltungsmaßnahmen den tatsächlichen Quotentausch behindern.[947]

IV. Norwegen

Vergleichbar mit Island sind die bilateralen Beziehungen der EU zu Norwegen, die sich auf den Umweltsektor beziehen. Hier existieren verschiedene Abkommen zur Kooperation im Bereich der Forschung und Entwicklung des Umweltrechts.[948] Ebenso ist auch Norwegen über die EUA mit der EU in Fragen von Umweltinformationen verbunden.[949]

Mit Blick auf den Fischereisektor ist jedoch das Verhältnis der EU zu Norwegen von herausragender Bedeutung und unterscheidet sich aufgrund seines Umfangs von bisher untersuchten bilateralen Beziehungen. Das bilaterale Fischereiabkommen zwischen der EU und Norwegen[950] umfasst insgesamt Fangmöglichkeiten im Wert von mehr als zwei Milliarden Euro[951] und ist damit das bedeutendste bilaterale Fischereiabkommen der

946 Für das Jahr 2013 war dies die Verordnung 40/3013.

947 Vgl. beispielsweise zum „Makrelenstreit" *Bjarnason*, Island – Ein widerspenstiger EU-Beitrittskandidat, KAS Auslandsinformationen 5/2012, S. 35 (52 ff.).

948 Kooperationsabkommen zwischen der Europäischen Wirtschaftsgemeinschaft und dem Königreich Norwegen über das Forschungs- und Entwicklungsprogramm im Bereich der Umwelt: „Wissenschaft und Technologie für den Umweltschutz (STEP)", 1992, ABl. EG L 54 vom 28.02.1992, S. 34).

949 http://www.eionet.europa.eu/countries (13.07.2014)

950 Fischereiabkommen zwischen der Europäischen Wirtschaftsgemeinschaft und dem Königreich Norwegen, 1980, ABl. EG L 226 vom 29.08.1980, S. 48 (Fischereiabkommen Norwegen).

951 http://ec.europa.eu/fisheries/cfp/international/agreements/index_de.htm (13.07.2014).

EU.[952] Auch dieses Abkommen sollte zunächst zehn Jahre laufen und sich dann stillschweigend um jeweils sechs Jahre verlängern.[953] Aktuell läuft es noch bis zum Jahr 2015.

Das Fischereiabkommen mit Norwegen sieht ebenso wie das Abkommen mit den Färöer und Island neben der Zusammenarbeit zur Bewirtschaftung und Erhaltung der Meeresressourcen[954] eine gegenseitige Gewährung von Fangmöglichkeiten „in den Gewässern von 200 Seemeilen ab der Basislinie, die der Fischereigerichtsbarkeit der Vertragsparteien unterliegen",[955] vor.[956] Auch das bekannte System des Erfordernisses von Lizenzen für Fischereifahrzeuge, die seitens der Vertragspartei, die den Zugang gewährt, erteilt werden, ist vorgesehen.[957] Details zum Austausch von Quoten regeln die jährlichen „Agreed Records" zwischen der EU und Norwegen.[958]

Der Austausch von Quoten mit Norwegen läuft im Gegensatz zu dem mit Island nach wie vor.[959] Die von Norwegen erhaltenen Fangrechte bestehen teilweise für Bestände südlich von 62° Nord und liegen damit außerhalb der hier gezogenen Arktisgrenze. Dies gilt jedoch keinesfalls ausschließlich, denn einzelne Fangrechte werden der EU auch für ein Gebiet nördlich dieser Grenze eingeräumt.

Unklarheiten bestehen in Bezug auf mögliche Fischerei um den Spitzbergen-Archipel. Es wird an keiner Stelle deutlich, ob die EU mit Norwegen Fangmöglichkeiten in den Gewässern um den Archipel tauscht. Norwegen deklarierte im Jahre 1977 eine 200 Seemeilen breite Fischereischutzzone um den Archipel,[960] die offiziell den Schutz und die Erhal-

952 *Churchill/Owen*, The Common EC Fisheries Policy, 2010, S. 333.

953 Art. 13 Fischereiabkommen Norwegen.

954 Art. 7 Fischereiabkommen Norwegen.

955 Art. 1 Fischereiabkommen Norwegen.

956 Art. 2 lit. b Fischereiabkommen Norwegen.

957 Art. 4 Fischereiabkommen Norwegen. Lizenzen regeln auch hier den Zugang zur AWZ sowie die diesen zustehenden Fangquoten.

958 Vgl. beispielsweise Agreed Record of Fisheries Consultations between the European Union and Norway for 2014, 12.03.2014, http://www.regjeringen.no/pages/38649625/2014_Bilateral_EU_No_March.pdf (13.07.2014).

959 Vgl. Verordnung 432/2014.

960 Zu den Streitigkeiten bezüglich der rechtlichen Zulässigkeit einer solchen Zone, vgl. Kap. I, Abschnitt A.II.

tung von Fischereiressourcen zum Gegenstand hat.[961] Wie auch bezüglich der Grundlage der Ausweisung einer solchen Zone[962] divergieren die Ansichten darüber, ob und unter welchen Voraussetzungen Norwegen die Fischerei in dieser Zone für andere Staaten beschränken darf. Norwegen stützt sich auch in Bezug auf die Begründung dieser Rechte auf die wenig überzeugende Argumentation, dass Art. 2 Abs. 1 des Spitzbergen-Vertrages, der den freien Zugang der Vertragsparteien zu den Fischereiressourcen vorsieht, nur für das Küstenmeer gelte.[963] Der Spitzbergen-Vertrag enthalte in Übereinstimmung mit dem Völkerrecht alle Möglichkeiten der Beschränkung der Souveränität, die Norwegen zukomme. Jenseits der Küstengewässer finde das „normale" Seerecht Anwendung.[964] Überzeugender ist aus oben genannten Gründen, sowohl das Recht zur Ausweisung einer Fischereischutzzone[965] als auch die damit verbundenen Rechte und Pflichten durch Auslegung des Spitzbergen-Vertrages nach Sinn und Zweck herzuleiten. Danach bezieht sich Art. 2 Abs. 1 Spitzbergen-Vertrag auch auf die 200 Seemeilen Gewässer um den Archipel. Damit haben die Vertragsparteien zunächst auf Grund von Art. 2 Abs. 1 Spitzbergen-Vertrag freien Zugang zu den Fischereiressourcen in der Fischereischutzzone sowie dem Küstenmeer Norwegens. Etwas anderes kann auf Grundlage von Art. 2 Abs. 2 Spitzbergen-Vertrag nur dann gelten, wenn der Zugang

961 Forskrift om fiskevernsone ved Svalbard, 03.06.1977, http://www.lovdata.no/cgi-wift/ldles?doc=/sf/sf/sf-19770603-0006.html (13.07.2014); vgl. *Pedersen/Henriksen*, Svalbard's Maritime Zone: The End of Legal Uncertainty?, IJMCL 24 (2009), S. 141 (144); *Molenaar*, Fisheries Regulation in the Maritime Zones of Svalbard, IJMCL 27 (2012), S. 3 (14).

962 Vgl. Kap.I, Abschnitt A.II.

963 Nach *Molenaar*, Fisheries Regulation in the Maritime Zones of Svalbard, IJMCL 27 (2012), S. 3 (13). Durch den Bezug zum Schutz der Fischereiressourcen ist die Ausweisung der Zone offiziell vom Spitzbergen-Vertrag gedeckt, der in Art. 2 Abs. 2 die Möglichkeit der Beschränkung der Fischerei für Drittstaaten durch Norwegen zum Zwecke der Erhaltung der Tierwelt vorsieht. Diese Zone als Fischereisschutzzone zu bezeichnen ist insofern Norwegens „Rettungsanker". Erkennen andere Staaten Norwegens Begründung zur Ausweisung der Zone mit den verbundenen Rechten nicht an, unterliegen diese sozusagen hilfsweise den Bestimmungen des Art. 2 Abs. 2 Spitzbergen-Vertrag.

964 Zu dieser Ansicht darstellend *Pedersen/Henriksen*, Svalbard's Maritime Zone: The End of Legal Uncertainty?, IJMCL 24 (2009), S. 141 (145); *Anderson*, The Status Under International Law of Maritime Areas Around Svalbard, ODIL 40 (2009), S. 373 (374); *Pedersen*, The Svalbard Continental Shelf Controversy: Legal Dispute and Political Rivalries, ODIL 37 (2006), S. 339 (344).

965 Zu dieser Ansicht Kap. I, Abschnitt A.II

zum Zwecke der Erhaltung der Tier und Pflanzenwelt in nicht diskriminierender Weise beschränkt wird.

Die EU erkennt ein Recht Norwegens zur Ausweisung einer Fischereischutzzone an.[966] Die Befolgung von Erhaltungs- und Bewirtschaftungsmaßnahmen knüpft sie jedoch an die Voraussetzungen, dass diese in nicht-diskriminierender Weise erfolgen, auf wissenschaftlichen Empfehlungen beruhen und von allen interessierten Parteien des Spitzbergen-Vertrages respektiert werden.[967] Insofern entsteht der Eindruck einer Anwendung von Art. 2 Abs. 2 Spitzbergen-Vertrag seitens der EU, auch wenn ein unmittelbarer Verweis auf Art. 2 Abs. 2 Spitzbergen-Vertrag nicht erfolgt.

Da also die Ansicht der EU und Norwegens über Norwegens Möglichkeiten der Beschränkung der Fischerei in der Fischereischutzzone Spitzbergens divergieren, überrascht es nicht, dass die Sekundärrechtsakte der EU, welche die jährlich getauschten Fischereimöglichkeiten zwischen Norwegen und der EU umsetzen, sich in der Regel nicht zu Spitzbergen äußern. Lediglich ein Mal nimmt das europäische Sekundärrecht im Rahmen der Verordnung 43/2014 Bezug auf Spitzbergen und stellt klar: „Die Zuteilung des Teils des Kabeljau-Bestands, der für die EU in dem Gebiet um Spitzbergen und die Bäreninsel verfügbar ist, und der zugehörigen Beifänge an Schellfisch, berührt nicht die Rechte und Pflichten aufgrund des Pariser Vertrags von 1920."[968] Hier scheint also über die Befischung des Kabeljau-Bestands rund um Spitzbergen Einigkeit zu bestehen, allerdings ohne damit eine Aussage zu den Positionen des hier angeführten Streits zu treffen. Insofern ist davon auszugehen, dass ansonsten keine Vereinbarung bezüglich der Fischerei um Spitzbergen getroffen wird. Das bedeutet jedoch nicht unbedingt, dass keine Fischerei der EU-Flotte in der Fischereischutzzone um Spitzbergen stattfindet. Tatsächlich prüft die EU, ob Maßnahmen zur Beschränkung seitens Norwegens den oben genann-

966 Dies ergibt sich aus Parliamentary questions, Answer given by Ms Damanaki on behalf of the Commission, 05.08.2011, P-006711/2011, http://www.europarl.europa.eu/sides/getAllAnswers.do?reference=P-2011-006711&language=DE (13.07.2014). Vgl. auch *Molenaar*, Fisheries Regulation in the Maritime Zones of Svalbard, IJMCL 27 (2012), S. 3 (23); *Pedersen/Henriksen*, Svalbard's Maritime Zone: The End of Legal Uncertainty?, IJMCL 24 (2009), S. 141 (160).

967 Parliamentary questions, Answer given by Ms Damanaki on behalf of the Commission, 05.08.2011, P-006711/2011.

968 Verordnung 43/2014 Anhang IB.

ten Kriterien entsprechen. Nur wenn dies der Fall ist, fühlt sich die EU an die Vorgaben Norwegens gebunden.[969] In der Praxis haben jedoch selten die Festsetzungen von Erhaltungs- und Bewirtschaftungsmaßnahmen seitens Norwegens zu Streitigkeiten geführt.[970]

V. Abkommen mit weiteren Anrainerstaaten

Auch mit den weiteren Anrainerstaaten der Arktis hat die EU einige Übereinkommen geschlossen.[971] Allerdings setzten diese keine besonderen Umweltstandards oder regeln den Zugriff auf lebende Ressourcen. Dies mag sich in Zukunft vielleicht ändern, wenn die Arktis ganzjährig eisfrei ist und damit einen erleichterten Zugang der EU-Fischereiflotte, beispielsweise zum Nordpazifik, bereit hält.

Mit Kanada besteht über die NAFO schon jetzt eine enge Zusammenarbeit zum Schutz-, zur Erhaltung und Bewirtschaftung von Fischereiressourcen im Nordwestatlantik,[972] auch wenn diese nicht immer ganz unproblematisch war.[973]

---

969 Dies geht hervor aus Parliamentary questions, Answer given by Ms Damanaki on behalf of the Commission, 05.08.2011, P-006711/2011.

970 Schwierigkeiten zwischen der EU und Norwegen kamen jedoch in der Vergangenheit häufig in Zusammenhang mit von Norwegen ergriffenen Durchsetzungsmaßnahmen auf. Die Kommission bestreitet ein Recht Norwegens, in der Fischereischutzzone solche Maßnahmen ergreifen zu dürfen und verweist auf die Flaggenstaaten, die für die Einhaltung fischereirechtlicher Normen zuständig seien. Vgl. *Pedersen/Henriksen*, Svalbard's Maritime Zones: The End of Legal Uncertainty?, IJMCL 24 (2009), S. 141 (148); *Molenaar*, Fisheries Regulation in the Maritime Zones of Svalbard, IJMCL 27 (2012), S. 3 (23).

971 Beispielsweise: Agreement between the European Community and the United States of America on sanitary measures to protect public and animal health in trade in live animals and animal products, OJ EC L of 21.04.1998, S. 3 (deutsche Übersetzung in: ABl. EG L 118 vom 21.04.1998, S. 3, Abkommen zwischen der Europäischen Gemeinschaft und den Vereinigten Staaten von Amerika über gesundheitspolizeiliche Maßnahmen zum Schutz der Gesundheit von Mensch und Tier im Handel mit lebenden Tieren und Tierprodukten).

972 Vgl. in diesem Zusammenhang auch die Gemeinsame Erklärung der Europäischen Gemeinschaft und der Regierung Kanadas über die Fischereibeziehungen, ABl. EG L 340 vom 31.12.1993, S. 4.

973 Diese Problematik ist detailliert dargestellt bei: *Aneiros*, Spain, the European Union, and Canada: A New Phase in the Unstable Balance in the Northwest Atlantic Fisheries, ODIL 42 (2011), S. 155 ff.

Die EU hat diplomatische oder wissenschaftliche Wege gefunden, mit Russland, Kanada und den USA mit Blick auf den Erhalt der arktischen biologischen Vielfalt zu kooperieren. Mit den USA arbeitet die EU im Rahmen eines transatlantischen Projektes zusammen, das die Anpassung der arktischen marinen biologischen Vielfalt an die durch die Klimawandel hervorgerufenen Veränderungen fördern soll.[974] Mit Kanada hat die EU sich über ein gemeinsames Vorgehen in Bezug auf die Erhaltung und Bewirtschaftung von Fischbeständen geeinigt.[975] Und mit Russland arbeitet die EU beispielsweise im Rahmen des BEAR oder der Politik der nördlichen Dimension zusammen.[976]

VI. Zusammenfassung

Die Analyse der bilateralen Abkommen der EU mit den Anrainern der Arktis hat gezeigt, dass Standards in Bezug auf die Nutzung von Ressourcen nicht vereinbart wurden. Teilweise bestehen Vertragswerke, die den Austausch von Informationen zum Erhaltungsstand der Umwelt fördern, was essentieller Bestandteil des Umweltschutzes ist. Gerade mit Blick auf die in weiten Teilen unerforschte Arktis kann eine derartige Kooperation für die EU nur von Vorteil sein.

Eine Zusammenarbeit zur Ermöglichung einer nachhaltigen Fischerei sehen die Fischereiabkommen der EU mit den Anrainerstaaten der Arktis vor, gehen dabei an dieser Stelle inhaltlich aber nicht über den Gehalt einer Absichtserklärung hinaus. Vielmehr ermöglichen diese Abkommen den Zugriff auf arktische marine lebende Ressourcen auch in Gebieten außerhalb der Hohen See. Aktuell gilt dies für die AWZ Grönlands, der Färöer sowie Norwegens.

Diese Fischereiabkommen könnten zu einem besonders negativen Befund der Untersuchung des Beitrags des Unionsrechts zum Schutz arktischer biologischer Vielfalt verleiten, fördern sie doch die Nutzung von Ressourcen. Wäre also hier im Ergebnis mit Blick auf die arktische biologische Vielfalt eine Verabschiedung der EU von derartigen Abkom-

974 Arctic Transatlantic Policy Options for Supporting Adaptation in the Marine Arctic (TRANSFORM), http://arctic-transform.org/(13.07.2014).

975 Canada-European Community: Agreed minute in the conservation and management of fish stocks, 20.04.1995, 34 ILM 1260.

976 Vgl. dazu oben Kap I, Abschnitt C.I.3. und C.I.4.

men zu fordern? Für Grönland würde dies einen wirtschaftlichen Verlust bedeuten, unter dem kulturelle und bildungspolitische Entwicklungen leiden würden. Hinzu kommt, dass nicht jede Art von Fischerei unbedingt unterlassen werden muss. Wichtig ist vielmehr, dass diese in verantwortungsvoller Weise vorgenommen wird. Wo also gesicherte Daten über den Erhaltungszustand der Fischbestände vorliegen und Fischerei sich innerhalb vertretbarer wissenschaftlich festgelegter Grenzen bewegt, kann diese durchaus betrieben werden.

Insofern ist hier eine doppelte Anstrengung der EU zu fordern. Zum Einen muss die Union einen Blick auf die Erhaltungs- und Bewirtschaftungsmaßnahmen ihrer Vertragspartner werfen.[977] Ein Forum für diesbezügliche Gespräche bieten die jährlichen Konsultationen. Dabei wird es sich in Bezug auf Erhaltungs- und Bewirtschaftungsmaßnahmen im Verhältnis zu Grönland und Norwegen sicherlich positiv auswirken, dass diese im Gegensatz zu Entwicklungsländern einen verantwortungsvolleren Umgang mit Ressourcen pflegen. Zwar kann an dieser Stelle keine Analyse des grönländischen und norwegischen Fischereirechts erfolgen. Die Zusammenarbeit der EU mit Norwegen und Dänemark (für Grönland) zu gemeinsam bewirtschafteten Fischbeständen deuten jedoch darauf hin, dass die Vorstellungen von solchen Maßnahmen nicht allzu weit auseinander fallen.[978] Nicht selten werden in diesem Rahmen auch Empfehlungen des ICES einbezogen.[979] Dies wird sich hoffentlich in der Zukunft auch über das färöische Fischereirecht sagen lassen.

Zum Anderen ist von besonderer Bedeutung, dass die EU so weit wie möglich sicherstellt, dass ihre Fischereifahrzeuge sich sowohl an Bestandserhaltungsmaßnahmen der EU als auch an solchen der Zugang gewährenden Drittstaaten, im speziellen Grönlands, der Färöer und Norwegens, halten. Ob hierfür notwendige Vorkehrungen getroffen werden, ist im Zuge der Betrachtung des Sekundärrechts festzustellen.[980] Gerade

977 Vgl. Vermerk des Generalsekretariats des Rates, betreffend den Vorschlag für eine Verordnung des Europäischen Parlaments und des Rates über die Gemeinsame Fischereipolitik – Billigung der endgültigen Fassung, 11.06.2013 (EU Doc. 10623/13), Anhang I, Art. 41 Abs. 2a.

978 Vgl. in diesem Sinne zu Norwegen und der EU, *Churchill/Owen*, The Common EC Fisheries Policy, 2010, S. 336 f.

979 Vgl. *Churchill/Owen*, The Common EC Fisheries Policy, 2010, S. 336.

980 Vgl. Vermerk des Generalsekretariats des Rates, betreffend den Vorschlag für eine Verordnung des Europäischen Parlaments und des Rates über die Gemeinsame Fi-

für die Überwachung der Einhaltung von Normen in der AWZ von Norwegen und Grönland hält das Völkerrecht hält bislang keine hilfreichen Mechanismen bereit.[981]

Eine positive Neuerung lässt sich im Zuge der bilateralen Beziehungen zu Grönland erkennen, indem das neue Fischereiübereinkommen einen Beitrag zur nachhaltigen Fischerei Grönlands leisten will. Dabei ist jedoch eher nicht davon auszugehen, dass derartige Abkommen in Zukunft mit allen Anrainerstaaten der Arktis geschlossen werden. Vielmehr ist hier ein Beitrag der EU zur Grönlands Entwicklung zu erkennen. Solche Abkommen schließt die EU oft mit Entwicklungsländern. Hintergrund dieser Abkommen ist, dass die EU diese Verträge nicht als Austausch von wirtschaftlichen Werten, sondern als Beitrag zur Entwicklung der Küstenstaaten verstanden wissen will.[982]

E. Ergebnis

Der Schutz der arktischen biologischen Vielfalt wird nur geringfügig durch die Verpflichtungen der EU aus Unionsabkommen gefördert. Die Unionsabkommen verfügen in Teilen zwar über das Potential, die Nutzung arktischer lebender Ressourcen zu regulieren, allerdings sind diese aktuell nur selten an die besonderen Bedürfnisse der arktischen biologischen Vielfalt angepasst. In Bezug auf die marinen Ressourcen kommt erschwerend hinzu, dass das für diese vorhandene Nutzungsregime auf die Kooperation staatlicher Akteure im Rahmen von Fischereiorganisationen setzt. Die arktischen Gewässer fallen jedoch bislang nur in Teilbereichen in den Zuständigkeitsbereich solcher Organisationen. Diese zwei Faktoren führen in Bezug auf die Regulierung der Nutzung lebender mariner Ressourcen im Ergebnis dazu, dass nach aktuellem Stand sowohl die zielgerichtete Fischerei als auch die Beifangproblematik in den Gebieten der Hohen See des Arktischen Ozeans weitgehend keiner Regulierung unterliegt. In Bezug auf letztere wirkt sich der Umstand aus, dass

schereipolitik – Billigung der endgültigen Fassung, 11.06.2013 (EU Doc. 10623/13), Anhang I, Art. 41 Abs. 3c.

981 Vgl. oben.

982 Council of the European Union, Council Conclusion 11485/1/04, 15.07.2004, para. 4; vgl. *Vogel*, Die Außenfischereibeziehungen der Europäischen Gemeinschaft, 2009, S. 254; *Witbooi*, Fisheries and Sustainability, 2012, S. 131.

die NEAFC mit Wirkung für ihren Zuständigkeitsbereich in der Arktis zwar eine Empfehlung zur Rückwurfverboten[983] erlassen hat, dies jedoch die einzige aktuell bestehende Empfehlung ist, bezüglich der die EU von ihrem opt-out-Recht[984] Gebrauch gemacht hat.[985]

Möglichkeiten, schädliches und nicht reguliertes Verhalten zu unterbinden, bestehen über Unionsabkommen nicht, da aktuell kein Regime existiert, das IUU-Fischerei adressiert und damit auch die unregulierte Fischerei zu erfassen vermag.

Auch in Bezug auf die arktischen Gewässer unter nationalen souveränen Rechten und Hoheitsbefugnissen sind die Einflussmöglichkeiten der Unionsabkommen gering. Solche bestehen lediglich für die grönländischen Gewässer und Wirtschaftzone über das Partnerschaftlicher Fischereiabkommen, das die Bereitstellung finanzieller Mittel zur Einführung einer gesunden und nachhaltigen Fischerei vorsieht.

Die Unzulänglichkeiten des aktuellen Schutzregimes sind auf verschiedene Faktoren zurückzuführen. Eine besonders wichtige Rolle spielt der Umstand, dass häufig die naturwissenschaftliche Grundlage für effektive Schutzmaßnahmen fehlt. Hier ist die Beteiligung der EU an Systemen zum Informationsaustausch vorteilhaft. Die mangelhafte Datenlage führt jedoch nicht dazu, dass vorerst auf die Regulierung der Nutzung dieser Ressourcen verzichtet werden darf. Vielmehr ist im Sinne des Vorsorgeansatzes die Entwicklung eines Schutzkonzeptes zu fordern, auch wenn dieses zunächst vorsorglicher Natur ist.[986]

An dieser Stelle besteht für die EU die Möglichkeit, über ihre eigene Rechtsordnung die Einflussmöglichkeiten der Union auf den Schutz arktischer lebender Ressourcen auszudehnen. Insofern ist zu untersuchen, inwiefern die Regulierung der Nutzung arktischer lebender Ressourcen Gegenstand des primären und sekundären Unionsrechts ist.

---

983 NEAFC, Discard Ban 2010, 17.11.2009 (Recommendation XVI:2010), http://www.neafc.org/system/files/rec16_ban_on_discards_neafc_ra.pdf (13.07.2014).

984 Vgl. dazu oben S. 103.

985 Vgl. Information der NEAFC http://www.neafc.org/rec/2010/16 (13.07.2014).

986 Vgl. Art. 6 Abs. 6 FBÜ.

Kapitel III

Die Regulierung der Nutzung arktischer lebender Ressourcen als Gegenstand des Internationalen Verhaltenskodexes für verantwortungsvolle Fischerei

Der Internationale Verhaltenskodex für verantwortungsvolle Fischerei[987] ist ein Instrument, das im Rahmen der FAO entwickelt wurde. Im Oktober 1995 entschieden die Mitglieder der FAO, einen Verhaltenskodex zu entwickeln, der einen Rahmen für nationale und internationale Maßnahmen zur Förderung einer nachhaltigen und umweltverträglichen Nutzung der lebenden aquatischen Ressourcen geben sollte.[988] Der Internationale Verhaltenskodex ist ein soft-law Instrument[989] und damit kein Unionsabkommen. Er hat aber in einem hohem Maße Einfluss auf die Politik und das

987 Internationaler Verhaltenscodex für verantwortungsvolle Fischerei (Internationaler Verhaltenskodex), 31.10.1995, http://www.fao.org/docrep/005/v9878e/v9878e00.HTM (13.07.2014).

988 Vorwort Internationaler Verhaltenscodex.

989 Vgl. *Churchill/Owen*, The EC Common Fisheries Policy, 2010, S. 108; *Hosch/Ferraro/Failler*, The 1995 FAO Code of Conduct for Responsible Fisheries: Adopting, implementing or scoring result?, Marine Policy 35 (2011), S. 189 (189); *Sands/Peel*, Principles of International Environmental Law, 2012, S. 411; *Juda*, Rio Plus Ten: The Evolution of International Marine Fisheries Governance, ODIL 33 (2002), S. 109 (116); *Aqorau*, Illegal, Unreported and Unregulated Fishing in the Western and Central Pacific Ocean (WCPO): Some Legal and Policy Issues Surrounding Control of Nationals and Charter Vessels under the New Regime in the WCPO, Ocean Yearbook 21 (2007), S. 177 (190); *Doulman*, Code of Conduct for Responsible Fisheries: Development and Implementation Consideration, in: Nordquist/Moore (Hrsg.), Current Fisheries Issues and the Food And Agriculture Organization of the United Nations, 2000, S. 307 (312).

Recht der Fischfangnationen[990] und muss insofern an dieser Stelle trotz rechtlicher Unverbindlichkeit Beachtung finden.

A. Anwendungsbereich

Der Internationale Verhaltenskodex gilt weltweit[991] und ist sowohl im Bereich der Hohen See als auch in den Ausschließlichen Wirtschaftszonen und Hoheitsgewässern anwendbar.[992] Er richtet sich gemäß Art. 1.2 an alle „Rechtsträger des Fischereisektors“ sowie „an alle an der Erhaltung der Fischereiressourcen, der Fischereibewirtschaftung und der Fischereientwicklung Beteiligten.“

Aufgabe des Internationalen Verhaltenskodexes ist es, Grundsätze zur „Erhaltung, Bewirtschaftung und Entwicklung der Fischerei“ zu erarbeiten.[993] Der Begriff der Fischerei wird dabei nicht definiert. Art. 1 para. 1.3 stellt jedoch klar, dass der Verhaltenskodex auch den Fang, die Verarbeitung und den Handel mit Fisch und Fischereierzeugnissen, Fischereitätigkeiten und Fischereiforschung adressiert. Insofern wird deutlich, dass alle mit dem Zugriff auf Ressourcen in Verbindung stehende Tätigkeiten prinzipiell in den Anwendungsbereich fallen. Dieses weite Verständnis der Fischerei deckt sich mit früheren Definitionen von Fischerei in internationalen Abkommen. So definierte die Wellington Konvention[994] Fischerei in Art. 1 lit. c. in dem Sinne, das nicht nur die zielgerichtete Entnahme bzw. deren Versuch oder Vorbereitung, sondern auch Handlungen zur Unterstützung wie der Transport, Umladung, Verarbeitung oder beispielsweise auch das Betanken von Fischereifahrzeugen in den Anwendungsbereich fallen.

---

990 *Hosch/Ferraro/Failler*, The 1995 FAO Code of Conduct for Responsible Fisheries: Adopting, implementing or scoring result?, Marine Policy 35 (2011), S. 189 (199).

991 Art. 1.2 Internationaler Verhaltenskodex; vgl. *Friedrich*, Legal Challenges of Nonbinding Instruments: The Case of the FAO Code of Conduct for Responsible Fisheries, in: von Bogdandy/Wolfrum/von Bernstorff/Dann/Goldmann (Hrsg.), The Exercise of Public Authority by International Institutions, 2010, S. 511 (521).

992 Vgl. *Vogel*, Die Außenfischereibeziehungen der Europäischen Gemeinschaft, 2009, S. 186; *Henriksen*, Conservation and Sustainable Use of Arctic Marine Biodiversity. Challenges and Opportinities, ARLP 1 (2010), S. 249 (263).

993 Art. 1.3 Internationaler Verhaltenskodex.

994 Convention for the Prohibition of Fishing with Long Driftnets in the South Pacific, 24.11.1989, 1998 UNTS 3 (Wellington Konvention).

Unklar bleibt jedoch, auf welche Ressourcen die Regelungen des Verhaltenskodexes gerichtet sind. Ziel des Internationalen Verhaltenskodexes ist unter Anderem, den Schutz der lebenden aquatischen Ressourcen und ihrer Lebensräume zu fördern.[995] Dieses Ziel lässt sich umso besser erreichen, indem der Begriff der Fischerei möglichst weit verstanden wird und damit auch die kommerzielle Nutzung von Weich- und Schalentieren sowie marinen Säugern und Wasservögeln einschließt.

B. Die Regulierung der Nutzung lebender arktischer Ressourcen

Die Adressaten des Verhaltenskodexes, zu denen auch die EU zählt,[996] sollen nach dem Kodex beispielsweise sicherstellen, dass die Fischerei unter „angemessener Beachtung der Sicherheit menschlichen Lebens betrieben wird“[997] oder „Sprengungen, Vergiftungen oder sonstige vergleichbare zerstörerische Fangmethoden“ verboten sind.[998]

Um auf besondere Probleme eingehen zu können, wurden im Rahmen des Internationaler Verhaltenskodex verschiedene Aktionspläne (International Plan of Action – IPOA) erarbeitet.[999]

I. IPOA-IUU

Im März 2001 wurde im Rahmen des Internationalen Verhaltenskodexes der IPOA zur Unterbindung der illegalen, nicht gemeldeten und unregulierten Fischerei geschaffen.[1000] Der IPOA-IUU stellt für die Staaten und internationalen Organisationen, die tatsächlich die IUU-Fischerei bekämpfen wollen, ein Instrument da, an dem sich ihre Aktivitäten auf diesem Gebiet orientieren können. Innerhalb der EU fungierte der IPOA-IUU als Vorlage für die Verordnung 1005/2008[1001] (illegale, nicht gemel-

995 Art. 2 lit. g Internationaler Verhaltenskodex.

996 Ein Verweis auf die Staaten im Rahmen des internationalen Verhaltenskodexes schließt die EU ein, vgl. Art. 1.4 Internationaler Verhaltenskodex.

997 Art. 8, para. 4.1 Internationaler Verhaltenskodex.

998 Art. 8, para. 4.2 Internationaler Verhaltenskodex.

999 Vgl. auch *Russell/VanderZwaag*, International Law and Policy Seascape Governing Transboundary Fisheries, in: Russell/VanderZwaag (Hrsg.), Recasting Transboundary Fisheries Management in the Light of Sustainability, 2010, S. 9 (18).

1000 Vgl. para. 8 IPOA-IUU; vgl. zur Definition von IUU-Fischerei para. 3 IPOA-IUU.

1001 Verordnung 1005/2008 des Rates vom 29. September 2008 über ein Gemeinschaftssystem zur Verhinderung, Bekämpfung und Unterbindung der illegalen,

dete und unregulierten Fischerei-Verordnung, IUU-Verordnung)[1002] und muss daher an dieser Stelle betrachtet werden.

Der Anwendungsbereich des IPOA ist denkbar weit gefasst. Er enthält weder *ratione loci* noch *ratione personae* Einschränkungen, was sich dem Verweis auf den Internationalen Verhaltenskodex entnehmen lässt.[1003] Aufgrund dieses Zusammenhangs zum Internationalen Verhaltenskodex muss Fischerei im Sinne des IPOA auch *ratione materiae* so weit reichen, wie im Rahmen des Internationalen Verhaltenskodexes und neben den Fischen auch Weich-, Schalen- und Krustentiere ebenso wie marine Säuger einbeziehen.

Der Aktionsplan schlägt verschiedene Maßnahmen vor, die von Flaggen-, Küsten- und Hafenstaaten ergriffen werde sollten, damit IUU-Fischerei wirksam bekämpft werden kann.[1004] Insgesamt mehr als 75 solcher Vorschläge finden sich im IPOA-IUU.[1005] Diese Vorschläge setzen auf verschiedenen Ebenen an. Der IPOA sieht Bedarf zur Nachrüstung von Normen im Rahmen nationaler Gesetzgebung und bei der Erschaffung nationaler Aktionspläne, in Bezug auf die Verantwortungen der Flaggenstaaten, für Maßnahmen der Küsten- und Hafenstaaten, sowie in Bezug auf die internationale Kooperation im Rahmen von Fischereiorganisationen. Ferner schlägt er vor, auch marktbezogene Mechanismen in das Konzept zur Bekämpfung der IUU-Fischerei einzubeziehen.[1006]

---

nicht gemeldeten und unregulierten Fischerei, zur Änderung der Verordnungen (EWG) Nr. 2847/93, (EG) Nr. 1936/2001 und (EG) Nr. 601/2004 und zur Aufhebung der Verordnungen (EG) Nr. 1093/94 und (EG) Nr. 1447/1999, ABl. EU L 286 vom 29.10.2008, S. 1 (illegale, nicht gemeldete und unregulierte Fischerei-Verordnung, IUU-Verordnung); zuletzt geändert durch Verordnung (EU) Nr. 202/2011 der Kommission vom 01. März 2011 zur Änderung von Anhang I der Verordnung (EG) Nr. 1005/2008 des Rates hinsichtlich der Begriffsbestimmung von Fischereierzeugnissen und zur Änderung der Verordnung (EG) Nr. 1010/2009 der Kommission hinsichtlich der Formblätter für die Voranmeldung, der Eckwerte für Hafeninspektionen sowie der anerkannten Fangdokumentationsregelungen regionaler Fischereiorganisationen, ABl. EU L 57 vom 02.03.2011, S. 10.

1002 Erwägungsgrund 4 der IUU-VO; vgl. auch *Sands/Peel*, Principles of International Environmental Law, 2012, S. 433.

1003 Para. 5 IPOA-IUU i. V. m. Art. 1 Internationaler Verhaltenskodex.

1004 Paras. 10 ff. IPOA-IUU.

1005 Vgl. *Riddle*, Illegal, Unreported, and Unregulated Fishing: Is International Cooperation Contagious?, ODIL 37 (2006), S. 265 (269).

1006 Paras. 10 ff. IPOA-IUU; vgl. auch *Riddle*, Illegal, Unreported, and Unregulated Fishing: Is International Cooperation Contagious?, ODIL 37 (2006), S. 265 (269).

Viele der vorgeschlagenen Maßnahmen scheinen die in den Abkommen, wie dem FBÜ, enthaltenen Normen zur Durchsetzung inhaltlich auszufüllen, beziehungsweise diesen Wirkung verleihen zu wollen. Beispielsweise greift der IPOA auch die Übertragung von Kontrollrechten an die Hafenstaaten vergleichbar des Art. 23 FBÜ auf. Es werden verschiedene Informationen aufgelistet, die von den Hafenstaaten in Ausübung ihrer Inspektion gesammelt und an Hafenstaaten und gegebenenfalls Fischereiorganisationen übermittelt werden sollen.[1007]

Mit dem IPOA-IUU stehen auch die unter der Federführung der FAO erarbeiteten freiwilligen Richtlinien für die Wahrnehmung der Flaggenstaatjurisdiktion[1008] in Verbindung. Diese wurden nach langjährigen Verhandlungen im Februar 2013 verabschiedet. Die darin enthaltenen Regelungen sollen dazu beitragen, dass Flaggenstaaten ihrer Verantwortung in Bezug auf die Verhinderung von IUU-Fischerei besser nachkommen können.[1009] Hintergrund dieser Richtlinien ist das allgemein bekannte Problem, dass alle Bestrebungen zu Erhaltungs- und Bewirtschaftungsmaßnahmen sowie deren Durchsetzung nur dann Erfolg haben können, wenn die Flaggenstaaten die mit ihrer Jurisdiktion verbundenen Kontrollmöglichkeiten auch wahrnehmen. Die freiwilligen[1010] Richtlinien sind an die Staaten und Internationalen Organisationen adressiert, die gewillt sind, ihr eigenes System zur Registrierung von Fischereifahrzeugen, die Erteilung von Lizenzen, ihre Fischereiregister oder die Kooperation mit Küstenstaaten in einer Weise zu überarbeiten, die erreicht, dass ihre eigene Fischereiflotte weniger IUU-Fischerei betreiben kann. Dabei enthält die Richtlinie keine gänzlich neuen Ansatzpunkte, sondern hilft, die im FBÜ oder Einhaltungs-Übereinkommen vorhandenen Ideen zu den Pflichten der Flaggenstaaten auszufüllen und so besser umsetzbar zu machen. Für das Unionsrecht dürften diese Richtlinien wenige Neuerungen bringen, da insbesondere durch die Kontrollverordnung[1011] bereits ein System zur

1007 Para. 58 IPOA-IUU.

1008 Voluntary Guidelines for Flag State Performance, 08.02.2013, ftp://ftp.fao.org/FI/DOCUMENT/tc-fsp/2013/VolGuidelines_adopted.pdf (13.07.2014).

1009 Para. 1 Voluntary Guidelines for Flag State Performance.

1010 Para. 1 Voluntary Guidelines for Flag State Performance.

1011 Verordnung 1224/2009 des Rates vom 20. November 2009 zur Einführung einer gemeinschaftlichen Kontrollregelung zur Sicherstellung der Einhaltung der Normen der gemeinsamen Fischereipolitik und zur Änderung der Verordnungen (EG) Nr. 847/96, (EG) Nr. 2371/2002, (EG) Nr. 811/2004, (EG) Nr. 768/2005, (EG)

Kontrolle der eigenen Fischereiflotte eingerichtet wurde, das dem Standard der freiwilligen Richtlinien weitgehend entspricht.

II. Weitere IPOAs

Weitere IPOAs wie der IPOA zu Fischereikapazitäten,[1012] zum Erhalt der Wasservögel[1013] und zur Erhaltung der Haie[1014] wurden ebenfalls entwickelt, um die Implementierung des Internationalen Verhaltenskodexes voran zu treiben.[1015] Der IPOA zum Erhalt der Wasservögel will beispielsweise dem Problem begegnen, dass Wasservögel häufig in Fanggeräten, insbesondere Langleinen, als Beifang verenden. Er enthält einige Empfehlungen zu technischen Maßnahmen, die seitens der Staaten umgesetzt werden könnten, um den Beifang an Wasservögeln zu verkleinern.[1016] Ansonsten setzt er auf die Entwicklung von nationalen Aktionsplänen und gibt Hilfestellung zu den in diesen aufzuführenden Punkten.[1017] Diese Hilfestellung hat auf Unionsebene Eingang in den Aktionsplan zur Reduzierung des Beifangs von Seevögeln in Fanggeräten gefunden.[1018]

Nr. 2115/2005, (EG) Nr. 2166/2005, (EG) Nr. 388/2006, (EG) Nr. 509/2007, (EG) Nr. 676/2007, (EG) Nr. 1098/2007, (EG) Nr. 1300/2008, (EG) Nr. 1342/2008 sowie zur Aufhebung der Verordnungen (EWG) Nr. 2847/93, (EG) Nr. 1627/94 und (EG) Nr. 1966/2006, ABl. EU L 343 vom 22.12.2009, S. 1 (Kontrollverordnung); zuletzt geändert durch die Verordnung 1385/2013 des Rates vom 17. Dezember 2013 zur Änderung der Verordnungen (EG) Nr. 850/98 und (EG) Nr. 1224/2009 des Rates sowie der Verordnungen (EG) Nr. 1069/2009, (EU) Nr. 1379/2013 und (EU) Nr. 1380/2013 des Europäischen Parlaments und des Rates aufgrund der Änderung des Status von Mayotte gegenüber der Europäischen Union, ABl. EU L 354 vom 28.12.2013, S. 86.

1012 International Plan of Action for the Management of Fishing Capacity, Juni 1999, ftp://ftp.fao.org/docrep/fao/006/x3170e/X3170E00.pdf (13.07.2014).

1013 International Plan of Action for Reducing Incidental Catch of Seabirds in Longline Fisheries, Juni 1999, ftp://ftp.fao.org/docrep/fao/006/x3170e/X3170E00.pdf (13.07.2014) (IPOA-Seabirds).

1014 International Plan of Action for Conservation and Management of Sharks, Juni 1999, ftp://ftp.fao.org/docrep/fao/006/x3170e/X3170E00.pdf (13.07.2014).

1015 *Palma/Tsamenyi/Edeson*, Promoting Sustainable Fisheries, 2010, S. 68.

1016 IPOA-Seabirds, S. 6 ff.

1017 IPOA-Seabirds, S. 4 ff.

1018 Mitteilung der Kommission an das Europäische Parlament und den Rat, Aktionsplan zur Reduzierung des Beifangs von Seevögeln in Fanggeräten, 16.11.2012, COM(2012) 665 final, S. 2. Hierauf wird später noch Bezug genommen werden.

C. Umsetzung in der Unionsrechtsordnung

Auch die EU arbeitet im Bereich des Fischereirechts einen Verhaltenskodex, den Europäischen Verhaltenskodex für eine nachhaltige und verantwortungsvolle Fischerei entwickelt.[1019]

Der europäische Verhaltenskodex ist stark an dem Internationalen Verhaltenskodex orientiert. Adressaten sind die Fischereiunternehmen der EU, unabhängig von den Gewässern, in denen diese tätig sind.[1020] Seiner Anwendbarkeit auf Tätigkeiten in arktischen Gewässern steht demnach nichts entgegen. Ziel ist unter Anderem die Erhaltung der Fischbestände, der gewerblichen Fischerei, die Förderung der Beteiligung und Mitarbeit aller Akteure an der Umsetzung der GFP und die Gewährleistung angemessener und sicherer Arbeits- und Lebensbedingungen an Bord von Fischereifahrzeugen.[1021]

Um diese Ziele zu erreichen, wird eine Reihe von Leitlinien gegenüber Fischereiunternehmen festgesetzt. Dazu zählt beispielsweise die Regelung, dass die Fanggründe freiwillig zu verlassen sind, wenn dort große Mengen Fisch gefangen werden, die aus verschiedenen Gründen nicht an Bord behalten werden dürfen.[1022] Diese Leitlinie soll Rückwürfe ins Meer vermeiden. Neben Regeln zum Schutz der Fischereiressourcen enthält der europäische Verhaltenskodex auch Leitlinien zur Sicherheit auf See, soziale Aspekte, Vermarktungsregelungen sowie Aspekte der Zusammenarbeit und der Transparenz. Hintergrund ist die Idee, die Rechtsvorschriften auf internationaler, europäischer und nationaler Ebene durch zusätzliche Standards zu ergänzen.[1023] Die freiwillige Einhaltung dieser Standards wird dadurch gefördert, dass nicht allein der Umweltschutz durch Restriktionen gestärkt wird, sondern dass auch Aspekte wie Arbeitsplatzsicherung etc. von Bedeutung sind. So werden den Fischern nicht nur Ein-

---

1019 Kommission, Europäischer Verhaltenskodex für eine nachhaltige und verantwortungsvolle Fischerei, 2004, http://edz.bib.uni-mannheim.de/daten/edz-bn/gdf/04/code_de.pdf (13.07.2014).

1020 Vgl. Kommission, Europäischer Verhaltenskodex für eine nachhaltige und verantwortungsvolle Fischerei, 2004, S. 5.

1021 Kommission, Europäischer Verhaltenskodex für eine nachhaltige und verantwortungsvolle Fischerei, 2004, S. 7.

1022 Kommission, Europäischer Verhaltenskodex für eine nachhaltige und verantwortungsvolle Fischerei, 2004, S. 9.

1023 Vgl. *Vogel*, Die Außenfischereibeziehungen der Europäischen Gemeinschaft, 2009, S. 127.

schränkungen ihrer Tätigkeit einseitig auferlegt, sondern auch Vorteile in Aussicht gestellt.

Hier zeigt sich ein neuer positiver Ansatzpunkt für den Schutz der Ressourcen. Das Gefühl und den Willen derjenigen für und zum Erhalt der Ressourcen zu stärken, die langfristig auf deren Erhalt angewiesen sind, kann gerade in Anbetracht der häufig auftretenden Durchsetzungsprobleme ein auf Dauer gelungener Weg zum Ressourcenschutz sein.

Kapitel IV
Die Regulierung der Nutzung arktischer lebender Ressourcen als Gegenstand des europäischen Primär- und Sekundärrechts

Die Analyse der Unionsabkommen hat gezeigt, dass das derzeitige völkerrechtliche System zur Regulierung der Nutzung lebender arktischer Ressourcen, an dem sich die EU beteiligt, unter verschiedenen Schwächen leidet. Diese Schwächen kann die EU nur in sehr geringem Maße durch eigene Initiative beheben.

Im Bereich des primären und sekundären Unionsrechts ist die EU jedoch nicht auf die Kooperationsbereitschaft anderer Staaten angewiesen. Vielmehr besteht die Möglichkeit, Anpassungen des Rechts an die Anforderungen, die das arktische Ökosystem stellt, selbstständig vorzunehmen. Inwiefern derartige Anpassungen notwendig sind oder die Regulierung der Nutzung arktischer lebender Ressourcen schon jetzt Gegenstand des primären und sekundären Unionsrechts ist, soll in diesem Kapitel analysiert werden.

A. Primärrecht

Das Primärrecht der EU enthält keine konkreten Vorgaben zum Schutz der arktischen biologischen Vielfalt oder zur Nutzung lebender arktischer Ressourcen. Es ist jedoch keinesfalls gänzlich zu vernachlässigen. Neben den Vorschriften zur Regelung der Kompetenz der Union finden sich im Primärrecht verschiedene Grundsätze, an denen sich das Sekundärrecht zu orientieren hat.

Die maßgebende Norm in Bezug auf die Umweltpolitik der Union ist Art. 191 AEUV.[1024] Dieser enthält in Abs. 1 die umweltpolitischen Ziele sowie in Abs. 2 die Grundsätze, mittels deren Anwendung diese Ziele erreicht werden sollen, die sogenannten umweltpolitischen Handlungsprinzipien oder -grundsätze.[1025] Zu diesen zählen das hohe Schutzniveau in Art. 191 Abs. 2 S. 1 AEUV, der Vorsorgeansatz und das Vorbeugeprinzip in Art. 191 Abs. 2 S. 2 Var. 1 und 2 AEUV, das Ursprungsprinzip in Art. 191 Abs. 2 S. 2 Var. 3 AEUV und das Verursacherprinzip in Art. 191 Abs. 2 S. 2 Var. 4 AEUV.

Zwei Grundsätze sind von besonderer Bedeutung für den Schutz der biologischen Vielfalt. Das Prinzip des hohen Schutzniveaus fordert die Union auf, Umweltschutz generell auf einem hohen Level zu betreiben. Diese einklagbare Verpflichtung[1026] bedeutet jedoch nicht, dass immer das höchste Niveau des Schutzes zu ergreifen ist.[1027] Es können vielmehr andere Interessen der EU das Schutzniveau der europäischen Umweltpolitik beeinflussen. Zu denken ist hier beispielsweise an wirtschaftliche Interessen, die nicht selten einem besonders starken Schutz der Umwelt entgegen stehen. Diese beiden widerstreitenden Interessen dürfen auch nach dem Prinzip des hohen Schutzniveaus miteinander abgewogen werden.

Neben diesem Grundsatz ist das Vorsorgeprinzip von besonderer Bedeutung. Dieses kommt zur Anwendung, wenn bei bestimmten Handlungen mit dem Eintritt eines Umweltschades gerechnet werden muss und das Ausmaß des Schadens auch nach einer wissenschaftlichen Risikobewertung nicht mit „hinreichender Sicherheit" vorherzusagen ist.[1028] Es greift also wie der völkerrechtliche Vorsorgeansatz dann, wenn wissenschaftliche Unsicherheiten über Ausmaß und Eintritt eines Umweltschadens bestehen.

1024 Vgl. oben Kap. II, Abschnitt A.I.

1025 Vgl. *Callies*, Art. 191 AEUV, in: Callies/Ruffert (Hrsg.), EUV/AEUV, 2011, Rn. 14; *Jans/Vedder*, European Environmental Law, 2012, S. 41; *Breier*, Art. 191 AEUV, in: Lenz/Borchardt (Hrsg.), EU-Verträge, 2012, Rn. 12.

1026 *Kahl*, Art. 191 AEUV, in: Streinz (Hrsg.), EUV/AEUV, 2012, Rn. 66.

1027 *Breier*, Art. 191 AEUV, in: Lenz/Borchardt (Hrsg.), EU-Verträge, 2012, Rn. 14; *Kahl*, Art. 191 AEUV, in: Streinz (Hrsg.), EUV/AEUV, 2012, Rn. 67.

1028 Vgl. Mitteilung der Kommission, Die Anwendbarkeit des Vorsorgeprinzips, 02.02.2000, KOM(2000) 1 endgültig, S. 3; *Kahl*, Art. 191 AEUV, in: Streinz (Hrsg.), EUV/AEUV, 2012, Rn. 77 f.

Auch das unionsrechtliche Vorsorgeprinzip enthält keinen universellen Handlungsauftrag. Handlungen der Union und der Mitgliedstaaten zum Schutz der Umwelt können jedoch durch Berufung auf das Vorsorgeprinzip gerechtfertigt werden, auch wenn eine Kausalität zwischen der in Frage stehenden, möglicherweise schädigenden Handlung und dem potentiellen Umweltschaden nicht nachgewiesen werden kann.[1029] Die politische Entscheidung, ob und welche Maßnahmen auf Grundlage des Vorsorgeprinzips ergriffen werden, ist aber in Hinblick auf die Verhältnismäßigkeit, das Diskriminierungsverbot[1030] und das Kohärenzgebot überprüfbar.[1031] Anders herum ist die Einklagung bestimmter Schutzstandards auf Grundlage des Vorsorgeprinzips tatsächlich meist nur schwer möglich.[1032]

Durch die Querschnittsklausel des Art. 11 AEUV wird gewährleistet, dass die Belange des Umweltschutzes auch in anderen Politikbereichen berücksichtigt werden. Das bedeutet, dass auch bei einer EU-Politik, die von einer anderen als der Kompetenz des Art. 192 AEUV gedeckt ist, diese Prinzipien zu beachten sind. Die Handlungsprinzipien werden insofern an verschiedener Stelle auch in Bezug auf die arktische Umweltpolitik der EU bzw. die Politik zur Nutzung arktischer lebender Ressourcen Einfluss nehmen können.

1029 Vgl. EuGH Rs. C-180/96, *Vereinigtes Königreich/Kommission*, Slg. 1998, I-02265, Rn. 99, 100; *Jans/Vedder*, European Environmental Law, 2012, S. 43; *Kahl*, Art. 191 AEUV, in: Streinz (Hrsg.), EUV/AEUV, 2012, Rn. 78.

1030 Vgl. Art. 18 AEUV.

1031 Dass sich aufgrund des Vorsorgeprinzips ergriffene Maßnahmen an diesen Grundsätzen messen lassen müssen, erkennt auch die Kommission, vgl. Mitteilung der Kommission, Die Anwendbarkeit des Vorsorgeprinzips, 02.02.2000, KOM(2000) 1 endgültig, S. 19 ff.

1032 Dies ist darauf zurückzuführen, dass die Mitgliedstaaten und die Kommission meist aus ökonomischen Interessen keinen Grund zur Klage sehen, vgl. in Bezug auf Fischereiressourcen *Markus*, Individual und Verbandsklagebefugnisse gegen Rechtsakte der Gemeinsamen Europäischen Fischereipolitik, ZUR 2009, S. 194 (194). Für eine Klagebefugnis von Umweltschutzorganisationen und natürlichen Personen müssen die Voraussetzungen des Art. 263 Abs. 4 AEUV vorliegen. Diese Kriterien sind jedoch sehr schwer zu erfüllen, wenn die Kläger unter Berufung auf den Vorsorgeansatz höhere Schutzstandards im Sinne der Allgemeinheit fordern, obwohl der Eintritt eines Umweltschadens nicht feststeht, vgl. *Proelß/Houghton*, The EU Common Fisheries Policy in light of the precautionary principle, OCMA 70 (2012), S. 22 (27).

B. Sekundärrecht

I. Kompetenzen zum Erlass von Sekundärrecht

Aufgrund des Prinzips der begrenzten Einzelermächtigung in Art. 5 Abs. 1 S. 1 EUV benötigt die EU zum Erlass von Sekundärrecht einen Kompetenztitel. Die Kompetenz in Form einer geteilten Kompetenz im Sinne des Art. 2 Abs. 2, 4 Abs. 2 lit. e AEUV im Bereich des Artenschutzes, ist in der umweltrechtlichen Kompetenznorm Art. 192 Abs. 1 AEUV enthalten.

Im Bereich der Nutzung mariner Ressourcen besitzt die EU gemäß Art. 43 Abs. 2 und Abs. 3 AEUV die Kompetenz zur Regelung der Fischerei. Sofern sich die Sekundärrechtsakte auf den Erhalt der biologischen Meeresschätze beziehen, stellt Art. 3 Abs. 1 lit. d AEUV mittlerweile klar,[1033] dass es sich um eine ausschließliche Kompetenz der Union handelt. Verfolgen die Sekundärrechtsakte weitere Ziele, liegt eine geteilte Kompetenz im Sinne des Art. 2 Abs. 2, 4 Abs. 2 lit. d AEUV AEUV vor.

Die Abgrenzung zwischen den Kompetenztiteln der Art. 43 Abs. 2 und Art. 43 Abs. 3 AEUV ist bisher nicht eindeutig zu vollziehen. Art. 43 Abs. 3 AEUV wurde durch den Vertrag von Lissabon neu eingeführt. Grund hierfür war, dass die Flexibilität der Union in Bezug auf bestimmte Bereiche der Agrarpolitik, zu der ausdrücklich auch die Fischerei zählt, bewahrt werden sollte.[1034] Insofern sieht Art. 43 Abs. 3 AEUV bezüglich der Rechtssetzung ein vereinfachtes Rechtssetzungsverfahren vor, indem das Europäische Parlament nicht beteiligt werden muss. Das vereinfachte Verfahren ist dann anzuwenden, wenn der Sekundärrechtsakt die Aufteilung und Festsetzung der Fangmöglichkeiten in der Fischerei bezweckt. Soll hingegen ein Sekundärrechtsakt erlassen werden, der die Festsetzung von Preisen, Beihilfen, Abschöpfungen oder mengenmäßigen Beschränkungen im Bereich der Agrarpolitik bzw. Fischerei regelt, stellt sich die Frage nach der Abgrenzung zu der Kompetenz aus Art. 43 Abs. 2 AEUV zu Regelungen der Organisation der Agrar- bzw. Fischereimärkte.[1035] Diesbezüglich hat sich bisher noch keine eindeutige Rechtspraxis ergeben. Sekundärrechtsakte zur Festlegung von TACs wurden bereits ohne Betei-

1033 Vgl. *Lenski*, Art. 3 AEUV, in: Lenz/Borchardt (Hrsg.), AEUV/EUV, 2012, Rn. 13; *Mögele*, Art. 3, in: in: Streinz (Hrsg.), EUV/AEUV, 2012, Rn. 9.

1034 Vgl. *Busse*, Art. 43 AEUV, in: Lenz/Borchardt (Hrsg.), AEUV/EUV, 2012, Rn. 4.

1035 Vgl. *Thiele*, Art. 43 AEUV, in: Callies/Ruffert (Hrsg.), EUV/AEUV, 2011, Rn. 16.

ligung des Europäischen Parlaments erlassen, jedoch bestanden gerade bezüglich dieser Kompetenz keine Abgrenzungsprobleme.

Neben diesen relevanten Kompetenztiteln kann sich das Handeln der Union auch auf die Harmonisierungskompetenz aus Art. 114 AEUV stützen. Relevant wird diese beispielsweise dann, wenn der Erlass produktbezogener Vorschriften, die eine Verbindung zum Artenschutz oder Fischereirecht haben, in Rede steht.[1036] Dieser Fall ist allerdings von verhältnismäßig geringer Relevanz für diese Arbeit.[1037]

Die horizontale Kompetenzabgrenzung erfolgt in der Regel nach der „Intensitätsmethode", nach der die Kompetenznorm heranzuziehen ist, die dem sachlichen Schwerpunkt am nächsten steht.[1038] Betrifft der Schwerpunkt jedoch Bereiche der Agrarwirtschaft, sowie einen weiteren Bereich, dann ist die Kompetenz des Art. 43 AEUV als *lex specialis* als Grundlage des Sekundärrechtsaktes zu verwenden.[1039]

II. Schutz-, Erhaltungs- und Bewirtschaftungsmaßnahmen

Die EU hat eine Vielzahl von Sekundärrechtsakten erlassen, die im weitesten Sinne dem unionsrechtlichen Instrumentarium zum Schutz der biologischen Vielfalt zuzuordnen sind. In dem nun folgenden Abschnitt soll es darum gehen, die Sekundärrechtsakte, welche die Nutzung der arktischen lebenden Ressourcen zu regulieren vermögen, zu untersuchen.

1. Maßnahmen zum Schutz aller lebenden Ressourcen

Auf Ebene des Sekundärrechts existieren seit einigen Jahren verschiedenen Rechtsakte, die zum Ziel haben, sowohl an Land lebende, als auch marine Ressourcen zu schützen.

1036 Vgl. hierzu genauer *Kahl*, Art. 114 AEUV, in: Callies/Ruffert (Hrsg.), EUV/AEUV, 2011, Rn. 88.

1037 Zum Umgang mit derartigen Fällen vgl. die allgemeine Darstellung bei *Kahl*, Art. 114 AEUV, in: Callies/Ruffert (Hrsg.), EUV/AEUV, 2011, Rn. 84 ff.

1038 EuGH Rs. C-155/91, *Kommission/Rat*, Slg. 1993, I-939, Rn. 19 und 21; Rs. C-42/97, *Parlament/Rat*, Slg. 1999, I-869, Rn. 39 und 40; Rs. C-36/98, *Spanien/Rat*, Slg. 2001, I-779, Rn. 59; Rs. C-336/00, *Republik Österreich/Huber*, Slg. 2002, I-7699, Rn. 31.

1039 EuGH Rs. C-68/86, *Vereinigtes Königreich/Rat*, Slg. 1988, 855, Rn. 15, 16; Rs. C-280/93, *Deutschland/Rat*, Slg. 1994, I-4973, Rn. 54; C-191/86, *Vereinigtes Königreich/Rat*, Slg. 1988, 905, Rn. 20.

a) Die Flora-Fauna-Habitatrichtlinie

Eine zentrale Norm, die zum Schutz der arktischen biologischen Vielfalt herangezogen werden kann, ist die Flora-Fauna-Habitat-Richtline (FFH-RL).[1040] Nach dem dritten Erwägungsgrund der FFH-RL ist ihr Hauptziel, den Erhalt der biologischen Vielfalt zu gewährleisten. In diesem Sinne ist die FFH-RL heute auch als Instrument der EU zu verstehen, das zusammen mit der Vogelschutzrichtlinie (VSRL)[1041] die später geschaffenen völkerrechtliche Verpflichtungen aus den Rahmenabkommen wie der BDK, Bonner Konvention und AEWA umsetzt. Außerdem bieten FFH-RL und VSRL den Rahmen für die Anwendbarkeit der Berner Konvention.[1042]

aa) Anwendbarkeit in der Arktis

Eine gesonderte Vorschrift, die ihren Anwendungsbereich umschreibt, hat die FFH-RL nicht. Wohl auch aus diesem Grund sorgte die Frage nach der Anwendbarkeit der FFH-RL in den marinen Gebieten der Mitgliedstaaten in der Vergangenheit für einige Streitigkeiten. Heute steht jedoch außer Frage, dass die Verpflichtungen der FFH-RL die AWZ und den FLS ebenso überlagern wie die terrestrischen Gebiete der Mitgliedstaaten.[1043]

1040 Richtlinie 92/43/EWG des Rates vom 21. Mai 1992 zur Erhaltung der natürlichen Lebensräume sowie der wildlebenden Tiere und Pflanzen, ABl. EG L 206 vom 22.07.1992, S. 7 (Flora-Fauna-Habitat-Richtlinie), zuletzt geändert durch Richtlinie 2013/17/EU des Rates vom 13. Mai 2013 zur Anpassung bestimmter Richtlinien im Bereich Umwelt aufgrund des Beitritts der Republik Kroatien, ABl. EU L 158 vom 10.06.2013, S. 193.

1041 Richtlinie 2009/147/EG des Europäischen Parlaments und des Rates vom 30. November 2009 über die Erhaltung der wildlebenden Vogelarten (kodifizierte Fassung), ABl. EU L 20 vom 26.01.2010, S. 7 (Vogelschutzrichtlinie), zuletzt geändert durch Richtlinie 2013/17/EU des Rates vom 13. Mai 2013 zur Anpassung bestimmter Richtlinien im Bereich Umwelt aufgrund des Beitritts der Republik Kroatien, ABl. EU L 158 vom 10.06.2013, S. 193.

1042 Vgl. Kommission, Bericht [SEC(2001) 515 endgültig – Nicht im Amtsblatt veröffentlicht], http://europa.eu/legislation_summaries/environment/nature_and_bio diversity/l28050_de.htm (13.07.2014).

1043 Vgl. EuGH Rs. C-6/04, *Kommission/Vereinigtes Königreich*, Slg. 2005, I-9017, Rn. 119. Vgl. auch *Wolff*, Fisheries and the Environment, 2002, S. 185; *Churchill*, The European Union and the Challenges of Marine Governance: From Sectoral Response to Integrated Policy, in: Vidas/Schei (Hrsg.), The World Ocean in Globalisation, 2011, S. 395 (413); *Czybulka*, Meeresschutzgebiet in der Ausschließlichen Wirtschaftszone (AWZ), ZUR 2003, S. 329 (331); *Wolf*, Eingriffsregelung in der AWZ, *Ansätze für ein Recht des Schutzes der marinen Ressourcen, ZUR 2010, S. 365 (365); Keller, Rechtsschutzdefizite Dritter gegen Genehmigungserteilungen für Windenergie-*

Eine ähnliche, noch offene Frage bezieht sich auf die Reichweite der Verpflichtungen der Richtlinie jenseits der Grenze der AWZ der Mitgliedstaaten. Hier besteht die Möglichkeit der Geltung der FFH-RL aufgrund der Flaggenhoheit der Mitgliedstaaten über ihre Schiffe. Dem könnte der Wortlaut des Art. 2 Abs. 1 FFH-RL entgegen stehen, nach welchem die Richtlinie die „Sicherung der Artenvielfalt durch die Erhaltung der wildlebenden Tiere und Pflanzen im europäischen Gebiet der Mitgliedstaaten" zum Ziel hat. Unter „Gebieten" versteht die FFH-RL gemäß Art. 1 lit. j einen „geographisch definierten Bereich mit klar abgrenzbarer Fläche". Der Wortlaut könnte an dieser Stelle auf eine Auslegung hindeuten, welche die Reichweite der in der FFH-RL enthaltenen Verpflichtungen nicht generell von Hoheitsrechten der Mitgliedstaaten abhängig macht, sondern diese an bestimmte geographischer Gebiete mit souveränen Rechten und Hoheitsbefugnissen knüpft.

Eine solche Überlegung kann im Ergebnis jedoch nicht überzeugen. Die auf Grundlage des Vertrages ergriffenen Organhandlungen haben nach der Rechtsprechung des EuGH aus dem Jahre 1978 den gleichen geographischen Anwendungsbereich wie der Vertrag selbst.[1044] Da also die Bestimmungen des heutigen EUV und AEUV so weit reichen, wie den Mitgliedstaaten Hoheitsrechte zukommen,[1045] muss danach grundsätzlich auch die FFH-Richtlinie bzw. deren Vorschriften in gleichem Umfang anwendbar sein.[1046]

Der Wortlaut der Richtlinie lässt sich damit erklären, dass man eine Anwendung der FFH-RL auf die überseeischen Gebiete der Mitgliedstaaten verhindern,[1047] jedoch nicht unbedingt eine starre geografische Grenze dem Anwendungsbereich zu Grunde legen wollte. Für dieses Ergebnis

---

anlagen in der AWZ?, ZUR 2005, S. 184 (185); Ell/Heugel, Geschützte Meeresflächen im Bereich der deutschen ausschließlichen Wirtschaftszone von Nord- und Ostsee, NuR 2007, S. 315 (317).

1044 EuGH Rs. C-61/77, *Kommission/Irland*, Slg. 1978, 417, Rn. 45/51.

1045 Vgl. auch *Ell/Heugel*, Geschützte Meeresflächen im Bereich der deutschen ausschließlichen Wirtschaftszone von Nord- und Ostsee, NuR 2007, 315 (317); *Jóhannsdóttir*, The European Union and the Arctic: Could Icelands's Accession to the EU Change the EU's Influence in the Arctic?, GYIL 54 (2011), S. 353 (376).

1046 Vgl. *Jans/Vedder*, European Environmental Law, 2012, S. 513.

1047 Vgl. *Czybulka*, Geltung der FFH-Richtlinie in der Ausschließlichen Wirtschaftszone, NuR 2001, S. 19 (24); *Nordberg*, Die Anwendbarkeit der Flora-Fauna-Habitat-Richtlinie und der Vogelschutzrichtlinie der Europäischen Gemeinschaft auf die marine Umwelt, in: Czybulka (Hrsg), Naturschutz und Rechtsregime im Küstenspricht auch die Rechtsprechung des EuGH, nach welcher der Anwendungsbereich von Sekundärrechtsakten über Ziel und Zweck der Maßnahmen auszulegen ist.[1048] Legt man diese Rechtsprechung zu Grunde, kann sich wegen der in den Anhängen der FFH-RL zu schützenden Arten, die auch weit wandernde marine Arten erfassen, nur ein Anwendungsbereich ergeben, der so weit wie möglich die Gewässer erfasst. Gerade für die weit wandernden Arten ist eine Beschränkung des Schutzes auf die AWZ der Mitgliedstaaten wenig sinnvoll. Insofern sind die Regelungen der FFH-RL auch auf Schiffen unter der Flagge der Mitgliedstaaten der Union zu beachten.

Ratione materiae schließt der Anwendungsbereich nicht nur bestimmte Tierarten, sondern auch verschiedene Pflanzen in den Schutzbereich ein. Die Tatsache, dass Flora und Fauna Gegenstand des von der FFH-RL aufgebauten Schutzregimes sind, macht dieses so wertvoll. Denn nur, wenn alle Komponenten des Ökosystems stabil gehalten werden, besteht nicht die Gefahr des Zusammenbruchs von Ökosystemen und damit verbundenen verheerenden Auswirkungen auf die biologische Vielfalt. Welche Arten der Flora und Fauna konkret in den Anwendungsbereich fallen, bestimmt sich über die Anhänge der Richtlinie. In den Anhängen lassen sich zwar einige arktische Arten, wie der Polarfuchs finden,[1049] besonders umfassend sind diese aber mit Blick auf die gesamte arktische Flora und Fauna nicht. Im Vergleich zur Bonner Konvention sind die Anhänge der FFH-RL jedoch in Bezug auf die terrestrischen Arten etwas besser auf die arktische Biodiversität zugeschnitten. So listete die FFH-RL beispielsweise eine Unterart des Rentiers[1050] oder den Polarfuchs.[1051]

Besonders fällt auf, dass die häufig genutzten marinen lebenden Ressourcen, wie Fische oder Schalentiere, nur in recht geringer Anzahl gelistet werden. Letztere unterliegen jedoch oft spezielleren sekundärrechtlichen Instrumenten und sind daher nicht unbedingt auf den Schutz unter der FFH-RL angewiesen.

---

und Offshore-Bereich: Vierter Warnemünder Naturschutzrechtstag, 2003, S. 111 (115).

1048 Vgl. EuGH Rs. C-61/77, *Kommission/Irland*, Slg. 1978, 417, Rn. 45/51; *Czybulka*, Geltung der FFH-Richtlinie in der Ausschließlichen Wirtschaftszone, NuR 2001, S. 19 (25).

1049 Vgl. zum Vorkommen des Polarfuchses in der Arktis, *CAFF*, AFF, 2011, S. 144.

1050 Rangifer tarandus fennicus, Anhang II FFH-RL.

1051 Alopex lagopus, Anhang IV FFH-RL.

Bei einer Lektüre der FFH-RL drängt sich der Eindruck auf, dass diese nach Sinn und Zweck nicht alle in der Arktis anzutreffende Arten erfassen kann. So verdeutlicht Art. 2 Abs. 2 FFH-RL, dass die aufgrund der FFH-RL getroffenen Maßnahmen die Arten und Lebensräume von „gemeinschaftlichem Interesse" schützen sollen. In Verbindung mit Art. 2 Abs. 1 FFH-RL, der die Regelungen der FFH-RL eben nicht auf überseeische Gebiete ausdehnen, sondern auf das europäische Gebiet der Mitgliedstaaten beschränkt wissen wollte, wird deutlich, dass im Fokus der FFH-RL nicht der Erhalt der weltweiten, sondern der europäischen biologischen Vielfalt steht. Dabei erfordert dies nicht, dass die Arten dauerhaft in Europa ansässig sind. Es reicht für einen Bezug zum geografischen Europa aus, wenn die zu schützenden Arten auf ihrem Zug durch verschiedene Gebiete die europäischen Grenzen überqueren. Insofern erfasst die FFH-RL nur die Arten, die einen Bezug zum geografischen Europa haben.

Dieser Befund lässt den Eindruck entstehen, eine Lücke im Schutzkonzept der EU mit Blick auf die Arktis gefunden zu haben. Tatsächlich ist dies nicht der Fall. Es müsste für ein solches Ergebnis überhaupt erst die Möglichkeit bestehen, dass nach der Richtlinie verbotene Handlungen, über welche die EU von den Mitgliedstaaten abgeleitete Jurisdiktionsmöglichkeiten hat, in Bezug auf Ressourcen vorgenommen werden, die keine Verbindung zum geografischen Europa haben. Dies ist im Bereich der Hohen See möglich. Ferner kann ein solcher Zugriff dort erfolgen, wo Drittstaaten souveräne Rechte zur Nutzung von Ressourcen zukommen und eine Nutzungsvereinbarung zwischen dem jeweiligen Drittstaat und der EU vorliegt.[1052] Solche Vereinbarungen hat die EU jedenfalls im Rahmen der hier gezogenen arktischen Grenzen nur in Bezug auf Fisch im weiteren Sinne[1053] getroffen. Die Fischereiressourcen der Arktis sind jedoch Gegenstand der GFP. Wale unterfallen, weil sie weit wandernde

1052 Möglich ist ferner, dass einzelne Fischereifahrzeuge der Mitgliedstaaten mit Drittstaaten Nutzungsrechte aushandeln. Diese sind aber auch in der AWZ von Drittstaaten an das Unionsrecht gebunden, sofern dies keine Auswirkungen auf die Hoheitsbefugnisse der Küstenstaaten hat, vgl. dazu Kap. I, Abschnitt C.III.2. Der Fall, dass Private Rechte zur Nutzung von Ressourcen, die keine Fischereiressourcen sind (diese unterfallen nicht der FFH-RL sondern der GFP), in der AWZ von Drittstaaten erhalten, wird in der Praxis äußerst selten vorkommen.

1053 Fisch, Weich- und Schalentiere.

Arten sind und dadurch eine Verbindung zu Europa haben,[1054] durch Listung aller Walarten in Anhang IV lit. a FFH-RL dem Schutz der FFH-RL. Robben hingegen werden nur selten außerhalb der Wirtschaftszonen der Anrainer anzutreffen sein. Aufgrund der grundsätzlich nicht gegebenen Befugnis zur Nutzung dieser in unionsfremden AWZs, entsteht in Bezug auf den Schutz der Robben keine Regelungslücke. Die verschiedenen Vogelarten sollen durch die VSRL geschützt werden. Insofern ist tatsächlich keine große Lücke für den Schutz der arktischen biologischen Vielfalt allein durch den prinzipiell auf Arten mit Verbindung zu Europa beschränkten Anwendungsbereich entstanden. Eine Überarbeitung der Zielbestimmung der FFH-RL oder Entwicklung einer weiteren Richtlinie ist mit Blick auf die Arktis daher nicht erforderlich. Zu fordern ist jedoch, die FFH-RL regelmäßig den sich in Zukunft sicherlich verschlechternden Erhaltungszuständen arktischer Arten mit Verbindung zum geografischen Europa anzupassen.

bb) Regulierung der Nutzung lebender arktischer Ressourcen

Bezüglich der Mechanismen zum Schutz der biologischen Vielfalt setzt die FFH-RL auf Elemente des mittelbaren und des unmittelbaren Artenschutzes. Charakteristikum des mittelbaren Artenschutzes der FFH-RL ist, dass dieser nicht nur vorsieht, verschiedene schützenswerte Habitate auszuweisen, sondern ein weiträumiges Netz an Schutzgebieten, das „Netz Natura 2000“ anstrebt, das auch die Schutzgebiete der VSRL umfasst.[1055] Für die Nutzung lebender Ressourcen wird die Ausweisung von Schutzgebieten nur dann relevant, wenn in diesem Zusammenhang bestimmte Ge- und Verbote zur Regelung der Nutzung lebender Ressourcen gelten.

Eine Möglichkeit der Einflussnahme des mittelbaren Artenschutzes auf die Nutzung lebender Ressourcen ist in Art. 6 Abs. 2 FFH-RL zu erkennen, der die Mitgliedstaaten auffordert, die geeigneten Maßnahmen zu ergreifen, um unter Anderem Störungen der Arten in den für diese ausgewiesenen Schutzgebieten zu verhindern. Zu solchen Störungen zählen nicht nur der Fang oder das Töten von Arten, sondern jedes Verhalten,

1054 Auch die für die Arktis typischen Arten Narwal, Grönlandwal und Belugawal wandern durch Gewässer des Europäischen Nordmeeres und Teile der Barentssee, die zum geografischen Europa zu zählen sind.

1055 Vgl. Art. 3 Abs. 1 FFH-RL.

das sich qualitätsmildernd auf die Lebensverhältnisse der bedrohten Art auswirkt.[1056]

Die Relevanz der Vorschriften zum mittelbaren Artenschutz ist für die Arktis jedoch insgesamt nicht besonders groß. Mit multilateraler Geltung kann die EU nur Schutzgebiete in den Gebieten mit Hoheitsbefugnissen der Mitgliedstaaten deklarieren.[1057] Diesem Potential ist für die Landgebiete auch nachgekommen worden. In den finnischen und schwedischen Regionen, die nach der hier gewählten Grenzziehung innerhalb der Arktis liegen, sind mehrere solcher Schutzgebiete ausgewiesen.[1058] In diesen Gebieten beheimatet sind Arten wie der Vielfraß oder der Polarfuchs,[1059] deren Vorkommen in der Arktis typisch ist.[1060] Diese sind beispielsweise Schutzgegenstand des Schutzgebiets Kaldoaivin Erämaa[1061] im nördlichen Finnland.[1062]

Im Ergebnis ist bis hierher festzuhalten, dass Vorschriften des mittelbaren Artenschutzes zwar für die terrestrischen Gebiete der EU in der Arktis von Bedeutung sind. Auswirkungen auf den Erhalt mariner arktischer Arten haben diese jedoch nicht. Dieser Befund ist weder der Richtlinie noch dem Willen der EU zum Schutz der biologischen Vielfalt anzulasten, sondern beruht auf dem Umstand, dass in der Arktis keine marinen Gebiete mit Hoheitsbefugnissen der Mitgliedstaaten vorhanden sind.

Unmittelbar die Nutzung der lebenden Ressourcen betreffend und damit in Anbetracht der hier gewählten Problemstellung von herausra-

1056 Vgl. *Frenz*, Europäisches Umweltrecht, 1997, Rn. 387.

1057 Zu den mit der Ausweisung von Schutzgebieten verbundenen völkerrechtlichen Problemen vgl. *Castringius*, Meeresschutzgebiete – Die völkerrechtliche Zulässigkeit mariner Natura 2000 Gebiete, 2006; *Janssen*, Die rechtlichen Möglichkeiten der Einrichtung mariner Meeresschutzgebiete in der Ostsee, 2002; *Dux*, Specially Protected Marine Areas in the Exclusive Economic Zone (EEZ), 2011; *Frank*, The European Community and Marine Environmental Protection in the International Law of the Sea, 2007, S. 331 ff.

1058 http://natura2000.eea.europa.eu/# (13.07.2014).

1059 http://natura2000.eea.europa.eu/natura2000/SDF.aspx?site=FI1300105 (13.07.2014).

1060 Vgl. für den Vielfraß *CAFF*, AFF, 2001, S. 236; für den Polarfuchs, *CAFF*, AFF, 2001, S. 259.

1061 http://natura2000.eea.europa.eu/natura2000/SDFPublic.aspx?site=FI1302002 (13.07.2014), site Code FI1302002.

1062 http://natura2000.eea.europa.eu/natura2000/SDFPublic.aspx?site=FI1302002 (13.07.2014).

gender Bedeutung sind die Art. 12 bis Art. 16 FFH-RL. Art. 12 FFH-RL enthält Verbotsvorschriften, die sich auf die in Anhang IV lit. a FFH-RL aufgezählten Arten, die einem besonderen Schutz der Union bedürfen, beziehen. Verboten wird nicht nur das absichtliche Töten von einzelnen Exemplaren[1063] einer gelisteten Art,[1064] jede absichtlicher Störung der Art[1065] oder die Entnahme von Eiern,[1066] sondern auch der Besitz, Transport von oder Handel mit ehemals in der Natur lebenden Exemplaren.[1067] Eine vergleichbare Regelung enthält Art. 13 FFH-RL in Verbindung mit Anhang VI lit. b FFH-RL für die besonders schutzbedürftige Flora.

Die in diesen Vorschriften verbotenen Handlungen sind solche, die absichtlich vorgenommen werden. Das bedeutet, dass die FFH-RL nicht das Problem des Beifangs von beispielsweise Walen im Zuge der Fischerei im Fokus hat. Dies lässt sich damit erklären, dass dieser Problematik besser in Verbindung mit der Reglung der Fischerei begegnet werden kann. Hinzu kommt, dass wenn die FFH-RL auch das nicht absichtliche Töten oder ein auf Exemplare bezogenes Störungsverbot enthalten würde, sich nicht nur im Bereich der Fischerei erhebliche Beschränkungen ergeben würden. Jedes Vorhaben, das im Ergebnis zum Tode eines einzelnen Exemplars einer bedrohten Tierart führen könnte, wäre mit Blick auf die FFH-RL nicht genehmigungsfähig. Insofern erscheint es durchaus verständlich, die Problematik des Beifangs auf andere Art zu regeln.

Für weniger stark gefährdete Arten der Flora und Fauna regelt Art. 14 FFH-RL in Verbindung mit der Anlage V FFH-RL, dass die Mitgliedstaaten Maßnahmen treffen, wenn sie es für erforderlich halten. Ziel muss dabei sein, dass die Entnahme und Nutzung von Exemplaren des Anhangs V mit der Bewahrung ihres Erhaltungszustands vereinbar sind. Zu derartigen Maßnahmen zählen Regelungen zu Entnahmeperioden, begrenzte Entnahmeverbote bezüglich einzelner Populationen oder die

1063 Exemplare sind nach Art. 1 lit. m „jedes Tier oder jede Pflanze, lebend oder tot, jedes aus dem Tier oder der Pflanze gewonnene Produkt, sowie jede andere Ware, die aufgrund eines Begleitdokuments, der Verpackung, eines Zeichens, eines Etiketts oder eines anderen Sachverhalts als Teil oder Derivat von Tieren oder Pflanzen der erwähnten Arten identifiziert werden kann."

1064 Art. 12 Abs. 1 lit. a FFH-RL.

1065 Art. 12 Abs. 1 lit. b FFH-RL, die FFH-RL verfolgt an dieser Stelle also einen artenbezogenen Ansatz.

1066 Art. 12 Abs. 1 lit. c FFH-RL.

1067 Art. 12 Abs. 2 Halbsatz 1 FFH-RL.

Regelung zum Handeln mit Exemplaren dieser Arten.[1068] Ausnahmen zu den Vorschriften des unmittelbaren Artenschutzes enthält Art. 16 FFH-RL, der sowohl regelt, wann von den Art. 12 bis Art. 15 abgewichen werden darf, als auch ein Überwachungsverfahren dieser Abweichungen durch die Kommission vorsieht.

Im Ergebnis bleibt festzuhalten, dass die FFH-RL durchaus schon heute einen Beitrag zum Schutz der arktischen biologischen Vielfalt leistet. An seine Grenzen stößt dieses Schutzkonzept nicht aufgrund eines zu eng gewählten Ansatzes, sondern aufgrund begrenzter Zugriffs- und Regelungsmöglichkeiten der EU im Bereich der Arktis. Hinzu kommt, dass die Fischereiressourcen der Arktis Regelungsgegenstand der Fischereipolitik sind, die in Bezug auf ihre Anwendbarkeit und ihre Bedeutung für die Arktis noch zu untersuchen sein wird.

b) Die Vogelschutzrichtlinie

Die VSRL ist der Sekundärrechtsakt, der viele Vorgaben aus Unionsabkommen in Hinblick auf die Avifauna umsetzt.[1069] Ziel der Richtlinie ist die Erhaltung wildlebender Vogelarten.[1070]

aa) Anwendbarkeit in der Arktis

Der Anwendungsbereich der VSRL gestaltet sich vergleichbar zu dem der FFH-RL. Dies ergibt sich schon aufgrund der seitens der EU vorgenommenen Anpassung des Wortlautes der FFH-RL und der VSRL.[1071] Die Verpflichtungen der VSRL erstrecken sich prinzipiell auf die AWZ, den FLS und sind auch auf Schiffen unter der Flagge der Mitgliedstaaten zu beachten.

1068 Art. 14 Abs. 2 FFH-RL.

1069 Dabei gibt die Richtlinie auch nur einen Mindeststandard vor. Nach Art. 14 VSRL können die Mitgliedstaaten schärfere Schutzvorschriften treffen, als solche, welche die Richtlinie vorsieht. Allerdings hat der EuGH in Bezug auf Arten des Anhangs III/1 entschieden, dass nur die Mitgliedstaaten, in denen die jeweilige Art des Anhangs III/1 ansässig ist, derartige Maßnahmen ergreifen dürfen, EuGH Rs. C-169/89, *Van den Burg*, Slg. 1990, I-2143, Rn. 12.

1070 Vgl. Art. 1 Abs. 1 VSRL.

1071 Vgl. *Czybulka*, Geltung der FFH-Richtlinie in der Ausschließlichen Wirtschaftszone, NuR 2001, S. 19 (24).

Auch der Anwendungsbereich *ratione materiae* bestimmt sich nach den gleichen Prinzipien wie im Rahmen der FFH-RL. Die Pflichten aus der Richtlinie beziehen sich auf alle in der EU vorkommenden[1072] und gelisteten Arten.

Diskutiert wurde in der Vergangenheit, ob Art. 1 Abs. 1 S. 1 VSRL die Reichweite der Verpflichtungen der Mitgliedstaaten in Bezug auf bestimmte Arten einschränkt.[1073] Nach Art. 1 Abs. 1 S. 1 ist Ziel der VSRL, die Vogelarten zu schützen, die „im europäischen Gebiet der Mitgliedstaaten [...] heimisch sind".[1074] Dass Art. 1 Abs. 1 S. 1 VSRL auf heimische Arten abstellt, könnte darauf hindeuten, dass jeder Mitgliedstaat nur die Arten, die in seinem Hoheitsgebiet oder seiner AWZ ihren natürlichen Lebensraum haben, zu schützen hat, nicht jedoch solche die in Gebieten anderen Mitgliedstaaten leben. Diese Auslegung wäre jedoch zu eng gefasst. Auf europäischer Ebene ist man sich bewusst, dass der Schutz der Avifauna eine Aufgabe darstellt, die nur auf mittels grenzüberschreitender Kooperation erfüllt werden kann.[1075] Daher beziehen sich die Schutzverpflichtungen der VSRL grundsätzlich auf alle in der EU vorkommenden und in der VSRL gelisteten Arten.

In den Anhängen enthalten sind auch Vertreter der Avifauna, welche die arktischen Grenzen überqueren. Eine generelle Relevanz der VSRL für den Erhalt der arktischen Avifauna ist insofern gegeben.

bb) Regulierung der Nutzung lebender arktischer Ressourcen

Vorschriften zum unmittelbaren Artenschutz lassen sich in den Art. 5 bis Art. 6 VSRL finden. In diesen Artikeln sind unter Anderem Verbote des absichtlichen Tötens oder Fangens,[1076] des Sammelns von Eiern[1077] oder

1072 So ist auch zu verstehen EuGH Rs. C-247/85, *Kommission/Belgien*, Slg. 1987, 3029, Rn. 22; Rs. C-149/94, *Vergy*, Slg. 1996, I-299, Rn. 18.

1073 Vgl. EuGH Rs. C-149/94, *Vergy*, Slg. 1996, I-299.

1074 Die FFH-RL spricht in Art. 2 Abs. 1 von der Erhaltung der wildlebenden Tiere und Pflanzen im europäischen Gebiet der Mitgliedstaaten und enthält nicht den Zusatz, dass die zu schützenden Arten in diesem Gebiet „heimisch" sind.

1075 Vgl. Erwägungsgrund 4 der VSRL; EuGH Rs. C-247/85, *Kommission/Belgien*, Slg. 1987, 3029, Rn. 6; vgl. auch Rs. C-149/94, *Vergy*, Slg. 1996, I-299, Rn. 18.

1076 Art. 5 lit. a VSRL.

1077 Art. 5 lit. c VSRL.

des Verkaufs bestimmter lebender oder toter Vögel enthalten.[1078] Auch ein artenbezogenes Störungsverbot für sämtliche dem Anwendungsbereich unterliegende Vogelarten lässt sich in den Art. 5 und Art. 6 finden.[1079] Art. 5 und 6 VSRL erfassen allerdings nur die zielgerichtete Tötung oder Störung; der Beifang wird auch hier nicht erfasst.

Streit herrschte in der Vergangenheit aufgrund der Regelung des Art. 2 VSRL, in dem eine Ausnahme von den Verboten der Art. 5 und 6 VSRL gesehen wurde.[1080] Art. 2 VSRL bestimmt, dass die Mitgliedstaaten bei Ergreifen der Maßnahmen zum Schutze bestimmter Vogelarten die „wirtschaftlichen und freizeitbedingten Erfordernisse" zu beachten haben. Hierin wurde die Möglichkeit der Abwägung von Schutzvorschriften mit eben diesen Interessen erkannt. Diese Ansicht ist schon aus Effektivitätsgründen abzulehnen und ist darüber hinaus auch durch die Rechtsprechung des EuGH hinreichen widerlegt.[1081] Insofern bleibt es bei den Ausnahmeregelungen der Art. 7 bis 9 VSRL. Diese Ausnahmen sind jedoch von verschiedenen Voraussetzungen abhängig und werden seitens der Rechtsprechung streng gehandhabt.[1082]

Zu den Verbotsvorschriften der Art. 5 und 6 treten solche hinzu, welche die Verdrängung einheimischer Arten durch invasive Arten vermeiden sollen[1083] sowie mittelbare Artenschutzvorschriften.[1084]

Zusammenfassend lässt sich sagen, dass der Beitrag, den die VSRL zum Erhalt der arktischen biologischen Vielfalt leisten kann, eher gering ist. Dieser bezieht sich primär auf die im nördlichen Finnland und Schwe-

1078 Art. 6 Abs. 1 VSRL; welche Vogelarten tatsächlich dem Verkaufsverbot unterfallen, regelt Art. 6 Abs. 2 und Abs. 3 i. V. m. Anhang III VSRL.

1079 Vgl. Art. 5 lit. d VSRL.

1080 EuGH Rs. C-247/85, *Kommission/Belgien*, Slg. 1987, 3029, Rn. 8; Rs. C-44/95, *Regina/Secretary of State for the Environment*, Slg. 1996, I-3805.

1081 EuGH Rs. C-247/85, *Kommission/Belgien*, Slg. 1987, 3029, Rn. 8; Rs. C-44/95, *Regina/Secretary of State for the Environment*, Slg. 1996, I-3805, Rn. 25.

1082 Vgl. beispielsweise in Bezug auf die Ausnahmen von Jagdverbot Art. 7 Abs. 4 VSRL; EuGH Rs. C-435/92, *Association pour la protection des animaux sauvages/Préfet de Maine-et-Loire en Préfet de la Loire-Atlantique*, Slg. 1994, I-67; Rs. C-157/89, *Kommission/Italien*, Slg. 1991, I-57; vgl. zu den strengen Voraussetzungen der Rechtsprechung zu Art. 9 VSRL *Jans/Vedder*, European Environmental Law, 2012, S. 512.

1083 Art. 11 VSRL.

1084 Art. 3 und 4 VSRL. So haben die Mitgliedstaaten zum Beispiel die geeigneten Maßnahmen zu ergreifen, um die Belästigung der Vögel (in Bezug auf ihr Überleben und ihre Vermehrung) in den Schutzgebieten zu vermeiden, Art. 4 Abs. 4 VSRL.

den anzutreffenden Vertreter der Avifauna. Besondere Seevögel der Arktis werden von der VSRL weniger geschützt. Dies ist aber nicht unbedingt auf die Beschränkung des Anwendungsbereiches auf in Europa ansässige Arten zurückzuführen. Der Zugriff auf diese Arten kann nur im Bereich der Hohen See erfolgen, wird jedoch von der EU nicht zielgerichtet betrieben. Finden Seevögel den Tod durch Handlungen, die Schiffen unter „europäischer Flagge" zuzurechnen sind, sind diese Exemplare als Beifang der Fischerei zu bewerten. Diese Problematik kann und soll die VSRL jedoch nicht erfassen. An dieser Stelle ist auf weiteres Sekundärrecht zu hoffen, das sich dem Problem des Beifangs widmet.

c) Die Artenschutzverordnung

Auch der Handel mit arktischen Arten und deren Erzeugnissen kann einen erheblichen Einfluss auf den Erhalt der Artenvielfalt und die Stabilität der Ökosysteme haben. Auf internationaler Ebene bietet das Washingtoner Artenschutzabkommen[1085] den Rahmen, der eine ständige Überwachung des Handels mit vielen verschiedenen Arten der Fauna und Flora ermöglicht. Obwohl die EU diesem Abkommen nicht beitreten kann,[1086] hat sie die Verordnung 3626/82,[1087] die später aufgrund neuer wissenschaftlicher Erkenntnisse durch die Verordnung über den Schutz von Exemplaren wildlebender Tier- und Pflanzenarten durch Überwachung des Handels

1085 Convention on International Trade in Endangered Species of Wild Fauna and Flora, 03.03.1973, 993 UNTS 243 (deutsche Übersetzung in: BGBl. 1975 II S. 777, Übereinkommen über den internationalen Handel mit gefährdeten Arten freilebender Tiere und Pflanzen (Washingtoner Artenschutzabkommen)).

1086 Nach Art. 1 lit. h können nur Staaten Vertragsparteien werden, vgl. Jans/Vedder, International Environmental Law, 2012, S. 518; Churchill/Owen, The EC Common Fisheries Policy, 2010, S. 387; Franckx/Van den Bossche, The Role of the European Union in Regional Fisheries Organizations, in: Russell/VanderZwaag (Hrsg.), Recasting Transboundary Fisheries Management in the Light of Sustainability, 2010, S. 419 (423).

1087 Verordnung 3626/82 vom 03. Dezember 1982 zur Anwendung des Übereinkommens über den internationalen Handel mit gefährdeten Arten frei lebender Tiere und Pflanzen in der Gemeinschaft, ABl. EG L 384 vom 31.12.1982, S. 1, aufgehoben durch Verordnung 338/97 des Rates vom 09. Dezember 1996 über den Schutz von Exemplaren wildlebender Tier- und Pflanzenarten durch Überwachung des Handels, ABl. EG L 61 vom 03.03.1997, S. 1.

(Artenschutzverordnung -ArtenschutzVO)[1088] ersetzt wurde, erlassen.[1089] Die ArtenschutzVO ist sehr stark am Washingtoner Artenschutzabkommen orientiert. Ziel der ArtenschutzVO wie auch des Washingtoner Artenschutzabkommens ist es, „die gefährdeten Tier- und Pflanzenarten durch die Überwachung des internationalen Handels […] zu schützen".[1090]

aa) Anwendungsbereich

Die Begrenzung des Handels mit bestimmten Arten ergibt sich über die in der Verordnung vorgenommene Listung einzuführenden oder auszuführenden Exemplare.[1091] Unter Handel wird in diesem Zusammenhang gemäß Art. 2 lit. u ArtenschutzVO die „Einfuhr in die Union […], die Ausfuhr und Wiederausfuhr aus dieser, sowie die Verwendung, Beförderung oder Überlassung von Exemplaren, für welche die Vorschriften der Verordnung gelten", verstanden. Dabei müssen die einzuführenden Arten nicht ausschließlich aus Territorien von Nicht-EU Staaten stammen, sondern können auch hoheitsfreien Räumen, wie der Hohen See, entnommen werden.[1092]

Die Arten, die der Verordnung unterfallen und die als Exemplare bezeichnet werden, werden in vier Anhängen aufgelistet. Anhang A enthält dabei die Arten, denen ein besonderes Schutzbedürfnis zukommt. Dieses Schutzbedürfnis wird in Bezug auf die Exemplare des Anhangs B,

1088 Verordnung 338/97 vom 09. Dezember 1996 über den Schutz von Exemplaren wildlebender Tier- und Pflanzenarten durch Überwachung des Handels, ABl. EG L 61 vom 03.03.1997, S. 1, zuletzt geändert durch Verordnung (EU) Nr. 750/2013 der Kommission vom 29. Juli 2013 zur Änderung der Verordnung (EG) Nr. 338/97 des Rates über den Schutz von Exemplaren wildlebender Tier- und Pflanzenarten durch Überwachung des Handels, ABl. EU L 212 vom 07.08.2013, S. 1.

1089 Vgl. *Gellermann*, in: Rengeling (Hrsg.), Handbuch zum europäischen und deutschen Umweltrecht, 2003, Bd. II, Teilband 1, § 78, Rn. 8.

1090 Erwägungsgrund 1 ArtenschutzVO; Art. 1 Abs. 1 ArtenschutzVO.

1091 Exemplare in diesem Sinne sind nicht nur das Tier als solches, sondern „jedes lebende oder tote Tier oder jede lebende oder tote Pflanze, Teile dieser oder aus ihnen gewonnene Erzeugnisse", Art. 2 lit. t ArtenschutzVO.

1092 Vgl. Art. 2 lit. e ArtenschutzVO, auch die „Einbringung aus dem Meer" fällt unter die „Einführung in die Union".

C und D[1093] jeweils etwas schwächer.[1094] Aus diesem Grund werden an den Handel mit Anhang A Exemplaren die größten Anforderungen gestellt.

In Bezug auf die arktische Flora und Fauna sind die Anhänge jedoch nicht ganz vollständig. Enthalten sind in Anhang A zwar beispielsweise Wale oder der Wolf. Einige Arten, wie der Polarfuchs, fehlen jedoch. Der Eisbär wird beispielsweise in Anhang B gelistet. Grund dafür kann sein, dass die schwierige Erhaltungssituation dieser Arten durch den Klimawandel und nicht primär den internationalen Handel verursacht wird. Die Bedrohungen, die der Klimawandel für die verschiedenen Arten auslöst, können jedoch nicht die Begründung für einen schwachen Schutzstandard unter der ArtenschutzVO sein. Denn gerade, wenn andere Faktoren hinzu treten, ist es unerlässlich, den Handel mit bedrohten Arten und Erzeugnissen aus diesen zu regulieren. Ferner sind relativ wenige Robben in den Anhängen aufgeführt, was jedoch auf den Umstand, dass diese durch eine eigene EU-Richtlinie Handelsbeschränkungen unterworfen sind, zurückzuführen ist.[1095]

bb) Regulierung der Nutzung lebender arktischer Ressourcen

Inhaltlich arbeitet die ArtenschutzVO bezüglich der Ein- und Ausfuhr von Exemplaren in bzw. aus der Union mit Genehmigungserfordernissen, Meldungs- und Dokumentationspflichten.[1096] Beispielsweise ist die Einfuhr von Exemplaren von Anhang A Arten nur nach Prüfung der Union und mit Genehmigung zulässig. Diese Genehmigung darf gemäß Art. 4 Abs. 1, Abs. 6 ArtenschutzVO in materieller Hinsicht nur erteilt werden, wenn der Erhaltungsstatus der Art nicht beeinträchtigt wird und die Einfuhr zu bestimmten Zwecken erfolgt. Solche Zwecke können Zucht

1093 Die Anhänge A-C korrespondieren mit den Anhängen I-III des Washingtoner Artenschutzabkommens, Anhang D listet hingegen Arten die in diesem Abkommen nicht enthalten waren, Art. 3 ArtenschutzVO. Dies führt dazu, dass der Anwendungsbereich der ArtenschutzVO weiter ist, als der des Washingtoner Artenschutzabkommens.

1094 Vgl. *Sparwasser/Engel/Vosskuhle*, Umweltrecht, 2003, § 6 Rn. 42.

1095 Dazu sogleich.

1096 Die Einfuhr von Exemplaren bestimmter Arten aus bestimmten Regionen ist aktuell gänzlich ausgesetzt, Durchführungsverordnung 578/2013 der Kommission vom 17. Juni 2013 zur Aussetzung der Einfuhr von Exemplaren bestimmter Arten wild lebender Tiere und Pflanzen in die Europäische Union, ABl. EU L 169 vom 21.06.2013, S. 1.

oder Fortpflanzungszwecke sein.[1097] Diese bestimmten Zwecke müssen bei der Einfuhr von Anhang B Arten nicht mehr verfolgt werden; eine Genehmigung ist jedoch auch bei diesen Arten erforderlich.[1098] Die Einfuhr von Exemplaren von Arten, die in Anhang C und D gelistet sind, erfordert keine Genehmigung, sondern darf nach Prüfung und mit Einfuhrmeldung die Grenzen der EU passieren.[1099] Ähnliche Regelungen existieren in Bezug auf die Ausfuhr und die Wiederausfuhr[1100] aus der Union.

Hinzu kommen einige Vorschriften, die bestimmte Handlungen verbieten. So sind der Kauf, das Angebot zum Kauf, der Verkauf oder das Befördern zu Verkaufszwecken mit Anhang A und B Arten nach Art. 8 Abs. 1 und Abs. 5 ArtenschutzVO verboten.[1101] Ebenfalls geregelt wird die Beförderung lebender Exemplare innerhalb der EU. Art. 9 Abs. 1 ArtenschutzVO enthält für die Beförderung lebender Exemplare von Arten des Anhangs A ein Genehmigungserfordernis, sofern diese Exemplare zuvor eingeführt wurden. Für alle anderen Arten muss gegebenenfalls die Herkunft des Exemplars nachgewiesen werden können. Neben diesen materiellen Schutzvorschriften beinhaltet die ArtenschutzVO auch Regelungen formeller Art, die den Vollzug im Unionsgebiet in kohärenter Form ermöglichen.[1102]

1097 Vgl. Art. 4 Abs. 1 lit. a ii, Art. 8 Abs. 3 lit. f ArtenschutzVO.

1098 Art. 4 Abs. 2 ArtenschutzVO enthält nicht die Vorgabe der Erfüllung eines bestimmten Zwecks.

1099 Von diesen Vorschriften sind gemäß Art. 7 ArtenschutzVO Abweichungen möglich, wenn Exemplare in Gefangenschaft geboren wurden, gezüchtet oder künstlich vermehrt sind (Nr. 1), bei der Durchfuhr durch das Unionsgebiet (Nr. 2), oder wenn nicht mehr lebende Exemplare persönliche oder Haushaltsgegenstände darstellen (Nr. 3), sowie wenn bestimmte Varianten dieser für wissenschaftliche Einrichtungen bestimmt sind (Nr. 4).

1100 Wiederausfuhr bedeutet „Ausfuhr eines früher eingeführten Exemplars aus der Union", Art. 2 lit. n ArtenschutVO.

1101 Ausnahmen sind jedoch auch hier möglich, Art. 8 Abs. 3, Abs. 5 ArtenschutzVO.

1102 So regelt Art. 11 die Gültigkeit von Genehmigungen und Bescheinigungen, Art. 12 die Einrichtung von Eingangs- und Ausgangsstellen, welche die Überprüfung und Förmlichkeiten für die Ein- und Ausfuhr der unter die ArtenschutzVO fallenden Arten überwachen, Art. 13 dient der Einrichtung weiter Behörden, Art. 14 regelt die Überwachung der Einhaltung der Vorschriften und Ermittlungen bei Verstößen gegen die ArtenschutzVO, Art. 15 regelt die Weitergabe von zur Durchführung der Verordnung notwendigen Informationen und Art. 17 dient der Einrichtung einer wissenschaftlichen Prüfgruppe, deren Aufgabe die Prüfung wissenschaftlicher Fragestellungen in Verbindung mit der ArtenschutzVO ist. Weitere Formalien sind in einer Artenschutzdurchführungsverordnung geregelt, Verordnung 865/2006

Im Ergebnis bleibt festzuhalten, dass die ArtenschutzVO durch ihre materiellen Regelungen einen bedeutenden Bereich der Nutzung lebender Ressourcen adressiert. Verringern sich die Absatzmärkte für bestimmte Exemplare, werden deren Jagd und die Gewinnung ihrer Erzeugnisse unattraktiver, da der wirtschaftliche Anreiz für diese Handlungen fehlt. Durch die ArtenschutzVO kann die EU also über die Grenzen der Union hinaus Einfluss auf die Nutzung von bestimmten Arten nehmen. Eine ihrem Potential entsprechend große Bedeutung für die Nutzung der arktischen lebenden Ressourcen kann die Artenschutzverordnung insbesondere durch die Listung vieler arktistypischer Arten in den Anhängen erreichen. Hier müssen in Zukunft die Anhänge angepasst werden, damit diese mit sicherlich auftretenden Veränderungen des Erhaltungszustandes der arktischen Arten Schritt halten können.

d) Weiteres Sekundärrecht mit Bedeutung für den Schutz lebender arktischer Ressourcen

Die EU hat eine Vielzahl von Sekundärrechtsakten erlassen, die, obwohl es nicht primäre Zielsetzung dieser Richtlinien und Verordnungen ist, die Ressourcennutzung regulieren und damit einen positiven Beitrag zum Erhalt lebender Ressourcen leisten können. Aufgrund der Vielzahl solcher Sekundärrechtsakte soll an dieser Stelle nur ein solcher Rechtsakt exemplarisch benannt werden.

Relevanz für den Erhalt der arktischen biologischen Vielfalt entfaltet die Verordnung zum Verbot von Tellereisen in der Gemeinschaft und der Einfuhr von Pelzen und Waren von bestimmten Wildtierarten aus Ländern, die Tellereisen oder den internationalen humanen Fangmethoden nicht entsprechende Fangmethoden anwenden.[1103] Die Union war bei

vom 04. Mai 2006 mit Durchführungsbestimmungen zur Verordnung EG 338/97 des Rates über den Schutz von Exemplaren wild lebender Tier- und Pflanzenarten durch Überwachung des Handels, ABl. EU L 166 vom 19.06.2006, S. 1, zuletzt berichtigt durch Verordnung (EU) Nr. 1283/2013 der Kommission vom 10. Dezember 2013 zur Berichtigung der französischen Sprachfassung der Verordnung (EG) Nr. 865/2006 mit Durchführungsbestimmungen zur Verordnung (EG) Nr. 338/97 des Rates über den Schutz von Exemplaren wildlebender Tier- und Pflanzenarten durch Überwachung des Handels, Abl. EU L 332 vom 11.12.2013, S. 14.

1103 Verordnung EWG 3254/91 vom 04. November 1991 zum Verbot von Tellereisen in der Gemeinschaft und der Einfuhr von Pelzen und Waren von bestimmten Wildtierarten aus Ländern, die Tellereisen oder den internationalen humanen Fang-

Erlass dieser Verordnung, die unter Anderem Vorgaben aus dem Berner Abkommen umsetzt,[1104] der Meinung, dass die Abschaffung von Tellereisen[1105] einen positiven Beitrag auf die Erhaltungssituation wild lebender Tiere haben wird.[1106] Dies ist darauf zurückzuführen, dass die Verwendung von Tellereisen zum wahllosen Fang von Tieren führte bzw. den Jägern zu Fängen in größeren Mengen verhalf. Seit dem 1. Januar 1995 ist aufgrund des Art. 2 dieser Verordnung die Verwendung von Tellereisen verboten. Ebenfalls verboten ist auch die Einfuhr von Pelzen in die Gemeinschaft, aus Ländern, welche die Kommission nicht als „vertrauenswürdig" eingestuft hat.[1107]

2. Maßnahmen zum Schutz, zur Erhaltung und zur Bewirtschaftung mariner Ressourcen

Die Nutzung der arktischen marinen lebenden Ressourcen durch Fischereifahrzeuge unter der Flagge der Mitgliedstaaten der EU findet bereits statt[1108] und wird bei Abschmelzen des arktischen Eises weiter ausgedehnt werden.[1109] Zugriffsmöglichkeiten auf die lebenden Ressourcen bestehen im zentralen arktischen Ozean, den drei Enklaven mit Status der Hohen See sowie in den AWZs von arktischen Drittstaaten aufgrund bilateraler Vereinbarungen.

methoden nicht entsprechende Fangmethoden anwenden, ABl. EG L 308 vom 09.11.1991, S. 1, zuletzt geändert durch Verordnung 35/97 der Kommission vom 10. Januar 1997 über die Ausstellung von Bescheinigungen für Pelze und Waren, die unter die Verordnung (EWG) Nr. 3254/91 des Rates fallen, ABl. EG L 8 vom 11.01.1997, S. 2.

1104 Vgl. Erwägungsgrund 1 Verordnung 3254/91.

1105 Gemäß Art. 1 der Verordnung 3254/91 ist ein Tellereisen „ein Gerät zum Festhalten oder Fangen von Tieren durch Bügel, die über einen Lauf oder mehrere Läufe der Tiere zuschnappen und so verhindern, dass das Tier sich befreit".

1106 Erwägungsgrund 2 der Verordnung 3254/91.

1107 Vgl. Art. 3 Verordnung 3254/91.

1108 Zu den Fischfanggebieten der EU im Nordatlantik vgl. Informationen der Kommission: http://ec.europa.eu/fisheries/documentation/publications/poster_tac2011_en.pdf (13.07.2014), hier insbesondere die ICES-Fischereigebiete I und II.

1109 Vgl. Mitteilung der Kommission an das Europäische Parlament und den Rat – Die Europäische Union und die Arktis, 21.11.2008, KOM (2008) 763, S. 8, para 3.2.

Das Sekundärrecht zum Schutz mariner Ressourcen[1110] unterscheidet sich in einem Punkt wesentlich von den bereits dargestellten sekundärrechtlichen Regelungen. Abgesehen von einigen wenigen Sekundärrechtsakten, die sich auf die marinen Säuger beziehen, zielt das Regelungsregime der EU im marinen Bereich nicht auf die Erhaltung der Arten für künftige Generationen, sondern au deren wirtschaftliche Nutzung ab. Die zwecks Regulierung dieser Nutzung erschaffenen Erhaltungs- und Bewirtschaftungsmaßnahmen fasst die EU in ihrer Gemeinsamen Fischereipolitik (GFP) zusammen.

Maßgebend für die GFP ist eine Grundverordnung, die Ziele und Grundprinzipien der GFP beschreibt. Hinzu kommt eine Vielzahl von weiteren Sekundärrechtsakten, die in Verbindung mit vielen Änderungen der Verordnungen und Richtlinien dazu führt, dass das System der Union zum Erhalt der lebenden marinen Ressourcen schwer überschaubar ist. An dieser Stelle erfolgt eine Systematisierung und Analyse der maßgeblichen Sekundärrechtsakte; ein Anspruch auf absolute Vollständigkeit kann jedoch nicht erhoben werden.

a) Die Gemeinsame Fischereipolitik

Bereits seit den 1970er Jahren arbeitet die EU an einer GFP, die wesentlich durch eine Grundverordnung beeinflusst wird. Die Grundverordnung aus dem Jahre 2002 (GVO 02)[1111] befand sich lange Zeit in einem Reformprozess. Bereits im Juli 2011 legte die Kommission einen Vorschlag für eine neue Grundverordnung über die GFP vor.[1112] Nachdem das Europäische Parlament im Februar 2013 in einer ersten Lesung seinen Standpunkt

1110 Zum Begriff der marinen Ressourcen vgl. Kap II, Abschnitt B.I.3.

1111 Verordnung 2371/2002 des Rates vom 20. Dezember 2002 über die Erhaltung und nachhaltige Nutzung der Fischereiressourcen im Rahmen der Gemeinsamen Fischereipolitik, ABl. EG L 358 vom 21.12.2002, S. 59 (Grundverordnung 2002, GVO 02), aufgehoben durch Verordnung 1380/2013 des Europäischen Parlaments und des Rates vom 11. Dezember 2013 über die Gemeinsame Fischereipolitik und zur Änderung der Verordnungen (EG) Nr. 1954/2003 und (EG) Nr. 1224/2009 des Rates sowie zur Aufhebung der Verordnungen (EG) Nr. 2371/2002 und (EG) Nr. 639/2004 des Rates und des Beschlusses 2004/585/EG des Rates, ABl. EU L 354 vom 28.12.2013.

1112 Kommission, Vorschlag für eine Verordnung des Europäischen Parlaments und des Rates über die Gemeinsame Fischereipolitik, 13.07.2011, KOM(2011) 425 endgültig.

festlegte,[1113] erfolgte die erste Lesung im Rat erst am 17. Oktober 2013.[1114] Der Standpunkt des Rates beinhaltet einen Kompromisstext der Unionsorgane. Es bestanden einige divergierende Ansichten von Rat und Parlament zu einzelnen Punkten der Reform. Daher fanden im Laufe des Jahres 2013 mehrere informelle Trilog-Sitzungen zwischen den EU Organen statt.[1115] Bereits am 11. Juni 2013 veröffentlichte der Rat den Kompromisstext,[1116] der kurze Zeit später durch den Fischereiausschuss des Parlaments gebilligt wurde.[1117] Ziel war, dass das Europäische Parlament bereits in der zweiten Lesung den Standpunkt des Rates billigt und damit der Rechtsakt erlassen wird. Die zweite Lesung des Parlaments fand am 9. Dezember 2013 statt. Am 10. Dezember billigte das Europäische Parlament den Standpunkt des Rates und stellte fest, dass der Rechtsakt in der Form des Standpunktes des Rates erlassen werden wird.[1118] Die reformierte GVO 14 gilt seit dem 1. Januar 2014.[1119]

1113 European Parliament legislative resolution of 6 February 2013 on the proposal for a regulation of the European Parliament and of the Council on the Common Fisheries Policy, 06.02.2013 (EU Doc. T7-0040/2013).

1114 Rat der Europäischen Union, Standpunkt 9/2013 des Rates in erster Lesung im Hinblick auf den Erlass einer Verordnung der Europäischen Parlaments und des Rates über die Gemeinsame Fischereipolitik und zur Änderung der Verordnung (EG) Nr. 1954/2003 und (EG) Nr. 1224/2009 des Rates sowie zur Aufhebung der Verordnung (EG) Nr. 2371/2002 und (EG) Nr. 639/2004 des Rates und des Beschlusses (EG) Nr. 2004/585, 17.10.2013, ABl. EU C 351E vom 30.11.2013, S. 1. Vgl. zum Gesetzgebungsverfahren Art. 294 AEUV.

1115 Vgl. hierzu Vermerk des Generalsekretariats des Rates, betreffend den Vorschlag für eine Verordnung des Europäischen Parlaments und des Rates über die Gemeinsame Fischereipolitik – Billigung der endgültigen Fassung, 11.06.2013 (EU Doc. 10623/13), S. 2 f.

1116 Anlage 1 Vermerk des Generalsekretariats des Rates, betreffend den Vorschlag für eine Verordnung des Europäischen Parlaments und des Rates über die Gemeinsame Fischereipolitik – Billigung der endgültigen Fassung, 11.06.2013 (EU Doc. 10623/13).

1117 Europäisches Parlament, Fischereiausschuss, Protokoll der Sitzung vom 17./18. Juni 2013 (EU Doc. PECH_PV(2013)0617_1), S. 2 f.

1118 Vgl. Legislative Entschließung des Europäischen Parlaments vom 10. Dezember 2013 zu dem Standpunkt des Rates in erster Lesung im Hinblick auf den Erlass einer Verordnung des Europäischen Parlaments und des Rates über die Gemeinsame Fischereipolitik und zur Änderung der Verordnungen (EG) Nr. 1954/2003 und (EG) Nr. 1224/2009 des Rates und zur Aufhebung der Verordnungen (EG) Nr. 2371/2002 und (EG) Nr. 639/2004 des Rates und des Beschlusses 2004/585/EG des Rates, 10.12.2013 (EU Doc. P7_TA(2013)0537).

1119 Art. 51 GVO 14.

Die GFP will erreichen, dass die Fischerei „langfristig umweltverträglich" ist und gleichzeitig auch „wirtschaftlichen, sozialen und beschäftigungspolitischen" Interessen Rechnung trägt.[1120] In dieser Zielbestimmung kommt zum Ausdruck, dass die GFP die Fischerei nicht nur als einen Bedrohungsfaktor für den Erhalt bestimmter Bestände sieht, sondern dass diese andere Funktionen erfüllt, wie die Lebensgrundlage der Fischer zu bilden[1121] oder zur Versorgung der Bevölkerung mit Nahrungsmittel beizutragen. Aus diesem Grund geht die GFP davon aus, dass Fischerei nicht einfach verboten werden darf, sondern ein Management-System, das Nutzung und Erhalt der Bestände in ein Gleichgewicht bringt, erfordert.[1122]

Insofern legt nun auch die GFP den MSY[1123] als Mindestlevel der Erhaltung der Bestände fest.[1124] Die GVO 02 sah lediglich einen nachhaltigen Umgang mit den Ressourcen vor, ohne ein Level der Erhaltung der Bestände vorzugeben. Das führte in der Praxis dazu, dass ein um 20% gegenüber dem MSY geringeres Erhaltungsniveau Grundlage der Managementmaßnahmen der GFP war.[1125] Daraus resultierte eine Schädigung der Fischbestände. Aus diesem Grund will die reformierte GFP nicht nur noch gut erhaltene Bestände auf MSY-Niveau bewirtschaften, sondern

1120 Art. 2 Abs. 1 GVO 14.

1121 Vgl. dazu auch Art. 2 Abs. 5 lit. f GVO 14.

1122 Das bedeutet, dass keine eindimensionalen Maßnahmen, die entweder ausschließlich der Bestandserhaltung oder sozialen bzw. ökonomischen Aspekte dienen, im Zuge der GFP getroffen werden sollen, vgl. *Markus*, Promotion and Management of Marine Fisheries in the European Community, in: Winter (Hrsg.), Towards Sustainable Fisheries Law, 2009, S. 253 (266).

1123 Vgl. Art. 4 Nr. 7 GVO 14. MSY im Sinne des Unionsrecht zielt ebenfalls auf ein Gleichgewicht des Ertrages ab, das erreicht werden soll, ohne dass die Bestände langfristig Schaden nehmen. Insofern sind völkerrechtliches und unionsrechtliches MSY gleichzusetzen.

1124 Vgl. *Weis/Busse*, Die Reform der Gemeinsamen Fischereipolitik – Ausgangspunkt, Legislativvorschläge und Verhandlungsstand, ZUR 2013, S. 10 (12); *Salomon/Markus/Dross*, Die Gemeinsame Fischereipolitik im Reformprozess: Innovations- und Konfliktlösungspotentiale, NuR 35 (2013), S. 89 (91); *Markus/Salomon*, The Law and Policy Behind the Upcoming Reform of the Common Fisheries Policy, JEEPL 9.3-3 (2012), S. 257 (266); *Kraus/Döring*, Die Gemeinsame Fischereipolitik der EU: Nutzen, Probleme und Perspektiven eines pan-europäischen Ressourcenmanagement, ZUR 2013, S. 3 (5).

1125 *Khalilian/Froese/Proelß/Requate*, Designed for failure: A critique of the Common Fisheries Policy of the European Union, Marine Policy (34), 2010, S. 1178 (1179); *Da Rocha/Cerviño/Villasante*, The Common Fisheries Policy: An enforcement problem, Marine Policy 26 (2012), S. 1309 (1309).

auch solche mit geringerer Biomasse, als es für das MSY-Level erforderlich wäre, bis spätestens 2020 wieder auf MSY-Stand bringen.[1126] Inwiefern dieses Ziel zu erreichen ist, bleibt abzuwarten. Viele der von der EU befischten Bestände werden mehrere Jahre brauchen, um sich zu erholen.[1127]

Neben den positiven Auswirkungen, welche die Verankerung des MSY in der GVO 14 auf biologischer Ebene haben kann, stellen sich auch auf rechtlicher Seite positive Effekte ein. So bewegt sich die EU nun im Rahmen ihrer völkerrechtlichen Verpflichtungen aus dem SRÜ und dem FBÜ, die eine Bewirtschaftung der Fischbestände, die wenigstens das MSY-Niveau erreicht, fordern.[1128]

Voraussetzung für eine am MSY ausgerichtete Fischereibewirtschaftung ist, dass die wissenschaftliche Datengrundlage so weit ausgestattet ist, dass sie eine Bewertung des Erhaltungszustands der Fischbestände ermöglicht. Aus diesem Grund verwundert es nicht, dass die GFP nun über verschiedene Managementmaßnahmen hinaus die Erhebung wissenschaftlicher Daten im Blick hat.[1129]

Fehlen wissenschaftliche Daten, darf daraus auch im Zuge der GFP nicht hergeleitet werden, dass die EU untätig bleiben kann. Art. 2 Abs. 2 GVO 14/Art. 2 Abs. 1 GVO 02 erwähnt den Vorsorgeansatz ausdrücklich.[1130] Über diese generelle Erwähnung geht die GFP jedoch nicht hinaus. Angaben zum Inhalt oder zur Reichweite des Vorsorgeansatzes sowie zu den aus diesen erwachsenden Verpflichtungen im Rahmen der GFP werden nicht benannt.

aa) Anwendbarkeit in der Arktis

Den Anwendungsbereich *ratione materiae* der GFP bilden gemäß Art. 1 lit. a GVO 14 die biologischen Meeresschätze. Zu diesen gehören

1126 Art. 2 Abs. 2 GVO 14.

1127 *Froese/Quaas*, Rio + 20 and the reform of the Common Fisheries Policy in Europe, Marine Policy 39 (2013), S. 53 (54); *Khalilian/Froese/Proelß/Requate*, Designed for failure: A critique of the Common Fisheries Policy of the European Union, Marine Policy 34 (2010), S. 1178 (1179).

1128 Auch das SRÜ und das FBÜ sehen das MSY als Mindestniveau für den Erhaltungszustand der Fischbestände vor. Vgl. dazu Kap II, Abschnitt B.II.3.a) bb) und Abschnitt B.II.3.b) bb).

1129 Vgl. Art. 2 Abs. 4 GVO 14.

1130 Zum Mindestinhalt des Vorsorgeansatzes vgl. oben, Abschnitt A.

„die verfügbaren und zugänglichen, im Meer lebenden aquatischen Arten, einschließlich anadromer und katadromer Arten während ihres Lebens im Meer".[1131] Neben Fisch, Schalen- und Weichtieren erfasst diese Definition auch die marinen Säuger, wie Wale und Robben. In diesem Sinne wird der Anwendungsbereich *rationa materiae* durch die Reform der GFP nicht erweitert. Die GVO 02 bezog sich auf lebende aquatische Ressourcen.[1132] Auch zu diesen zählen die marinen Säuger, was im Jahre 2007 durch die Kommission klargestellt wurde.[1133] Im Ergebnis ist die GFP damit auf die arktische Fauna ebenso anwendbar wie auf weiter südlich vorkommende Arten. Die arktische marine Flora kann zwar durchaus unter die biologischen Meeresschätze bzw. lebende aquatische Ressourcen subsumiert werden, sie wird faktisch aber nicht Gegenstand der GFP.

Die GFP ist *ratione loci* auf alle Tätigkeiten anwendbar, die im Hoheitsgebiet der Mitgliedstaaten der Union oder in Unionsgewässern[1134] vorgenommen werden.[1135] Die Anwendbarkeit in diesen Gebieten ist für die vorliegende Untersuchung von geringer Bedeutung. Hinzu kommt allerdings eine Anwendbarkeit der GFP auf Fischereifahrzeugen der EU auch außerhalb der Unionsgewässer, sowie eine Bindung von Staatsangehörigen der Mitgliedstaaten der EU.[1136] Dabei sind Fischereifahrzeuge der EU „die Fischereifahrzeuge, die unter der Flagge eines Mitgliedstaates fahren und in der Union registriert sind".[1137] Fischereifahrzeuge wiederum sind die Schiffe, die „für die kommerzielle Nutzung von biologischen Meeresschätzen ausgerüstet" sind.[1138]

1131 Art. 4 Nr. 2 GVO 14.

1132 Vgl. Art. 1 Abs. 1 lit. a GVO 02.

1133 Mitteilung der Europäischen Kommission an das Europäische Parlament und den Rat über Gemeinschaftsmaßnahmen auf dem Gebiet des Walfangs vom 19.12.2007, KOM(2007) 823 endgültig, S. 7, Rn. 19.

1134 Art. 4 Nr. 1 GVO 14 versteht unter EU-Gewässern: […] „die Gewässer unter der Hoheit oder der Gerichtsbarkeit der Mitgliedstaaten mit Ausnahme der Gewässer des Anhang II AEUV aufgeführten Länder und Hoheitsgebiete". Art. 4 Nr. 1 GVO 14 ist gleichlautend mit Art. 3 lit. a GVO 02.

1135 Art. 1 Abs. 2 lit. a und lit. b GVO 14/Art. 1 Abs. 1 GVO 02.

1136 Art. 1 Abs. 2 lit. c und lit. d GVO 14/Art. 1 Abs.1 GVO 02.

1137 Art. 4 Nr. 5 GVO 14/Art. 3 lit. d GVO 02. Der Zusatz „in der Union registriert" dient der Klarstellung, dass die Schiffe dort registriert sein müssen, wo auch Unionsrecht Anwendung findet. Vgl. *Churchill/Owen*, The EC Common Fisheries Policy, 2010, S. 67.

1138 Art. 4 Nr. 4 GVO 14; vgl. Art. 3 lit. c GVO 02.

Unklar bleibt bei dieser Definition jedoch, ob der Begriff auch solche Schiffe erfasst, die den Zugriff auf die Ressourcen nur unterstützen, wie dies beispielsweise bei Transportschiffen oder Tankschiffen der Fall ist. Ein Vergleich zur IUU-Verordnung lässt vermuten, dass diese unterstützend tätig werdenden Schiffe nicht dem Anwendungsbereich der GFP unterfallen. Die IUU-Verordnung definiert in Art. 2 Nr. 5 Fischereifahrzeug wie die GVO 14 und die GVO 02, allerdings mit dem Zusatz, dass Hilfsschiffe, Fischverarbeitungsschiffe, an Umladungen beteiligte Schiffe und für die Beförderung von Fischereierzeugnissen ausgerüstete Transportschiffe eingeschlossen werden. Gerade dieser Zusatz fehlt im Rahmen der Definition der GFP.[1139]

Das Problem der unterschiedlich weiten Definitionen von Fischereifahrzeugen ist zumindest auf internationaler Ebene seit einigen Jahren hinreichend bekannt. Wohl aus diesem Grunde wurde die Reichweite der Definition im Jahre 2008 bereits in der IUU-Verordnung in Art. 2 Nr. 5 klargestellt. Daher muss davon ausgegangen werden, dass die unterstützend tätig werdenden Fischereifahrzeuge nicht etwa bei der Formulierung der GVO 14 vergessen wurden, sondern dass diese gerade nicht dem Anwendungsbereich der GFP unterfallen. Mit Blick auf die Managementmaßnahmen der GFP scheint dies auch insofern einleuchtend, als dass diese in der Regel den unmittelbaren Zugriff auf die Ressourcen erfassen, die IUU-Verordnung aber einen anderen weiteren Ansatz wählt.[1140]

Im Ergebnis heißt dies, dass auf den Fischereifahrzeugen der Union die GFP, auch außerhalb der Unionsgewässer, anzuwenden ist. Das bedeutet eine Anwendbarkeit der GFP, welche Auswirkungen auf die arktische Hohe See ebenso wie auf die AWZ der Anrainerstaaten hat.[1141] Mangels entsprechender Fischereiabkommen der EU mit Island, den USA, Kanada und den Färöer, beschränkt sich die Bedeutung der GFP primär auf die Hohe See und die AWZ Norwegens und Grönlands.

1139 Vgl. *Churchill/Owen*, The EC Common Fisheries Policy, 2010, S. 68.

1140 Dazu im Detail später.

1141 Vgl. zur Anwendbarkeit der GFP *Markus*, Promotion and Management of Marine Fisheries in the European Community, in: Winter (Hrsg.), Towards Sustainable Fisheries Law, 2009, S. 253 (261).

bb) Mengenmäßige Fangbeschränkungen

Ausgangspunkt der gemeinsamen Fischereipolitik der Union ist die Möglichkeit der freien Nutzung der Ressourcen.[1142] Diese Nutzung muss jedoch beschränkt werden, um eine nachhaltige Fischerei gewährleisten zu können. Die Union ist heute der Meinung, dass das Ziel der nachhaltigen Fischerei am ehesten über mehrjährige und bestandsübergreifende Maßnahmen zu erreichen ist.[1143] Dennoch ist die jährliche Festsetzung von Fangbeschränkungen für die genutzten Bestände die derzeit überwiegend ergriffene Bestandserhaltungsmaßnahme.[1144] Diese hat die mengenmäßige Beschränkung der Anlandung oder des Fangs aus einem Bestand oder einer Bestandsgruppe über einen bestimmten Zeitraum zum Inhalt.[1145] Dabei ergehen diese TACs, die auch die Aufteilung der Fangbeschränkungen unter den Mitgliedstaaten regeln, als eigene Sekundärrechtsakte. Die Grundverordnung enthält in diesem Sinne lediglich die Aufgabenzuweisung an die Union.

Die primärrechtliche Grundlage der TAC-Verordnungen ist die in Art. 43 Abs. 3 AEUV enthaltene Kompetenz der EU zur Festsetzung und Aufteilung der Fangmöglichkeiten[1146] in der Fischerei. Die Organkompetenz liegt hier beim Rat, der auf Vorschlag der Kommission in einem

1142 Art. 5 Abs. 1 GVO 14/Art. 17 Abs. 1 GVO 02. Die Mitgliedstaaten können gemäß Art. 6 Abs. 2 GVO 14/Art. 17 Abs. 2 GVO 02 den Fischfang Fischereifahrzeugen, die von Häfen der angrenzenden Küsten traditionell in den Gewässer fischen, vorbehalten. Hinzu kommt die Regelung in Anhang I, die für jeden Mitgliedstaat die geografischen Gebiete innerhalb der Küstenstreifen der anderen Mitgliedstaaten festsetzt, in denen dieser fischen darf. Mangels eines Küstenmeeres der Mitgliedstaates der EU im Bereich der Arktis ist diese Regelung für die hier vorgenommen Untersuchung jedoch ohne Bedeutung.

1143 Vgl. Erwägungsgrund 23 GVO 14.

1144 Art. 7 Abs. 1 lit. e GVO 14/Art. 20 Abs. 1 GVO 02; zur Bedeutung dieser Maßnahmen im Rahmen der GFP vgl. *Booß*, in: Rengeling (Hrsg.), Handbuch zum europäischen und deutschen Umweltrecht, Bd. II, Teilband 2, 2003, § 85 Rn. 52; *Salomon/Markus/Dross*, Die Gemeinsame Fischereipolitik im Reformprozess: Innovations- und Konfliktlösungspotentiale, NuR 35 (2013), S. 89 (91); *Markus*, Making Environmental Principles Work under the Common Fisheries Policy, EEELR, 2010, S. 132 (134).

1145 Art. 4 Nr. 15 GVO 14/Art. 3 lit. m GVO 02.

1146 Ein „quantifiziertes Recht auf Fischfang, ausgedrückt in Fangmengen und/oder Fischereiaufwand", Art. 3 lit. q GVO 02.

Rechtssetzungsverfahren *sui generis*[1147] den entsprechenden Sekundärrechtsakt erlässt.[1148]

Die Empfehlungen des ICES sind seit dem Jahre 1983[1149] Grundlage der jährlich für EU- und internationale Gewässer festgesetzten TACs.[1150] Diese Empfehlungen werden von der EU durch den Wissenschaftlich-technischen und Wirtschaftlichen Fischereiausschuss der Kommission (Scientific, Technical and Economic Committee for Fisheries, STECF)[1151] überarbeitet.[1152] Der STECF erarbeitet jährlich einen Bericht über die Fischereiressourcen, über die Auswirkungen der Fischereiwirtschaft auf diese sowie über die Fischereitätigkeit der EU. Die Berichte des STECF für die Jahre 2012, 2013 und 2014 enthalten auch Empfehlungen zu Fischereiressourcen der arktischen Gewässer.[1153] Innerhalb des Berichts existiert jedoch kein eigener Abschnitt über arktische Ressourcen (im Gegensatz zu beispielsweise Ressourcen der Ostsee). Einzelne Arten der Arktis finden

1147 Vgl. oben S. 170.

1148 Aktuell und mit Relevanz für die Arktis ist in einem solchen Verfahren der Verordnung 43/2014 erlassen worden.

1149 Verordnung 170/83 vom 25. Januar 1983 zur Einführung einer Gemeinschaftlichen Regelung für die Erhaltung und Bewirtschaftung der Fischereiressourcen, ABl. EG L 24 vom 27.01.1983, S. 1, aufgehoben durch Verordnung 3760/92 des Rates vom 20. Dezember 1992 zur Einführung einer gemeinschaftlichen Regelung für die Fischerei und die Aquakultur, ABl. EG L 389 vom 31.12.1993, S. 1.

1150 Vgl. *Vogel*, Die Außenfischereibeziehungen der Europäischen Gemeinschaft, 2009, S. 66.

1151 Art. 33 Abs. 1 GVO 02 sah die Einrichtung des STECF vor. Diese erfolgte dann durch die Entscheidung der Kommission 2005/629/EC vom 26. August 2005 zur Einrichtung eines Wissenschaftlich-technischen und Wirtschaftlichen Fischereiausschusses, ABl. EU L 225 vom 31.08.2005, S. 18. Im Rahmen der GVO 02 regelte Art. 33 Abs. 2, dass die Kommission die Empfehlungen des STECF berücksichtig, wenn sie Vorschläge zur Festsetzung von TACs erlässt. So hart ist die Einbeziehung des STEFC in der GVO 14 nicht formuliert. Dies soll allerdings nicht bedeuten, dass der STEFC in Zukunft eine geringere Rolle spielen wird. Vielmehr muss Art. 33 GVO 02 vor dem Hintergrund verstanden werden, dass der STEFC erst noch errichtet werden musste. Dieser musste in das System zur Festsetzung von Sekundärrechtsakten eingegliedert werden und seine Einrichtung erforderte eine Rechtfertigung.

1152 Zur Einbeziehung der Vorschläge des STECF vgl. Art. 6 Abs. 2, Art. 26 GVO 14/ Art. 4 Abs. 2, Art. 33 GVO 02; vgl. *Booß*, in: Rengeling (Hrsg.), Handbuch zum europäischen und deutschen Umweltrecht, Bd. II, Teilband 2, 2003, § 85 Rn. 52.

1153 Für das Jahr 2014: STECF, Review of Scientific Advice for 2014, Part 2, 12.07.2013 (STECF Doc. STECF-13-11), http://stecf.jrc.ec.europa.eu/documents/43805/571417/2013-07_STECF+13-11+-+Review+of+advice+for+2014+Part+2_JRC83564.pdf (13.07.2014).

sich in anderen Abschnitten wie denen zu Tiefseearten oder wandernden Arten.[1154] Bezüglich solcher Bestände orientiert sich der STEFC an den vom ICES empfohlenen TACs. Auffällig ist allerdings, dass der ICES in seiner Empfehlung für das Jahr 2014 oft eine TAC vorsieht, die bestimmt, wie viel Fisch gefangen wird. Der STEFC hingegen hält es häufig für ratsamer, nicht auf den Fang, sondern die Anlandung einer Fangmenge abzustellen.[1155] Aufgrund dieser Abweichung der Empfehlungen von STEFC und ICES erreichen diese nur den gleichen Erhaltungszustand, wenn bezüglich der Art ein Rückwurfverbot besteht. Ansonsten besteht die Gefahr, dass weniger Fisch angelandet wird, als gefangen wurde. Hierin liegt ein Risiko für den Erhaltungszustand der arktischen Bestände.

Ein weiteres Problem stellt der Umstand dar, dass die Empfehlungen für Bestände nördlich des Polarkreises selten auf tatsächlichen Bestandsanalysen beruhen. Über die Bestände, die jedenfalls auch in arktischen Gewässern vorhanden sind, liegen nur selten aktuelle Daten vor.[1156] TACs beruhen meist auf Schätzungen, historischen Werten oder Anlandungsquoten.[1157] Hinzu kommt, dass insbesondere die Tiefseearten ebenso wie die wandernden Arten häufig schwer zu überwachen sind. Bestände in den Bereichen isländischer und grönländischer Gewässer, ebenso wie solche, die in der Barents- oder Norwegensee verbleiben, sind hingegen häufiger erforscht. Über den Kabeljaubestand in den Gewässern rund um Island existiert beispielsweise eine gesicherte Datengrundlage, welche die Basis der von der ICES empfohlenen TAC ist, die der STECF übernommen hat.[1158]

1154 So beispielsweise der Leng; STECF, Review of Scientific Advice for 2014, Part 2, S. 294f., para. 8.2.1.

1155 So beispielsweise in Bezug auf den Lumb in arktischen Gewässern. Der ICES schlug eine TAC von 9040 Tonnen Fang vor. Der STEFC hielt es jedoch für ratsamer, nicht den Fang als Referenz, sondern die Anlandung zu wählen, da die vom ICES festgesetzte TAC 20% niedriger als die Anlandungen der Vorjahre ist. Der STEFC empfiehlt insofern, dass 9040 Tonnen arktische Lumb angelandet werden dürfen. STECF, Review of Scientific Advice for 2014, Part 2, S. 302f., para. 8.4.1.

1156 Im Jahre 2006 waren nach Angaben der EEA 81% der in der Arktis von der Union befischten Bestände unbewertet, vgl. *EEA*, Europe's Environment – The fourth assessment, 2007, S. 223.

1157 Vgl. beispielsweise zum Leng in arktischen Gewässern STECF, Review of Scientific Advice for 2014, Part 2, S. 294f., para. 8.2.1.

1158 STECF, Review of Scientific Advice for 2014, Part 2, S. 214f., para. 4.3.

Die Gutachten des STECF dienen als Grundlage für den Vorschlag der Kommission zur Festsetzung von mengenmäßigen Beschränkungen der Fänge. Aufgrund dieses Vorschlages erlässt der Rat dann in der Regel Verordnungen, welche die TACs für den Zeitraum von einem Jahr sowie die Aufteilung zwischen den Mitgliedstaaten festsetzen.[1159] Der Rat ist an die Empfehlungen der wissenschaftlichen Gremien nicht gebunden[1160] und die Grundverordnung gibt keine genauen Kriterien bezüglich des Maßes der Einbeziehung wissenschaftlicher Empfehlungen vor. So geschah es in der Vergangenheit nicht selten, dass der Rat Fangmengen festsetzte, welche die wissenschaftlich empfohlenen Mengen überschritten.[1161] Auch heute kommt eine Überschreitung dieser Fangmengen noch vor.[1162] Teilweise ist die Einhaltung der Quoten allerdings schwer zu beurteilen, wenn

1159 Vgl. *Weis/Busse*, Die Reform der Gemeinsamen Fischereipolitik-Ausgangspunkt, Legislativvorschläge und Verhandlungsstand, ZUR 2013, S. 10 (10). Bezüglich der Aufteilung der Quoten ergibt sich kein Problem mit Art. 18 AEUV, vgl. *Proelß*, Meeresschutz im Völker- und Europarecht, 2004, S. 381.

1160 Vgl. *Wolff*, Fisheries and the Environment, 2002, S. 150; *Vogel*, die Außenfischereibeziehungen der Europäischen Gemeinschaft, 2009, S. 67.

1161 *Churchill*, The European Union and the Challenges of Marine Governance: From Sectoral Response to Integrated Policy, in: Vidas/Schei (Hrsg.), The World Ocean in Globalisation, 2011, S. 395 (405); *Wolff*, Fisheries and the Environment, 2002, S. 151; *Khalilian/Froese/Proelß/Requate*, Designed for failure: A critique of the Common Fisheries Policy of the European Union, Marine Policy (34), 2010, S. 1178 (1179); *Markus*, European Fisheries Law, 2009, S. 75; *Weis/Busse*, Die Reform der Gemeinsamen Fischereipolitik-Ausgangspunkt, Legislativvorschläge und Verhandlungsstand, ZUR 2013, S. 10 (10); *Salomon/Markus/Dross*, Die Gemeinsame Fischereipolitik im Reformprozess: Innovations- und Konfliktlösungspotentiale, NuR 35 (2013), S. 89 (91).

1162 Beispielsweise hat der STECF für das Jahr 2013 für den Kabeljau eine TAC von 940.00 Tonnen für die ICES Gebiete I und II vorgeschlagen (STECF, Review of Scientific Advice 2013, Part 2, 13.07.2013 (STECF Doc. STECF-12-08) http://stecf.jrc.ec.europa.eu/documents/43805/384539/2012-07_STECF+12-08+-+Review+of+advice+for+2013+-+part+2_JRC73064.pdf (13.07.2014), S. 243ff., Punkt 6.2, der Rat hatte aber eine TAC von 986 000 Tonnen in den ICES Gebieten I und IIb festgesetzt, Verordnung 40/2013 des Rates vom 21. Januar 2013 zur Festsetzung der Fangmöglichkeiten im Jahr 2013 in EU-Gewässern und für EU-Schiffe in bestimmten Nicht-EU-Gewässern für bestimmte, über internationale Verhandlungen und Übereinkünfte regulierte Fischbestände und Bestandsgruppen, ABl. EU L 23 vom 25.01.2013, S. 54, zuletzt geändert durch Verordnung (EU) Nr. 1182/2013 des Rates vom 19. November 2013 zur Änderung der Verordnungen (EG) Nr. 754/2009, (EU) Nr. 1262/2012, (EU) Nr. 39/2013 und (EU) Nr. 40/2013 hinsichtlich bestimmter Fangmöglichkeiten, ABl. EU L 313 vom 22.11.2013, S. 15, Anhang IB.

beispielsweise ICES und STEFC eine Quote für ein Gebiet festsetzen, das die EU später mit verschiedenen anderen Gebieten zusammenfasst.

Auch von Fischereiorganisationen werden bestimmte TACs vorgeschlagen, denen die EU zunehmend die gebotene Aufmerksamkeit widmet.[1163] So übernimmt die EU beispielsweise die Quote der NAFO für Rotbarsch im Gebiet 3M in Höhe von 7813 Tonnen.[1164] Auch die anderen von der NAFO erlassenen Quoten wurden alle im Unionsrecht umgesetzt.

Eine weitere Möglichkeit der Festlegung von mengenmäßigen Fangbeschränkungen besteht im Rahmen grenzüberschreitender Zusammenarbeit.[1165] Im Zuge informeller Konsultationen werden von den Staaten und Internationalen Organisationen Bewirtschaftungsmaßnahmen festgelegt, die Grundlage nationaler Regelungen zur Bewirtschaftung werden können.[1166]

Neben diesen Verfahren zur Festsetzung von TACs in internationalen Gewässern müssen auch die bilateral vereinbarten Fangmöglichkeiten, die in unionsfremden Gewässern gelten, in das Unionsrecht eingearbeitet werden.[1167] Um in diesem Bereich nicht völkervertragswidrig zu handeln und vor allem diplomatische Beziehungen nicht nachhaltig zu belasten, werden diese Fangmöglichkeiten seitens der EU nicht überschritten.[1168] So werden die TACs für Fischereifahrzeuge der Union in den Gewässern der Färöer, Grönlands und Norwegens Gegenstand der Sekundärrechtsakte der Union.

Die von der Union festgelegten Gesamtfangmengen werden unter den Mitgliedstaaten aufgeteilt.[1169] Diese Aufteilung erfolgt nach dem in

1163 Die Verordnung 43/2014 enthält Quoten für die Zuständigkeitsbereiche der NAFO, WCPFC, ICCAT und aufgrund der engen Zusammenarbeit von ICES und NEAFC auch für die Gebiete, in denen die NEAFC Empfehlungen nach Art. 5 NEAFC-Ü erlassen kann.

1164 Annex I CEM 2014 und Anhang IC Verordnung 43/2014.

1165 Die EU praktiziert dieses Verfahren seit Jahren. Es ist nun aber im Zuge der Reform der GFP in Art. 33 GVO 14 aufgenommen worden.

1166 So zum Beispiel in Bezug auf den Hering, vgl. http://europa.eu/rapid/press-release_IP-13-441_de.htm (13.07.2014).

1167 Vgl. Art. 5 Abs. 2 Verordnung 43/2014.

1168 Vgl. beispielsweise Anhang IB der Verordnung 43/2014.

1169 Die Zuteilung der Fangmöglichkeiten an die einzelnen Fischer erfolgt durch die Mitgliedstaaten. Diese teilen nach Maßgabe des Art. 16 Abs. 6, Art. 17 GVO 14/ Art. 20 Abs. 3 GVO 02 die ihnen zugewiesenen Quoten unter den Fischereifahrzeugen, die unter ihrer Flagge fahren, auf.

Art. 16 Abs. 1 GVO 14/Art. 20 Abs. 1 S. 2 GVO 02 festgelegten Grundsatz der relativen Stabilität. Diese ist dann gegeben, wenn bei „der Aufteilung der Fangquoten für jeden Mitgliedstaat ein fester Prozentsatz beibehalten wurde".[1170] Das bedeutet, dass die Aufteilung der Fangquoten je Bestand immer in dem gleichen Verhältnis erfolgt.[1171] Hintergrund dieser Regelung ist, dass den Staaten und Fischern wirtschaftliche Planungssicherheit gegeben wird und keine Möglichkeit besteht, Druck auf die Kommission auszuüben.[1172] Diese Regelung existiert seit der ersten GFP aus dem Jahre 1983.[1173] In den vergangenen 30 Jahren hat sich die Struktur der GFP jedoch geändert. Das bedeutet, dass die Zuteilung von Quoten teilweise nicht mehr dem tatsächlichen Bedürfnis an Quoten entspricht. Dies setzt häufig einen Anreiz dafür, die TACs zu überschreiten oder viele Rückwürfe vorzunehmen. Im Ergebnis wird durch diese Regelung einigen Staaten zwar eine positive Stabilität geboten. Der Erfolg, der durch die zunehmend schärferen TAC-Festsetzungen verzeichnet werden könnte, wird jedoch aufgeweicht. Zwar können die Mitgliedstaaten nach Art. 16 Abs. 8 GVO 14/Art. 20 Abs. 5 GVO 02 ihre ihnen zugewiesenen Quoten tauschen. Wenn dies jedoch getan wird, entsteht ein enormer Verwaltungsaufwand. Die dadurch entstehenden Kosten sind im Verhältnis zum Erfolg nicht angemessen.

Aktuell regelt die Verordnung 43/2014 die TACs mit Relevanz für die Arktis sowie deren Aufteilung unter den Mitgliedstaaten. Enthalten sind sowohl durch Internationale Organisationen wie der NAFO vorgegebene und bilateral ausgehandelte als auch einseitig durch die EU festgesetzte Quoten. Zusätzlich zu den verschiedenen TACs beinhaltet die Verordnung 43/2014 Regelungen, die das Anlanden[1174] oder den Fang[1175] bestimm-

1170 EuGH Rs. C-46/86, *Albert Romkes/Officer van Justitie*, Slg. 1987, 2671, Rn. 17.

1171 *Vogel*, Die Außenfischereibeziehungen der Europäischen Gemeinschaft, 2009, S. 67; *Payne*, Policy-making in Nested Institutions: Explaining the Conservation Failure of the EU's Common Fisheries Policy, JCMS 38 (2000), S. 303 (314); *Proelß*, Meeresschutz im Völker- und Europarecht, 2004, S. 381; *Witbooi*, Fisheries and Sustainability, 2012, S. 98.

1172 *Payne*, Policy-making in Nested Institutions: Explaining the Conservation Failure of the EU's Common Fisheries Policy, JCMS 38 (2000), S. 303 (315).

1173 Art. 4 Abs. 1 Verordnung 170/83.

1174 Art. 7 Verordnung 43/2014.

1175 Vgl. Art. 12 Verordnung 43/2014.

ter Arten zeitweise oder gänzlich verbieten. Ferner sind Schonzeitenregelungen für bestimmte Arten[1176] vorgesehen.

Nicht alle in der Arktis vorhandene Arten sind aktuell Gegenstand von TACs im Unionsrecht. Arten wie der Kabeljau oder der atlantische Lachs[1177] werden aber schon heute in arktischen Gebieten im Rahmen der GFP über TACs bewirtschaftet. Dass längst nicht alle typischen Arten der Arktis bislang Gegenstand verschiedener TACs sind,[1178] **lässt** sich unter Anderem auf die bisher vorherrschende Unzugänglichkeit ihres Lebensraumes zurückführen. Da die TACs jedoch jährlich festgesetzt werden, ist eine Regelung bezüglich der typischen Arktisarten relativ schnell und flexibel möglich.

cc) Mehrjahrespläne

Die Wirksamkeit der Festsetzung von TACs erscheint, auch bei ihrer Einhaltung, insgesamt recht zweifelhaft. Die nachhaltige Bewirtschaftung von Fischbeständen erfordert eine Planung, die über mehrere Jahre vorgenommen werde muss.[1179] Insbesondere in Bezug auf sehr stark gefährdete Bestände ist deren Erholung meist nur möglich, wenn bestimmte Maßnahmen über Jahre vollzogen werden, ohne bei kurzfristiger Besserung die TAC direkt wieder anzuheben. Auch aus wirtschaftlicher Sicht sind für die Mitgliedstaaten die längeren Planungen von Vorteil. Hinzu kommt, dass die TACs immer nur einen Fischbestand isoliert erfassen. Damit werden diese nicht dem Umstand gerecht, dass nur eine bestandsübergreifende Bewirtschaftung zu einer Stabilisierung der Ökosysteme führt, die für die langfristige Erhaltung der Bestände zwingend erforderlich ist.

Aus diesen Gründen erlässt die EU seit dem Jahre 2004 sogenannte Mehrjahrespläne.[1180] Derartige längerfristige Planungen waren schon in

1176 Vgl. Art. 11 Verordnung 43/2014.

1177 Zum Vorkommen in der Arktis vgl. *CAFF*, AFF, 2001, S. 261.

1178 So werden Quoten bezüglich der Lodde eingeführt (diese liegt bei 0), Seehase und Polardorsch sind aber beispielsweise nicht Gegenstand der Verordnungen.

1179 Vgl. *Da Rocha/Cerviño/Villasante*, The Common Fisheries Policy: An enforcement problem, Marine Policy 26 (2012), S. 1309 (1313).

1180 Vgl. die Auflistung an Bewirtschaftungsplänen der EU, http://ec.europa.eu/fisheries/cfp/fishing_rules/multi_annual_plans/index_de.htm (13.07.2014). Die primärrechtliche Grundlage für den Erlass der Mehrjahrespläne findet sich in Art. 43 AEUV. Ob sich die Union an dieser Stelle auf Art. 43 Abs. 2 oder Abs. 3 AEUV stützen kann, ist bisher nicht geklärt. Der bisherige Entwurf zu dem ersten Mehrjahdem Vorgänger der GVO 02 vorgesehen,[1181] wurden jedoch bis zum Jahr 2004 nicht eingerichtet.[1182] Heute sieht die GVO 14 die primäre zu ergreifende Bewirtschaftungsmaßnahme in der Entwicklung der Mehrjahrespläne.[1183]

Die Grundsätze und Ziele der Mehrjahrespläne listet die GVO 14 in Art. 9 auf. Mehrjahrespläne können sich auf einzelne Arten beziehen oder bestandsübergreifend sein.[1184] Die in der GVO 02 vorhandene Unterscheidung nach Wiederauffüllungs- und Bewirtschaftungsplänen fällt durch die Reform weg.[1185] Grund dafür ist, dass Art. 9 Abs. 1 GVO 14 auf die Ziele der GVO 14 verweist, die eben nicht nur die Erhaltung der Bestände auf Level des MSY, sondern auch ihre Erholung bis mindestens auf MSY-Niveau umfassen. Dieses Ziel wurde zuvor durch die Unterscheidung von Wiederauffüllung und Bewirtschaftung zum Ausdruck gebracht.

In den Mehrjahresplänen sind die Ziele zu nennen, die diese verfolgen.[1186] Möglich ist zum Beispiel, einen bestimmten Wert, den die Biomasse eines Laichbestandes haben soll, als Ziel des Mehrjahresplans zu definieren.[1187] Um die Ziele zu erreichen, können in den Mehrjahresplänen

---

resplan unter dem AEUV (vgl. Kommission, Vorschlag für eine Verordnung des Europäischen Parlaments und des Rates zur Festlegung eines Mehrjahresplans für die Lachsbestände im Ostseeraum und die Fischereien, die diese Bestände befischen, 12.08.2011, KOM(2011) 470 endgültig) ist auf Art. 43 Abs. 2 AEUV gestützt. Insofern scheint es aktuell so, dass die Verabschiedung von Mehrjahresplänen im ordentlichen Gesetzgebungsverfahren nach Art. 289 Abs. 1 AEUV erfolgen wird. Sollten Mehrjahrespläne allein Fangquoten festsetzen, könnten diese sicherlich ohne Beteiligung des Parlaments auf Grundlage von Art. 43 Abs. 2 AEUV erlassen werden. Vgl. dazu *Weis/Busse*, Die Reform der Gemeinsamen Fischereipolitik – Ausgangspunkt, Legislativvorschläge und Verhandlungsstand, ZUR 2013, S. 10 (15).

1181 Art. 8 Abs. 3 der Verordnung 3760/92 des Rates vom 20. Dezember 1992 zur Einführung einer gemeinschaftlichen Regelung für die Fischerei und die Aquakultur, ABl. EG vom 31.12.1992, S.1, aufgehoben durch Verordnung (EG) Nr. 2371/2002 des Rates vom 20. Dezember 2002 über die Erhaltung und nachhaltige Nutzung der Fischereiressourcen im Rahmen der Gemeinsamen Fischereipolitik, ABl. EG L 358 vom 31.12.2002, S. 59.

1182 Vgl. die Auflistung der Bewirtschaftungspläne der EU, http://ec.europa.eu/fisheries/cfp/fishing_rules/multi_annual_plans/index_de.htm (13.07.2014).

1183 Erwägungsgründe 23 und 24 GVO 14.

1184 Art. 9 Abs. 3 GVO 14.

1185 Art. 5 und Art. 6 GVO 02.

1186 Art. 10 Abs. 1 lit. b GVO 14.

1187 Vgl. dazu das Merkblatt der Kommission zu Mehrjahresplänen, http://ec.europa.eu/fisheries/documentation/publications/cfp_factsheets/multi-annual_plans_de.pdf (13.07.2014).

verschiedene Maßnahmen vorgesehen werden. Dazu zählen die Festsetzung von Höchstgrenzen für Schwankungen der jährlichen TACs oder Bestimmungen zu Fanggeräten.[1188]

Neu im Fischereirecht der Union ist die Möglichkeit zu Beschränkung der Nutzung lebender Ressourcen im Rahmen von sogenannten Bestandsauffüllungsgebieten.[1189] Das sind Gebiete, die aufgrund ihrer biologischen Empfindlichkeit besonders schützenswert sind, insbesondere solche, in denen viele, unterhalb der Mindestgröße liegende Bestände vorkommen oder in denen eine hohe Konzentration an Laichplätzen gegeben ist.[1190] In den Mehrjahresplänen kann die Kommission ermächtigt werden, derartige Gebiete einzurichten.[1191] Die Ausweisung dieser Gebiete in der Arktis würde nur EU-Mitgliedstaaten, nicht jedoch Drittstaaten binden. Damit verringert sich der Effekt der Ausweisung von Bestandsauffüllungsgebieten und geht im Ergebnis nicht über den anderen Bestandserhaltungsmaßnahmen hinaus. Insofern ist mit der Ausweisung von Bestandsauffüllungsgebieten in der Arktis vorerst nicht zu rechen.

Heute existieren neun Mehrjahrespläne der EU.[1192] Dazu kommen solche, die ihren Ursprung im internationalen Recht, entweder durch Fischereiorganisationen oder bilaterale Verhandlungen, finden und von der Union durchgeführt werden.[1193] Keiner der neun von der EU geschaffenen Meerjahrespläne überlagert arktische Gebiete. Das tatsächliche

1188 Vgl. dazu das Merkblatt der Kommission zu Mehrjahresplänen, http://ec.europa.eu/fisheries/documentation/publications/cfp_factsheets/multi-annual_plans_de.pdf (13.07.2014).

1189 Art. 8 GVO 14.

1190 Vgl. 8 Abs. 1 GVO 14.

1191 Art. 8 Abs. 3 GVO 14.

1192 Vgl. beispielsweise Verordnung 2115/2005 des Rates vom 20. Dezember 2005 zur Einführung eines Wiederauffüllungsplans für Schwarzen Heilbutt im Rahmen der Organisation für die Fischerei im Nordwestatlantik, ABl. EU L 340 vom 32.12.2005, S. 3, zuletzt geändert durch Verordnung 1224/2009 des Rates vom 20. November 2009 zur Einführung einer gemeinschaftlichen Kontrollregelung zur Sicherstellung der Einhaltung der Vorschriften der gemeinsamen Fischereipolitik und zur Änderung der Verordnungen (EG) Nr. 847/96, (EG) Nr. 2371/2002, (EG) Nr. 811/2004, (EG) Nr. 768/2005, (EG) Nr. 2115/2005, (EG) Nr. 2166/2005, (EG) Nr. 388/2006, (EG) Nr. 509/2007, (EG) Nr. 676/2007, (EG) Nr. 1098/2007, (EG) Nr. 1300/2008, (EG) Nr. 1342/2008 sowie zur Aufhebung der Verordnungen (EWG) Nr. 2847/93, (EG) Nr. 1627/94 und (EG) Nr. 1966/2006, ABl. EU L 343 vom 22.12.2009, S. 1.

1193 Vgl. dazu http://ec.europa.eu/fisheries/cfp/fishing_rules/multi_annual_plans/index_de.htm (13.07.2014), in der dortigen Auflistung die Nummern 10 und 11.

Problem wird aber unter Anderem auch hier der Umstand sein, dass zu wenige Daten zu arktischen Beständen vorliegen.[1194] Hinzu kommt, dass die Entwicklung eines Mehrjahresplans für die Fischereigebiete der Union in der Arktis momentan wenig sinnvoll erscheint. In den Gebieten der Hohen See wäre ein solcher Plan nur von Fischereifahrzeugen der Union zu befolgen. Dabei werden aber auch Fischereitätigkeiten von Schiffen unter der Flagge von Drittstaaten in Zukunft in der Arktis zunehmen. Ein Managementsystem der Union für die arktischen Gewässer wird damit in der Zukunft Anpassungen an den Erhaltungszustand verschiedener Arten unter Einbeziehung des Verhaltens Drittstaaten erfordern. Insofern sind Mehrjahrespläne der Union nicht grundsätzlich auch für die arktischen Gewässer die unbedingt beste Managementmaßnahme. Vielmehr ist auch hier auf Kooperation der in der Arktis fischenden Staaten und Internationalen Organisationen zu hoffen.

dd) Anlandeverpflichtungen

Besonders in den Focus der Umweltschützer rückt immer wieder das Problem des Beifangs,[1195] da dieser zum Sterben und damit zur Schwächung von Fischbeständen führt, die gar nicht Ziel der Fischerei sind.[1196] Diese Bestände sind entweder nicht wirtschaftlich wertvoll oder aber meist so stark geschädigt, dass sie eigentlich nicht befischt werden sollen und dürfen.

Die GVO 02 zur GFP enthielt keine prinzipiellen Regelungen zum Umgang mit Beifang. Wohl auch aus diesem Grund machte die Union von ihrem Vetorecht im Rahmen der NEAFC Gebrauch, als diese ein umfassendes Rückwurfverbot für Beifang erließ.[1197] Eine totale Missachtung des Beifangs durch die GFP lässt sich allerdings auch schon unter der GVO 02 nicht annehmen. Die zuletzt unter dieser geltenden Verordnungen 40/2013

1194 Zu dem Problem mangelnder Datengrundlage vgl. auch *Churchill/Owen*, The EC Common Fisheries Policy, 2010, S. 139.

1195 Problematisiert beispielsweise vom World Wide Fund For Nature (WWF) (vgl. http://www.wwf.de/themen-projekte/meere-kuesten/fischerei/beifang/ (13.07.2014)) oder Greenpeace (vgl. http://www.greenpeace.de/themen/meere/nachrichten/artikel/beifaenge_von_walen_bleiben_ein_problem/(13.07.2014)).

1196 Vgl. *Churchill/Owen*, The EC Common Fisheries Policy, 2010, S. 162.

1197 Vgl. NEAFC, Discard Ban 2010, 17.11.2009 (Recommendation XVI:2010); zum opt-out der EU: http://www.neafc.org/rec/2010/16 (13.07.2014).

und 39/2013[1198] enthielten Quoten für einige Fischbestände, die allein als Beifang befischt werden durften. Das heißt, dass bestimmte Bestände zwar noch eine geringe Befischung verkrafteten, für diese jedoch keine zielgerichtete Fischerei zulässig war. Die EU legt lediglich eine Quote fest, die als Beifang angelandet werden durfte. Ferner war bei manchen Fängen der Beifang auf die TAC der Zielart anzurechnen. Derartige Regelungen existieren auch unter der GFP 14 durch die Verordnung 43/2014. Diese Regelungen sind allerdings wenig geeignet, um zu einem nachhaltigen Umgang mit Beifang zu führen. Abgesehen von diesen Einzelfällen durfte Beifang nach der GVO 02 mangels gegenteiliger Regelung auch in nicht mehr lebensfähiger Form ins Meer zurückgeworfen werden.

Mit der GVO 14 wird nun erstmals eine Pflicht zur Anlandung aller Fänge der europäischen Fischereiflotte und damit einhergehend ein Verbot der Rückwürfe von unerwünschten Fängen in die GFP integriert.[1199] Unerwünschte angelandete Fänge sind dabei auf die Quoten der Zielart anzurechnen.[1200] Angelandete Fänge unter einer Referenzmindestgröße für Exemplare eines Bestandes dürfen nicht in den Handel zum Verzehr gelangen, sondern können nur zu Fischmehl oder Ähnlichem verarbeitet werden.[1201] Damit soll der Anreiz zum Fang von zu kleinen Fischen genommen werden, da nur der Verkauf zum Verzehr große Gewinne verspricht.

Diese Anlandeverpflichtung mit ihren Folgeregelungen gilt auch für Fischereifahrzeuge der EU in internationalen Gewässern für die Bestände, für die Fangbeschränkungen gegeben sind.[1202] Dabei tritt das Rückwurfverbot des europäischen Fischereirechts aber keinesfalls sofort in Kraft.

1198 Verordnung 39/2013 des Rates vom 21. Januar 2013 zur Festsetzung der Fangmöglichkeiten für EU-Schiffe im Jahr 2013 für bestimmte, nicht über internationale Verhandlungen und Übereinkünfte regulierte Fischbestände und Bestandsgruppen, ABl. EU L 23 vom 25.01.2013, S. 1, zuletzt geändert durch Verordnung (EU) Nr. 1182/2013 des Rates vom 19. November 2013 zur Änderung der Verordnungen (EG) Nr. 754/2009, (EU) Nr. 1262/2012, (EU) Nr. 39/2013 und (EU) Nr. 40/2013 hinsichtlich bestimmter Fangmöglichkeiten, ABl. EU L 313 vom 22.11.2013, S. 15.

1199 Vgl. Erwägungsgründe 26 bis 31 GVO 14.

1200 Art. 15 Abs. 1 GVO 14.

1201 Art. 15 Abs. 11 GVO 14. Vgl. *Weis/Busse*, Die Reform der Gemeinsamen Fischereipolitik-Ausgangspunkt, Legislativvorschläge und Verhandlungsstand, ZUR 2013, S. 10 (12).

1202 Vgl. Art. 15 Abs. 1 GVO 14.

Dieses soll vielmehr schrittweise eingeführt werden.[1203] Das heißt, je nach Zielart gilt die Verpflichtung zur Anlandung ab Januar 2015, 2016, 2017 oder 2019. Erst ab dem 1. Januar 2019 soll sich die Pflicht zur Anlandung auf alle befischten Arten beziehen. Rückwürfe von Arten, die nach dem Fang eine Überlebenschance haben, bleiben den Fischern allerdings erlaubt.[1204] Ferner werden De-minimis-Ausnahmen vorgesehen,[1205] um dem Umstand Rechnung zu tragen, dass sich Beifänge nie ganz vermeiden lassen werden. Auch müssen für die Arten mit Rückwurfverbot vorerst die TACs angehoben werden, um nicht direkt zu einer Missachtung der Anlandeverpflichtung beizutragen.[1206] Ferner ist für den Übergang vorgesehen, bestimmte Prozentsätze an Beifang nicht mit der Quote der Zielart zu verrechnen, auch wenn der Beifang auf die TAC anzurechnen war.[1207]

Die konkreten Ausgestaltungen der Pflicht zur Anlandung und damit insbesondere die De-minimis-Ausnahmen nach Art. 15 Abs. 4 lit. c GVO 14 sollen in den Mehrjahresplänen geregelt werden.[1208] Solange solche Mehrjahrespläne nicht bestehen, erarbeitet die Kommission spezifische Rückwurfpläne in Form delegierter Rechtsakte und Durchführungsmaßnahmen.[1209] Sind auch spezifische Rückwurfpläne nicht erlassen worden, erlässt die Kommission einen delegierten Rechtsakt zur Festlegung der De-minimis-Ausnahmen.[1210]

ee) Technische Maßnahmen

Das Kontingent an Regelungen, welche die EU geschaffen hat, um die Erhaltung- und Bewirtschaftung der Fischbestände zu gewährleisten, erschöpft sich nicht in den soeben dargestellten mengenmäßigen Beschränkungen der Fischerei, Mehrjahresplänen oder Beifangregelungen. Die EU hat eine Vielzahl weiterer Sekundärrechtsakte erlassen, die negative Auswirkungen der Fischerei auf die Fischbestände verhindern oder wenigstens verrin-

1203 Erwägungsgrund 27 GVO 14, Art. 15 Abs. 1 GVO 14.
1204 Erwägungsgrund 27 GVO 14, Art. 15 Abs. 4 lit. b GVO 14.
1205 Erwägungsgrund 31 GVO 14, Art. 15 Abs. 4 lit. c GVO 14.
1206 Vgl. Erwägungsgrund 31; Art. 16 Abs. 2 GVO 14.
1207 Vgl. Art. 15 Abs. 8 und Abs. 9 GVO 14.
1208 Art. 15 Abs. 5 GVO 14.
1209 Art. 15 Abs. 6, Art. 18 GVO 14.
1210 Art. 15 Abs. 7, Art. 46 GVO 14.

gern sollen. Ein derartiger negativer Aspekt kann beispielsweise durch zu kleine Maschen der Netze, die den Fang von zu kleinen und damit zu jungen Exemplaren begünstigt, auftreten. Diese Arten werden abgefischt, bevor sie sich vermehren können, was die Bestände langfristig schädigen kann. Auch der Gebrauch von Grundschleppnetzen kann negative Auswirkungen auf den Erhalt der Fischbestände und der biologischen Vielfalt haben, indem dieser den Meeresboden und damit das Ökosystem nachhaltig beeinträchtigt.

Diese Maßnahmen, die sich auf die Art der Fanggeräte, die von Fischereifahrzeugen oder Schiffen der Union eingesetzt werden, beziehen, werden als technische Maßnahmen bezeichnet. Technische Maßnahmen bezwecken, die Arten- und Größenzusammensetzungen der Fänge sowie die Auswirkungen der Fangtätigkeiten auf das Ökosystem positiv zu beeinflussen.[1211] Sie regeln, vereinfacht gesagt, wie Fischerei betrieben werden darf.[1212] Die Grundlage der technischen Maßnahmen lässt sich in der GVO finden.[1213] Ausgeformt wird diese in erster Linie durch viele weitere Sekundärrechtsakte, wie etwa der Verordnung 894/97 über technische Maßnahmen zur Erhaltung der Fischbestände,[1214] welche das Verbot der Verwendung von Treibnetzen regelt. Ferner existieren auch technische Erhaltungs- und Bewirtschaftungsmaßnahmen, die für spezielle Arten oder Bestände gemacht sind. Solche lassen sich beispielsweise in der Verordnung zur Erhaltung der Fischereiressourcen durch technische Maßnahmen zum Schutz von jungen Meerestieren[1215] oder die Verordnung mit

1211 Vgl. Art. 4 Nr. 20 GVO 14.

1212 Vgl. Darstellung der EU: http://ec.europa.eu/fisheries/cfp/fishing_rules/technical_measures/index_de.htm (13.07.2014).

1213 Art. 7 Abs. 1 lit. j, Art. 7 Abs. 2 GVO 14/Art. 4 lit. g GVO 02.

1214 Verordnung 894/97 vom 29. April 1997 über technische Maßnahmen zur Erhaltung der Fischbestände, ABl. EG L 132 vom 32.05.1997, S. 1, zuletzt geändert durch Verordnung 809/2007 des Rates vom 28. Juni 2007 zur Änderung der Verordnungen (EG) Nr. 894/97, (EG) Nr. 812/2004 und (EG) Nr. 2187/2005 hinsichtlich Treibnetzen, ABl. EU L 182 vom 12.07.2007, S. 1.

1215 Verordnung 850/98 vom 30. März 1998 zur Erhaltung der Fischereiressourcen durch technische Maßnahmen zum Schutz von jungen Meerestieren, ABl. EG L 125 vom 27.04.1998, S. 1, zuletzt geändert durch Verordnung 1385/2013 des Rates vom 17. Dezember 2013 zur Änderung der Verordnungen (EG) Nr. 850/98 und (EG) Nr. 1224/2009 des Rates sowie der Verordnungen (EG) Nr. 1069/2009, (EU) Nr. 1379/2013 und (EU) Nr. 1380/2013 des Europäischen Parlaments und des Rates aufgrund der Änderung des Status von Mayotte gegenüber der Europäischen Union, ABl. EU L 354 vom 28.12.2013, S. 86.

technischen Erhaltungsmaßnahmen für bestimmte Bestände weit wandernder Arten[1216] finden. Auch hier werden Maßnahmen, wie Größen der Maschen von Netzen oder das Verbot bestimmter Fangarten, vorgesehen.

Auch können technische Maßnahmen Abschreckvorrichtungen für bestimmte Arten vorsehen, um den Beifang zu verhindern. Die Verordnung zur Festlegung von Maßnahmen gegen Walbeifänge in der Fischerei[1217] enthält neben forschungsbezogenen Maßnahmen solche zur Reduzierung des unbeabsichtigten Fangs von Walen durch Fischereifahrzeuge.[1218] Vorgesehen werden im Speziellen akustische Abschreckvorrichtungen für bestimmte Gebiete.[1219] Für die arktischen Gewässer hat diese Verordnung aufgrund der Wahl der Gebiete, in denen die Abschreckvorrichtungen zu verwenden sind, jedoch kaum Bedeutung.

Die Zahl an Regelungen im Bereich der technischen Maßnahmen erschöpft sich nicht in den soeben benannten.[1220] Vielmehr existiert eine Vielzahl von Sekundärrechtsakten, die technische Maßnahmen vorsehen. An dieser Stelle konnten nur einige exemplarisch genannt werden. Diese Maßnahmen sind auch für die Arktis wichtig. Solche Vorkehrungen, die sich aber auf bestimmte Gebiete beziehen, reichen allerdings momentan

1216 Verordnung 520/2007 des Rates vom 07. Mai 2007 mit technischen Erhaltungsmaßnahmen für bestimmte Bestände weit wandernder Arten und zur Aufhebung der Verordnung (EG) Nr. 973/2001, ABl. EU L 123 vom 12.05.2007, S. 3, zuletzt geändert durch Verordnung 1559/2007 des Rates vom 17. Dezember 2007 zur Aufstellung eines mehrjährigen Wiederauffüllungsplans für Roten Thun im Ostatlantik und im Mittelmeer und zur Änderung der Verordnung (EG) Nr. 520/2007, ABl. EU L 340 vom 22.12.2007, S. 8.

1217 Verordnung 812/2004 vom 26. April 2004 zur Festlegung von Maßnahmen gegen Walbeifänge in der Fischerei und zur Änderung der Verordnung EG 88/98, ABl. EG L 150 vom 30.04.2004, S. 12, zuletzt geändert durch Verordnung 597/2014 des Europäischen Parlaments und des Rates vom 16. April 2014 zur Änderung der Verordnung (EG) Nr. 812/2004 des Rates zur Festlegung von Maßnahmen gegen Walbeifänge in der Fischerei, ABl. EU L 173 vom 12.06.2004, S. 62.

1218 Vgl. Art. 1 Verordnung 812/2004.

1219 Art. 3 Abs. 1 Verordnung 812/2004 i. V. m. Anlage I Verordnung 812/2004.

1220 Technische Vorgaben, die im Rahmen der NAFO gemacht wurden, werden beispielsweise in der Verordnung 1386/2007 des Rates vom 22. Oktober 2007 mit Bestandserhaltungs- und Kontrollmaßnahmen für den Regelungsbereich der Organisation für die Fischerei im Nordwestatlantik, ABl. EU L 318 vom 05.12.2007, S. 1, zuletzt geändert durch Verordnung (EG) Nr. 679/2009 des Rates vom 07. Juli 2009 zur Änderung der Verordnung (EG) Nr. 1386/2007 mit Bestandserhaltungs- und Kontrollmaßnahmen für den Regelungsbereich der Organisation für die Fischerei im Nordwestatlantik, ABl. EU L 197 vom 29.07.2009, S. 1, umgesetzt.

nicht bis in arktische Gewässer. Bei Ausweitung der EU-Fanggebiete in Richtung Norden wird hier Nachrüstbedarf bestehen, dem aber keine großen Hindernisse entgegenstehen.

ff) Kapazitäten der Flotte

Ein großes Problem der GFP der EU besteht darin, dass die Europäische Fischereiflotte über zu große Fangkapazitäten verfügt.[1221] Wenn die Kapazität der Flotten größer ist als die verfügbare Menge an Fangmöglichkeiten, besteht ein großer Anreiz zur Missachtung der TACs.[1222] Insofern muss die GFP sich auch mit dem Management der eigenen Flotte beschäftigen.[1223] Daher sieht Art. 7 Abs. 1 lit. c GVO 14 die Anpassung der Fangkapazität der Fischereifahrzeuge an die verfügbaren Fangmöglichkeiten vor.[1224]

Diese Anpassung der Fangkapazität an die tatsächlichen Fangmöglichkeiten wird in erster Linie den Mitgliedstaaten überlassen.[1225] Überwacht wird die Herstellung des Gleichgewichts von Kapazität und Fangmöglichkeit durch die Kommission.[1226] Stellt sich heraus, dass die Mitgliedstaaten dieses Gleichgewicht nicht tatsächlich zu erreichen versuchen, müssen sie damit rechnen, dass etwaige finanzielle Unterstützungen der Union für ihr Flottensegment ausgesetzt werden.[1227]

Die Fangkapazitäten der Mitgliedstaaten werden in Schiffsgrößen in Bruttoraumzahlen (BRZ)[1228] und Motorleistungen in Kilowatt (kw) gemessen und angegeben. Anhang II der GVO 14 legt Fangkapazitätsobergren-

1221 Vgl. Kommission, Grünbuch – Reform der Gemeinsamen Fischereipolitik, 22.04.2009, KOM(2009)163 endgültig, S. 9; *Markus/Salomon*, The Law and Policy Behind the Upcoming Reform of the Common Fisheries Policy, JEEPL 9.3-3 (2012), S. 257 (261); *Kraus/Döring*, Die Gemeinsame Fischereipolitik der EU: Nutzen, Probleme und Perspektiven eines pan-europäischen Ressourcenmanagements, ZUR 2013, S. 3 (7); *Witbooi*, Fisheries and Sustainability, 2012, S. 111.

1222 Vgl. *Vogel*, Die Außenfischereibeziehungen der Europäischen Gemeinschaft, 2009, S. 72.

1223 Mit der Verwaltung der Flottenkapazität eng verknüpft ist die Führung eines Fischereiflottenregisters der Union, Art. 24 GVO 14; Art. 15 GVO 02.

1224 Vgl. Art. 4 lit. e und lit. f GVO 02.

1225 Vgl. Art. 22 Abs. 1 GVO 14/Art. 11 Abs. 1 GVO 02.

1226 Vgl. Art. 22 Abs. 2 GVO 14.

1227 Art. 22 Abs. 4 GVO 14.

1228 Die BRZ ist eine einheitslose Größe, die sich maßgeblich durch den in Kubikmetern gemessenen Inhalt aller geschlossenen Räume eines Schiffes bestimmt.

zen für die Flotten der einzelnen Mitgliedstaaten fest, die zu keinem Zeitpunkt ab dem Zeitpunkt der Anwendung der GVO 14 überschritten werden dürfen.[1229] Insofern gilt, dass Zugänge der Flotte an anderer Stelle wieder abgebaut werden müssen.

Auch der Europäische Fischereifonds (EFF) sollte die notwendige Anpassung der Flotte voran treiben.[1230] Dieser sollte die GFP unterstützen und damit wirtschaftliche, ökologische und soziale Nachhaltigkeit fördern.[1231] Aus dem EFF konnten Projekte aus fünf verschiedenen Prioritätsbereichen finanziell unterstützt werden.[1232] Zu diesen Bereichen zählen Maßnahmen zur Anpassung der Fischereiflotte[1233] oder auch zur nachhaltigen Entwicklung der Fischereigebiete.[1234] Der EFF stellte für den Zeitraum von 2007 bis 2013 4,3 Milliarden Euro zur Verfügung.[1235] Die Förderung nach dem EFF ist jedoch umstritten, da sich tatsächliche Erfolge nur schwer ausmachen lassen. Nach einem Bericht der Kommission belief sich bis Ende des Jahres 2010 die Unterstützung des EFF zur endgültigen Einstellung von Fangtätigkeiten auf nur 3% der durchgeführten Projekte, obwohl 56% der Gelder der „Projektgruppe Kapazitätsanpassung" für die Einstellung ausgegeben wurden.[1236]

1229 Art. 22 Abs. 7 GVO 14; vgl. in etwa auch Art. 11 Abs. 2, Art. 12 GVO 02.

1230 Vgl. Art. 21 ff. Verordnung 1198/2006 vom 27. Juli 2006 über den Europäischen Fischereifonds (EFF VO), ABl. EU L 223 vom 18.08.2006, S. 1, aufgehoben durch Verordnung 508/2014 des Europäischen Parlaments und des Rates vom 15. Mai 2014 über den Europäischen Meeres- und Fischereifonds und zur Aufhebung der Verordnungen (EG) Nr. 2328/2003, (EG) Nr. 861/2006, (EG) Nr. 1198/2006 und (EG) Nr. 791/2007 des Rates und der Verordnung (EU) Nr. 1255/2011 des Europäischen Parlaments und des Rates, ABl. EU L 149 vom 20.05.2014, S. 1.

1231 Art. 4 lit. a EFF VO.

1232 Die Mittel wurden im Zuge der geteilten Mittelverwaltung ausgeführt, Art. 10 EFF VO (bei der geteilten Mittelverwaltung überträgt die Kommission den Mitgliedstaaten Haushaltsvollzugsaufgeben, vgl. *Niedobitek*, Art. 317 AEUV, in: Streinz (Hrsg.), EUV/AEUV, 2012, Rn. 9). Die Kommission nahm zunächst eine indikative Aufteilung der Mittel vor (Art. 14 EFF VO), die tatsächliche Finanzierung läuft dann über Strategiepläne (Art. 15 f. EFF VO) und operationellen Programme (Art. 3 lit. g; Art. 17 ff. EFF VO) der Mitgliedstaaten. Für eine detaillierte Analyse des EFF siehe *Churchill/Owen*, The EC Common Fisheries Policy, 2009, S. 505 ff.

1233 Art. 21 ff. EFF VO.

1234 Art. 43 ff. EFF VO.

1235 http://ec.europa.eu/fisheries/cfp/eff/index_de.htm (13.07.2014).

1236 Bericht der Kommission, Fünfter Jahresbericht über die Durchführung des Europäischen Fischereifonds (2011), 12.12.2012, COM(2012) 747 final, S. 8.

In Zusammenhang mit der Reform der GFP hat auch der EFF viele wesentliche Änderungen erfahren. Der EFF wurde zum Europäischen Meeres- und Fischereifonds (EMFF).[1237] Hintergrund ist, dass der EMFF nicht mehr nur die Fischerei im Blick hat, sondern auch die integrierte Meerespolitik[1238] fördern soll.[1239] Insgesamt stellt der EMFF für die Periode von 2014 bis 2020 6,5 Milliarden Euro zur Verfügung, wovon 5,5 Milliarden auf Projekte im Bereich der Fischerei und Aquakultur entfallen.[1240] Der EMFF[1241] soll grundsätzlich die Durchführung der Maßnahmen der GFP finanziell unterstützen.[1242] Dies gilt nicht nur für die Managementmaßnahmen der Fischerei, sondern auch für die sozialen und wirtschaftlichen Aspekte der GFP.[1243] Insofern sieht der EMFF neben der Möglichkeit der Unterstützung von Kapazitätsverringerungen der Flotte,[1244] auch beispielsweise gesundheitspolitische Maßnahmen vor.[1245]

Unklar war lange, ob der EMFF finanzielle Hilfen für die Einrichtung eines Systems unter den Fischern übertragbarer Fischereibefugnisse gewähren wird. Erste Vorschläge für eine reformierte Verordnung zum

1237 Vgl. Art. 4 Verordnung 508/2014 des Europäischen Parlaments und des Rates vom 15.05.2014 über den Europäischen Meeres- und Fischereifonds und zur Aufhebung der Verordnungen (EG) Nr. 2328/2003, (EG) Nr. 861/2006, (EG) Nr. 1198/2006 und (EG) Nr. 791/2007 des Rates und der Verordnung (EU) Nr. 1255/2011 des Europäischen Parlaments und des Rates (EMFF VO), ABl. EU L 149 vom 20.05.2014, S. 1.

1238 Die integrierte Meerespolitik ist ein Konzept für alle meeresbezogenen Politikbereiche. Grundlage ist der Gedanke, dass die Umwelt besser geschützt werden kann, wenn alle Aspekte der Nutzung der Meere in einem politischen Konzept zusammengefasst werden, vgl. Information der Europäischen Kommission, http://ec.europa.eu/maritimeaffairs/policy/index_de.htm (13.07.2014).

1239 Art. 1 lit. d EMFF VO. Die Einbeziehung der integrierten Meerespolitik macht sich beispielsweise dadurch bemerkbar, dass auch Maßnahmen zur Bekämpfung des Klimawandels (Art. 41 EMFF VO) durch den EMFF ko-finanziert werden können.

1240 Kommission, Fischerei und Aquakultur in Europa, Nr. 55, März 2011, http://ec.europa.eu/fisheries/documentation/magazine/mag55_de.pdf (13.07.2014), S. 4.

1241 Eine vollständige Analyse der EMFF VO würde an dieser Stelle den Rahmen der Untersuchung sprengen. Außerdem sind potentielle Erfolge des EMFF auf die Umsetzung der Managementmaßnahmen zurückzuführen. Für die Erhaltung und Bewirtschaftung der arktischen Fischbestände entfaltet der EMFF nicht mehr oder weniger Wirkung, als dies für andere von der EU bewirtschafteten Bestände der Fall ist. Insofern ist eine Analyse des EMFF für diese Untersuchung auch nicht erforderlich.

1242 Vgl. Art. 5 lit. b EMFF VO.

1243 Vgl. Art. 5 lit. a EMFF VO.

1244 Vgl. Art. 33 und Art. 34 EMFF VO.

1245 Vgl. Art. 55 EMFF VO.

EMFF sahen dies noch vor.[1246] Änderungsvorschläge des Parlaments strichen diese Förderung jedoch.[1247] Im Ergebnis wurde die EMFF VO gemäß des Änderungsvorschlages des Parlaments ohne die Regelung einer derartigen Förderungsmöglichkeit erlassen.

Die Einrichtung eines System zum Handel mit Fischereibefugnissen[1248] nach neuseeländischem und australischem Vorbild wird durch die Reform der GFP erstmals im Fischereirecht der Union verankert. Hintergrund der Idee ist, dass die Mitgliedstaaten ihre Fangmöglichkeiten unter ihren Fischereifahrzeugen aufteilen. Dabei kann es vorkommen, dass die Kapazität eines Fischers die ihm zugewiesene Fangmöglichkeit überschreitet. Hier wird ein Anreiz zur Überschreitung der TAC gesetzt. Wenn aber dieser Fischer mit hoher Kapazität einem anderen Fischer seine Fangbefugnis abkauft, wird der verkaufende Fischer im Hafen bleiben. Dadurch verringert sich die auf See befindliche Gesamtkapazität des Mitgliedstaates und damit der Union. Die GVO 14 regelt in Art. 21, dass die Mitgliedstaaten ein System einrichten können, dass den Austausch der Fangbefugnisse unter den Fischern ermöglicht. Darüber hinaus geht die GVO 14 nicht. Hintergrund ist, dass die Mitgliedstaaten die Kontrolle über die Einrichtung des Zertifikatshandels behalten möchten, um zu vermeiden, dass sich die Fischerei ausschließlich auf Großunternehmen verlagert.[1249] Daher kann an dieser Stelle keine Bewertung des neu eingeführten Systems vorgenommen werden. Inwiefern sich also hier tatsächlich ein Erfolg einstellen wird, bleibt abzuwarten. Im Endeffekt wäre dieser auch

1246 Vgl. Art. 34 Überarbeiteter Vermerk des Vorsitzes des Rates, Geänderter Vorschlag für eine Verordnung des Europäischen Parlaments und des Rates über den Europäischen Meeres- und Fischereifonds [zur Aufhebung der Verordnung (EG) Nr. 1198/2006 des Rates und (EG) Nr. 861/2006 des Rates sowie der Verordnung (EU) Nr. XXX/2011 des Rates über die integrierte Meerespolitik], 10.07.2013 (EU Doc. 10325/3/13 REV 3).

1247 Vgl. Europäisches Parlament, Abänderungen des Europäischen Parlaments vom 23. Oktober 2013 zu dem geänderten Vorschlag für eine Verordnung des Europäischen Parlaments und des Rates über den Europäischen Meeres- und Fischereifonds zur Aufhebung der Verordnungen (EG) Nr. 1198/2006 des Rates und (EG) Nr. 861/2006 des Rates sowie der Verordnung (EU) Nr. XXX/2011 des Rates über die integrierte Meerespolitik, 23.10.2013 (EU Doc. P7_TA(2013)0441), Änderung 283.

1248 Vgl. Definition in Art. 4 Nr. 23 GVO 14.

1249 Vgl. *Weis/Busse*, Die Reform der Gemeinsamen Fischereipolitik-Ausgangspunkt, Legislativvorschläge und Verhandlungsstand, ZUR 2013, S. 10 (15); *Salomon/Markus/Dross*, Die Gemeinsame Fischereipolitik im Reformprozess: Innovations- und Konfliktlösungspotentiale, NuR 35 (2013), S. 89 (95).

eher dem einzelnen Mitgliedstaat zuzurechnen, als dass er als Erfolg der Union gewertet werden könnte.

gg) Aufwandsbeschränkungen

Auch das System der Aufwandsbeschränkung der Fischerei stellt derzeit einen Ansatz des Fischereimanagements dar, der auf die Arktis noch wenig angepasst ist. Unter Fischereiaufwand ist gemäß Art. 4 Nr. 21 GVO 14/ Art. 3 lit. h GVO 02 das „Produkt aus Kapazität und Tätigkeit eines Fischereifahrzeuges" zu verstehen. Der Fischereiaufwand eines Schiffes wird in Kilowatttagen berechnet. Maßnahmen, die den Aufwand beschränken, knüpfen insofern weniger an eine maximale Fangmenge, sondern die tatsächliche Tätigkeit eines Fischereifahrzeuges an. Dabei beziehen sich Aufwandbeschränkungen in der Regel auf ein bestimmtes Gebiet und eine bestimmte Fangmethode. Das heißt, durch die Aufwandbeschränkung wird den Fischereifahrzeugen mit einer bestimmten Kapazität (kw) vorgegeben, dass sie in einem definierten Seegebiet beispielsweise 200 Tage lang eine bestimmte Fangmethode einsetzen dürfen.

Die Aufwandsbeschränkungen der EU richten sich nicht an einzelne Fischereifahrzeuge, sondern an die Mitgliedstaaten. Insofern weist die EU einem Mitgliedstaat einen bestimmten Fischereiaufwand für ein Gebiet und eine Fangmethode zu, der auf die mitgliedstaatlichen Fischereifahrzeuge aufzuteilen ist.

Regelungen zu Aufwandsbeschränkungen finden sich teils in Mehrjahresplänen, teils in der Verordnung 43/2014.[1250] Aufwandsbeschränkungen in dieser Verordnung werden über die Anhänge geregelt.[1251] Abgesehen von den ICES-Divisionen IIa[1252] (einem Gebiet westlich von Norwegen bis zu 11° Westlicher Länge und nördlich von 63° Nördlicher Breite), und Vb (diese Division kennzeichnet das Gebiet um die Färöer zwischen 60° und 63° Nördlicher Breite sowie 4° und 15° Grad Westlicher Länge) sind in dieser Verordnung keine Aufwandbeschränkungen mit Relevanz für die Arktis enthalten. In einer weiteren Verordnung 1954/2003[1253]

1250 Art. 1 Abs. 2 lit. b Verordnung 43/2014.

1251 Anhang II Verordnung 43/2014.

1252 Anhang IIA und IID Verordnung 43/2014.

1253 Verordnung 1954/2003 vom 4. November 2003 zur Steuerung des Fischereiaufwands für bestimmte Fanggebiete und Fischereiressourcen der Gemeinschaft, zur

sind zusätzlich Aufwandsbeschränkungen für das ICES Gebiet V, das sich aus dem Gebiet Vb und dem Va rund um Island zusammensetzt, sich jedoch nördlich nur bis 66° nördlicher Breite erstreckt, enthalten.[1254] Dabei setzt die EU in dieser Verordnung nur einen groben Rahmen; die tatsächliche Beschränkung des Fischereiaufwandes obliegt den Mitgliedstaaten. Ferner gibt es Aufwandsbeschränkungen bezüglich der Tiefseefischerei,[1255] die zwar auch für die arktischen Gewässer gelten und trotz eines recht beschränkten biologischen Anwendungsbereichs wichtige arktische Arten wie den Grönlandhai oder den Goldlachs erfassen. Dennoch müssen in Zukunft dringend konkrete Aufwandsbeschränkungen für arktische Gewässer erlassen werden, um die arktischen Arten zu schützen.

hh) Gemeinsame Marktorganisation

Zu der GFP zählt auch die Gemeinsame Marktorganisation (GMO) der Union für den Fischereisektor,[1256] die durch spezielle Sekundärrechtsakte ausgeformt wird. Grundlage der GMO bildete seit dem Jahr 2000 die Verordnung 104/2000 über die gemeinsame Marktorganisation für Erzeugnisse der Fischerei und der Aquakultur.[1257] Die GMO ist zwar in einer eigenen Verordnung neben der GVO geregelt, befand sich jedoch mit dieser

Änderung der Verordnung (EWG) Nr. 2847/93 und zur Aufhebung der Verordnungen 685/95 und EG 2027/95, ABl. EG 189 vom 07.11.2003, S. 1, zuletzt geändert durch Verordnung 1380/2013 des Europäischen Parlaments und des Rates vom 11. Dezember 2013 über die Gemeinsame Fischereipolitik und zur Änderung der Verordnungen (EG) Nr. 1954/2003 und (EG) Nr. 1224/2009 des Rates sowie zur Aufhebung der Verordnungen (EG) Nr. 2371/2002 und (EG) Nr. 639/2004 des Rates und des Beschlusses 2004/585/EG des Rates, ABl. EU L 354 vom 28.12.2013, S. 22.

1254 Art. 1 Verordnung 1954/2003.

1255 Verordnung 2347/2002 vom 16. Dezember 2002 mit spezifischen Zugangsbedingungen und einschlägigen Bestimmungen für die Fischerei auf Tiefseebestände, ABl. EG L 351 vom 28.12.2002, S.6, zuletzt geändert durch Verordnung (EG) Nr. 2269/2004 des Rates vom 20. Dezember 2004 zur Änderung der Verordnungen (EG) Nr. 2340/2002 und (EG) Nr. 2347/2002 hinsichtlich der Fangmöglichkeiten für Tiefseearten für die im Jahr 2004 beigetretenen Mitgliedstaaten, ABl. EU L 396 vom 31.12.2004, S. 1.

1256 Vgl. Art. 35 GVO 14/Art. 1 Abs. 2 lit. g GVO 02.

1257 Art. 1 Verordnung 104/2000 vom 17. Dezember 1999 über die gemeinsame Marktorganisation für Erzeugnisse der Fischerei und der Aquakultur, ABl. EG L 17 vom 21.01.2000, S. 22, aufgehoben durch Verordnung 1379/2013 des Europäischen Parlaments und des Rates vom 11. Dezember 2013 über die gemeinsame Marktorganisation für Erzeugnisse der Fischerei und der Aquakultur,

in einem gemeinsamen Reformprozess. So legte der Rat am 17. Oktober 2013 auch seinen Standpunkt bezüglich der Reform der GMO fest,[1258] den das Europäische Parlament ebenfalls am 10. Dezember 2013 billigte.[1259] Die reformierte GMO gilt mit einigen Ausnahmen für einzelne Artikel seit dem 1. Januar 2014 (GMO 14).[1260]

Das Verhältnis von GMO und GVO wird im Zuge der Reform deutlich enger. So enthält nun die GVO 14 in Art. 35 die wesentlichen Ziele der GMO, auf die Art. 3 GMO verweist und die mit den Zielen der GFP korrespondieren. Dagegen sah die GVO 02 lediglich ganz grundsätzlich eine GMO vor.[1261] Über diese engere Verknüpfung von GMO und GVO hinaus, ist Ziel des Reformprozesses, den Beitrag der GMO zu einer nachhaltigen Fischerei zu verbessern.[1262] Hinzu treten

zur Änderung der Verordnungen (EG) Nr. 1184/2006 und (EG) Nr. 1224/2009 des Rates und zur Aufhebung der Verordnung (EG) Nr. 104/2000 des Rates, ABl. EU L 354 vom 28.12.2013, S. 1.

1258 Rat der Europäischen Union, Standpunkt 10/2013 des Rates in erster Lesung im Hinblick auf den Erlass einer Verordnung des Europäischen Parlaments und des Rates über die gemeinsame Marktorganisation für Erzeugnisse der Fischerei und der Aquakultur, zur Änderung der Verordnungen (EG) Nr. 1184/2006 und (EG) Nr. 1224/2009 des Rates und zur Aufhebung der Verordnung (EG) Nr. 104/2000 des Rates, 17.10.2013, ABl. EU C 351E vom 30.11.2013, S. 46.

1259 Legislative Entschließung des Europäischen Parlaments vom 10. Dezember 2013 zu dem Standpunkt des Rates in erster Lesung im Hinblick auf den Erlass einer Verordnung des Europäischen Parlaments und des Rates über die gemeinsame Marktorganisation für Erzeugnisse der Fischerei und der Aquakultur, zur Änderung der Verordnungen (EG) Nr. 1184/2006 und (EG) Nr. 1224/2009 des Rates und zur Aufhebung der Verordnung (EG) Nr. 104/2000 des Rates, 10.12.2013 (EU Doc. P7_TA(2013)0538).

1260 Art. 49 Verordnung 1379/2013 des Europäischen Parlaments und des Rates vom 11. Dezember 2013 über die gemeinsame Marktorganisation für Erzeugnisse der Fischerei und der Aquakultur, zur Änderung der Verordnungen (EG) Nr. 1184/2006 und (EG) Nr. 1224/2009 des Rates und zur Aufhebung der Verordnung (EG) Nr. 104/2000 des Rates, ABl. EU L 354 vom 28.12.2013, S. 1 (Gemeinsame Marktorganisation 14, GMO 14), zuletzt geändert durch Verordnung 1385/2013 des Rates vom 17. Dezember 2013 zur Änderung der Verordnungen (EG) Nr. 850/98 und (EG) Nr. 1224/2009 des Rates sowie der Verordnungen (EG) Nr. 1069/2009, (EU) Nr. 1379/2013 und (EU) Nr. 1380/2013 des Europäischen Parlaments und des Rates aufgrund der Änderung des Status von Mayotte gegenüber der Europäischen Union, ABl. EU L 354 vom 28.12.2013, S. 86.

1261 Vgl. Art. 1 Abs. 2 lit. g GVO 02.

1262 Vgl. Kommission, Vorschlag eine Verordnung des Europäischen Parlaments und des Rates über die gemeinsame Marktorganisation für Erzeugnisse der Fischerei und der Aquakultur, 13.07.2011, KOM(2011) 416 endgültig, S. 1.

Aspekte, die einen stärkeren wirtschaftlichen Bezug haben und im Zuge der Reform ebenfalls eine Verbesserung erfahren sollen. Zu diesen zählen die schlechte Marktposition von EU-Produkten, der schlechte Umgang mit Marktschwankungen und ungenutztes Marktpotential.[1263]

Der Anwendungsbereich *ratione materiae* der GMO umfasst die in Anhang I der Verordnung gelisteten Erzeugnisse, die erstmalig auf dem Markt der EU bereitgestellt werden,[1264] unabhängig davon, wo diese Erzeugnisse ursprünglich der Umwelt entnommen wurden. Damit bezieht sich die GMO auch auf Erzeugnisse, die ihren Ursprung innerhalb der arktischen Grenzen haben. Zu diesen Erzeugnissen zählen Fisch, Krebs- und Weichtiere, sowie aus diesen gewonnene Produkte.[1265] Marine Säuger werden nicht in dieser Auflistung aufgeführt[1266] und können von der Marktorganisation nur insofern erfasst werden, als dass Bestanteile von ihnen, wie Öle oder Fette, in den Handel gelangen sollen.[1267] Dies lässt sich damit erklären, dass die marinen Säuger in der Regel durch andere Sekundärrechtsakte geschützt werden, die den Handel mit diesen Tieren und deren Erzeugnisse weitgehend verbieten.[1268] Neben diesen erfassten Vertretern der Fauna bezieht die GMO 14 im Gegensatz zur Verordnung 104/2000 auch die Flora, sprich Algen und Tange, in den Anwendungsbereich mit ein.[1269] Insofern wird die GMO 14 auch der weiteren Einbeziehung des Schutzes der Meeresökosysteme in die GFP gerecht.[1270]

Die Instrumente, welche sowohl die Verordnung 104/2000 als auch die GMO 14 einsetzen, sind unterschiedlicher Natur. Zu diesen zählen unter anderem Vermarktungsnormen.[1271] Kern dieser Vorschriften ist der Grundgedanke, dass Fischereierzeugnisse nur dann verkauft oder in den Verkehr gebracht werden, wenn sie bestimmten Vorgaben in Bezug auf

1263 Vgl. Kommission, Vorschlag eine Verordnung des Europäischen Parlaments und des Rates über die gemeinsame Marktorganisation für Erzeugnisse der Fischerei und der Aquakultur, 13.07.2011, KOM(2011) 416 endgültig, S. 1 f.

1264 Art. 2 GMO 14/Art. 1 Verordnung 104/2000.

1265 Vgl. Anhang I GMO 14/Art. 1 Verordnung 104/2000.

1266 Dies ergibt sich aus der Tatsache das Anhang I lit. f. GMO 14 zwischen Fischen und Meeressäugern unterscheidet.

1267 Vgl. Anhang I lit. f GMO 14.

1268 In Bezug auf den Handel mit diesen sind hier die ArtenschutzVO und Regelungen zu Robbenprodukten (vgl. sogleich) anzuführen.

1269 Anhang I lit. e GMO 14.

1270 Vgl. Art. 2 Abs. 3 GVO 14.

1271 Art. 1 Abs. 2 lit. b GMO 14/Art. 2 lit. f. Verordnung 104/2000.

Qualität, Größe und Gewicht, Aufmachung und Kennzeichnung entsprechen.[1272] Dabei enthält die GMO derartige Vermarktungsnormen nicht selbst, sondern sieht vielmehr deren Erlass in weiteren Sekundärrechtsakten vor.[1273]

Hinzu kommen Regelungen zu Erzeugerorganisationen[1274] und Verbraucherinformationen.[1275] Ferner werden in der GMO 14 die generelle Anwendung sowie Ausnahmen von den primärrechtlichen Wettbewerbsregeln für Fischereierzeugnisse[1276] sowie Marktuntersuchungen vorgesehen.[1277]

1272 Vgl. Art. 33 Abs. 2 GMO 14/Art. 2 Abs. 2 Verordnung 104/2000.

1273 Art. 33 Abs. 1 GMO 14/Art. 2 Abs. 1 Verordnung 104/2000. Solche aktuell und weiterhin geltenden (vgl. Art. 53a GMO 14) Sekundärrechtsakte sind die Verordnung 2406/96 des Rates vom 26. November 1996 über gemeinsame Vermarktungsnormen für bestimmte Fischereierzeugnisse, ABl. EG L 334 vom 23.12.1996, S. 1, zuletzt geändert durch Verordnung (EG) Nr. 790/2005 der Kommission vom 25. Mai 2005 zur Änderung der Verordnung (EG) Nr. 2406/96 des Rates über gemeinsame Vermarktungsnormen für bestimmte Fischereierzeugnisse, ABl. EU L 132 vom 26.05.2005, S. 15; Verordnung 2136/89 des Rates vom 21. Juni 1989 über gemeinsame Vermarktungsnormen für Sardinenkonserven, ABl. EG L 212 vom 22.07.1989, S. 79, zuletzt geändert durch Verordnung (EG) Nr. 1345/2008 der Kommission vom 23. Dezember 2008 zur Änderung der Verordnung (EWG) Nr. 2136/89 des Rates über gemeinsame Vermarktungsnormen für Sardinenkonserven sowie Handelsbezeichnungen für Sardinenkonserven und sardinenartige Erzeugnisse in Konserven, ABl. EU L 348 vom 24.12.2008, S. 76; Verordnung 1536/92 des Rates vom 9. Juni 1992 über gemeinsame Vermarktungsnormen für Thunfisch- und Bonitokonserven, ABl. EG L 163 vom 17.06.1992, S. 1.

1274 Dies sind Berufsverbände, die durch Erzeuger von Fischereierzeugnissen eines oder mehrerer Mitgliedstaaten gegründet werden, Art. 6 Abs. 1 GMO 14/Art. 5 Abs. 1 Verordnung 104/2000. Ziele dieser Organisationen sind unter anderem die Förderung der Rentabilität der Fangtätigkeiten, Umgang mit unerwünschten Fängen oder Unterbindung der IUU-Fischerei. Art. 6 ff. GMO 14, Art. 5 ff. Verordnung 104/2000. Erzeugerorganisationen sollen die sinnvolle und wirksame Zusammenarbeit unter ihren Mitgliedern ermöglichen und so ihre Ziel erreichen. Den Rahmen für diese Zusammenarbeit bietet die GMO.

1275 Art. Art. 1 lit. c, Art. 35 ff. GMO 14/Art. 4 Verordnung 104/2000. Nur bei bestimmter Kennzeichnung und Etikettierung können Erzeugnisse der Fischerei auf Stufe des Einzelhandels abgesetzt werden, Art. 35 GMO 14/Art. 4 Verordnung 104/2000. Zu den Angaben obligatorischer Natur treten solche freiwilliger Art hinzu, Art. 39 GMO 14.

1276 Art. 1 Abs. 2 lit. d; Art. 40 und 41 GMO 14; wettbewerbsrelevante Vorschriften ließen sich in der Verordnung 104/2000 nur in Zusammenhang mit Branchenverbänden finden, Art. 14 ff. Verordnung 104/2000.

1277 Art. 1 Abs. 2 lit. e, Art. 42 GMO 14.

Bislang war von besonderer Bedeutung, dass die Verordnung 104/2000 Regelungen für den Handel mit Drittstaaten aufstellte.[1278] Derartige Regelungen enthält die GMO 14 nicht mehr. Grund dafür ist, dass die gemeinsame Marktorganisation ursprünglich zur Stabilisierung der Fischereimärkte gedacht war, sich im Laufe der Zeit jedoch zu einem weiteren Ansatzpunkt der Förderung der nachhaltigen Fischerei entwickelt hat.[1279]

b) Besonderes Sekundärrecht zum Schutz mariner Säuger

Der Schutz mariner Säuger wird nicht im Zuge der GFP geregelt. Zurückzuführen ist dies darauf, dass der Schutz dieser Arten weniger aus Gründen der Erhaltung- und Bewirtschaftung als aus Artenschutzgründen angestrebt wird. Insofern hat die EU für Robben und Wale spezielle Sekundärrechtsakte erlassen.

aa) Sekundärrecht zum Schutz der Robben

Der erste Sekundärrechtsakt innerhalb der EU, der sich mit Beschränkungen des Handels von Robbenprodukten beschäftigte, ist die Richtlinie 83/129/EWG.[1280] Sie sieht gemäß Art. 1 Abs. 1 ein durch die Mitgliedstaaten zu schaffendes Einfuhrverbot bestimmter Waren in deren Gebiete vor. Zu diesen Waren zählen Pelzfelle und Waren aus Fellen von Jungtieren der Sattel- und Mützenrobben.[1281] Diese Robben sind die

1278 Art. 28 ff. Verordnung 104/2000. Art. 28 Verordnung 104/2000 wurde aber bereits durch die Verordnung 1220/2012 gestrichen.

1279 Vgl. Bericht der Kommission an den Rat und das Europäische Parlament über die Durchführung der Verordnung (EG) Nr. 104/2000 des Rates über die gemeinsame Marktorganisation für Erzeugnisse der Fischerei und der Aquakultur, 29.09.2006, KOM(2006) 558 endgültig.

1280 Richtlinie 83/129/EWG vom 28. März 1983 betreffend die Einfuhr in die Mitgliedstaaten von Fellen bestimmter Jungrobben und Waren, ABl. EG L 91 vom 09.04.1983, S. 30, zuletzt geändert durch Richtlinie 89/370/EWG des Rates vom 8. Juni 1989 zur Änderung der Richtlinie 83/129/EWG betreffend die Einfuhr in die Mitgliedstaaten von Fellen bestimmter Jungrobben und Waren daraus, ABl. EG L 163 vom 14.06.1989, S. 37.

1281 Anhang I der Richtlinie 83/129/EWG.

weltweit am häufigsten gejagten.[1282] Grund für den Erlass der Richtlinie waren Zweifel über den Zustand der Bestände der Robben, insbesondere in Anbetracht der Auswirkungen der nichttraditionellen Jagd.[1283]

Seit dem 16. September 2009 wird diese doch sehr knapp gehaltene Richtlinie durch die Robbenverordnung sowie die dazugehörige Durchführungsverordnung[1284] ergänzt. Die Robbenverordnung verbietet gemäß Art. 3 Abs. 1 die Einfuhr von Robbenerzeugnissen[1285] abgesehen von einigen Ausnahmen. Derartige Ausnahmen liegen vor, wenn Robbenerzeugnisse aus einer Jagd durch Inuit oder andere indigene Gemeinschaften stammen und zu deren Lebensunterhalt beitragen. Hinzu kommen einige wenige Ausnahmen unter engen Bedingungen in Art. 3 Abs. 2. Dass die Robbenverordnung eine der wenigen Verordnungen ist, bei deren Erlass die EU Teile der arktischen biologischen Vielfalt im Blick hatte, lässt sich ganz deutlich an der soeben vorgestellten Ausnahme des Art. 3 Abs. 1 erkennen, der die indigene Bevölkerung der Arktis einbezieht.[1286]

Die Robbenverordnung trägt erheblich zum Schutz der unter diese fallenden Robbenarten bei, indem durch Einfuhrbeschränkungen in die EU und damit verbundenen Absatzschwierigkeiten die kommerzielle Nutzung von Robben und deren Erzeugnissen aus der Arktis unterbunden wird. Dadurch leistet sie einen wichtigen Beitrag zum Erhalt der arktischen biologischen Vielfalt, der unmittelbar Auswirkung auf die Artenvielfalt hat und damit eine Komponente des arktischen Ökosystems stabil hält.

1282 Vgl. Information der Kommission, http://ec.europa.eu/environment/biodiversity/animal_welfare/seals/seal_hunting.htm (13.07.2014).

1283 Erwägungsgrund 3 der Richtlinie 83/129/EWG.

1284 Verordnung 737/2010 vom 10. August 2010 mit Durchführungsvorschriften zur Verordnung EG Nr. 1007/2009 des Europäischen Parlaments und des Rates über den Handel mit Robbenerzeugnissen, ABl. EU vom 17.08.2010, S. 1.

1285 Robben sind gemäß Art. 2 Nr. 1 „alle Exemplare von Flossenfüßler", sprich die in der EU ansässigen Hundsrobben, die innerhalb der EU nicht vorkommenden Ohrenrobben und die Walrösser. Robbenerzeugnisse sind gemäß Art. 2 Nr. 2 „alle verarbeiteten oder unverarbeiteten Erzeugnisse, die von Robben stammen oder von Robben gewonnen wurden, einschließlich Fleisch, Öl, Unterhautfett, Organe, Pelze" etc.

1286 Gemäß Art. 2 Nr. 4 versteht die Verordnung unter Inuit „Bewohner der arktischen und subarktischen Regionen".

bb) Sekundärrecht zum Schutz der Wale

Auch für die Einfuhr von Walerzeugnissen gelten durch die Verordnung 348/81[1287] in der EU Spezialregelungen. Für die Einfuhr bestimmter Walerzeugnisse in die EU ist eine Genehmigung erforderlich, die nicht erteilt werden darf, wenn die Einfuhr zu kommerziellen Zwecken erfolgt.[1288] Grund für die Schaffung dieser Richtlinie war der Gedanke, dass für die Erhaltung der weltweiten Walbestände Beschränkung des internationalen Handels erforderlich seien.[1289] Parallel dazu unterliegt der Handel mit Wal und Walerzeugnisse auch der ArtenschutzVO. Der unmittelbare Zugriff auf Wale in Unionsgewässern oder von Schiffen der EU ist durch die FFH-RL verboten. Zusätzlich dazu zielen die technischen Maßnahmen der GFP auf eine Reduzierung des Wal-Beifangs ab.[1290]

Trotz der verschiedenen Schutzmaßnahmen auf EU-Ebene herrscht seitens der EU große Besorgnis über den Status der Walbestände der Weltmeere. Laut Aussagen der Kommission in einer Mitteilung an das Europäische Parlament und den Rat über Gemeinschaftsmaßnahmen auf dem Gebiet des Walfangs, solle sich die EU in ihren Bestrebungen zur Eindämmung des Walfangs von dem Ziel leiten lassen, eine wirksame internationale Rahmenregelung zum Schutz der Wale zu gewährleisten und ordnungsgemäß durchzusetzen.[1291] Von der EU in diesem Zusammenhang vorgesehene Maßnahmen belaufen sich im Ergebnis auf ein Einwirken auf die Mitgliedstaaten, die noch nicht dem Internationalen Übereinkommen zur Regelung des Walfangs beigetreten sind, sowie die Stärkung der unter diesem vorgesehenen Maßnahmen. Inwiefern diese Bestrebungen erfolgversprechend sind, wird sich zeigen. Zunächst sind die Versuche, einen

1287 Verordnung 348/81 vom 20. Januar 1981 über eine gemeinsame Regelung für die Einfuhr von Walerzeugnissen, ABl. EG L 39 vom 12.02.1981, S. 1, zuletzt geändert durch AKTE über die Bedingungen des Beitritts des Königreichs Norwegen, der Republik Österreich, der Republik Finnland und des Königreichs Schweden und die Anpassungen der die Europäische Union begründenden Verträge, ANHANG I – Liste nach Artikel 29 der Beitrittsakte – VIII. UMWELT – E. ERHALTUNG WILDLEBENDER TIERE UND PFLANZEN, ABl. EU L C 241 vom 29.08.1994, S. 175.

1288 Art. 1 Verordnung 348/81.

1289 Erwägungsgrund 1 der Verordnung 348/81.

1290 Vgl. oben, S. 200.

1291 Mitteilung der Europäischen Kommission an das Europäische Parlament und den Rat über Gemeinschaftsmaßnahmen auf dem Gebiet des Walfangs vom 19.12.2007, KOM(2007) 823 endgültig, Einleitung, S. 2.

wirksameren besseren Schutz herbeizuführen, als durchaus positiv zu bewerten.

c) Maßnahmen zur Reduzierung des Beifangs von Seevögeln

Die Problematik des Beifangs betrifft nicht nur die Fischbestände. Auch Seevögel verenden als Beifang in Fischernetzen oder Langleinen. In Bezug auf diese Art des Beifangs wurde auf Unionsebene bislang kein Sekundärrechtsakt erlassen. Es existiert allerdings ein Aktionsplan der Kommission,[1292] der einen ersten Grundstein zur Entwicklung von Sekundärrecht in diesem Bereich legt. Der Aktionsplan erfasst auch die Beifangproblematik von Seevögeln in der Arktis, indem er für EU-Schiffe in Nicht-EU-Gewässern gilt.[1293]

Welche Maßnahmen genau zur Erreichung der Ziele des Aktionsplans, der Verhinderung des Beifangs von Seevögeln,[1294] vorgesehen werden, beschreibt Anhang I. Enthalten sind sowohl Regelungen zur Datenerhebung, zu technischen Maßnahmen der Abhilfe des Beifangs, Weiterbildungsmaßnahmen für Fischer sowie Anregungen zur Forschung.

Es ist durchaus eine positive Entwicklung, dass das Unionsrecht sich auch mit dem Beifang von Seevögeln auseinandersetzt, nachdem die VSRL gerade den Beifang von Vögeln nicht erfasst.[1295] Auch die GFP widmet sich diesem Problem nicht konkret, obwohl die Verankerung des ökosystemaren Ansatzes in Art. 2 Abs. 3 GVO 14 die GFP in dieser Hinsicht öffnet.

Derzeit ist der Aktionsplan zwar lediglich ein Instrument, das eine Bewertung des Problems des Beifangs von Seevögeln ermöglichen soll. Damit leistet er aber einen entscheidenden Beitrag in Hinblick auf spätere mögliche Schutzmaßnahmen. Es ist insofern zu hoffen, dass die Bestrebungen der EU bezüglich der Minimierung des Beifangs von Seevögeln einmal zur Verabschiedung verbindlicher Schutzmaßnahmen führen werden.

1292 Kommission, Mitteilung der Kommission an das Europäische Parlament und den Rat, Aktionsplan zur Reduzierung der Beifänge von Seevögeln in Fanggeräten, 16.11.2012, COM(2012) 665 final (Aktionsplan Seevögel).

1293 Aktionsplan Seevögel, S. 9, para. 3.1.

1294 Aktionsplan Seevögel, S. 8 f., para. 3.

1295 Vgl. oben S. 180.

3. Bewertung

Der erste Eindruck, ein Beitrag sei aufgrund des kleinen EU-Gebiets in der Arktis nicht vorhanden, ist verfehlt. An vielen Stellen kann das sekundäre Umweltrecht der EU die Nutzung lebender arktischer Ressourcen regulieren und damit einen Einfluss auf den Erhalt der arktischen biologischen Vielfalt ausüben.

Gerade in den terrestrischen Gebieten im nördlichen Finnland und Schweden wurden arktische Arten in das Schutzkonzept der Union aufgenommen. An diesen Stellen konkretisiert das Sekundärrecht die Rahmenvorschriften das ÜBV mit Blick auf die Arktis und geht über andere Verpflichtungen aus den Unionsabkommen hinaus, indem beispielsweise Arten wie der Polarfuchs geschützt werden, die nicht Schutzgegenstand der Bonner Konvention sind.

Auch der zielgerichtete Zugriff auf marine Arten, wie insbesondere Wale, wird durch die Regeln der FFH-RL unterbunden. Insofern sind auch Narwale oder Belugawale, die zu den nur in der Arktis vorkommenden Arten zählen, nach Sekundärrecht geschützt. Gleiches gilt für die Vertreter der Avifauna. Der Beifang dieser Arten wird jedoch unter der FFH- und VSRL nicht erfasst. Ansätze, diesem Problem zu begegnen, sind jedoch in anderen Sekundärrechtsakten sowie einem Aktionsplan zu Seevögeln zu finden.

Die Regulierung der Nutzung der Fischereiressourcen fällt aus den Sekundärrechtsakten mit Blick auf den Schutz der biologischen Vielfalt heraus und wird durch die GFP geregelt.[1296] Die GFP ist das Instrument, mit dem die EU ihren völkerrechtlichen Verpflichtungen zur Erhaltung und Bewirtschaftung mariner Ressourcen nachkommt. Sie bewegt sich im Rahmen des SRÜ und des FBÜ und setzt die durch die Fischereiorganisationen vorgebeben sowie bilateral verhandelten Erhaltungs- und Bewirtschaftungsmaßnahmen, die überwiegend in Form von TACs ergehen, in der Verordnung 43/2014 um.

Die GFP ist zweifelsfrei geeignet, auch in der Arktis ein Managementsystem zu errichten, das jedenfalls für die Fischereifahrzeuge der Union

1296 Probleme bezüglich einer Überschneidung von FFH-RL und GFP ergeben sich in der Arktis nicht. Schutzgebiete im Bereich der Hohen See sind durch die EU nicht ausgewiesen. Bezüglich des unmittelbaren Artenschutzes ergeben sich ebenfalls keine Probleme, da die FFH-RL nicht den Schutz der Nutzfische umfasst.

gilt.[1297] Es stößt natürlich genau an diesem Punkt auch an seine Grenzen. Einige Managementmaßnahmen, wie beispielsweise Mehrjahrespläne, sind aufgrund ihrer Struktur mangels souveräner Rechter der EU zum Ressourcenschutz nicht sinnvoll in der Arktis umsetzbar. Auswirkungen auf Dritte können die Managementmaßnahmen der GFP nicht entfalten. In erster Linie kann hier die Kooperation mit regionalen Fischereiorganisationen weiter helfen, die über die Art. 29 und Art. 30 GVO 14 Einzug in die GFP der Union gefunden hat.

Der Zuschnitt der GFP auf die Arktis ist aktuell unbefriedigend. TACs erfassen längst nicht alle Arten, die Aufwandsbeschränkungen und technische Maßnahmen der GFP tangieren die arktischen Gebiete nur. Hier ist die Anpassung des Regimes notwendig aber auch sicherlich möglich. Voraussetzung ist, dass die wissenschaftlichen Grundlagen bestehen, um dem Managementziel der GFP, die befischten Bestände mindestens auf MSY-Niveau zu bewirtschaften, auch nachkommen zu können.

Durch die Reform widmet sich die GFP nun in Art. 25 ff. GVO 14 erstmals ausdrücklich der Erarbeitung der wissenschaftlichen Basis für das Fischereimanagement. Neben der Aufgabenzuweisung der Datenerhebung an die Mitgliedstaaten, Grundsätzen der Arbeitsweise und Koordinierung der Arbeiten in diesem Bereich unter den Mitgliedstaaten enthält die GVO an dieser Stelle aber keine griffigen Vorschriften. Der Vorschlag der Kommission zur Reform der GFP sah die Datenerhebung durch die Mitgliedstaaten im Rahmen eines mehrjährigen Programmes vor.[1298] Gleichzeitig sollte die Verordnung 199/2008 zur Einführung einer gemeinschaftlichen Rahmenregelung für die Erhebung, Verwaltung und

1297 Sicherlich leidet die GFP der Union, auch wenn sie durch kontinuierliche Arbeit verbessert wird, noch an vielen Schwächen. Im Zuge dieser Arbeit steht jedoch nicht eine generelle Bewertung der GFP, sondern deren Anwendbarkeit in arktischen Gewässern im Fokus. Insofern kann und soll hier keine Bewertung der GFP erfolgen. Vielmehr müssen die Besonderheiten in Bezug auf das arktische Ökosystem erläutert werden. Für eine Bewertung der GFP vgl. unter anderem *Markus*, Promotion and Management of Marine Fisheries in the European Community, in: Winter (Hrsg.), Towards Sustainable Fisheries Law, 2009, S. 253 ff.; *Wakefield*, Fisheries: A Failure of Values, CMLR 46 (2009), S. 431 ff.

1298 Kommission, Vorschlag für eine Verordnung des Europäischen Parlaments und des Rates über die Gemeinsame Fischereipolitik, 13.07.2011, KOM(2011) 425 endgültig, Anhang I, Art. 37 Abs. 5.

Nutzung von Daten im Fischereisektor[1299] aufgehoben werden. Zu dieser Änderung ist es jedoch im Ergebnis nicht gekommen. Die Verordnung 199/2008 bleibt vorerst bestehen. Aber selbst wenn wissenschaftliche Daten fehlen, darf die Union aufgrund des primärrechtlich verankerten[1300] und in Art. 2 Abs. 2 GVO 14 enthaltenen Vorsorgeansatz aber jedenfalls nicht untätig bleiben.

Neben diesen Maßnahmen, die Regelungen für den Zugriff auf Ressourcen vorsehen, enthält das Sekundärrecht auch Richtlinien und Verordnungen, die das Nutzungsverhalten Dritter steuern können. Über die Artenschutzverordnung oder ähnliche Beschränkungen in Bezug auf Robbenprodukte kann die EU Einfluss auf die Nutzung von Arten jenseits europäischer Hoheitsrechte nehmen. Man kann an dieser Stelle eine Art indirekter Verhaltenssteuerung von Staaten und Individuen erkennen, die sicherlich nur mit äußerster Vorsicht auszureißen ist.

Im Ergebnis ist von der Union zu fordern, die Veränderungen der arktischen Umwelt zu beobachten und über die Überarbeitung der Sekundärrechtsakte mit neu auftretenden Bedrohungen für Arten und Ökosysteme Schritt zu halten. Tatsächlich sind jedoch alle Bemühungen der Union in Bezug auf den Schutz der arktischen biologischen Vielfalt nur dann erfolgversprechend, wenn Schutz-, Erhaltungs- und Bewirtschaftungsmaßnahmen auch eingehalten werden.

III. Durchsetzung der Schutz-, Erhaltungs- und Bewirtschaftungsmaßnahmen

Wie im Rahmen der Regulierung der Nutzung lebender arktischer Ressourcen durch Unionsabkommen, muss auch das Sekundärrecht nicht nur unmittelbare Schutz-, Erhaltungs- und Bewirtschaftungsmaßnahmen bereitstellen, sondern ebenso die Einhaltung dieser Vorschriften durch die

1299 Verordnung 199/2008 des Rates vom 25. Februar 2008 zur Einführung einer gemeinschaftlichen Rahmenregelung für die Erhebung, Verwaltung und Nutzung von Daten im Fischereisektor und Unterstützung wissenschaftlicher Beratung zur Durchführung der Gemeinsamen Fischereipolitik, ABl. EU L 60 vom 05.03.2008, S. 1

1300 Art. 11 i.V.m. Art. 191 Abs. 2 S. 2 Var. 1 AEUV.

Nutzer der lebenden Ressourcen vorantreiben.[1301] Teilweise lassen sich die zu diesem Zweck geschaffenen Vorschriften in bereits analysierten Sekundärrechtsakten finden. Hinzu kommen speziell für die Bekämpfung dieses Problemfeldes geschaffenen Regelungen. Letztere beziehen sich überwiegend auf die Durchsetzung der Erhaltungs- und Bewirtschaftungsmaßnahmen der GFP.

1. Normen in Sekundärrechtsakten zum Schutz, zur Erhaltung und zur Bewirtschaftung

Die FFH-RL und die VSRL enthalten wenig konkrete Vorschriften zur Durchsetzung der in ihnen enthaltenen Verpflichtungen. Die Gründe dafür liegen insbesondere darin, dass diese Sekundärrechtsakte im besonderen Maße an Gebiete mit souveränen Rechten und Hoheitsbefugnissen bzw. Territorien der Mitgliedstaaten anknüpfen, wo die Einhaltung von Schutz-, Erhaltungs- und Bewirtschaftungsmaßnahmen leichter zu fördern ist, als in hoheitsfreien Räumen. Auch diejenigen Vorschriften, die ihren Ansatzpunkt im Bereich der Beschränkungen des Handels mit bedrohten Tierarten finden, können verhältnismäßig einfach bezüglich ihrer Einhaltung überwacht werden. So enthält die ArtenschutzVO lediglich in Art. 16 die Aufforderungen an die Mitgliedstaaten, bestimmte Verstöße der handelnden Personen gegen die Verordnung zu sanktionieren. Derartige Sanktionsvorschriften müssen Regelungen zur Beschlagnahme und Einziehung von Exemplaren enthalten und der Verhältnismäßigkeit entsprechen.[1302]

In Bezug auf die Durchsetzung der Erhaltungs- und Bewirtschaftungsmaßnahmen im Rahmen der GFP verdeutlichen Art. 36 ff. GVO 14/ Art. 21 GVO 02, dass die GFP die Problematik der Kontrolle der Einhaltung ihrer Vorschriften durch die Nutzer der Ressourcen kennt. In der

1301 Vgl. *Vogel*, Die Außenfischereibeziehungen der Europäischen Gemeinschaft, 2009, S. 80. Diese Regelungen sind von den Kompetenztiteln der Union gedeckt, vgl. *Koivurova/Kokko/Duyck/Sellheim/Stepien*, The present and future competence of the European Union in the Arctic, Polar Record 48 (2012), S. 361 (365); *Weidemann*, Mechanisms for Enforcement of the EU Common Fisheries Policy, in: Lagoni/Ehlers/Paschke/Duygu (Hrsg.), Recent Developments in the Law of the Sea, 2010, S. 129 (130); *Shepherd*, Fishing effort control: could it work under the common fisheries policy?, Fisheries Research 63 (2003), S. 149 (149).

1302 Vgl. Art. 16 Abs. 2 ArtenschutzVO.

Vergangenheit enthielten sowohl die GVO 02 als auch die Verordnung zur Einführung einer Kontrollregelung für die GFP aus dem Jahre 1993[1303] Regelungen zur Durchsetzung der Schutz-, Erhaltungs- und Bewirtschaftungsmaßnahmen. Lange Zeit war nicht hinreichend klar, ob im Falle der Kollision dieser beiden Verordnungen die GVO oder die Kontrollverordnung vorgehen sollte.[1304] So war den Regeln der GVO 2002 aufgrund des *lex posterior* Grundsatzes im Kollisionsfall der Vorrang zu gewähren, nach dem *lex specialis* Grundsatz gingen hingegen die Vorschriften der Kontrollverordnung vor.[1305] Im Jahre 2009 erfolgte dann der Erlass einer neuen Kontrollverordnung,[1306] welche die Art. 22 ff. GVO 02 strich. Nach der Reform der GFP enthält Art. 36 GVO 14 lediglich die Ziele und Grundsätze, an denen sich die Durchsetzungsmaßnahmen der Union zu orientieren haben. Die sekundärrechtlichen Voraussetzungen zur Durchsetzung der Erhaltungs- und Bewirtschaftungsmaßnahmen lassen sich in anderen Sekundärrechtsakten finden.

1303 Verordnung 2847/93 des Rates vom 12. Oktober 1993 zur Einführung einer Kontrollregelung für die Gemeinsame Fischereipolitik, ABl. EG L 261 vom 20.10.1993, S. 1, aufgehoben durch Verordnung (EG) Nr. 1224/2009 des Rates vom 20. November 2009 zur Einführung einer gemeinschaftlichen Kontrollregelung zur Sicherstellung der Einhaltung der Vorschriften der gemeinsamen Fischereipolitik und zur Änderung der Verordnungen (EG) Nr. 847/96, (EG) Nr. 2371/2002, (EG) Nr. 811/2004, (EG) Nr. 768/2005, (EG) Nr. 2115/2005, (EG) Nr. 2166/2005, (EG) Nr. 388/2006, (EG) Nr. 509/2007, (EG) Nr. 676/2007, (EG) Nr. 1098/2007, (EG) Nr. 1300/2008, (EG) Nr. 1342/2008 sowie zur Aufhebung der Verordnungen (EWG) Nr. 2847/93, (EG) Nr. 1627/94 und (EG) Nr. 1966/2006, ABl. EU L 343 vom 22.12.2009, S. 1. Eine Analyse der Kontrollverordnung 1993 ist zu finden bei *Long/Curran*, Enforcing the Common Fisheries Policy, 2000, S. 79 ff.

1304 *Churchill/Owen*, The EC Common Fisheries Policy, 2010, S. 211.

1305 *Churchill/Owen*, The EC Common Fisheries Policy, 2010, S. 211.

1306 Verordnung 1224/2009 des Rates vom 20. November 2009 zur Einführung einer gemeinschaftlichen Kontrollregelung zur Sicherstellung der Einhaltung der Vorschriften der gemeinsamen Fischereipolitik und zur Änderung der Verordnungen (EG) Nr. 847/96, (EG) Nr. 2371/2002, (EG) Nr. 811/2004, (EG) Nr. 768/2005, (EG) Nr. 2115/2005, (EG) Nr. 2166/2005, (EG) Nr. 388/2006, (EG) Nr. 509/2007, (EG) Nr. 676/2007, (EG) Nr. 1098/2007, (EG) Nr. 1300/2008, (EG) Nr. 1342/2008 sowie zur Aufhebung der Verordnungen (EWG) Nr. 2847/93, (EG) Nr. 1627/94 und (EG) Nr. 1966/2006 (Kontrollverordnung), ABl. EU L 343 vom 22.12.2009, S. 1, zuletzt geändert/teilweise aufgehoben durch Verordnung 508/2014 des Europäischen Parlaments und des Rates vom 15. Mai 2014 über den Europäischen Meeres- und Fischereifonds und zur Aufhebung der Verordnungen (EG) Nr. 2328/2003, (EG) Nr. 861/2006, (EG) Nr. 1198/2006 und (EG) Nr. 791/2007 des Rates und der Verordnung (EU) Nr. 1255/2011 des Europäischen Parlaments und des Rates, ABl. EU L 149 vom 20.05.2014, S. 1.

2. Spezielle Sekundärrechtsakte

Die Regeln zur Durchsetzung der Managementmaßnahmen der GFP implementieren die sich auf internationaler Ebene entwickelnden Bestrebungen, die Durchsetzung der Erhaltungs- und Bewirtschaftungsmaßnahmen zu erreichen. Es existieren aktuell keine Sekundärrechtsakte, die spezifisch das Einhaltungs-Übereinkommen oder das FBÜ umsetzen. Diese völkerrechtliche Verpflichtungen umsetzende Vorschriften lassen sich vielmehr in verschiedenen Sekundärrechtsakten finden.[1307]

a) Die Kontrollverordnung

Ein zentrales Element des Sekundärrechts zur Durchsetzung der Erhaltungs- und Bewirtschaftungsmaßnahmen bildet die bereits angesprochene Kontrollverordnung, die durch eine Durchführungsverordnung konkretisiert wird.[1308] Ziel dieser Verordnung ist gemäß Art. 1 Kontrollverordnung, „die Einhaltung der Vorschriften der GFP der Union" sicherzustellen. Schon aus diesem Grund muss der Anwendungsbereich der Kontrollverordnung so weit reichen, wie die GFP bestimmte Tätigkeiten erfasst. Insofern verwundert es nicht, dass Art. 2 Abs. 1 Kontrollverordnung den eigenen Anwendungsbereich auf alle der GFP unterallenden Handlungen bezieht, über welche die EU abgeleitete Hoheitsrechte ausüben kann. Sie gilt unbeschadet der besonderen Bestimmungen in Fischereiabkommen mit Drittstaaten.[1309]

Mit Blick auf die Arktis ist dieser Anwendungsbereich als prinzipiell positiv zu bewerten. Der Einfluss der Kontrollverordnung wird sich allerdings im arktischen Raum auf die Kontrolle der Fischereifahrzeuge[1310] der EU beschränken, da Regelungen zur Fischerei in Unionsgewässern[1311] oder

1307 So auch *Churchill/Owen*, The EC Common Fisheries Policy, 2010, S. 323.

1308 Durchführungsverordnung 404/2011 der Kommission vom 8. April 2011 mit Durchführungsbestimmungen zu der Verordnung (EG) Nr. 1224/2009 des Rates zur Einführung einer gemeinschaftlichen Kontrollregelung zur Sicherstellung der Einhaltung der Vorschriften der gemeinsamen Fischereipolitik, ABl. EU L 112 vom 30.04.2011, S. 1.

1309 Vgl. Art. 3 Abs. 1 Kontrollverordnung.

1310 Fischereifahrzeuge sind die Schiffe, „die für die gewerbliche Nutzung von lebenden aquatischen Ressourcen ausgerüstet" sind, Art. 4 Nr. 31 Kontrollverordnung. Fischereifahrzeuge nach der Kontrollverordnung sind alle die Schiffe, die Fischereifahrzeuge nach der GVO sind.

1311 Im Sinne von Art. 4 Nr. 1 GVO 14/Art. 3 lit. a GVO 02 auszulegen.

im Hoheitsgebiet der Mitgliedstaaten für die Arktis ohne große Bedeutung sind. Die Regelungen zum Anwendungsbereich deuten ferner darauf hin, dass die Kontrollverordnung nicht über den Rahmen der GFP hinaus reicht, sprich die Kontrolle EU-fremder Fischereifahrzeuge im Bereich der Hohen See nicht erfasst wird, obwohl über das FBÜ und die Fischereiorganisationen teilweise die völkerrechtliche Möglichkeit dazu gegeben wäre.[1312]

Die Kontrollverordnung setzt an verschiedenen Punkten an, um die Durchsetzung der Erhaltungs- und Bewirtschaftungsmaßnahmen zu erreichen. Sie stellt bestimmte Pflichten auf, die von den Fischereifahrzeugen der Union sowie den Mitgliedstaaten zu erfüllen sind und enthält Vorschriften, die sich auf die Vermarktung von Fischereierzeugnissen[1313] beziehen.

aa) Vorschriften für Fischereifahrzeuge der Union

Der erste Ansatzpunkt der Kontrollverordnung betrifft die Fischereifahrzeuge der Union und enthält die Voraussetzungen, die für den Zugang dieser zu Fischereiressourcen erfüllt sein müssen. Die in diesem Zusammenhang bestehenden Vorschriften der Kontrollverordnung dienen insofern der Kontrolle der europäischen Fischereiflotte und damit gleichzeitig der Umsetzung der völkerrechtlichen Verpflichtungen der EU, welche die Kontrolle der eigenen Flotte vorsehen.[1314]

Zu den Voraussetzungen, die Fischereifahrzeuge der Union erfüllen müssen, um Zugang zu Ressourcen zu erhalten, zählen Fanglizenzen,[1315] Fangerlaubnisse[1316] sowie verschiedene Pflichten, die sich auf technische Ausrüstungen der Fischereifahrzeuge der Union beziehen und die Kontrolle der Fischereitätigkeit ermöglichen sollen.[1317]

1312 Vgl. dazu Kap II, Abschnitt B.II.2.c) und B.II.4.

1313 Im Rahmen der GFP bewirtschaftete biologische Meeresschätze.

1314 Vgl. Art. 18 FBÜ, dazu Kap. II, Abschnitt B.II.2b); Art. III Einhaltungsübereinkommen, dazu Kapitel II, Abschnitt B.II.3.a), sowie verschiedene Regelungen der Fischereiorganisationen, Kapitel II, Abschnitt B.4.b) aa).

1315 Art. 6 Kontrollverordnung.

1316 Art. 7 Kontrollverordnung.

1317 Art. 8 ff. Kontrollverordnung.

Fanglizenzen bescheinigen, dass ihr Inhaber berechtigt ist, eine bestimmte Fangkapazität zwecks kommerzieller Nutzung von lebenden marinen Ressourcen[1318] einzusetzen.[1319] Gemäß Art. 6 Kontrollverordnung dürfen Fischereifahrzeuge[1320] nur mit gültigen Fanglizenz lebende marine Ressourcen nutzen. Zuständig für die Erteilung, Verwaltung und Entziehung dieser Lizenzen sind die Mitgliedstaaten.[1321] Die Kontroll- und ihre Durchführungsverordnung stellen lediglich formale Anforderungen an die Schiffe auf[1322] und bestimmen, wann Lizenzen zu entziehen sind. Fangerlaubnisse treten zu den notwendigen Fanglizenz hinzu und bestimmen, welche Tätigkeit wann und wo ausgeübt werden darf.[1323] Diese Fangerlaubnisse sind erforderlich, damit ein Fischereifahrzeug der Union, das in Unionsgewässern eingesetzt wird, bestimmte Fischereitätigkeiten ausüben kann.[1324] Fanglizenzen und Fangerlaubnisse unterscheiden sich also insofern, als dass Fanglizenzen darauf abzielen, überhaupt den Einsatz eines EU-Fischereifahrzeuges zur gewerblichen Nutzung von lebenden Ressourcen unabhängig von der tatsächlichen befischten Ressource zu überwachen. Auch Fischereifahrzeuge der Union, die in der Arktis Fischerei betreiben, müssen insofern Inhaber einer Fanglizenz sein. Fangerlaubnisse hingegen zielen darauf ab, die Befischung einer bestimmten Ressource in einem bestimmten Gebiet innerhalb der Unionsgewässer zu kontrollieren. Fangerlaubnisse spielen demnach für die Arktis keine gesonderte Rolle. Dies führt aber im Ergebnis nicht zu einer Lücke oder nur teilweisen Umsetzung der Verpflichtung aus Art. 18 FBÜ oder Art. III Abs. 2 Einhaltungs-Übereinkommen, denn das Erfordernis einer Genehmigung zur Fischerei außerhalb von Unionsgewässern regelt die Verordnung 1006/2008.[1325]

1318 Mit biologischen Meeresschätzen gleichzusetzen.

1319 Art. 4 Nr. 9 Kontrollverordnung.

1320 Fanglizenzen sind schiffsgebunden, vgl. Art. 3 Abs. 1 Durchführungsverordnung 404/2011.

1321 Vgl. Art. 3 Abs. 2 Durchführungsverordnung 404/2011.

1322 Vgl. hierzu Art. 3 Abs. 3 i. V. m. Anhang II Durchführungsverordnung 404/2011.

1323 Fangerlaubnisse sind Genehmigungen, „bestimmte Fischereitätigkeiten in einem angegebenen Gebiet, einem angegebenen Zeitraum oder für eine bestimmte Fischerei unter bestimmten Bedingungen auszuüben", Art. 4 Nr. 10 Kontrollverordnung.

1324 Vgl. Art. 7 Kontrollverordnung.

1325 Dazu sogleich genauer; Verordnung 1006/2008 des Rates vom 29. September 2008 über die Genehmigung der Fischereitätigkeiten von Fischereifahrzeugen der Ge-

Zu den soeben angesprochenen vorgeschriebenen technischen Ausstattungen von Fischereifahrzeugen zählen Schiffsüberwachungssysteme (Vessel Monitoring System, VMS)[1326], Schiffsortungssysteme (Vessel Detection System, VDS) oder Automatische Schiffsidentifizierungssysteme (Automatic Identification System, AIS).[1327] Derartige Systeme sollen die Identifikation von Schiffen, deren Position, Kurs etc. automatisch übermitteln.[1328] Dabei gelten diese technischen Anforderungen unabhängig vom Einsatzort des Schiffes für alle Fischereifahrzeuge der Mitgliedstaaten der EU.

An zweiter Stelle folgen Vorschriften, die nicht mehr die Voraussetzungen zur Zugriffsberechtigung auf die Ressourcen regeln, sondern unmittelbar auf die Kontrolle der Fischerei abzielen. Grundlegend ist dabei die Verpflichtung für die Kapitäne von Fischereifahrzeugen der EU von über 10 Metern Länge, Fischereilogbücher zu führen.[1329] Bei einer Länge der Fischereifahrzeuge von über 12 Metern sind die Logbücher in elektronischer Form zu bearbeiten und die darin enthaltenen Daten mindestens ein Mal täglich an den Flaggenstaat zu übermitteln.[1330] In den Fischereilogbüchern sind die Einsätze der Fahrzeuge in einer Weise zu dokumentieren, dass die Mengen der gefangenen und an Bord behaltenen Art von über 50 kg Lebendäquivalentgewicht eingetragen werden.[1331]

Die Daten aus dem Fischereilogbuch sind unter anderem notwendig, um in einen Hafen im Unionsgebiet einlaufen zu können.[1332] Schiffe von mehr als 12 Metern Länge müssen sich nach Art. 17 Abs. 1 und Abs. 2 Kont-

meinschaft außerhalb der Gemeinschaftsgewässer und den Zugang von Drittlandschiffen zu Gemeinschaftsgewässern, zur Änderung der Verordnungen (EWG) Nr. 2847/93 und (EG) Nr. 1627/94 und zur Aufhebung der Verordnung (EG) Nr. 3317/94, ABl. EU L 286 vom 29.10.2008, S. 33.

1326 Art. 9 Kontrollverordnung.

1327 Art. 10 Kontrollverordnung.

1328 Vgl. Art. 4 Nr. 11 und Nr. 12 Kontrollverordnung. Details zum Betrieb regelt die Durchführungsverordnung 404/2011.

1329 Vgl. Art. 14 Abs. 1 Kontrollverordnung. Fischereifahrzeuge unter 10 Metern Länge müssen keine Logbücher führen, werden aber gemäß Art. 16 Abs. 1 Kontrollverordnung von den Mitgliedstaaten stichprobenartig kontrolliert, um die Einhaltung der Vorschriften der GFP sicherzustellen.

1330 Vgl. Art. 15 Kontrollverordnung.

1331 Zu den in den Fischereilogbüchern enthaltenen Angaben vgl. insbesondere Art. 14 Kontrollverordnung. Auch hier regelt die Durchführungsverordnung 404/2011 weitere Details.

1332 Vgl. Art. 17 Kontrollverordnung.

rollverordnung bei ihrem Flaggenstaat anmelden, bevor sie in einen Hafen einfahren. Dieses System, das Vorschriften des nicht in Kraft getretenen HSM-Übereinkommens[1333] ähnelt, gilt gemäß Art. 17 Abs. 1 Kontrollverordnung sowohl für das Einlaufen in einen Hafen des Flaggenstaates als für das Einlaufen in den Hafen eines anderen Mitgliedstaates. Die Anmeldung wird dann gegebenenfalls an den Hafenstaat weitergeleitet. Eine ähnliche Verpflichtung besteht auch für kleinere Schiffe.[1334] Neben den in den Fischereilogbüchern enthaltenen Daten sind weitere Daten, wie der Name des Bestimmungshafens der Fracht, die voraussichtliche Ankunftszeit und die Mengen der anzulandenden oder umzuladenden Arten zu übermitteln.[1335] Erfolgt die Datenübermittlung nicht gemäß der in der Kontrollverordnung enthaltenen Bestimmungen, können die Küstenstaaten den Fischereifahrzeugen die Einfahrt in ihre Häfen untersagen.[1336]

Auch die Regelungen zur Anlandung und Umladung von Fängen von Fischereifahrzeugen der Union sollen die Kontrolle der Fischerei ermöglichen. Art. 20 Abs. 1 der Kontrollverordnung verbietet das Umladen auf See in Unionsgewässern. Dieses darf nur mit entsprechender Genehmigung erfolgen. Ist eine solche erteilt worden, dann sind vom Kapitän Umladeerklärungen,[1337] vergleichbar mit den Fischereilogbüchern, auszufüllen und an den Flaggen- und unter Umständen auch den Hafenstaat zu übermitteln.[1338] Diese Erklärungen sind bei jeder Umladung, an der ein Fischereifahrzeug der Union beteiligt ist, auszufüllen.[1339] Umladeerklärungen müssen also auch dann ausgefüllt werden, wenn das Fischereifahrzeug sich außerhalb von Unionsgewässern aufhält, lediglich die Genehmigung entfällt. Ähnliche Erklärungen sind ebenfalls dann anzufertigen, wenn Fänge von Fischereifahrzeugen der EU angelandet werden sollen, unabhängig davon, ob die Anlandung innerhalb oder außerhalb der EU erfolgt.[1340]

1333 Vgl. Art. 8 HSM-Übereinkommen, Kap. II, Abschnitt C.II.3.b).
1334 Vgl. Art. 18 Kontrollverordnung.
1335 Vgl. Art. 17 Abs. 1 Kontrollverordnung.
1336 Vgl. Art. 19 Kontrollverordnung.
1337 Vgl. Art. 21 f. Kontrollverordnung.
1338 Vgl. Art. 21 Abs. 1 und Abs. 4 Kontrollverordnung.
1339 Vgl. Art. 21 Kontrollverordnung.
1340 Vgl. Art. 23 Kontrollverordnung.

Besonders starken Reglementierungen unterliegen Fänge solcher Arten, für die ein Mehrjahresplan gilt.[1341] Solche Fänge dürfen, sofern dies bei Annahme des Mehrjahresplans durch den Rat bestimmt wurde, ab einem bestimmten Gewicht nur an einem bestimmten Hafen oder küstennahen Ort angelandet werden.[1342] Eine Umladung ist nur dann erlaubt, wenn der Fang zuvor gewogen wurde.[1343] Ist ein Fang angelandet worden, muss dieser in der Regel so gelagert werden, dass er sich von Fängen, die nicht einer Regelung durch Mehrjahrespläne unterliegen, unterscheidet.[1344]

Das System zur Kontrolle der Anlandung und Umladung von Fängen aus Mehrjahresplänen schafft einen Mechanismus, der dazu führt, dass nahezu alle derartigen Fänge, die innerhalb der EU behandelt werden, konkret zu kontrollieren sind. Die unbemerkte Anlandung größerer Mengen als derer, die offiziell zulässig sind, wird deutlich erschwert. In Bezug auf die Mehrjahrespläne ist ein derartiges System auch zwingend erforderlich, denn nur bei strikter Einhaltung können diese Pläne, die eine langfristige Bewirtschaftung von Fischbeständen bezwecken, zum Erfolg führen. Bei „normalen" TACs verhält sich dies etwas anders, da jedes Jahr auf Änderungen der Bestände reagiert wird, eine langfristige Bewirtschaftung aber nicht im Fokus steht. Diese Regelung zu den Mehrjahresplänen spielt jedoch leider im Bereich der Arktis bisher keine besondere Rolle.[1345]

bb) Vorschriften zur Vermarktung innerhalb der EU

Die Kontrollverordnung enthält ferner Vorschriften, die Modalitäten der Vermarktung von Fischereierzeugnissen betreffen und deren Einhaltung der Kontrolle den Mitgliedstaaten obliegt.[1346] Dabei geht es im Rahmen der Kontrollverordnung nicht um die Frage, ob die Fischereierzeugnisse in den Handel gelangen können, sondern wie die Vermarktung von Fischereierzeugnissen innerhalb der EU abzulaufen hat. Ganz zentral ist an dieser Stelle der Grundsatz der Rückverfolgbarkeit gemäß Art. 58 Kon-

1341 Vgl. Art. 42–46 Kontrollverordnung.
1342 Vgl. Art. 43 Abs. 1 Kontrollverordnung.
1343 Vgl. Art. 42 Abs. 1 Kontrollverordnung.
1344 Vgl. Art. 44 Kontrollverordnung.
1345 Vgl. dazu oben S. 196 f.
1346 Vgl. Art. 56 Abs. 1 Kontrollverordnung.

trollverordnung. Nach Art. 58 Abs. 1 Kontrollverordnung müssen alle Fischereierzeugnisse vom Fang bzw. Ernte bis zum Einzelhandel rückverfolgbar sein. Dazu darf der Erstverkauf nur an zugelassene Händler oder über Fischauktionen vorgenommen werden,[1347] die in der Folge für jeden Verkaufsschritt Verkaufsbelege bzw. Übernahmeerklärungen[1348] anzufertigen haben, welche die Rückverfolgbarkeit ermöglichen.[1349] Das bedeutet hier allerdings nicht, dass Anforderungen an die Fischereierzeugnisse als solche aufgestellt werden. Bedeutung hat diese Regelung dennoch, denn sie ermöglicht eine Kontrolle der Fischereierzeugnisse bezüglich der Einhaltung der fischereirechtlichen Vorschriften, bis diese beim Verbraucher angelangt sind. Damit kann der Einzelne Nutzer an keiner Stelle der Vermarktungskette sicher davon ausgehen, dass bestandsgefährdende Fischerei nicht doch aufgedeckt wird.

cc) Vorschriften an Mitgliedstaaten

Den Mitgliedstaaten der EU wird durch die Kontrollverordnung eine Vielzahl von Verpflichtungen auferlegt, zu deren Erfüllung sie Maßnahmen ergreifen müssen, deren konkrete Ausgestaltung in großen Teilen ihnen obliegt.[1350] Die den Mitgliedstaaten in dieser Art auferlegten Ver-

1347 Vgl. Art. 59 Abs. 1 Kontrollverordnung.

1348 Übernahmeerklärungen sind Dokumente, die von den Erstverkäufern auszufüllen und an den zuständigen Mitgliedstaat zu übermitteln sind, wenn der Weiterverkauf der Fischereierzeugnisse zu einem späteren Zeitpunkt erfolgen soll.

1349 Vgl. Art. 62 bis Art. 68 Kontrollverordnung.

1350 Die Kontrollverordnung legt die Einhaltung der verschiedenen Verpflichtungen der Mitgliedstaaten nicht gänzlich in die Hände der Mitgliedstaaten, sondern stellt auch ein Kontrollsystem auf, das auf die Überprüfung der Einhaltungen der Vorschriften der GFP durch die Mitgliedstaaten abstellt. Die Kontrolle obliegt der Kommission, die gemäß Art. 96 Abs. 1 Kontrollverordnung die Einhaltung der Vorschriften der GFP durch die Mitgliedstaaten mittels Prüfungen (Art. 98 Kontrollverordnung), autonomer Inspektionen (Art. 98 Kontrollverordnung) und Audits (Art. 100 Kontrollverordnung) die Einhaltung beurteilt. Fällt eine Kontrolle des mitgliedstaatlichen Verhaltens nach Art. 96 ff. Kontrollverordnung für den Mitgliedstaat negativ aus, werden daran Konsequenzen wie die Aussetzung und Streichung von Finanzhilfen der Union, beispielsweise aus dem Fischereifonds, die Schließung einzelner Fischereien (Art. 104 Kontrollverordnung), der Abzug von Quoten (Art. 105 Kontrollverordnung) oder der Abzug von Fischereiaufwand (Art. 106 Kontrollverordnung) geknüpft. Welche Maßnahme der EU gegenüber den Mitgliedstaaten ergriffen wird, ist abhängig von dem zugrunde liegenden Verstoß des Mitgliedstaates.

pflichtungen sind wiederum verschiedenen Ansatzpunkten zur Bekämpfung der illegalen Ressourcennutzung zuzuordnen. Dazu zählen die Fischereikontrolle,[1351] die Schiffsüberwachung,[1352] die Verfolgung und Sanktionierung von Verstößen gegen Vorschriften der GFP[1353] und die gegenseitige Kontrolle ihrer eigenen Handlungen.[1354] Ferner finden sich einige Vorschriften bezüglich der Verwendung und des Umgangs mit nach der Kontrollverordnung erlangten Daten. Diese datenbezogenen Vorschriften stellen insbesondere sicher, dass die Kommission über die tatsächlich gefangenen Mengen, die der Regelung durch TACs oder andere Quoten bzw. Aufwandsbeschränkungen unterliegen, informiert ist.[1355] So können seitens der EU monatlich die Quoten, die den Staaten zustehen, berechnet und überwacht werden. Insbesondere dann, wenn die EU Quoten für einen bestimmten Zeitraum festsetzt, die nicht direkt unter den Mitgliedstaaten aufgeteilt ist, ist die Information an die Kommission unerlässlich.

Im Rahmen der Fischereikontrolle ist nicht nur die Kontrolle der aktiven Fischerei durch Überwachung des Fischereiaufwands oder des Flottenmanagements vorgesehen, sondern auch die Kontrolle des Unterlassens der Fischerei. Zu diesem Zweck haben die Küstenmitgliedstaaten die Ein-, Aus,- und Durchfahrt von Fischereifahrzeugen, unabhängig von deren Zugehörigkeit zur EU, durch Gebiete mit Fangbeschränkungen[1356] festzustellen und aufzuzeichnen.[1357] Haben Fischereifahrzeuge keine Fangerlaubnis für ein solches Gebiet, wird die Durchfahrt nur mit einer Mindestgeschwindigkeit und verstauten Fanggeräten gestattet.[1358] Für den Erhalt der arktischen biologischen Vielfalt ist diese im Rahmen der GFP

1351 Hierzu zählen die Überwachung des Fischereiaufwands (Art. 26-Art.32), die Schließung von Fischereien (Art. 35, Art. 51–54), Kontrolle des Flottenmanagement (Fangkapazitäten nach Sekundärrecht, Art. 38; Überwachung, Zertifizierung und Überprüfung der Maschinenleistung, Art, 39, Art. 40 und Art. 41), Kontrolle technischer Maßnahmen (Einsatz von, Bergung verlorengegangener Fanggeräte, Art. 47–48), Kontrolle von Gebieten mit Fangbeschränkungen (Art. 50) und Kontrolle der Fischereifreizeit.

1352 Vgl. Art. 71–74 Kontrollverordnung.

1353 Vgl. Art. 71ff. Kontrollverordnung.

1354 Vgl. Art. 94ff. Kontrollverordnung.

1355 Vgl. Art. 33 Abs. 2, Art. 34 Kontrollverordnung.

1356 Dies können beispielsweise mengenmäßige aber auch Aufwandsbeschränkungen sein.

1357 Vgl. Art. 50 Abs. 1 Kontrollverordnung.

1358 Vgl. Art. 50 Abs. 4 Kontrollverordnung.

relevante Regelung jedoch bedeutungslos. Das ist darauf zurückzuführen, dass Gebiete mit Fangbeschränkungen in der Regel in Unionsgewässern ausgewiesen werden.

Zu den Regelungen der Kontrolle der Fischerei tritt die Schiffsüberwachung nach Art. 71 ff. Kontrollverordnung. Danach haben die Mitgliedstaaten Schiffsbewegungen in Unionsgewässern sowie Gewässern unter ihrer Hoheit zu überwachen. An diese Überwachung schließen sich bei Auffälligkeiten der Schiffsbewegungen sowohl Ermittlungspflichten der Küsten-Mitgliedstaaten[1359] sowie der Flaggenstaaten[1360] hinsichtlich der Einhaltung von Bestands- und Erhaltungsmaßnahmen an. Leider sind aber auch diese Regelungen im Bereich der Arktis ohne besondere Bedeutung. Einzige denkbare und positive Auswirkung kann die Offenlegung von Fischereifahrzeugen sein, die sich in der europäischen AWZ nicht an Nutzungsreglementierungen halten und daher als grundsätzlich nicht vertrauenswürdige Schiffe einzustufen sind.

In unmittelbarem Zusammenhang mit der Schiffsüberwachung steht die Durchführung von Inspektionen. Wie auch durch die Unionsabkommen vorgeschrieben, werden die EU-Inspektionen durch benannte Inspekteure durchgeführt.[1361] Diese begutachten gemäß Art. 74 Abs. 3 Kontrollverordnung die Rechtmäßigkeit der an Bord vorhandenen Fänge,[1362] der vorgeschriebenen Dokumentationen[1363] dieser (lit. a) oder die Markierung der Fanggeräte (lit. d). Art. 79 Abs. 2 regelt, dass Inspektionen durch EU-Inspekteure in Unionsgewässern und an Bord von Fischereifahrzeugen der Unions auch außerhalb von Unionsgewässern durchgeführt werden können.[1364] Zusätzlich können die Mitgliedstaaten selbst gemäß Art. 80 Kontrollverordnung Fischereifahrzeuge unter ihrer Flagge sowie solche von anderen Mitgliedstaaten unter bestimmten Voraussetzungen

1359 Vgl. Art. 71 Abs. 2 Kontrollverordnung.

1360 Vgl. Art. 72 Kontrollverordnung.

1361 Vgl. Art. 74 Abs. 1 Kontrollverordnung

1362 Rechtmäßig sind die Fänge dann, wenn sie in Übereinstimmung mit den Vorschriften der GFP erfolgten. Vorschriften der GFP sind alle die „Vorschriften der Union über die Erhaltung, Bewirtschaftung und Nutzung von lebenden aquatischen Ressourcen, Aquakulturen sowie Transport, Verbreitung und Vermarktung von Erzeugnissen", Art. 4 Nr. 2 Kontrollverordnung.

1363 Fischereilogbücher etc, vgl. oben S. 219 f.

1364 Art. 79 Abs. 2 Kontrollverordnung.

in allen Unionsgewässern außerhalb der Hoheitsgewässer anderer Mitgliedstaaten inspizieren.

Die angefertigten Inspektionsberichte[1365] werden in elektronischen Datenbanken der Mitgliedstaaten gespeichert. In diesen Berichten werden die mutmaßlichen Verstöße gegen Erhaltungs- und Bewirtschaftungsmaßnahmen vermerkt.[1366] Bei schweren Verstößen erfolgen nach Art. 84 Kontrollverordnung weitere Ermittlungen der Flaggen- oder Küstenmitgliedstaaten. Werden Verstöße aufgedeckt, ergreifen die Mitgliedstaaten, in deren Unionsgewässern oder auf deren Fischereifahrzeugen dieser Verstoß festgestellt wurde, gemäß Art. 87 Kontrollverordnung die geeigneten Maßnahmen zur Verfolgung und leiten Verwaltungs- oder Strafverfahren nach nationalem Recht gegen die juristischen oder natürlichen in Verdacht stehenden Personen ein.[1367] Damit richtet die EU für Unionsgewässer sowie Fischereifahrzeuge unter der Flagge der Mitgliedstaaten ein umfassendes Inspektionsverfahren ein. Dieser Inspektionsmechanismus kann für die Arktis Bedeutung entfalten, indem die Fischereifahrzeuge der EU, die innerhalb der arktischen Grenzen Fischerei betreiben, Inspektionen oder Kontrollen unterliegen.

In Anknüpfung an die Inspektionen und Kontrollen durch die Mitgliedstaaten führt die EU ein Punktesystem,[1368] vergleichbar dem der deutschen KfZ-Datei in Flensburg, ein. Hat eine natürliche Person einen schweren Verstoß gegen Vorschriften der GFP begangen,[1369] wird diese mit einer entsprechenden Anzahl von Punkten belegt. Bei Erreichen oder Überschreiten einer Punktegrenze wird die Fanglizenz[1370] ausgesetzt. Erfolgt die Aussetzung zum fünften Mal, wird die Fanglizenz für immer entzogen.[1371] Die Punkte werden darüber hinaus auf künftige Inhaber der

1365 Diese gelten, sofern von EU-Inspekteuren, Vertretern der Behörden anderer Mitgliedstaaten oder Vertretern der Kommission angefertigt, in den Mitgliedstaaten als in Verwaltungs- und Strafverfahren zulässige Beweismittel, Art. 77 Kontrollverordnung.

1366 Vgl. Art. 82 lit. a Kontrollverordnung.

1367 Vgl. Art. 89 Kontrollverordnung.

1368 Vgl. *Weidemann*, Mechanisms for Enforcement of the EU Common Fisheries Policy, in: Lagoni/Ehlers/Paschke/Duygu (Hrsg.), Recent Developments in the Law of the Sea, 2010, S. 129 (159).

1369 Vgl. Art. 90 Kontrollverordnung.

1370 Art. 6 i. V. m. Art. 4 lit. Kontrollverordnung, vgl. oben S. 218.

1371 Vgl. hierzu im Detail Art. 92 Kontrollverordnung.

Fanglizenz für das entsprechende Schiff übertragen.[1372] So kann vermieden werden, dass die Lizenz einfach unter der Besatzung weitergegeben wird. Nach drei Jahren ohne Verstoß werden die Punkte wieder gelöscht.[1373] Die Verstöße von Staatsangehörigen oder Schiffen unter der Flagge eines Mitgliedstaates sowie die erteilten Punkte werden von den zuständigen Mitgliedstaaten in einer Verstoßkartei verwaltet. Auch hier stellt sich der Effekt für die Arktis ein, dass die europäische Fischereiflotte durch diese Mechanismen auf einhaltungsfreudige Schiffe reduziert wird.

b) Verordnung zur Kontrolle von Fischerei außerhalb von EU-Gewässern

Ergänzt werden die soeben vorgestellten Vorschriften der Kontrollverordnung zu Fanglizenzen und Fanggenehmigungen durch solche Genehmigungsverfahren, die Fischereitätigkeiten von Unionsfischereifahrzeugen[1374] außerhalb von Unionsgewässern zum Gegenstand haben. Grundsatz der Verordnung 1006/2008 ist, dass nur die Fischereifahrzeuge der Union, denen eine Fanggenehmigung gemäß dieser Verordnung erteilt wurde, außerhalb der EU-Gewässer Fischfang betreiben dürfen.[1375] Insofern wird hier die durch die Kontrollverordnung offen gelassene Lücke geschlossen.

Zu den Fischereitätigkeiten außerhalb von Unionsgewässern zählen solche Fischereien, die aufgrund von Fischereiabkommen der EU mit einem Drittstaat in dessen Wirtschaftzone stattfinden sowie die Fischereitätigkeiten, die in den Anwendungsbereich einer regionalen Fischereiorganisation, deren Mitglied[1376] die EU ist, fallen.[1377]

An Genehmigungen interessierte Fischereifahrzeuge stellen Anträge bei ihren Mitgliedstaaten,[1378] die diese dann nach Prüfung bestimmter

1372 Vgl. Art. 92 Abs. 2 Kontrollverordnung.

1373 Vgl. Art. 92 Abs. 4 Kontrollverordnung.

1374 Im Sinn der GVO zu verstehen.

1375 Vgl. Art. 3 Verordnung 1006/2008; vgl. Art. 31 Abs. 5 GVO 14.

1376 Es reicht auch aus, dass die EU mit der Fischereiorganisation kooperiert, Art. 1 lit. a ii Verordnung 1006/2008.

1377 Vgl. Art. 2 lit. 1 Verordnung 1006/2008.

1378 Es wird ein Informationssystem auf Unionsebene eingerichtet, das sicherstellen soll, dass auch die Mitgliedstaaten einen Überblick über die Fischereitätigkeiten von Fischereifahrzeugen der Union außerhalb der Unionsgewässer haben, Art. 12 Verordnung 1006/2008.

Voraussetzungen[1379] an die Kommission übermitteln.[1380] Die Kommission wiederum überprüft die Anträge erneut, beispielsweise auch dahingehend, ob die Anträge mit den einem Mitgliedstaat nach den TAC-Verordnungen zugeteilten Fangmöglichkeiten übereinstimmen. Daraufhin leitet die Kommission die geprüften Anträge an die entsprechende Genehmigungsbehörde weiter, die durch die Fischereiabkommen bestimmt wird.[1381] Dabei werden aber nur solche Anträge, die von vertrauenswürdigen Schiffen stammen und die Voraussetzungen des zugrunde liegenden Fischereiübereinkommens erfüllen, weitergeleitet.[1382] Die zuständige Behörde entscheidet dann über die Vergabe der Genehmigungen.[1383]

Inhaltlich bestimmen die bilateralen Fischereiabkommen oder die Abkommen, die den Fischereiorganisationen zugrunde liegen, welche Voraussetzungen für die Erteilung einer Genehmigung vorliegen müssen. Hinzu kommen einige weitere Voraussetzungen zur Genehmigungserteilung, wie beispielsweise das Vorliegen einer Fanglizenz des entsprechenden Fischereifahrzeuges nach europäischem Recht.[1384]

Neben den Fischereitätigkeiten in Gebieten, über die ein Drittstaat souveräne Rechte bezüglich der Fischerei ausübt oder die der Zuständigkeit einer Fischereiorganisation unterfallen, regelt die Verordnung 1006/2008 gemäß Art. 1 lit. a iii und Art. 11 ff. auch das Genehmigungserfordernis für solche Fischereitätigkeiten von Fischereifahrzeugen der EU, die im Bereich der Hohen See nicht in den Anwendungsbereich eines Abkommens fallen. Nach Art. 11 Abs. 1 Verordnung 1006/2008 ist für ein Tätigwerden eines Fischereifahrzeuges die Genehmigung durch seinen Flaggenstaat nach nationalen Vorschriften erforderlich, sofern das Unionsrecht nichts anderes vorschreibt.[1385]

Ebenso werden gemäß Art. 1 lit. a iii, Art. 11 Abs. 2 Verordnung 1006/2008 Tätigkeiten in Gewässern von Drittstaaten erfasst, die das jeweilige Fischereifahrzeug aufgrund einer Vereinbarung zwischen sich

1379 Vgl. Art. 5 Verordnung 1006/2008.
1380 Vgl. Art. 4 Abs. 1 Verordnung 1006/2008.
1381 Vgl. Art. 6 Abs. 1 Verordnung 1006/2008.
1382 Vgl. Art. 5 bis 7 Verordnung 1006/2008.
1383 Vgl. Art. 2 lit. g Verordnung 1006/2008.
1384 Vgl. Art. 5 Abs. 1 lit. e Verordnung 1006/2008.
1385 Ob Bestände in diesen Gebieten seitens der EU für Unions-Fischereifahrzeuge reguliert sind und welche Quote die einzelnen Mitgliedstaaten abfischen dürfen, regelt die Verordnung 43/2014.

und dem Drittstaat vornehmen darf. Über diese privaten Lizenznehmer innerhalb der EU-Fischereiflotte ist nur wenig bekannt. Aussagen darüber, wie häufig derartige Lizenzen ausgehandelt werden, sind nur schwer zu treffen.[1386] Allerdings besteht in Bezug auf diese Tätigkeiten keine Genehmigungspflicht. Die Verordnung 1006/2008 enthält in Art. 11 Abs. 2 die Aufforderung an die Mitgliedstaaten, Informationen über private Lizenznehmer und die entsprechenden Lizenzen zu sammeln und die Kommission über diese zu informieren, indem sie ihr auf elektronischem Wege eine Liste der betroffenen Fischereifahrzeuge übermitteln. Mit der Reform der GFP wird durch Art. 31 Abs. 6 lit. b i. V. m. Art. 31 Abs. 5 GVO 14 vorgesehen, dass die privaten Lizenzen jedenfalls von den Staaten, mit denen die EU partnerschaftliche Fischereiabkommen[1387] geschlossen hat, nicht mehr vergeben werden. Mit dieser Regelung bewegt sich die EU nun einen Schritt in die Richtung, die Fischerei privater Lizenznehmer zu unterbinden. Hintergrund wird sein, dass diese Art der Fischerei nicht zu kontrollieren ist und die EU so ihrer Verantwortung als „Flaggenstaat" nicht nachkommen kann. In der Arktis kann diese Regelung in der reformierten GFP der Union jedoch nur in Bezug auf Grönland relevant werden,[1388] wobei in dem Partnerschaftlichen Fischereiabkommen mit Grönland bislang keine Klausel vorhanden ist, welche die Vergabe von Lizenzen an Private verhindert.

Für die arktischen Gewässer ist die Verordnung 1006/2008 von besonderer Bedeutung. Alle Fischereitätigkeiten der EU im Bereich der Arktis finden außerhalb von Unionsgewässern statt, entweder in der AWZ Norwegens, der Färöer und Grönlands, im Zuständigkeitsbereich der NEAFC oder NAFO oder im dem Bereich der Hohen See, der nicht von einem Fischereiabkommen überlagert wird. Durch das hier aufgestellte Genehmigungserfordernis wird die Fischerei nur für die Fischereifahrzeuge möglich, die gewisse Anforderungen in Bezug auf den Umgang mit lebenden Ressourcen erfüllen. Zum anderen behalten die Kommission und die Mitgliedstaaten einen Überblick, wer die Gewässer außerhalb der Unionsgewässer befischt. Einen tatsächlichen Beitrag zum Schutz der arktischen biologischen Vielfalt kann die Verordnung 1006/2008 jedoch

1386 Vgl. *Churchill/Owen*, The EC Common Fisheries Policy, 2010, S. 351.

1387 Zur Definition Art. 4 Nr. 37 GVO 14.

1388 Das Fischereiabkommen mit Norwegen ist kein partnerschaftliches Fischereiabkommen im Sinne von Art. 4 Nr. 37 GVO 14.

nur zusammen mit der Kontrollverordnung leisten, da nur diese weitere Überwachungsmaßnahmen bereithält.

c) IUU-Verordnung

Die IUU-Verordnung[1389] der EU nimmt einen weiteren zentralen Punkt im System der Union zur Durchsetzung der Erhaltungs- und Bewirtschaftungsmaßnahmen ein.[1390] Die Verordnung wurde entwickelt, um insbesondere die Vorschläge des IPOA-IUU und einige Vorgaben der Fischereiorganisationen in das Unionsrecht umzusetzen.[1391] Die IUU-Verordnung leistet insofern einen Beitrag zu einem über die Unionsebene hinausgehenden, globalen System zur Durchsetzung der Erhaltungs- und Bewirtschaftungsmaßnahmen im Rahmen der völkerrechtlichen Möglichkeiten.

Dabei definiert die IUU-Verordnung die IUU-Fischerei genauso weit wie der IPOA-IUU.[1392] Unklar bleibt allerdings, welche Ressourcen Gegenstand von IUU-Fischerei nach der IUU-Verordnung werden können. Aus der Definition von Fischereifahrzeugen[1393] ergibt sich lediglich, dass sich die IUU-Verordnung mit der Nutzung von Fischereiressourcen beschäftigt. Der Begriff der Fischereiressourcen wird jedoch weder in der IUU-Verordnung noch in anderen Sekundärrechtsakten definiert. Die GVO

1389 Die Verordnung 1005/2008.

1390 Ausgestaltet werden auch hier die einzelnen Bestimmungen durch eine Durchführungsverordnung, Verordnung 1010/2009 der Kommission vom 22. Oktober 2009 mit Durchführungsbestimmungen zu der Verordnung (EG) Nr. 1005/2008 des Rates über ein Gemeinschaftssystem zur Verhinderung, Bekämpfung und Unterbindung der illegalen, nicht gemeldeten und unregulierten Fischerei, ABl. EU L 280 vom 27.10.2009, S. 5, zuletzt geändert durch Durchführungsverordnung 865/2013 der Kommission vom 9. September 2013 zur Änderung der Verordnung (EG) Nr. 1010/2009 hinsichtlich der Verwaltungsvereinbarungen mit Drittstaaten über Fangbescheinigungen für Seefischereierzeugnisse, ABl. EU L 241 vom 10.09.2013, S. 1.

1391 Erwägungsgrund 4 IUU-Verordnung; vgl. *Sands/Peel*, Principles of International Environmental Law, 2012, S. 433; *Churchill/Owen*, The EC Common Fisheries Policy, 2010, S. 376.

1392 Art. 2 Nr. 2 bis Nr. 4 IUU-Verordnung; Punkt 3.1 bis 3.3 IPOA-IUU; Kap. III, Abschnitt B.I.

1393 Fischereifahrzeuge bezeichnen „jedes Schiff jeglicher Größe, das zur gewerblichen Nutzung der Fischereiressourcen eingesetzt wird oder werden soll, einschließlich Hilfsschiffe, Fischereiverarbeitungsschiffe, an Umladungen beteiligte Schiffe und für die Beförderung von Fischereierzeugnissen ausgerüstete Transportschiffe, ausgenommen Containerschiffe“, Art. 2 Nr. 5 IUU-Verordnung.

zielt nicht auf den Schutz von Fischereiressourcen, sondern von lebenden aquatischen Ressourcen/biologischen Meeresschätzen ab.[1394] In diesem Zusammenhang stellt sich die Frage, ob Fischereiressourcen und lebende aquatische Ressourcen/biologische Meeresschätze unterschiedliche Ressourcen darstellen. So ist es möglich, dass Fischereiressourcen nicht die marinen Säuger einbeziehen.[1395] Tatsächlich ist bei Betrachtung des gesamten Unionsrechts naheliegend, dass in biologischer Hinsicht eine Einschränkung des Anwendungsbereiches vorgenommen werden sollte. Die IUU-Verordnung versucht insbesondere, über Beschränkungen der Anlandungsmöglichkeiten, des Zugangs zu Häfen und des Handels, Drittstaaten und deren Angehörige dazu zu bewegen, Erhaltungs- und Bewirtschaftungsmaßnahmen zu befolgen. In Bezug auf marine Säuger wie Wale und Robben sind solche Maßnahmen bereits in anderen Sekundärrechtsakten vorgesehen. So sind die Wale unter der Artenschutzverordnung geschützt, die nach Art. 2 lit. u das Einbringen[1396] aus dem Meer als Teil der Einfuhr in die EU versteht und insofern das Anlanden dieser Arten sowie die Ausfuhr und den unionsinternen Handel reglementiert. Auch der Handel mit Erzeugnissen aus Robben unterliegt aufgrund der Robbenverordnung und der Richtlinie 83/129/WEG Beschränkungen. Aus diesen Gründen ist davon auszugehen, dass sich die IUU-Verordnung nur auf die Fischereifahrzeuge bezieht, die Fisch im engeren Sinne sowie Weich-, Schalen- und Krustentiere fangen, beziehungsweise sich an derartigen Maßnahmen beteiligen. Im Ergebnis ist der Anwendungsbereich der IUU-Verordnung in Bezug auf diesem unterfallende Fischereifahrzeuge zwar weiter,[1397] in biologischer Hinsicht jedoch enger als im Zuge der GVO.

aa) IUU-Fischerei betreibende Fischereifahrzeuge

Art. 3 IUU-Verordnung listet eine Reihe von Fällen auf, bei deren Vorliegen davon ausgegangen werden muss, dass sich ein Fischereifahrzeug an IUU-Fischerei beteiligt. Dies ist beispielsweise dann der Fall, wenn das

---

1394 Vgl. Art. 1 Abs. 1 lit. a GVO 14; Art. 3 lit. b GVO 02.

1395 Dieses Problem werfen ebenfalls auf *Churchill/Owen*, The EC Common Fisheries Policy, 2010, S. 68.

1396 „Einbringen" wird definiert in Art. 2 lit. e ArtenschutzVO.

1397 Art. 2 Nr. 5 IUU-Verordnung versteht auch die Schiffe, welche die Fischereitätigkeit unterstützen, als Fischereifahrzeuge. Vgl. dazu oben S. 188 f.

Fischereifahrzeug ohne vom Flaggen- oder Küstenstaat gültige Lizenz gefischt[1398] oder verbotenes Fanggerät verwendet hat.[1399] Ferner wird die Beteiligung an IUU-Fischerei dann vermutet, wenn ein Fischereifahrzeug keine Staatszugehörigkeit hat.[1400] Art. 3 IUU-Verordnung listet in diesem Sinne Regelbeispiele der IUU-Fischerei auf. Um allerdings Fischereifahrzeuge anhand der Kriterien des Art. 3 IUU-Verordnung als IUU-Fischerei betreibend qualifizieren zu können, muss es zunächst Anhaltspunkte geben, die darauf hindeuten, dass der Tatbestand eines Regelbeispiels erfüllt ist. Insofern sind verschiedene Maßnahmen zur Identifizierung der IUU-Fischerei betreibende Fischereifahrzeuge zu ergreifen.

In Bezug auf Fischereifahrzeuge der Union ermöglicht die Kontrollverordnung, dass die Union sich ein Bild über das Verhalten des Fischereifahrzeuges macht. Dies gilt jedoch nur eingeschränkt für Fischereifahrzeuge aus Drittstaaten.[1401] Aus diesem Grund regelt Kapitel II der IUU-Verordnung die Inspektionen von Fischereifahrzeugen aus Drittländern in den Häfen der Mitgliedstaaten. Generell ist den Fischereifahrzeugen aus Drittländern der Zugang zu Unionshäfen nur erlaubt, wenn diese sich im Sinne der IUU-Verordnung legal verhalten. Ausnahmen gelten natürlich in Fällen höherer Gewalt oder Notfällen.[1402] Die Anlandung oder Umladung von Fischereierzeugnissen, die von Nicht-EU-Schiffen[1403] stammen, darf nur in bestimmten Häfen und nach vorheriger Anmeldung erfolgen.[1404] Nur wenn die Anmeldung vollständig vorliegt, darf nach Art. 7 Abs. 1 IUU-Verordnung Drittland-Fischereifahrzeugen Zugang zum Hafen gewährt werden. Hinzu kommt, dass die Mitgliedstaaten gemäß Art. 9 Abs. 1 IUU-Verordnung jährlich 5% der Fischereifahrzeuge aus Drittländern einer Inspektion im Zuge der Anlandung und Umladung zu unterziehen haben bzw. Fischereifahrzeuge, die bestimmte Kriterien erfüllen,[1405] auf jeden Fall inspizieren müssen. Erbringt eine Inspektion

1398 Art. 3 Abs. 1 lit. a IUU-Verordnung.

1399 Art. 3 Abs. 1 lit. e IUU-Verordnung.

1400 Art. 3 Abs. 1 lit. l IUU-Verordnung.

1401 Vgl. oben S. 217 ff.

1402 Art. 4 Abs. 2 IUU-Verordnung.

1403 Als Fischereifahrzeuge der EU werden gemäß Art. 2 Nr. 6 IUU-Verordnung solche bezeichnet, die eine Flagge der Mitgliedstaaten führen und in der Union registriert sind.

1404 Vgl. Art. 5 Abs. 1; Art. 6 IUU-Verordnung.

1405 Vgl. Art. 9 Abs. 2 IUU-Verordnung.

den Nachweis, dass ein Fischereifahrzeug eines Drittlandes IUU-Fischerei gemäß Art. 3 IUU-Verordnung betrieben hat, wird dies im Inspektionsbericht vermerkt und der zuständigen Inspektionsbehörde des Hafenstaates zugeleitet.[1406] Die Folge ist, dass diesem Fischereifahrzeug die Anlandung oder Umladungen in dem Hafenmitgliedstaat untersagt wird.[1407] Hinzu kommen unter Umständen Sanktionen des Flaggenstaates, der gemäß Art. 11 Abs. 3 IUU-Verordnung über den Befund informiert wird.

Bestehen aufgrund erlangter Informationen Zweifel daran, ob ein Fischereifahrzeug aus bestimmten Drittländern die ihm obliegenden Pflichten nach nationalem[1408] oder Völkerrecht einhält, veröffentlicht die Kommission auf ihrer Website und im Amtsblatt der EU eine Warnmeldung und gibt diese an die Behörden der Mitgliedstaaten sowie die Flaggenstaaten weiter.[1409] Folge dieser Warnmeldungen sind besondere Ermittlungen und Maßnahmen der Mitgliedstaaten sowie der Kommission, die dazu geeignet sind, IUU-Fischerei aufzudecken.[1410]

Sind IUU-Fischereifahrzeuge identifiziert, dann muss mit diesen Informationen in einer Art und Weise umgegangen werden, die Sanktionen und ähnliche Maßnahmen ermöglicht. Auch dies regelt die IUU- Verordnung. Unabhängig davon, ob es sich um mitgliedstaatliche Fischereifahrzeuge oder solcher dritter Staate handelt, sammelt die Kommission oder eine von ihr benannte Stelle Informationen zu mutmaßlichen IUU-Fischereien, wertet diese aus und führt über die Fischereifahrzeuge, die mutmaßlich an IUU-Fischerei beteiligt sind, eine Akte, die sie fortlaufend aktualisiert.[1411] Liegen der Kommission hinreichende Informationen über IUU-Tätigkeiten von Fischereifahrzeugen vor, richtet sie an die Flaggenstaaten offizielle Mitteilungen, die insbesondere diese ersuchen, weitere Untersuchungen anzustellen und bei Erhärtung des Verdachts der IUU-Fischerei auch Strafverfolgungsmaßnahmen einzuleiten.[1412]

1406 Vgl. Art. 11 Abs. 1 IUU-Verordnung.

1407 Vgl. Art. 11 Abs. 2 IUU-Verordnung.

1408 Im Zuge der Zusammenarbeit der Kommission mit Drittstaaten teilen diese der Kommission einschlägige nationale Rechtsvorschriften mit, vgl. Art. 20 Abs. 4 IUU-Verordnung.

1409 Vgl. Art. 23 IUU-Verordnung.

1410 Vgl. Art. 24 IUU-Verordnung.

1411 Vgl. Art. 25 IUU-Verordnung.

1412 Für Fischereifahrzeuge aus Drittstaaten ist dies in Art. 26 Abs. 2, für Fischereifahrzeuge der Mitgliedstaaten in Art. 26 Abs. 3 IUU-Verordnung geregelt.

Ferner ist gemäß Art. 27 IUU-Verordnung Aufgabe der Kommission, die IUU-Liste der Union zu erstellen. Auf dieser Liste werden die Schiffe geführt, die sich aufgrund der bei der Kommission gesammelten Informationen als an IUU-Fischerei beteiligt erwiesen haben und deren Flaggenstaaten dem soeben genannten Ersuchen der Kommission nicht nachgekommen sind.[1413] Auch Unionsschiffe können in dieser Liste geführt werden, sofern nicht der Flaggenmitgliedstaat sekundärrechtlich vorgesehene Maßnahmen[1414] wegen einer Zuwiderhandlung, die einen schweren Verstoß im Sinne von Art. 3 Abs. 2 IUU- Verordnung darstellen, ergriffen hat.[1415] Zusätzlich zu diesen Fischereifahrzeugen werden auch solche auf der IUU-Liste der Union geführt, die in den Listen der regionalen Fischereiorganisationen als IUU-Fischerei betreibende Fischereifahrzeuge aufgenommen wurden.[1416] Die IUU-Liste der Union wird im Amtsblatt der EU und auf der Website der Kommission veröffentlicht.[1417] Außerdem überarbeitet die Kommission die Liste jährlich mehrfach und leitet diese dann den Mitgliedstaaten, den regionalen Fischereiorganisationen, den Akteuren der Zivilgesellschaft, die darum ersuchen sowie der FAO zu.[1418]

Die IUU-Verordnung sieht verschiedene Maßnahmen gegenüber Fischereifahrzeugen, die sich an IUU-Fischerei beteiligen, vor.[1419] Art. 37 IUU-Verordnung enthält Vorschriften gegenüber auf der IUU-Liste der Union aufgeführten Fischereifahrzeugen. So sind beispielsweise Fanggenehmigungen für diese Fischereifahrzeuge zurückzuziehen[1420]

1413 Art. 27 Abs. 1 IUU-Verordnung; die Kommission hat im Rahmen des Verfahrens der Listung umfangreiche Informationspflichten gegenüber den Eignern, den Betreibern und den Flaggenstaaten, Art. 27 Abs. 2 bis Abs. 6 IUU- Verordnung.

1414 Maßnahmen im Sinne der IUU-Verordnung oder im Sinne der Kontrollverordnung, z. B. der Entzug von Fanglizenzen.

1415 Vgl. Art. 27 Abs. 7 und Abs. 8 IUU-Verordnung.

1416 Vgl. Art. 29 Abs. 1 IUU-Verordnung. Auch die Streichung von der Unions-IUU-Liste ist im Rahmen der von Art. 28 und Art. 29 Abs. 1 IUU-Verordnung aufgestellten Bedingungen möglich.

1417 Verordnung 468/2010 der Kommission vom 28. Mai 2010 über die EU-Liste der Schiffe, die illegale, ungemeldete und unregulierte Fischerei betreiben, ABl. EU L 131 vom 29.05.2010, S. 22, zuletzt geändert durch Durchführungsverordnung 137/2014 der Kommission vom 12. Februar 2014 zur Änderung der Verordnung (EU) Nr. 468/2010 über die EU-Liste der Schiffe, die illegale, ungemeldete und unregulierte Fischerei betreiben, ABl. EU L 43 vom 13.02.2014, S. 47.

1418 Vgl. Art. 29 Abs. 3 IUU-Verordnung.

1419 Vgl. Art. 37 ff. IUU-Verordnung.

1420 Art. 37 Nr. 2 IUU-Verordnung.

oder ihnen wird, sofern sie unter der Flagge eines Drittstaates fahren, verweigert, Vorräte, Treibstoff oder Dienstleistungen in Unionshäfen in Anspruch zu nehmen.[1421]

Zu diesen Regelungen treten Maßnahmen der EU bei schweren Verstößen im Sinne des Art. 42 IUU-Verordnung hinzu. In einem solchen Fall, der beispielsweise dann vorliegen kann, wenn ohne gültige Lizenz gefischt wird,[1422] können die Mitgliedstaaten die sofortige Einstellung der Fangtätigkeit veranlassen.[1423] Weitere Sanktionen können folgen, unter anderem die Beschlagnahme des an dem Verstoß beteiligten Fischereifahrzeugs.[1424] Derartige Maßnahmen sind in Übereinstimmung mit dem Völkerrecht jedoch nur zulässig, wenn diese Verstöße in der AWZ oder dem Küstenmeer der Mitgliedstaaten oder von Fischereifahrzeugen der EU begangen wurden.[1425] Ferner werden solche Maßnahmen von der EU gegenüber Schiffen unter anderer Flagge ergriffen, wenn der Flaggenstaat oder der Küstenstaat in dessen Gewässern ein Verstoß begangen wurde, zugestimmt hat.[1426]

bb) Nichtkooperierende Drittländer

Nicht nur IUU-Fischerei betreibende Fischereifahrzeuge, sondern auch die Staaten außerhalb der EU, die als Flaggen- Hafen-, Küsten- oder Marktstaaten ihren völkerrechtlichen Verpflichtungen zur Bekämpfung der IUU-Fischerei nicht nachkommen, müssen im Zuge der IUU-Verordnung identifiziert werden.[1427] Dabei bezeichnen die hier erwähnten völkerrechtlichen Verpflichtungen der Staaten nicht etwa solche, die sich explizit auf IUU-Fischerei beziehen Gemeint ist vielmehr die Pflicht zur Einhaltung international festgelegter Bewirtschaftungsmaßnahmen und Rahmenvorgaben, an welche die Staaten und ihre Fischereifahrzeuge gebunden sind. Aus dieser Pflicht ergibt sich auch, dass die indirekte

1421 Art. 37 Nr. 6 IUU-Verordnung.

1422 Art. 42 Abs. 1 lit. a i. V. m. Art. 3 Abs. 1 lit. a IUU-Verordnung.

1423 Art. 43 Abs. 1 lit. a IUU-Verordnung.

1424 Art. 45 Nr. 1 IUU-Verordnung. Zu den folgenden Sanktionsmöglichkeiten vgl. Art. 44 bis Art. 47 IUU-Verordnung.

1425 Vgl. Art. 41 Nr. 1 und Nr.2 IUU-Verordnung.

1426 Vgl. Art. 41 Nr. 3 i. V. m. Art. 11 Abs. 4 IUU-Verordnung.

1427 Art. 31 IUU-Verordnung.

Unterstützung der IUU-Fischerei zu unterlassen ist. So werden Staaten gemäß Art. 31 Abs. 4 lit. b IUU-Verordnung als nichtkooperierende Drittstaaten dann eingestuft, wenn diese beispielsweise den Zugang von Fischereierzeugnissen aus IUU-Fischerei zu ihrem Markt gewähren und damit indirekt IUU-Fischerei unterstützen. Über die als nichtkooperierende Drittstaaten identifizierten Staaten führt die EU ebenfalls eine Liste.[1428] Bis zum November 2013 wurden allerdings keine Staaten als nichtkooperierende Drittstaaten eingestuft. Vielmehr hatte die Kommission im Jahr 2011 verschiedenen Staaten eine förmliche Vorwarnung erteilt.[1429] Im November 2013 wurden drei[1430] und im Juni 2014 zwei[1431] weitere Staaten verwarnt. Mit diesen Ländern arbeitete die Kommission zusammen, damit auch diese Staaten ihre Vorschriften zur Verhinderung der IUU-Fischerei auf ein akzeptables Niveau bringen. Fünf der im Jahre 2011 verwarnten Staaten konnten Fortschritte in diesem Bereich erzielen, sodass die Kommission die Kooperation bis Ende des Jahres 2014 fortsetzt.[1432] Belize, Kambodscha und Guinea konnten jedoch keine nennenswerten Erfolg verzeichnen und wurden daher im November 2013 als nichtkoope-

1428 Vgl. Art. 33 und Art. 34 IUU-Verordnung. Die Liste wird gemäß Art. 35 IUU-Verordnung veröffentlicht.

1429 Kommission, Pressemittelung vom 15.11.2012 (IP/12/1215).

1430 Korea, Ghana und Curaçao, vgl. Kommission, Pressemitteilung vom 26.11.2013 (IP/13/1162); vgl. auch Durchführungsbeschluss (2013/C 346/02) der Kommission vom 26. November 2013 zur Ermittlung der Drittländer, die die Kommission als nichtkooperierende Drittländer gemäß der Verordnung (EG) Nr. 1005/2008 des Rates über ein Gemeinschaftssystem zur Verhinderung, Bekämpfung und Unterbindung der illegalen, nicht gemeldeten und unregulierten Fischerei einstuft, ABl. EU C 346 vom 27.11.2013, S. 2.

1431 Philippinen und Papua Neuguinea. Vgl. Kommission, Pressemitteilung vom 10.06.2014 (IP/14/653); Beschluss der Kommission (2014/C 185/03) vom 10. Juni 2014 über die Notifizierung eines Drittlandes als Land, das die Kommission möglicherweise gemäß der Verordnung (EG) Nr. 1005/2008 des Rates über ein Gemeinschaftssystem zur Verhinderung, Bekämpfung und Unterbindung der illegalen, nicht gemeldeten und unregulierten Fischerei als nichtkooperierendes Drittland einstuft, ABL. EU 185 vom 16.06.2014, S. 17; Beschluss der Kommission (2014/C 185/02) vom 10. Juni 2014 über die Notifizierung eines Drittlandes als Land, das die Kommission möglicherweise gemäß der Verordnung (EG) Nr. 1005/2008 des Rates über ein Gemeinschaftssystem zur Verhinderung, Bekämpfung und Unterbindung der illegalen, nicht gemeldeten und unregulierten Fischerei als nichtkooperierendes Drittland einstuft, ABL. EU 185 vom 16.06.2014, S. 2.

1432 Fidschi, Panama, Sri Lanka, Tongo und Vanuatu, vgl. Kommission, Pressemitteilung vom 26.11.2013 (IP/13/1162).

rierende Drittstaaten eingestuft.[1433] Im März 2014 hat der Rat gemäß dem Vorschlag der Kommission eine Liste nichtkooperierender Drittstaaten erlassen, auf der Belize, Kambodscha und Guinea geführt werden.[1434]

Die Kommission kann Drittländer mit Sofortmaßnahmen belegen, wenn Beweise dafür vorliegen, dass diese die von einer Fischereiorganisation aufgestellten Erhaltungs- und Bewirtschaftungsmaßnahmen unterlaufen.[1435] Solche Maßnahmen können gemäß Art. 36 Abs. 2 lit. a IUU-Verordnung umfassen, dass Fischereifahrzeuge, welche die Flagge dieses Drittlandes führen, nicht in Unionshäfen einlaufen dürfen.

Nichtkooperierende Drittländer müssen auch mit dauerhaften Maßnahmen der EU bzw. der Mitgliedstaaten rechnen. So ist die Einfuhr von Fischereierzeugnissen aus Fängen von Fischereifahrzeugen unter der Flagge dieser Länder in die EU verboten.[1436] Ebenso dürfen Fischereifahrzeuge der EU nicht in diese Länder verkauft werden.[1437]

Mit derartigen Maßnahmen macht die EU die Möglichkeiten einer indirekten Unterstützung der IUU-Fischerei unattraktiver. Nichtkooperierende Drittstaaten müssen mit Schwächungen der internationalen Absatzmärkte für ihre Fischereifahrzeugnisse rechnen.

cc) Verbot des Handels mit Fischereierzeugnissen aus IUU-Fischerei

Neben den Vorschriften, die an die an IUU-Fischerei beteiligten Fischereifahrzeuge und Staaten anknüpfen,[1438] stellt auch die IUU-Verordnung Regelungen auf, die den Handel mit Fischereierzeugnissen betreffen. Art. 12 Abs. 1 IUU-Verordnung verbietet die Einfuhr von Fischereierzeugnissen, die aus IUU-Fischerei stammen. Sichergestellt wird die Durchsetzung dieses Verbots gemäß Art. 12 Abs. 2 IUU-Verordnung durch

1433 Vgl. Kommission, Pressemitteilung vom 26.11.2013 (IP/13/1162).

1434 Durchführungsbeschluss 2014/170 EU des Rates vom 24. März 2014 zur Aufstellung einer Liste nichtkooperierender Drittländer bei der Bekämpfung der IUU-Fischerei gemäß der Verordnung (EG) Nr. 1005/2008 über ein Gemeinschaftssystem zur Verhinderung, Bekämpfung und Unterbindung der illegalen, nicht gemeldeten und unregulierten Fischerei, ABl. EU L 91 vom 27.03.2014, S. 43.

1435 Vgl. Art. 36 IUU-Verordnung.

1436 Vgl. Art. 38 Nr. 1 IUU-Verordnung.

1437 Vgl. Art. 38 Nr. 5 IUU-Verordnung.

1438 Auch an IUU-Fischerei beteiligte Unionsbürger werden adressiert, vgl. Art. 39 IUU-Verordnung.

das Erfordernis von Fangbescheinigungen,[1439] in denen der Flaggenstaat die Einhaltung der geltenden Rechtsvorschriften bzw. Erhaltungs- und Bewirtschaftungsregelungen bestätigt.[1440] Art. 12 IUU-Verordnung geht dabei davon aus, dass die Fänge in dem Flaggenstaat des jeweiligen Fischereifahrzeugs angelandet wurden und von dort nun in die Union eingeführt werden. Mit Art. 12 IUU-Verordnung vergleichbare Regelungen gelten aber auch für die indirekte Einfuhr, bei der die Einfuhr aus einem Drittland erfolgt, das nicht der Flaggenstaat ist.[1441]

Auch die Ausfuhr von Fängen aus der Union wird reglementiert. So bestimmt Art. 15 Abs. 1 IUU-Verordnung, dass die Fänge von Fischereifahrzeugen der EU nur ausgeführt werden dürfen, wenn eine vom Flaggenstaat validierte Fangbescheinigung vorliegt, sofern die Drittländer im Zuge der Zusammenarbeit mit der EU diese fordern.

Die Einhaltung dieser Vorschriften zur Ein- und Ausfuhr von Fischereierzeugnissen kann jederzeit durch die Mitgliedstaaten überprüft werden, insbesondere können diese die Erzeugnisse untersuchen oder die Angaben in den Zollunterlagen prüfen.[1442] Teilweise sind Überprüfungen sogar verpflichtend durchzuführen. Dies gilt dann, wenn die prüfende Behörde eines Mitgliedstaates Anhaltspunkte dafür hat, dass die Fangbescheinigung, der Validierungsstempel oder die Unterschrift des Flaggenstaates nicht echt ist.[1443] Folgen von Unregelmäßigkeiten in den Dokumenten oder bei Überprüfungen können dazu führen, dass die Einfuhr von Fischereifahrzeugen in die EU verweigert wird.[1444]

Durch die Regelungen der IUU-Verordnung besteht ein Einfluss der EU auf die Befolgung der Erhaltungs- und Bewirtschaftungsmaßnahmen der eigenen Flotte hinaus.[1445] Dabei nutzt die Union ihre Stärke auf dem inter-

---

1439 Vgl. zur Validierung der Fangbescheinigung Art. 20 IUU-Verordnung.

1440 Vgl. Art. 12 Abs. 3 IUU-Verordnung.

1441 Vgl. Art. 14 IUU-Verordnung.

1442 Vgl. Art. 17 Abs. 1 und Abs. 2 IUU-Verordnung.

1443 Vgl. Art. 17 Abs. 4 IUU-Verordnung.

1444 Vgl. Art. 18 IUU-Verordnung; das gleiche Verfahren ist bei Durchfahrt durch Unionsgebiet sowie bei Umladungen anzuwenden, vgl. Art. 19 IUU-Verordnung.

1445 Erforderlich ist natürlich, dass die Mitgliedstaaten die Vorgaben der IUU-Verordnung auch umsetzen. Inwiefern die Mitgliedstaaten ihren Verpflichtungen nachkommen, wurde im Jahre 2013 erstmals untersucht: Vgl. Kommission, Study on the State of Play regarding Application and Implementation of Council Regulation

nationalen Fischereimarkt, um sowohl Drittstaaten als auch Fischereifahrzeuge aus Drittstaaten zu einem Handeln zu bewegen, das einen Beitrag zur weltweiten nachhaltigen Fischerei leistet. Insbesondere die Erfassung der unregulierten Fischerei nach Art. 2 Nr. 4 lit. b IUU-Verordnung kann dabei für den Erhalt der arktischen biologischen Vielfalt positive Effekte entfalten. Dieses Ergebnis ist auch aus dem Grund erfreulich, da hier die IUU-Verordnung sogar deutlich über völkerrechtliche Verpflichtungen hinaus geht.[1446]

d) Sekundärrecht zur Umsetzung der Vorschriften der Fischereiorganisationen

Viele Vorgaben der Fischereiorganisationen setzt die EU im Rahmen der Vorschriften zur GFP um. Dies gilt besonders im Bereich der Schutz-, Bewirtschaftungs- und Erhaltungsmaßnahmen.[1447] Im Rahmen der Durchsetzung dieser Regelungen hat die EU aber auch spezielle Sekundärrechtsakte erlassen, die auf die Umsetzung der Vorgaben der Fischereiorganisationen abzielen. So enthält die Verordnung 1236/2010[1448] allgemeine Grundsätze und Bedingungen für die Anwendung der von der NEAFC aufgestellten Regelungen durch die EU.[1449] Beispielsweise ist seitens der Mitgliedstaaten sicherzustellen, dass dem Sekretariat der NEAFC

EC No. 1005/2008 of 29 September 2008, establishing a Community System to prevent, deter and eliminate illegal, unreported and unregulated fishing (IUU Regulation) Specific Contract No. 3, 11.07.2014, http://ec.europa.eu/fisheries/documentation/studies/iuu-regulation-application/index_en.htm (13.07.2014).

1446 Vgl. *Tsamenyi/Palma/Milligan/Mfodwo*, The European Council Regulation on Illegal, Unreported and Unregulated Fishing: An International Fisheries Law Perspective, IJMCL 25 (2010), S. 5 (30 f.).

1447 Vgl. oben S. 192.

1448 Verordnung 1236/2010 des Europäischen Parlaments und des Rates vom 15. Dezember 2010 zu einer Kontroll- und Durchsetzungsregelung, die auf dem Gebiet der Fischerei im Nordostatlantik anwendbar ist, und zur Aufhebung der Verordnung (EG) Nr. 2791/1999 des Rates, ABl. EU L 348 vom 31.12.2010, S. 17, zuletzt geändert durch Delegierte Verordnung 603/2012 der Kommission vom 30. April 2012 zur Änderung der Verordnung (EU) Nr. 1236/2010 des Europäischen Parlaments und des Rates zu einer Kontroll- und Durchsetzungsregelung, die auf dem Gebiet des Übereinkommens über die künftige multilaterale Zusammenarbeit auf dem Gebiet der Fischerei im Nordostatlantik anwendbar ist, ABl. EU L 177 vom 07.07.2012, S. 9.

1449 Art. 1 Verordnung 1236/2010.

die über VMS eingeholten Daten über ihre Fischereifahrzeuge,[1450] die im NEAFC Regelungsgebiet Fischerei betreiben, übermittelt werden.[1451] Eine vergleichbare Regelung enthält auch die Verordnung 1386/2007,[1452] welche sich der Umsetzung der von der NAFO erlassenen Empfehlungen widmet. Ferner schaffen die Verordnungen die Voraussetzungen dafür, dass die EU die ihr durch SCE 2013 und CEM 2014 auferlegten Aufgaben durch die Mitgliedstaaten erfüllen kann.[1453] So stellen die Verordnungen beispielsweise sicher, dass die Mitgliedstaaten NEAFC und NAFO Inspektoren entsenden.[1454]

Hinzu kommen Regelungen, welche die Vorgaben der Fischereiorganisationen zu Hafenstaatkontrollen umsetzten.[1455] So findet sich in Art. 26 Abs. 1 Verordnung 1236/2010 die Verpflichtung aus Art. 25 SCE 2013 wieder, die besagt, dass mindestens 15% der Anlandungen und Umladungen der NEAFC Vertragsparteien einer Inspektion zu unterziehen sind. Ebenfalls lassen sich in den Verordnungen die Bestimmungen zur Listung von IUU-Fischereifahrzeugen[1456] und Folgen bei festgestellten Verstößen[1457] finden.

Auch in Bezug auf die Maßnahmen der ICCAT hat die EU eine Verordnung erlassen.[1458] Diese bezieht sich jedoch nicht ausschließlich auf ICCAT-Regelungen, sondern enthält Kontrollregelungen für die Befi-

1450 Fischereifahrzeuge werden im Sinne der jeweiligen Verordnung definiert, wie auch das SCE 2013 oder CEM 2014 dies tun, vgl. Art. 1 lit. e SCE 2013 und Art. 3 Nr. 9 Verordnung 1236/2010 bzw. Art. 1 Nr. 8 NAFO CEM 2014 und Art 3 Nr. 1 Verordnung 1386/2007.

1451 Vgl. Art. 12 Abs. 1 i. V. m. Art. 11 Verordnung 1236/2010.

1452 Vgl. Art. 17 Abs. 1 Verordnung 1386/2007.

1453 Dies wird deutlich in Art. 33 Verordnung 1236/2010, der sicherstellt, dass die EU-Flaggenstaaten bei festgestellten Verstößen ihrer Fischereifahrzeuge die erforderlichen Maßnahmen ergreifen.

1454 Vgl. Art. 16 Verordnung 1236/2010; Art. 39 Abs. 1 Verordnung 1386/2007.

1455 Vgl. Art. 20 ff. SCE 2013 und Art. 22 ff. Verordnung 1236/2010 bzw. Art. 42 ff. CEM 2014 und Art. 62 ff. Verordnung 1386/2007 für Hafenstaatkontrollen gegenüber Vertragsparteien und Art. 40 ff. SCE 2013 und Art. 41 ff. Verordnung 1236/2010 bzw. Art. 51 CEM 2014 und Art. 68 ff. Verordnung 1386/2007 gegenüber Nicht-Vertragsparteien.

1456 Vgl. Art. 44 Verordnung 1236/2010 und Art. 69 Verordnung 1386/2007.

1457 Vgl. Art. 28 ff. Verordnung 1236/2010; Art. 49 ff. Verordnung 1386/2007.

1458 Verordnung 1936/2001 des Rates vom 27. September 2001 mit Kontrollmaßnahmen für die Befischung bestimmter Bestände weit wandernder Arten, ABl. EU L 263 vom 03.10.2001, S. 1, zuletzt geändert durch Verordnung 302/2009 des Rates vom 6. April 2009 über einen mehrjährigen Wiederauffüllungsplan für Roten Thun im Ostatlantik und im Mittelmeer und zur Änderung der Verordnung (EG)

schung bestimmter Bestände weit wandernder Arten in verschiedenen Gebieten. Eines dieser Gebiete umfasst den Anwendungsbereich der IKETA.[1459] Die Arten, auf die sich die Verordnung 1936/2001 bezieht, sind in Anhang I dieser gelistet und erfassen verschiedene Thunfischarten sowie Marline. In den arktischen Gewässern sind diese Arten seltener zu finden, womit auch die Relevanz dieser Verordnung relativ gering ist. In Bezug auf die WCPFC, deren Empfehlungen für die Arktis von geringerer Bedeutung sind,[1460] hat die EU bisher keine speziellen Rechtsakte erlassen.

Im Ergebnis bleibt festzuhalten, dass die Sekundärrechtsakte zur Umsetzung der Vorgaben der Fischereiorganisationen keinen besonderen Eigenwert für den Schutz der arktischen biologischen Vielfalt haben, denn die Verordnungen bewegen sich nicht über die Verpflichtung der EU zur Umsetzung der ICCAT, NEAFC und NAFO Vorschriften hinaus. Wichtig sind diese aber dennoch, denn sie sind erforderlich, damit die EU ihre Verpflichtungen durch die Mitgliedstaaten erfüllen kann.

e) Sekundärrecht zur Koordination mitgliedstaatlicher Handlungen

Die soeben vorgestellten Regelungen der EU zur Durchsetzung der Erhaltungs- und Bewirtschaftungsmaßnahmen erfordern eine Koordinierung der Handlungen der Mitgliedstaaten, da diese nicht alle die gleichen Verfahren und Mittel zur Kontrolle einsetzen.[1461] Daher wurde im Jahre 2005 die Europäische Fischereiaufsichtsagentur[1462] nach Genehmigung des Rates gegründet.[1463] Die Agentur ist eine Einrichtung der Union mit

Nr. 43/2009 sowie zur Aufhebung der Verordnung (EG) Nr. 1559/2007, ABl. EU L 96 vom 15.04.2009, S. 1.

1459 Vgl. Art. 2 lit. a Verordnung 1936/2001; vgl. Art. 1 IKETA; die weiteren Gebiete sind der Indische Ozean sowie der östliche Pazifik.

1460 Vgl. oben Kap. II, Abschnitt B.I.4.e).

1461 *Vogel*, Die Außenfischereibeziehungen der Europäischen Gemeinschaft, 2009, S. 85.

1462 Vgl. hierzu auch die Internetseite der Agentur http://cfca.europa.eu/pages/home/home.htm (13.07.2014).

1463 Art. 1 Verordnung 768/2005 des Rates vom 26. April 2005 zur Einrichtung einer Europäischen Fischereiaufsichtsagentur und zur Änderung der Verordnung (EG) 2847/93 zur Einführung einer Kontrollregelung für die Gemeinsame Fischereipolitik, ABl. EU L 128 vom 21.05.2005, S. 1, zuletzt geändert durch Verordnung 1224/2009 des Rates vom 20. November 2009 zur Einführung einer gemeinschaftlichen Kontrollregelung zur Sicherstellung der Einhaltung der Vorschriften der gemeinsamen Fischereipolitik und zur Änderung der Verordnungen (EG) Nr. 847/96,

Rechtspersönlichkeit,[1464] die über Personal verfügt.[1465] Sie hat ihren Sitz in Vigo (Spanien).[1466]

Die bedeutendste Arbeit der Fischereiaufsichtsagentur ist im operationellen Bereich angesiedelt. Im Rahmen der operativen Koordinierung unterstützt die Agentur die Kontrolle aller Fischereitätigkeiten der EU,[1467] indem sie die Einsätze der Mitgliedstaaten durch Ausarbeitung gemeinsamer Einsatzpläne koordiniert.[1468] Über die Koordinierung, die auch die Zusammenarbeit mit Fischereiorganisationen umfasst, hinaus, verfügte die Fischereiaufsichtsagentur lange Zeit nicht über wesentliche Befugnisse.

Im Jahre 2008 benannte die Kommission diese als zuständige Stelle zur Annahme der Liste der Gemeinschaftsinspektoren und für die Durchführung bestimmter Aufgaben.[1469] Die von der Kommission in diesem Zusammenhang übertragenen Aufgaben sind unter anderem solche, welche die Sammlung von Informationen im Rahmen von Inspektionen betrifft. In diesen Bereich fällt auch die Veröffentlichung der Liste der Unionsinspekteure.[1470]

Als im Jahre 2009 die Kontrollverordnung, die auch einige Änderungen der Verordnung 768/2005 vorsah, in Kraft trat, erhielt die Fischereiaufsichtsagentur weitere Befugnisse. Heute kann die Agentur ihre Vertre-

(EG) Nr. 2371/2002, (EG) Nr. 811/2004, (EG) Nr. 768/2005, (EG) Nr. 2115/2005, (EG) Nr. 2166/2005, (EG) Nr. 388/2006, (EG) Nr. 509/2007, (EG) Nr. 676/2007, (EG) Nr. 1098/2007, (EG) Nr. 1300/2008, (EG) Nr. 1342/2008 sowie zur Aufhebung der Verordnungen (EWG) Nr. 2847/93, (EG) Nr. 1627/94 und (EG) Nr. 1966/2006, ABl. EU L 343 vom 22.12.2009, S. 1. Die Kontrollverordnung hat die Verordnung 768/2005 in wesentlichen Punkten geändert.

1464 Vgl. Art. 18 Abs. 1 Verordnung 768/2005; vgl. *Johnson,* Fisheries Enforcement in European Community Waters Since 2002 – Developments in Non-Flag Enforcement, IJMCL 23 (2008), S. 249 (257).

1465 Vgl. Art. 19 Verordnung 768/2005.

1466 Art. 18 Abs. 4 Verordnung 768/2005.

1467 Vgl. Art. 5 Verordnung 768/2005.

1468 Vgl. Art. 8 Verordnung 768/2005.

1469 Beschluss der Kommission 2008/201/EG vom 28. Februar 2008 über die Benennung der Fischereiaufsichtsagentur als zuständige Stelle für die Durchführung bestimmter Aufgaben gemäß der Verordnung (EG) Nr. 1042/2006 und zur Änderung des Beschlusses 2007/166/EG zur Annahme der Liste der Gemeinschaftsinspektoren und Inspektionseinrichtungen, ABl. EU L 60 vom 05.03.2008, S. 36.

1470 Vgl. Art. 1 lit. d Beschluss der Kommission 2008/201/EG; die aktuelle Liste ist zu finden unter: http://cfca.europa.eu/pages/docs/capacity_building/Union%20inspectors/Union%20Inspectors%202012%20List.pdf (13.07.2014).

ter als Unionsinspektoren in internationalen Gewässern abstellen[1471] und gemäß Art. 17d Verordnung 768/2005 eine Notstandseinheit einsetzen, wenn der GFP ein erhebliches Risiko droht. Die Notstandseinheit bewertet dann die aktuelle Lage und prüft verfügbare Optionen zur Risikobeseitigung. Genaueres zur Notstandseinheit, insbesondere die Einrichtung sowie das praktische Verfahren dieser, sollen gemäß Art. 17h Verordnung 768/2005 in einer Durchführungsverordnung geregelt werden. Eine solche ist bisher jedoch nicht erlassen worden. Wohl auch dieser Umstand führt dazu, dass bisher eine solche Einheit nicht eingesetzt wurde.

f) Weiteres Sekundärrecht von Bedeutung

Die EU hat über die bereits dargestellten Regelungen hinaus einen Rahmen festgelegt, innerhalb dessen sich Maßnahmen der EU gegenüber den Staaten, mit denen die EU gemeinsam Fischbestände bewirtschaftet und die keine nachhaltige Fischerei betreiben, bewegen.[1472] Hintergrund dieser Verordnung ist das Interesse der EU daran, dass nicht Drittstaaten die Fischbestände, die für die EU von Interesse sind, ausbeuten.[1473] Als mögliche Maßnahmen gegenüber Drittstaaten sieht die EU beispielsweise Handelsbeschränkungen mit den Staaten in Bezug auf Fischereierzeugnisse, die aus Beständen von gemeinschaftlichem Interesse stammen, vor.[1474] In diesem Zusammenhang und gestützt auf die Verordnung 1026/2012 hat die EU beispielsweise auch die Handelsbeschränkungen gegenüber den Färöer in Bezug auf den atlanto-skandischen erlassen.[1475]

Neben den Durchsetzungsmaßnahmen, die sich auf die Fauna beziehen, hat die EU auch solche, die Maßnahmen zum Schutz der Flora durchsetzen sollen, erlassen. So regelt zum Beispiel die Verordnung 995/2010 einen nachhaltigen Umgang mit dem wertvollen Rohstoff Holz.[1476] Im

1471 Vgl. Art. 17a Verordnung 768/2005.

1472 Verordnung 1026/2012 des Europäischen Parlaments und des Rates vom 25. Oktober 2012 über bestimmte Maßnahmen zur Unterstützung der Bestandserhaltung gegenüber Ländern, die nicht nachhaltigen Fischfang zulassen, ABl. EU L 316 vom 14.11.2012, S. 34.

1473 Vgl. Art. 1 Verordnung 1026/2012.

1474 Vgl. Art. 4 Verordnung 1026/2012.

1475 Vgl. Durchführungsverordnung 793/2013.

1476 Verordnung 995/2010 des Europäischen Parlaments und des Rates vom 20. Oktober 2010 über die Verpflichtungen von Marktteilnehmern, die Holz und Holz-

Rahmen dieser Verordnung wird Holz als legal oder illegal geschlagen eingestuft und das Inverkehrbringen[1477] von illegalem Holz verboten.[1478] Illegal geschlagen ist Holz dann, wenn „es im Widerspruch zu den Regeln des Staates steht, in dem es geschlagen wird".[1479] Die Verordnung stellt also insofern sicher, dass die jeweiligen Erhaltungs- und Bewirtschaftungsvorschriften für diese Ressource eingehalten werden. Auch derartige Bestimmungen können einen Einfluss auf die Stabilität des arktischen Ökosystems haben.

3. Bewertung

Das europäische Sekundärrecht zur Durchsetzung der Schutz-, Erhaltungs- und Bewirtschaftungsmaßnahmen enthält verschiedene Möglichkeit der Einflussnahme der EU auf die Nutzung der arktischen Ressourcen. In Bezug auf die an Land vorhandenen Ressourcen bereitet die Durchsetzung der Schutzvorschriften keine größeren Schwierigkeiten, so dass der Erlass spezieller Durchsetzungsvorschriften nicht erforderlich war und mit Blick auf die arktische biologische Vielfalt auch nicht ist.

In Bezug auf die Durchsetzung der Erhaltungs- und Bewirtschaftungsmaßnahmen für marine Ressourcen lässt sich ein erfreuliches Bild erkennen. Generell benötigen Fischereifahrzeuge der Union neben Fanglizenzen auch Fanggenehmigungen,[1480] um Fischerei in der Arktis betreiben zu können. Neben dieser ersten Grundvoraussetzung für eine wirkungsvolle Bewirtschaftung von Fischbeständen wird auf Grundlage der Kontrollverordnung die Einhaltung der Erhaltungs- und Bewirtschaftungsmaßnahmen durch die europäische Fischereiflotte der Union ermöglicht. So können Inspektionsverfahren nach der Kontrollverordnung auch die Fischereifahrzeuge treffen, die in arktischen Gewässern Fischerei betreiben. Die Kontrollverordnung kann für die arktischen Bestände jedoch nicht die Wirkung entfalten, wie dies in Bezug auf Bestände innerhalb der

erzeugnisse in Verkehr bringen, ABl. EU 295 vom 12.11.2010, S. 23.

1477 Jede erstmalige Abgabe von Holz oder Holzerzeugnissen auf dem Binnenmarkt, vgl. Art. 2 lit. b Verordnung 995/2010.

1478 Art. 4 Abs. 1 Verordnung 995/2010.

1479 Art. Art. 2 lit. g Verordnung 995/2010.

1480 Fanglizenzen werden aufgrund Art. 5 Kontrollverordnung und Genehmigungen für die Fischerei in der Arktis auf Grundlage der Verordnung 1006/2008 benötigt.

europäischen AWZ der Fall ist. Dieser Befund ist allerdings nicht der EU-Rechtssetzung, sondern mangelnden Hoheitsrechten der Mitgliedstaaten zuzurechnen.

Natürlich lässt sich an dieser Stelle diskutieren, ob die EU nicht grundsätzlich ein noch härteres Kontrollsystem einrichten muss. Anhaltspunkte für eine solche Auffassung lassen sich sicherlich finden. Allerdings wäre dies kein Problem, das allein für den arktischen Naturraum besteht. Darüber hinaus ist zu bedenken, dass immer strenger werdende Vorschriften den Effekt haben können, dass sich die Schiffseigner überlegen, ihre Schiffe auszuflaggen. Dann ginge der EU jedoch eine ganz korrekte Aufsichtsmöglichkeit verloren und es blieben nur noch die Kontrollbefugnisse in der AWZ. Mit Blick auf die Nutzung arktischer mariner Ressourcen sollte daher das Verlangen nach strengeren Kontrollvorschriften auch mit Vorsicht umgesetzt werden.

Das Unionsrecht geht insbesondere durch die IUU-Verordnung über die Kontrolle der eigenen Flotte hinaus. Die IUU-Verordnung setzt sowohl gegenüber Fischereifahrzeugen aus nichtkooperierenden Drittstaaten als auch gegenüber diesen Staaten selbst Anreize zur Beteiligung an der Bekämpfung der IUU-Fischerei. Besonders hervorzuheben ist mit Blick auf die Arktis, dass auch die unregulierte und illegale Fischerei erfasst wird.[1481]

C. Ergebnis

Die Nutzung der arktischen lebenden Ressourcen ist Regelungsgegenstand des sekundären Unionsrechts. In den arktischen Hoheitsgebieten der Mitgliedstaaten, in denen das Sekundärrecht *ratione loci* anwendbar ist, regelt das Unionsrecht die Ressourcennutzung weitreichend. Wichtig für die Zukunft ist in diesem Bereich, dass das Sekundärrecht mit den Veränderungen der Arten und Ökosysteme, die durch den Klimawandel hervorgerufen werden, Schritt hält. Dies würde beispielsweise bedeuten, dass Arten, deren Erhaltungszustand sich erst in Zukunft verschlechtert, in das Schutzsystem einbezogen werden.

Auch das Sekundärrecht zum Schutz, zur Erhaltung und zur Bewirtschaftung mariner Ressourcen kann Einfluss auf die arktische biologische

1481 Art. 2 Nr. 2 bis Nr. 4 IUU-Verordnung.

Vielfalt nehmen. Dieses Sekundärrecht findet Anwendung auf Schiffe unter der Flagge der Mitgliedstaaten der Union, unabhängig von ihrem Aufenthaltsort. Hier gelten insbesondere TACs oder Fangverbote für verschiedene Bestände,[1482] wobei die grundlegenden Sekundärrechtsakte zu Bewirtschaftungsmaßnahmen mit Blick auf die arktischen Arten dringend einer Überarbeitung bzw. einer Entwicklung in Form des Erlasses von weiteren ergänzenden Akten bedürfen. Eine solche Weiterentwicklung des Sekundärrechts ist gerade vor dem Hintergrund der Umweltprinzipien, insbesondere des Vorsorgeprinzips und des Prinzips des Hohen Schutzniveaus, geboten. Die Einhaltung dieser sekundärrechtlichen Maßnahmen wird durch die Kontrollverordnung sichergestellt, welche die Kontrolle der EU-Fischereiflotte ermöglicht.

Neben den Sekundärrechtsakten, welche die Nutzung von Ressourcen an Land oder von Fischereifahrzeugen der EU regeln, hat die EU auch solche erlassen, die das Verhalten von Drittstaaten und deren Angehörigen bzw. zugehörigen Schiffen beeinflussen. Insbesondere die IUU-Verordnung, die Artenschutzverordnung und Sekundärrechtsakte zum Schutz der Robben[1483] unterbinden den Handel mit bestimmten Erzeugnissen einzelner Arten, wodurch Staaten und Nutzern Absatzmärkte fehlen und sich die Ausbeutung lebender Ressourcen weniger lohnt.

Die Analyse des sekundären Unionsrechts ergibt hinsichtlich der Unionsabkommen einen erstaunlichen Befund. Das Sekundärrecht vermag im Ergebnis die Regulierung der Nutzung arktischer Ressourcen deutlich mehr zu beeinflussen, als dies aufgrund der multilateralen Umweltabkommen, denen die EU beigetreten ist, rechtlich notwendig wäre. Die Sekundärrechtsakte sind teilweise besser auf die arktische biologische Vielfalt zugeschnitten, als dies die Unionsabkommen sind. Dies zeigt sich beispielsweise bei einem Vergleich der Anhänge der Bonner-Konvention und der FFH-RL.

Aber auch im Bereich der Nutzung von Fisch, Weich-, Krusten- und Schalentieren gelangt man zu einem ähnlichen Befund. So regelt das sekundäre Unionsrecht auch den Zugriff auf die Bestände der Hohen See, die bislang nicht von Fischereiorganisationen verwaltet werden. Dies gilt sowohl aufgrund der Verordnungen über TACs und Genehmigungen der

1482 Vgl. insbesondere Verordnung 43/2014.
1483 Robbenverordnung und Richtlinie 83/129/EWG.

Fischerei in diesem Bereich,[1484] als auch aufgrund der IUU-Verordnung, welche auch die unregulierte Fischerei erfasst. Ebenfalls als besonders positiv ist zu werten, dass auch die illegale Fischerei in der AWZ von Drittstaaten aufgrund der IUU-Verordnung für IUU-Fischerei betreibende Fischereifahrzeuge negative Folgen haben kann. Insofern stellt das System der IUU-Verordnung einen wichtigen Schritt der Union zu einem globalen System zur Bekämpfung der IUU-Fischerei da, das auf internationaler Ebene bisher keinen Anklang gefunden hat.

1484 Vgl. Verordnung 1006/2008.

Kapitel V
Zusammenfassung und Bewertung

Der Klimawandel ist zu weit fortgeschritten, um die arktische biologische Vielfalt in dem Zustand erhalten zu können, in dem diese sich (noch) befindet. Um allerdings die besonderen arktischen Arten zu erhalten und das arktische Ökosystem bei der Anpassung an die neuen äußeren Bedingungen so weit wie möglich zu stabilisieren, sind Staaten und Internationale Organisationen gefordert, neben dem Klimawandel menschliche Einflüsse auf diese Arten und Ökosysteme zu regulieren. Einen solchen wesentlichen Einfluss anthropogenen Ursprungs stellt die Nutzung der lebenden arktischen Ressourcen da, die unbedingt einer rechtlichen Regulierung durch die verschiedenen in der Arktis auftretenden Akteure bedarf.

Diesem Bedürfnis kommt die EU nach. Die Nutzung lebender arktischer Ressourcen ist schon heute Regelungsgegenstand des Unionsrechts. Insbesondere das Sekundärrecht der EU schafft ein System, das den Schutz der arktischen biologischen Vielfalt beeinflussen kann, obwohl eine geographische Verbindung der EU zur Arktis nur in kleinen Gebieten besteht. Dabei gehen Richtlinien und Verordnungen teilweise über die durch Unionsabkommen vorgeschriebenen Maßnahmen hinaus. Dies bedeutet allerdings keinesfalls, dass nicht das Bedürfnis nach einer Anpassung des Schutzsystems an die Veränderungen, welche die Arktis durchläuft, besteht.

A. Regulierung der Nutzung arktischer lebender Ressourcen

Die EU hat kein rechtliches Instrumentarium speziell für den Schutz der Arktis und ihrer Ressourcen entwickelt. Infolgedessen regelt das „allgemeine“ Unionsrecht, das nicht mit Blick auf die Arktis geschaffen wurde, den Zugriff auf arktische Ressourcen. Aus diesem Grund ist es unerheblich, dass die EU nur die nördlich des Polarkreises liegenden Gebiete als „Arktis“ definiert,[1485] obwohl sich diese Grenzziehung nicht an den naturwissenschaftlichen Besonderheiten orientiert.

I. Arktische Hoheitsgebiete der Mitgliedstaaten der EU

Die Möglichkeit auf die Nutzung an Land lebender arktischer Ressourcen einzuwirken besteht für die EU lediglich in den vergleichsweise kleinen Gebieten des nördlichen Finnlands und Schwedens. Hier findet das Unionsrecht aufgrund der von den Mitgliedstaaten abgeleiteten territorialen Hoheitsrechte Anwendung.

In Bezug auf die Regulierung der Nutzung an Land lebender Ressourcen enthalten die Unionsabkommen relativ wenig spezifische Vorgaben. Das *ÜBV* ist aufgrund seiner Ausgestaltung als Rahmenabkommen auf die Ausformung durch Protokolle und die Vertragsstaatenkonferenzen angewiesen.[1486] Eine Ausformung für die Bedürfnisse der arktischen biologischen Vielfalt hat bisher nicht stattgefunden. Die *Berner Konvention*, die ebenfalls den Schutz an Land lebender arktischer Ressourcen erfasst, verpflichtet die EU im Ergebnis zu einem Schutzstandard, der abhängig von dem Standard der FFH-RL und der VSRL ist[1487] und hat aus diesem Grund im Unionsrechtssystem keine besondere eigene Bedeutung. Etwas anderes gilt allerdings für die *Bonner Konvention*. Diese liefert einige

1485 Die EU definiert als Arktis „das um den Nordpol gelegene Gebiet nördlich des Polarkreises“, Mitteilung der Kommission an das Europäische Parlament und den Rat – Die Europäische Union und die Arktis, 21.11.2008, KOM (2008) 763 endgültig, S. 4, dort Fn. 1.

1486 Vgl. *Fritz*, Integrierter Umweltschutz im Völkerrecht, 2009, S. 146; *Beyerlin/Marauhn*, International Environmental Law, 2011, S. 179; *Stadler/Korn*, Das Übereinkommen über die biologische Vielfalt, NuL 2008, S. 2 (3).

1487 Vgl. Art. 9 Abs. 1 Berner Konvention i. V. m. eine Bericht der Kommission, Kommission, Bericht [SEC(2001) 515 endgültig – Nicht im Amtsblatt veröffentlicht] http://europa.eu/legislation_summaries/environment/nature_and_biodiversity/l28050_de.htm (13.07.2014).

konkretere Vorgaben für den Schutz der arktischen biologischen Vielfalt. Obwohl diese prinzipiell alle arktischen Arten erfassen kann, sind die Anhänge insbesondere mit Blick auf terrestrische arktische Arten bislang unvollständig. Hinzu kommen weitere Mängel dieser Konvention, wie die Tatsache, dass sich die Vertragspartien als Arealstaaten für bestimmte Arten deklarieren müssen. Dies gibt der EU die Möglichkeit, in Bezug auf bestimmte Arten nicht den Verpflichtungen der Konvention zu unterfallen. Ein tatsächlicher Beitrag der Bonner Konvention zum Schutz arktischer biologischen Vielfalt ist ferner davon abhängig, dass weitere Schutzabkommen geschlossen werden.[1488]

Die Rahmenvorgaben des ÜBV und der Bonner Konvention setzt die EU für die Gebiete im nördlichen Schweden und Finnland durch die FFH-RL und die VSRL um. Dabei geht das Unionsrecht über die Bestimmungen dieser Abkommen hinaus, in dem es jedenfalls in den an Land gelegenen Gebieten mehr arktische Arten erfasst, als dies durch Unionsabkommen vorgegeben ist.

II. Schiffe und Fischereifahrzeuge der Mitgliedstaaten der EU

Der von der EU ermöglichte Zugriff auf marine Ressourcen durch Fischereifahrzeuge unter der Flagge der Mitgliedstaaten der EU findet in der arktischen Hohen See und der AWZ Grönlands, der Färöer und Norwegens statt. Darüber hinaus ist es diesen Fischereifahrzeugen möglich, als private Lizenznehmer[1489] Fischerei auch in den Ausschließlichen Wirtschaftszonen der übrigen Anrainer des Arktischen Ozeans zu betreiben. Auf Fischereifahrzeugen unter der Flagge der Mitgliedstaaten der EU findet das Unionsrecht aufgrund der Hoheit der Mitgliedstaaten über ihre Schiffe[1490] Anwendung.[1491] Dies gilt jedoch nur sofern die Anwendung des Unionsrechts nicht die souveränen Rechte oder beschränkten Hoheitsbefugnisse der Küstenstaaten beschneidet.

Der Zugriff auf marine Säuger und Seevögel wird durch verschiedene Unionsabkommen und Sekundärrechtsakte beeinflusst. Das SRÜ enthält

1488 Vgl. Art. IV Abs. 3 und Abs. 4 Bonner Konvention.
1489 Vgl. Kap. IV Abschnitt III.2.b.
1490 Vgl. Art. 92 Abs. 1 SRÜ.
1491 Dazu genauer Kap. I, Abschnitt III.

dabei die grundlegenden Regelungen zur Flaggenhoheit und zu Nutzungsrechten der Staaten über die Ressourcen des Meeres.

Sowohl das ÜBV als auch die Bonner Konvention gelten für Fischereifahrzeugen ihrer Vertragsparteien,[1492] weisen jedoch die gleichen Mängel wie in Bezug auf den Schutz der arktischen an Land lebenden Arten, auf.[1493] Im Rahmen der Bonner Konvention ist dabei kritisch zu bemerken, dass der Beifang der marinen Säuger und Seevögel zwar im Ergebnis erfasst sein muss, gleichzeitig aber ein großer Auslegungsspielraum der Vertragsparteien in Bezug auf die diese Problematik erfassenden Vorschriften besteht.[1494] Nicht auf „Schiffen der Union" anwendbar sind die Reglungen von AEWA, da dieses lediglich Pflichten für Küstenstaaten aufstellt und insofern nicht an die Flaggenhoheit von Staaten anknüpft.[1495]

Umgesetzt werden die Vorgaben aus dem ÜBV und der Bonner Konvention auch in Bezug auf die marinen Säuger und Seevögel in der FFH-RL und der VSRL. Auch diese knüpfen an die Flaggenhoheit an und sind daher von „Unionsschiffen" zu beachten.[1496]

Allerdings erfolgt die Umsetzung der Verpflichtungen aus Unionsabkommen in das sekundäre Unionsrecht nicht ganz lückenlos. Die Bonner Konvention sieht prinzipiell vor, den Beifang für Arten ihres Anhang I, worunter sich sowohl Seevögel als auch marine Säuger befinden, zu verbieten.[1497] FFH-RL und VSRL regeln jedoch nur den zielgerichteten Fang bzw. die zielgerichtete Tötung dieser Arten.[1498] Dies ist insofern verständlich, als der Beifang in der Regel im Zuge der Fischerei auftritt und damit Gegenstand der GFP sein kann. Im Rahmen der GFP existieren technische Maßnahmen, die auf die Vermeidung von Beifang mariner Säuger abzielen.[1499] Solche bestehen hingegen nicht in Bezug auf den Beifang von

1492 Vgl. Art. 4 lit. b ÜBV; Art. I lit. h Bonner Konvention.

1493 Die gilt auch für die Berner Konvention. Aus oben stehenden Gründen liefert diese keinen eigenen Beitrag für den Schutz der arktischen biologischen Vielfalt.

1494 Diese Problematik besteht in Hinblick auf die Definition der „Entnahme aus der Natur" (gemäß Art. I lit. i) in Art. I lit. h Bonner Konvention sowie Art. III Abs. 5 Bonner Konvention.

1495 Vgl. Kap. II, Abschnitt B.2.b..

1496 Kap. IV, Abschnitt B. II.

1497 Grundlage ist Art. III Abs. 5 Bonner Konvention; Kap. II, Abschnitt B.2.a).bb).

1498 Diese verlangen nur das Verbot von absichtlicher vorgenommenen schädlichen Handlungen, Art. 12 FFH-RL, Art. 5 VSRL. Vgl. genauer dazu Kap. IV, Abschnitt B.II.1.a).bb). bzw. Kap. IV, Abschnitt B.II.b).bb).

1499 Beispielsweise Verordnung 812/2004, Kap IV, Abschnitt B.II.2.b).bb).

Seevögeln. Bezüglich dieser Arten arbeitet die EU im Zuge ihres Aktionsplans[1500] daran, Auswirkungen der Fischerei auf die Avifauna besser zu verstehen, um in der Zukunft vorsorgliche Maßnahmen treffen zu können. Ein Verbot des Beifangs ist im Unionsrecht allerdings nicht gegeben. Der Grund dafür dürfte in der Bedeutung der GFP im Unionssystem begründet liegen. Die Umsetzung eines Beifangverbots würde das Verbot bestimmter Fangmethoden erfordern, was wiederum den Fischereisektor innerhalb der Union schwächen würde. Zu einem solchen Schritt scheint die Union nicht bereit.

Die Regulierung der Nutzung von Fisch, Weich- und Schalentieren der Arktis obliegt im Kern den regionalen Fischereiorganisationen. Unionsabkommen wie das SRÜ und das FBÜ liefern lediglich den Rahmen, der die Staaten zu regionaler Kooperation durch Fischereiorganisationen verleiten soll.[1501] Die Fischereiorganisationen setzen verschiedene Managementmaßnahmen fest, die zu einem großen Teil für ihre Mitglieder verbindlich werden.[1502] Über die GFP werden diese Maßnahmen in einer Weise in das Unionrecht überführt, die gewährleistet, dass die Mitgliedstaaten diese durchführen können. Dabei gelten die Regelungen der Unionsabkommen und der GFP in der Arktis aufgrund der Anknüpfung dieser an die Flaggenstaatjurisdiktion der Mitgliedstaaten der Union.

Darüber hinaus regelt die GFP aber auch die Nutzung von Ressourcen in Gebieten der Hohen See, die nicht in den Zuständigkeitsbereich einer Fischereiorganisation fallen.[1503] Besondere Bedeutung hat ferner die IUU-Verordnung, die aufgrund der Definition von IUU-Fischerei sowohl die schädliche unregulierte Fischerei, als auch die illegale Fischerei in den Wirtschaftszonen aller Anrainerstaaten des arktischen Ozeans, erfasst.[1504] Damit geht die GFP in Bezug auf die Regulierung der Nutzung der Fischereiressourcen derzeit, insbesondere da das HSM-Abkommen noch nicht in Kraft getreten ist, über die völkerrechtliche Verpflichtung der Union hinaus.

1500 Aktionsplan Seevögel, vgl. Kap. IV, Abschnitt B.II.2.c).

1501 Die OSPAR Konvention hat in Bezug auf die Regulierung der Nutzung lebender arktischer Ressourcen keinen eigenen Wert.

1502 Vgl. Kap.II, Abschnitt B.I.4.

1503 Dies geschieht durch die Verordnung 39/2013.

1504 Vgl. zur Definition von IUU-Fischerei Art. 2 Nr. 2 bis Nr. 4 IUU-Verordnung; Punkt 3.1 bis 3.3 IPOA-IUU.

Das Regelungsregime für die Nutzung der lebenden arktischen marinen Ressourcen leidet sowohl auf Ebene der Unionsabkommen als auch auf Ebene der GFP an Mängeln. Über die generellen Schwächen hinaus ergibt sich insbesondere in Bezug auf die Arktis das Problem, das oft keine ausreichende Datengrundlage für die arktischen Bestände vorhanden ist. So beruhen die Managementmaßnahmen oft nicht auf Bestandsanalysen, sondern auf Schätzungen oder Anlandungsquoten. Es liegt auf der Hand, dass ein solches Bewirtschaftungssystem nicht den tatsächlichen Bedürfnissen entspricht.

Neben der Entwicklung von Managementmaßnahmen sind auch die Regelungen zur Durchsetzung der Schutz-, Erhaltungs- und Bewirtschaftungsmaßnahmen in der Arktis anwendbar. Das FBÜ, die regionalen Fischereiorganisationen sowie auf Unionsebene die Kontrollverordnung und die Verordnung 1006/2008 erschaffen ein System, das die Kontrolle der Europäischen Fischereiflotte in Bezug auf ihre Tätigkeiten in der Arktis gewährleisten soll.

III. Drittstaaten und deren Angehörige

In der Arktis wird allein eine nachhaltige Bewirtschaftung der lebenden Ressourcen durch die EU nicht zu einer langfristigen Stabilisierung der Ökosysteme und der Erhaltung der Arten führen. Vielmehr ist es erforderlich, dass sowohl die Anrainer der Arktis als auch weitere Staaten verschiedene Mindeststandards zum Schutz, zur Erhaltung und zur Bewirtschaftung der lebenden Ressourcen einhalten.

Über den EWR hat die EU in Bezug auf Fragen der biologischen Vielfalt und der Fischerei keine Einflussmöglichkeiten. Auch auf bilateraler Ebene werden keine Schutzstandards vereinbart. Hier wird vielmehr nur die Möglichkeit zur Nutzung von Ressourcen verhandelt.

Das bedeutet jedoch nicht, dass das Unionsrecht keinerlei Einfluss auf die Art der Ressourcennutzung durch Drittstaaten bzw. deren Angehörige und Fischereifahrzeuge nehmen kann. Es hat sich im Unionsrecht ein Mechanismus entwickelt, der diese Akteure zu einem lebende Ressourcen schützenden Verhalten animieren kann. Dieses System hat auch einen Einfluss auf die Nutzung von arktischen Ressourcen. Besonders mit Blick auf den arktischen Naturraum, der durch das Recht verschiedener Staaten überlagert wird, ist dieses System von besonderer Bedeutung.

Maßgeblich beeinflusst wird dieses System durch verschiedene Sekundärrechtsakte der Union sowie das Regime der Fischereiorganisationen zur Durchsetzung ihrer Erhaltungsstandards. Dabei bedienen sich sowohl die Unionsabkommen als auch die Sekundärrechtsakte marktwirtschaftlicher Mechanismen zur Steuerung des Verhaltens von Drittstaaten, deren Fischereifahrzeugen und deren Angehörigen. Grundgedanke dabei ist, dass sich die Ausbeutung von Ressourcen nur dann lohnt, wenn diese mit wirtschaftlichem Erfolg auch abgesetzt werden können.

Aus diesem Grunde regelt die nach dem Vorbild des Washingtoner Artenschutzabkommens geschaffene ArtenschutzVO der Union den unionsinternen sowie die Grenzen der EU überschreitenden Handel mit verschiedenen Tierarten und macht diesen je nach Erhaltungssituation einer Art von unterschiedlich strengen Voraussetzungen abhängig.[1505] In den Anwendungsbereich der ArtenschutzVO fallen an Land lebende Tiere sowie marine Säuger mit Ausnahme der Robben. Der Handel mit letzteren bzw. deren Erzeugnissen wird gesondert durch die Robbenverordnung und die Richtlinie 83/129/EWG geregelt.

Die Fischereiressourcen sind dagegen Gegenstand der Regelungen der Fischereiorganisationen und der IUU-Verordnung. Diese sehen einen Mechanismus vor, der es Fischereifahrzeugen aus Drittstaaten deutlich erschwert, solche Erzeugnisse, die nicht in Einklang mit den Regelungen der Fischereiorganisation stehen bzw. aus IUU-Fischerei stammen, innerhalb der Vertragsstaaten bzw. der Union anzulanden, umzuladen oder über andere Wege auf den Unionsmarkt zu bringen.[1506] Hinzu kommt, dass über die IUU-Verordnung auch die indirekte Unterstützung[1507] von IUU-Fischerei durch Drittstaaten in Form von Beschränkungen des Handels mit Erzeugnissen aus diesen Staaten bzw. von Fischereifahrzeugen dieser Staaten, unterbunden wird.

1505 Kap.IV, Abschnitt B.II.c).bb).

1506 Vgl. zu den Fischereiorganisationen Kap. II, Abschnitt B.I.4 und zur IUU-Verordnung Kap. IV, Abschnitt B.III.2.c).

1507 Diese kann auch aus einem bloßen Gewährenlassen der Fischereifahrzeuge der Drittstaaten bestehen, vgl. zu nichtkooperierenden Drittstaaten unter der IUU-Verordnung Kap. IV, Abschnitt B.III.2.c).

Auch die Verordnung 1026/2012 bedient sich im Grunde marktwirtschaftlicher Mechanismen. Ziel dieser Verordnung ist, Drittstaaten zu einer nachhaltigen Fischerei in Bezug auf die Bestände, die auch von der EU befischt werden, zu veranlassen. Dass in diesem Zusammenhang erlassene Handelsbeschränkungen Erfolg haben können, lässt sich am Beispiel des Streits der EU mit den Färöer bezüglich des gemeinsam bewirtschafteten atlanto-skandischen Herings erkennen.[1508] Nachdem die Färöer durch die auf die Verordnung 1026/2012 gestützte Durchführungsverordnung 793/2013 mit Handelsbeschränkungen belegt wurden, erklärten sich die Färöer im Juni 2014 bereit, die nicht nachhaltigen Befischung dieses Bestandes einzustellen.[1509]

B. Handlungsbedarf der EU

Obwohl das Unionsrecht bereits Einfluss auf die Nutzung lebender arktischer Ressourcen nimmt, muss von der EU auch Weiteres Engagement in Bezug auf den Schutz der arktischen lebenden Ressourcen gefordert werden. Zum einen muss das Recht, das die Nutzung arktischer Ressourcen durch ihre Mitgliedstaaten, Fischereifahrzeuge und Bürger regelt, an die besonderen Bedürfnisse der arktischen biologischen Vielfalt angepasst werden. Zum anderen ist zu überlegen, ob die Ausübung der Einflussnahme auf Dritte verstärkt werden sollte.

I. Regulierung der Nutzung durch EU-Mitgliedstaaten, -Fischereifahrzeuge und -Bürger

Die Regulierung der Nutzung der arktischen Ressourcen durch Mitgliedstaaten, Fischereifahrzeuge und Bürger der EU kann zum einen durch die Überarbeitung von Unionsabkommen erfolgen. Deutlich leichter zu erreichen dürfte allerdings die Anpassung des Sekundärrechts an Bedürfnisse der arktischen biologischen Vielfalt sein.

1508 Vgl. zu der Problematik Pressemitteilung der Europäischen Kommission, Kommission kündigt mögliche Maßnahmen gegen die Färöer im Zusammenhang mit Heringsfischerei an, 17.05.2013, http://europa.eu/rapid/press-release_IP-13-441_de.htm (13.07.2014), sowie Kap. II, Abschnitt D.II.2.

1509 Kommission, Heringsstreit zwischen der EU und den Färöer beinahe beendet, 11.06.2014 (IP/14/668).

1. Unionsabkommen

Die Analyse der Unionabkommen hat viele Schwächen dieser für den Schutz der arktischen biologischen Vielfalt offenbart. Damit die Abkommen tatsächlich auch die arktische biologische Vielfalt schützen können, müssen diese in Hinblick auf den Anwendungsbereich *ratione materiae* bzw. ihre Ausformung durch Protokolle und Vertragsstaatenkonferenzen überarbeitet werden.

In Bezug auf die marinen Ressourcen kommt erschwerend hinzu, dass diese zu einem wesentlichen Teil auf regionale Fischereiorganisationen angewiesen sind. Die arktischen Gewässer sind aber bislang nicht vollständig von Fischereiorganisationen überlagert.[1510] Es müssten also dringend die Anwendungsbereiche der Organisationen erweitert oder eine arktische Fischereiorganisation gegründet werden.

Diese Mängel der Unionsabkommen sind allerdings allein durch ein Engagement der EU nicht zu beheben. Um die angesprochenen Entwicklungen zu erreichen, müssen die Vertragsparteien der Abkommen bereit sein, das völkerrechtliche Instrumentarium zum Schutz, zur Erhaltung und zur Bewirtschaftung der biologischen Vielfalt mit Blick auf die Arktis zu überarbeiten bzw. weitere Abkommen zu schließen. Hier kann von der EU allein diplomatische Anstrengung gefordert werden, die aber vor allem dadurch erschwert wird, dass die EU beispielsweise bislang nicht Mitglied des Arktischen Rates oder der International Maritime Organization ist.

Das bedeutet jedoch nicht, dass die EU auf völkerrechtlicher Ebene nicht auch durch eigene Handlungen einige Verbesserungen des Schutzes der arktischen biologischen Vielfalt herbeiführen kann. So ist beispielsweise zu fordern, dass die EU sich in Bezug auf alle arktischen Arten, die dem Schutz der Bonner Konvention unterfallen, als Arealstaat begreift. Ferner sollte die EU in Zukunft auch die Empfehlungen der Fischereiorganisationen annehmen, die sich der Beifangproblematik widmen.

Der Beitritt zu weiteren Abkommen scheint hingegen nicht möglich bzw. nicht vonnöten zu sein. Zu denken wäre hier an einen Beitritt zu dem Polarbären-Übereinkommen von 1973.[1511] Dies steht allerding nur den fünf Staaten, den USA, Russland, Norwegen, Dänemark und Kanada, offen.[1512]

1510 Vgl. Kap II, Abschnitt B.I.4.

1511 Agreement on the Conservation of Polar Bears, 15.11.1973, 13 ILM 13 (Polarbären-Übereinkommen).

1512 Vgl. Art. X Abs. 3 i. V. m. Art. I Polarbären-Übereinkommen.

Ein Beitritt zu Abkommen wie dem Übereinkommen zum Schutz der Albatrosse und Sturmvögel aus dem Jahre 2001 oder dem im Jahre 1992 abgeschlossenen Abkommen zur Erhaltung der Kleinwale in der Nord- und Ostsee, des Nordostatlantiks und der Irischen See ist jedenfalls mit Blick auf die Arktis aufgrund des Anwendungsbereiches dieser Verträge, nicht zu fordern.

2. Sekundärrecht

Auch das Sekundärrecht zur Regulierung der Ressourcennutzung bedarf einiger Überarbeitungen, damit dieses mit den Veränderungen des arktischen Ökosystems Schritt halten kann.

In Bezug auf die marinen Säuger und Seevögel kommt hinzu, dass die Union an der Bewältigung der Beifangproblematik arbeiten muss. Obwohl dies keine arktisspezifische Aufgabe ist, ist diese dennoch mit Blick auf das fragile arktische Ökosystem mit Nachdruck zu fordern.

Obwohl für alle Komponenten des arktischen Ökosystems erhebliche Risiken durch die Nutzung von Ressourcen bestehen, sind diese für die Fischereiressourcen am größten. Grund dafür ist, dass die Ausbeutung dieser Ressourcen einen besonderen wirtschaftlichen Reiz hat und daher von vielen Staaten betrieben wird. Insofern muss die GFP jedenfalls die Ausbeutung der Fischereiressourcen durch die europäische Fischereiflotte verhindern. Besonderer Anpassung auf die arktischen Arten bedürfen dabei insbesondere mengenmäßige Fangbeschränkungen, sowie technische Maßnahmen und Aufwandsbeschränkungen.[1513]

Die Maßnahmen der GFP haben sich aufgrund wissenschaftlicher Unsicherheit über das arktische Ökosystem und die arktischen Arten an dem im Unionsrecht verankerten Vorsorgeansatz zu orientieren.[1514] Danach wird die EU aufgrund der Schwere möglicher Folgen tätig werden müssen. Wie diese Maßnahmen allerdings aussehen, ist abhängig von einer Risikobewertung und obliegt im Endeffekt politischen Entscheidungsträgern. Sicher ist allerdings, dass diese Maßnahmen im Regelfall in den Verordnungen zu mengenmäßigen Fangbeschränkungen, technischen Maßnahmen oder Aufwandsbeschränkungen vorgenommen würden.

1513 Vgl. dazu oben Kap. IV, Abschnitt B.II.a). Hinzu kommen einige allgemeine Schwächen der GFP, die für die Arktis aber keinerlei Besonderheiten darstellen.

1514 Vgl. Art. 191 Abs. 2 S. 2 Var. 1 AEUV, Kap.IV, Abschnitt A.

In diesem Zusammenhang ist es bedauerlich, dass bislang faktisch keine Überprüfung der Einhaltung des Vorsorgeprinzips durch die Union möglich ist. Am Gesetzgebungsverfahren unmittelbar beteiligte Organe sowie Mitgliedstaaten und Akteure des Fischereisektors werden aufgrund ökonomischer Interessen nicht gegen Gesetzgebungsakte mit zu geringen Schutzstandards klagen.[1515] Umweltverbänden fehlt meist die Klagebefugnis, um solche Gesetzgebungsakte anzugreifen.[1516] Sie erfüllen die Voraussetzungen nach Art. 263 Abs. 4 AEUV nicht.[1517] Art. 263 Abs. 4 AEUV fordert entweder, dass sich die in Rede stehende Handlung der Union an die klagende, natürliche oder juristische Personen richtet oder diese unmittelbar und individuell betrifft.[1518] Ferner ist eine Klagebefugnis dann gegeben, wenn die klagende Person durch einen Rechtsakt mit Verordnungscharakter unmittelbar betroffen ist.[1519] Solche Rechtsakte mit Verordnungscharakter sind keine Gesetzgebungsakte der Union.[1520] Insofern können Verordnungen nicht unter Berufung des Bestehens einer Klagebefugnis aus Art. 263 Abs. 4 Var. 3 AEUV angegriffen werden.

Die Verordnungen und Richtlinien der GFP sind ferner nicht an Umweltverbände gerichtet, sodass diese solche Rechtsakte nur unter Berufung auf die unmittelbare und individuelle Betroffenheit gemäß Art. 263 Abs. 4 Var. 2 AEUV angreifen können. Nach der Rechtsprechung des EuGH erfüllen „natürliche oder juristische Personen die Voraussetzung der individuellen Betroffenheit nur dann, wenn sie von der angefochtenen Handlung wegen bestimmter persönlicher Eigenschaften oder aufgrund von Umständen betroffen sind, die sie aus dem Kreis aller übri-

1515 Vgl. *Markus*, Individual und Verbandsklagebefugnisse gegen Rechtsakte der Gemeinsamen Europäischen Fischereipolitik, ZUR 2009, S. 194 (194).

1516 Die Untätigkeitsklage nach Art. 265 AEUV kommt nicht in Betracht, da die Umweltverbände nicht Adressat solcher Verordnungen der GFP sind. Insofern fehlt ihnen die Klagebefugnis aus Art. 265 Abs. 3 AEUV.

1517 Vgl. dazu EuGH, Rs. C-355/08, *WWF-UK Ltd/Rat der Europäischen Union*, Beschluss vom 05.05.2009, Slg. 2009 I-00073; Rs. C- 583/11, *Inuit Tapiriit Katanami und Andere/Europäisches Parlament und Rat*, nicht amtlich veröffentlicht. Vgl. zu dem Problem der Klagebefugnis genauer *Markus*, Individual und Verbandsklagebefugnisse gegen Rechtsakte der Gemeinsamen Europäischen Fischereipolitik, ZUR 2009, S. 194 ff; *Proelß/Houghton*, The EU Common Fisheries Policy in the light of the precautionary principle, OCMA 70 (2012), S. 22 (27 ff.).

1518 Art. 263 Abs. 4 Var. 1 und Var. 2 AEUV.

1519 Art. 263 Abs. 4 Var. 3 AEUV.

1520 EuGH Rs. 583/11, *Inuit Tapiriit Katanami und Andere/Europäisches Parlament und Rat*, nicht amtlich veröffentlicht, Rn. 60.

gen Personen herausheben und sie dadurch in ähnlicher Weise individualisieren wie einen Adressaten".[1521] Diese Eigenschaft dürften Umweltverbände in der Regel nicht aufweisen.

II. Regulierung der Nutzung durch Dritte

Auch Drittstaaten, deren Fischereifahrzeuge und Angehörige müssen in Zukunft vermehrt die Risiken ihrer Handlungen für die arktische biologische Vielfalt beachten. Insofern stellt sich die Frage, ob von der Union auch eine Überarbeitung des Rechts zu verlangen ist, das Einfluss auf diese Akteure nehmen kann.

Die Forderung einer Verschärfung dieser Rechtsakte oder die Entwicklung weiterer ähnlicher Akte für die Arktis ist jedoch nur mit äußerster Vorsicht auszusprechen. Grund dafür sind die diplomatischen Schwierigkeiten, die mit einem derartigen Vorgehen der Union hervorgerufen werden können. Die Jagd und die Veräußerung lebender Ressourcen und ihrer Erzeugnisse sind zwei der kontroversesten Aktivitäten in der Arktis,[1522] weil sie mit den Traditionen der indigenen Bevölkerungsgruppen eng zusammenhängen. So brachte beispielsweise der Erlass der Robbenverordnung rechtliche wie diplomatische Streitigkeiten zwischen der EU, indigenen Völkergruppen Kanadas und Kanada mit sich. Die Blockadehaltung Kanadas gegenüber dem EU-Antrag auf Zuweisung des Status eines ständigen Beobachters im Arktischen Rat lässt sich auf die Divergenzen bezüglich des Erlasses der Robbenverordnung zurückführen.[1523] Darüber hinaus beschäftigte dieser Streit das EuG[1524] und den EuGH.[1525]

1521 EuGH Rs. C-583/11, *Inuit Tapiriit Katanami und Andere/Europäisches Parlament und Rat*, Urteil vom 08.10.2013, nicht amtlich veröffentlicht, Rn. 77; Rs. C-25/62, *Plaumann und Co./Kommission der EWG*, Slg. 1963, S. 199 (238 f.); Rs. C-298/00, *Italien/Kommission*, Slg. 2004, I4087, Rn. 36; Rs. C-71/09, *Comitato „Venezia vuole vivere" u. A./Kommission*, Slg. 2011, I04727, Rn. 52.

1522 Vgl. *Osherenko/Young*, The Age of the Arctic, 1989, Kap. 5, S. 136.

1523 Vgl. *Humrich*, Ressourcenkonflikt, Recht und Regieren in der Arktis, APuZ 2011, Nr. 5–6, S. 6 (13); *Schymik*, Grönland und Dänemark – Schlüsselländer der EU in der Arktis, in: Rill (Hrsg.), Die Arktis, 2010, S. 69 (70), dort Fußnote 1; *Bjarnason*, Island – Ein widerspenstiger EU-Beitrittskandidat, KAS Auslandsinformationen 5/2012, S. 35 (55).

1524 EuG Rs. T-18/10, *Inuit Tapiriit Katanami und Andere/europäisches Parlament und Rat*, Beschluss vom 06.09.2011, Slg. 2011 II-05599.

1525 EuGH Rs. C-583/11, *Inuit Tapiriit Katanami und Andere/europäisches Parlament und Rat*, Urteil vom 08.10.2013, nicht amtlich veröffentlicht.

Neben formellen Gründen, die nach den Klägern zur Nichtigkeit der Robbenverordnung führen sollten, schränke die Verordnung die Möglichkeiten der Kläger, ihren Lebensunterhalt zu verdienen, unangemessen ein und reduziere ihre wirtschaftlichen Tätigkeiten auf traditionelle Jagdmethoden und Lebensweisen.[1526] Die Klagen gegen die Robbenverordnung vor den europäischen Gerichten verliefen für die Kläger erfolglos.[1527]

Ferner hat dieser Streit ein Streitbeilegungsverfahren der Welthandelsorganisation[1528] (World Trade Organization – WTO) auf Veranlassung Norwegens[1529] und Kanadas[1530] nach sich gezogen.[1531] Auch die in der Durchführungsverordnung 793/2013 enthaltenen Handelsbeschränkungen der EU gegenüber den Färöer wurden von Dänemark für die Färöer zum Gegenstand eines WTO-Streitbeilegungsverfahrens gemacht.[1532]

1526 Vgl. EuG Rs. T-18/10, *Inuit Tapiriit Katanami und Andere/europäisches Parlament und Rat*, Beschluss vom 06.09.2011, Slg. 2011 II-05599.

1527 EuG Rs. T-18/10, *Inuit Tapiriit Katanami und Andere/europäisches Parlament und Rat*, Beschluss vom 06.09.2011, Slg. 2011 II-05599. Gegen diesen Beschluss legten die Kläger Rechtsmittel ein, EuGH Rs. C-583/11, Urteil vom 08.10.2013, *Inuit Tapiriit Katanami und Andere/europäisches Parlament und Rat*, nicht amtlich veröffentlicht. Im Zuge dieses Rechtsmittelverfahren sollte über die Klagebefugnis der Inuit Tapiriit Kanatami und Andere entschieden werden. Im Ergebnis wurden die Rechtmittel als unbegründet abgewiesen. Ein weiteres Rechtsmittel der Inuit Tapiriit Kanatami und Andere richtete sich gegen den ablehnenden Beschlusses des EuG auf einstweiligen Rechtsschutz, vgl. EuGH Rs. C-605/10. Das Verfahren verlief jedoch ohne Erfolg, EuGH Rs. C-605/10, *Inuit Tapiriit Katanami und Andere/europäisches Parlament und Rat*, Beschluss vom 27.10.2011, Slg. 2011, I-00164.

1528 Vgl. Marrakesh Agreement establishing the World Trade Organization, 15.04.1994, 1867 UNTS 154 (deutsche Übersetzung in: Abl. EG L 336 vom 23.12.1994, S. 3, Übereinkommen zur Errichtung der Welthandelsorganisation (WTO)).

1529 WTO, European Communities-Measures prohibiting the importation and marketing of seal products, Request for the establishment of a Panel by Norway, 15.03.2011 (WTO Doc. WT/DS401/5).

1530 WTO, European Communities-Measures prohibiting the importation and marketing of seal products, Request for the establishment of a Panel by Canada, 14.02.2011 (WTO Doc. WT/DS400/4).

1531 WTO, European Communities-Measures prohibiting the importation and marketing of seal products, WTO Doc. DS401.

1532 WTO, European Union-Measures on Atlanto-Scandian Hering, Request of the Establishment of a Panel by Denmark in Respect of the Faroe Islands, 10.01.2014 (WTO Doc. WT/DS469/2).

Schlussbemerkung

Die Nutzung lebender arktischer Ressourcen ist bereits Regelungsgegenstand des Unionsrechts. Damit fördert das Unionsrecht schon heute den Schutz der arktischen biologischen Vielfalt. Das Unionsrecht bedarf jedoch einer fortlaufenden Überarbeitung, um mit den Veränderungen, welche die arktische biologische Vielfalt durchmacht, Schritt halten zu können.

Leider wird allein eine Anpassung des Unionsrechts an die Bedürfnisse der arktischen biologischen Vielfalt diese nicht in ausreichender Weise schützen können. Es bleibt das Problem, dass auf die arktischen Arten nicht allein von Fischereifahrzeugen der Union oder in Territorien der Mitgliedstaaten zugegriffen wird. Insofern kann die arktische biologische Vielfalt nur erhalten bleiben, wenn Drittstaaten und Internationale Organisationen zusammenarbeiten.

Der Schutz der arktischen biologischen Vielfalt lässt sich am ehesten mit einem doppelt aufgestellten Ansatz erreichen, der sowohl rechtliche Mechanismen nutzt, als auch die Kooperation mit anderen in der Arktis agierenden Staaten vorantreibt. Die Arktispolitik der EU lässt genau diesen doppelt aufgestellten Ansatz erkennen. Dieser sollte auch unbedingt weiter verfolgt werden.

Im Zuge der politisch geprägten Säule werden die Entwicklungen zur Beobachterstellung der EU im Arktischen Rat eine besondere Rolle einnehmen. Aber auch die Zusammenarbeit der EU mit den Anrainern der Arktis in Form unverbindlicher Absprachen kann zielführend sein. „Agreed Minutes", wie sie mit Norwegen zu Fischerei-Managementmaßnahmen bestehen, liefern schon heute gute Ergebnisse. Vielleicht können gerade solch unverbindliche Absprachen, die keinerlei generelle Aussagen über die Ausweitungen des Festlandsockels oder Nutzungsrechte über Ressourcen treffen müssen, in Zukunft die geeignete Maßnahme zum Erhalt der arktischen biologischen Vielfalt sein.

Dokumentenverzeichnis

I. Verträge und Protokolle (inklusive ergänzender und Umsetzungsdokumente)

Treaty concerning the Archipelago of Spitsbergen, 09.02.1920, 2 LNTS 7 (deutsche Übersetzung in: RGBl. 1925 II S. 763, Vertrag über Spitzbergen (Spitzbergen-Vertrag)).

International Convention for the Regulation of Whaling, 02.12.1946, 161 UNTS 72 (deutsche Übersetzung in: BGBl. 1982 II S. 559, Internationales Übereinkommen zur Regelung des Walfangs).

Protocol concerning the entry into force of the Agreement between the United Nations and the Food and Agriculture Organization of the United Nations, 03.02.1947, 1 UNTS 208.

Convention for the Preservation of the Halibut Fishery of the Northern Pacific Ocean and Bering Sea, 02.03.1953, CTS 1935/14, as amended by the Protocol amending the Convention between Canada and the United States of America for the Preservation of the Halibut Fishery of the Northern Pacific Ocean and Bering Sea, 29.03.1979, CTS 1980/44.

Vertrag über die Arbeitsweise der Europäischen Union, 25.03.1957, 298 UNTS 11 i. d. F. des Vertrages von Lissabon vom 13.12.2007 zur Änderung des Vertrags über die Europäische Union und des Vertrags zur Gründung der Europäischen Gemeinschaft, ABl. EU C 306 vom 17.12.2007, S. 1 (Konsolidierte Fassung: ABl. EU C 326 vom 26.12.2012, 47).

Antarctic Treaty, 01.12.1959, 402 UNTS 71 (deutsche Übersetzung in: BGBl. 1978 II S. 1518, Antarktisvertrag).

Convention for the International Council for the Exploration of the Sea, 12.09.1964, 652 UNTS 237 (deutsche Übersetzung in BGBl. 1969 II S. 1134, Übereinkommen über den Internationalen Rat für Meeresforschung).

International Convention for the Conservation of Atlantic Tunas, 14.05.1966, 673 UNTS 63 (deutsche Übersetzung in: ABl. EG L 162 vom 18.06.1986, S. 34, Internationale Konvention zur Erhaltung der Thunfischbestände im Atlantik).

Vienna Convention on the Law of Treaties, 23.05.1969, 1155 UNTS 331 (deutsche Übersetzung in: BGBl. 1985 II S. 927, Wiener Übereinkommen über das Recht der Verträge).

Convention on Wetlands of International Importance especially as Waterfowl Habitat, 02.02.1971, 996 UNTS 245 (deutsche Übersetzung in: BGBl. 1976 II S. 1266, Übereinkommen über Feuchtgebiete, insbesondere als Lebensraum für Wasser- und Watvögel, von internationaler Bedeutung (Ramsar Konvention)).

Vertrag zwischen dem Königreich Belgien, der Bundesrepublik Deutschland, der Französischen Republik, der Italienischen Republik, dem Großherzogtum Luxemburg, dem Königreich der Niederlande – Mitgliedstaaten der Europäischen Gemeinschaften – und dem Königreich Dänemark, Irland, dem Königreich Norwegen und dem Vereinigten Königreich Großbritannien und Nordirland über den Beitritt des Königreichs Dänemark, Irlands, des Königreichs Norwegen und des Vereinigten Königreichs Großbritannien und Nordirland zur Europäischen Wirtschaftsgemeinschaft und zur Europäischen Atomgemeinschaft, ABl. EG L 73 vom 27.03.1972, S. 5.

Convention for the Conservation of Antarctic Seals, 01.06.1972, 11 ILM 251 (deutsche Übersetzung in: BGBl. 1987 II S. 92, Übereinkommen zur Erhaltung der antarktischen Robben).

Convention on International Trade in Endangered Species of Wild Fauna and Flora, 03.03.1973, 993 UNTS 243 (deutsche Übersetzung in: BGBl. 1975 II S. 777, Übereinkommen über den internationalen Handel mit gefährdeten Arten freilebender Tiere und Pflanzen (Washingtoner Artenschutzabkommen)).

Agreement on the Conservation of the Polar Bear, 15.11.1973, 13 ILM 13 (Polarbären-Übereinkommen).

Convention on the Future Multilateral Cooperation in the Northwest Atlantic Fisheries, 01.01.1979, 1135 UNTS 370 (deutsche Übersetzung in: ABl. EG L 378 vom 30.12.1978, S. 30, Übereinkommen über die künftige multilaterale Zusammenarbeit auf dem Gebiet der Fischerei im Nordwestatlantik).

- Amendment to the Convention on Future Multilateral Cooperation in the Northwest Atlantic Fisheries, 28.09.2007 (NAFO Doc. NAFO/GC Doc. 07/4 (Serial No. N5453)), http://archive.nafo.int/open/gc/2007/gcdoc07-04.pdf (13.07.2014).

Übereinkommen zur Erhaltung der wandernden wild lebenden Tierarten, 23.06.1979, 1651 UNTS 333 (Bonner Konvention).

- Resolution 2.2, Guidelines of the Application of Certain Terms of the Convention, 14.10.1988 (CMS Doc. 2.2), http://www.cms.int/sites/default/files/document/Res2.2_E_0_0.pdf (13.07.2014)
- Resolution 2.6, Implementation of Articles IV and V of the Convention, 14.10.1988 (CMS Doc. 2.6), http://www.cms.int/sites/default/files/document/Res2.6_E_0_0.pdf (13.07.2014)
- Memorandum of Understanding concerning Conservation Measures for the Siberian Crane, 13.12.1998, CMS Convention Text, Agreements and MOUs, Volume III - MOUs, 2011, S. 3 ff.
- Resolution 6.2, By-Catch, November 1999, http://www.cms.int/sites/default/files/document/Res6.02_E_0_0.pdf (13.07.2014).

- Memorandum of Understanding concerning Conservation and Restoration of the Bukhara Deer, 16.05.2002, CMS Convention Text, Agreements and MOUs, Volume III – MOUs, 2011, S. 36 f.
- Resolution 8.14, By-Catch, 2005 (CMS Doc. UNEP/CMS/Resolution 8.14), http://www.cms.int/sites/default/files/document/CP8 Res_8_14_Bycatch_eng_0.pdf (13.07.2014).
- Memorandum of Understanding on the Conservation of Migratory Birds of Prey in Africa and Eurasia, 22.10.2008, CMS Convention Text, Agreements and MOUs, Volume III – MOUs, 2011, S. 108 ff.
- Memorandum of Understanding on the Conservation of Migratory Sharks, 12.12.2010, CMS Convention Text, Agreements and MOUs, Volume III – MOUs, 2011, S. 125 ff.
- Resolution 10.14, By-Catch of CMS-listed Species in Grillnet Fisheries, 2011 (CMS Doc. UNEP/CMS/Resolution 10.14), http://www.cms.int/sites/default/files/document/10_14_bycatch_e_0_0.pdf (13.07.2014).
- Appendices I and II of the Convention on the Conservation of Migratory Species of Wild Animals (as amended by the Conference of the Parties in 1985, 1988, 1991, 1994, 1997, 1999, 2002, 2005, 2008 and 2011), Effective 23rd February 2012,
- http://www.cms.int/sites/default/files/instrument/appendices_e.pdf (13.07.2014).
- List of Range States of Migratory Species included in the CMS Appendices, Stand November 2011, http://www.cms.int/dugong/sites/default/files/document/inf_05_range_states_list_0.pdf (13.07.2014).

Nature Convention on the Conservation of European wildlife and natural habitats, 19.09.1979, 1284 UNTS 209 (deutsche Übersetzung in: BGBl. 1984 II S. 620, Übereinkommen über die Erhaltung der europäischen wildlebenden Pflanzen und Tiere und ihrer natürlichen Lebensräume (Berner Konvention)).

- Standing Committee, Recommendation No. 56 (1997) vom 05.12.1997, https://wcd.coe.int/ViewDoc.jsp?id=1487227&Site=D

G4-Nature&BackColorInternet=DBDCF2&BackColorIntranet =FDC864&BackColorLogged=FDC864 (13.07.2014).
- Standing Committee, Strasbourg Declaration on the role of the Bern Convention in the preservation of biological diversity, 30.11.2004, https://wcd.coe.int/ViewDoc.jsp?id=1561487&Site=DG4-Nature &BackColorInternet=DBDCF2&BackColorIntranet=FDC864& BackColorLogged=FDC864 (13.07.2014).

Convention on the Conservation of Antarctic Marine Living Resources, 01.08.1980, 19 ILM 841 (deutsche Übersetzung in: BGBl. 1982 II S. 421, Übereinkommen über die Erhaltung der lebenden Meeresschätze der Antarktis).

Fischereiabkommen zwischen der Europäischen Wirtschaftsgemeinschaft einerseits und der Regierung von Dänemark und der Landesregierung der Färöer andererseits, ABl. EG L 226 vom 29.08.1980, S. 12 (Fischereiabkommen mit den Färöer).

Fischereiabkommen zwischen der Europäischen Wirtschaftsgemeinschaft und dem Königreich Norwegen, ABl. EG L 226 vom 29.08.1980, S. 48 (Fischereiabkommen Norwegen).
- Agreed Record of Fisheries Consultations between the European Union and Norway for 2013, 18.01.2013, http://www.regjeringen.no/upload/FKD/Vedlegg/Kvoteavtaler/2013/EU/AgreedRecord fisheriesEUNorway18Jan2013.pdf (16.5.2013).

Convention on future multilateral cooperation in the North-East Atlantic Fisheries, 18.11.1980, 1285 UNTS 129 (Übereinkommen über die künftige multilaterale Zusammenarbeit auf dem Gebiet der Fischerei im Nordostatlantik).
- Änderung vorgeschlagen in 2002 und 2005 („New“ Convention), http://www.neafc.org/system/files/london-declarlation_and_new_convention.pdf (13.07.2014) („Neue“ Konvention).

Convention for the Conservation of Salmon in the North Atlantic Ocean, 02.03.1982, 1338 UNTS 33 (deutsche Übersetzung in: ABl. EG L 378 vom 31.12.1982, S. 25, Übereinkommen zur Lachserhaltung im Nordatlantik).

United Nations Convention on the Law of the Sea, 10.12.1982, 1833 UNTS 396 (deutsche Übersetzung in: ABl. EG L 179 vom 23.06.1998, S. 3, Seerechtsübereinkommen der Vereinten Nationen).

Vertrag zur Änderung der Verträge zur Gründung der Europäischen Gemeinschaft bezüglich Grönlands vom 13.03.1984, ABl. EG L 29 vom 01.02.1985, S. 1.

Fischereiabkommen zwischen der Europäischen Wirtschaftsgemeinschaft einerseits und der Regierung Dänemarks und der örtlichen Regierung Grönlands andererseits, 13.03.1984, ABl. EG L 29 vom 01.02.1985, S. 9 (Fischereiabkommen von 1985).

Convention for the Prohibition of Fishing with Long Driftnets in the South Pacific, 24.11.1989, 1998 UNTS 3 (Wellington Konvention).

Abkommen zur Erhaltung der Seehunde im Wattenmeer, 16.10.1990, BGBl. 1991 II S. 1308.

Convention for a North Pacific Marine Science Organization, 12.12.1990, http://www.pices.int/about/convention.aspx (13.07.2014).

Abkommen zur Erhaltung der europäischen Fledermauspopulationen, 10.09.1991, BGBl. 1993 II S. 1107.

Abkommen zur Erhaltung der Kleinwale in der Nord- und Ostsee, des Nordostatlantiks und der Irischen See, 13.09.1991, 1772 UNTS 217.

Protocol on Environmental Protection on the Antarctic Treaty, 04.10.1991, 30 ILM 1455 (deutsche Übersetzung in: BGBl. 1994 II S. 2479, Umweltschutzprotokoll zum Antarktisvertrag).

Vertrag über die Europäische Union, 07.02.1992, ABl. EG C 191, S. 1, i. d. F. des Vertrags von Lissabon vom 13.12.2007 zur Änderung des Vertrags über die Europäische Union und des Vertrags zur Gründung der Europäischen

Gemeinschaft, ABl. EU C 306 vom 17.12.2007, S. 1 (Konsolidierte Fassung: ABl. EU C 326 vom 26.10.2012, 13).

Convention for the Conservation of Anadromous Fish Stocks in the North Pacific Ocean, 11.02.1992, http://www.npafc.org/new/publications/Hand Book/English%20%28page1-44%29.pdf (13.07.2014)

Kooperationsabkommen zwischen der Europäischen Wirtschaftsgemeinschaft und dem Königreich Norwegen über das Forschungs- und Entwicklungsprogramm im Bereich der Umwelt: „Wissenschaft und Technologie für den Umweltschutz (STEP)", ABl. EG L 54 vom 28.02.1992, S. 34.

Kooperationsabkommen zwischen der Europäischen Wirtschaftsgemeinschaft und der Republik Island über Forschung und Entwicklung im Bereich der Umwelt: „Wissenschaft und Technologie für den Umweltschutz (STEP)" und „Europäisches Programm über Klimatologie und natürliche Risiken (EPOCH)", ABl. EG L 54 vom 28.02.1992, S. 41.

Agreement on Cooperation in Research, Conservation and Management of Marine Mammals in the North Atlantic, 09.04.1992, http://www.nammco.no/webcronize/images/Nammco/659.pdf (13.07.2014) (Übereinkommen zur Kooperation im Bereich der Forschung, Erhaltung und des Managements mariner Säuger im Nordatlantik).

Abkommen über den Europäischen Wirtschaftsraum, 02.05.1992, ABl. EG L 1 vom 03.01.1994, S. 3.

- Protokoll 9 über den Handel mit Fisch und anderen Meereserzeugnissen, ABl. EG L 1 vom 03.01.1994, S. 160.
- Protokoll 40 über Svalbard, ABl. EG L 1 vom 03.01.1994, S. 208.

Convention on Biological Diversity, 05.06.1992, 1760 UNTS 146 (deutsche Übersetzung in: ABl. EU L 309 vom 13.12.1993, S. 3, Übereinkommen über die Biologische Vielfalt (ÜBV)).

- Conservation and Sustainable Use of Marine and Costal Biological Diversity (Jakarta Mandate), 1995 (CBD Doc. COP 2 Dec. II/10), https://www.cbd.int/decision/cop/default.shtml?id=7083 (13.07.2014).

– Ad hoc open-ended Intercessional Working Group on Article 8(j) and Related Provisions of the Convention on Biological Diversity, Composite Report on the Status and Trends regarding the Knowledge, Innovations and Practice of Indigenous and Local Communities, 21.12.2005 (UNEP Doc. UNEP/CBD/WG8J/4/INF/3), http://www.cbd.int/doc/meetings/tk/8jcsu-01/other/8jcsu-01-wg8j-07-inf-03-en.pdf (13.07.2014).
– Decision adopted by the Conference of the Parties to the Convention on Biological Diversity at its Ninth Meeting, IX/20, Marine and coastal biodiversity, 09.10.2008 (UNEP Doc. UNEP/CBD/COP/DEC/IX/20), http://www.cbd.int/doc/decisions/cop-09/cop-09-dec-20-en.pdf (13.07.2014).
– Subsidiary Body on Scientific, Technical and Technological Advice, Arctic Biodiversity, 05.08.2011 (UNEP Doc. UNEP/CBD/SBSTTA/15/14), http://www.cbd.int/doc/meetings/sbstta/sbstta-15/official/sbstta-15-14-en.pdf (13.07.2014).
– Report of the Arctic Regional Workshop to facilitate the Description of Ecologically or Biologically Significant Marine Areas, 20.05.2014 (UNEP Doc. UNEP/CBD/EBSA/WS/2014/1/5), http://www.cbd.int/doc/meetings/mar/ebsaws-2014-01/official/ebsaws-2014-01-05-en.pdf (13.07.2014).

Convention for the Conservation of the Marine Environment of the North-East Atlantic, 22.09.1992, 32 ILM 1069 (deutsche Übersetzung in: ABl. EG L 104 vom 03.04.1998, S. 3, Übereinkommen über den Schutz der Meeresumwelt des Nordostatlantiks (Oslo und Paris Konvention)).

Abkommen zwischen der Europäischen Wirtschaftsgemeinschaft und der Republik Island über Fischerei und Meeresumwelt, ABl. EG L 161 vom 02.07.1993, S. 2 (Fischereiabkommen Island).

Agreement to Promote Compliance with International Conservation and Management Measures by Fishing Vessels on the High Seas, 24.11.1993, 2221 UNTS 91 (deutsche Übersetzung in: ABl. EG L 177 vom 16.07.1996, S. 26, Übereinkommen zur Förderung der Einhaltung internationaler

Erhaltungs- und Bewirtschaftungsmaßnahmen durch Fischereifahrzeuge auf Hoher See (Einhaltungs-Übereinkommen).

Marrakesh Agreement establishing the World Trade Organization, 15.04.1994, 1867 UNTS 154 (deutsche Übersetzung in: ABl. EG L 336 vom 23.12.1994, S. 3, Übereinkommen zur Errichtung der Welthandelsorganisation (WTO)).

Convention on the Conservation and Management of Pollock Resources in the Central Bering Sea, 16.06.1994, http://www.afsc.noaa.gov/REFM/CBS/Docs/Convention%20on%20Conservation%20of%20Pollock%20in%20Central%20Bering%20Sea.pdf (13.07.2014).

Agreement on the Conservation of African-Eurasien Water Birds, 16.06.1995, EMuT 995:45 (deutsche Übersetzung in: ABl. EU L 345 vom 08.12.2006, S. 26, Abkommen zur Erhaltung der afrikanisch-eurasischen Wasservögel).

- Resolution on Cooperation between the Secretariat of the African-Eurasian Migratory Waterbirds Agreement and the Conservation of Arctic Flora and Fauna Working Group, 12.07.2012, http://www.caff.is/images/Press_releases/roc_aewa_caff_FINAL.pdf (13.07.2014).

Agreement for the Implementation of the Provision of the United Nations Convention on the Law of the Sea of 10 December 1982 relating to the Conservation and Management of Straddling Fish Stocks and Highly Migratory Fish Stocks, 04.08.1995, 34 ILM 1542 (deutsche Übersetzung in: ABl. EG L 189 vom 03.07.1998, S. 16, Übereinkommen zur Durchführung der Bestimmungen des Seerechtsübereinkommens der Vereinten Nationen vom 10. Dezember 1982 über die Erhaltung und Bewirtschaftung von gebietsübergreifenden Fischbeständen und weit wandernden Fischbeständen).

Agreement on the Conservation of Cetaceans of the Black Sea, Mediterranean Sea and Contiguous Atlantic Area, 24.11.1996, 36 ILM 777 (Übereinkommen zum Schutz der Wale des Schwarzen Meeres, des Mittelmeeres und der angrenzenden Atlantischen Zonen).

Abkommen zwischen der Europäischen Gemeinschaft einerseits und der Regierung von Dänemark und der Landesregierung der Färöer andererseits, ABl. EG L 53 vom 22.02.1997, S. 2 (Handelsabkommen Färöer).

Agreement between the European Community and the United States of America on sanitary measures to protect public and animal health in trade in live animals and animal products, OJ EC L 21.04.1998, P. 3 (deutsche Übersetzung in: ABl. EG L 118 vom 21.04.1998, S. 3, Abkommen zwischen der Europäischen Gemeinschaft und den Vereinigten Staaten von Amerika über gesundheitspolizeiliche Maßnahmen zum Schutz der Gesundheit von Mensch und Tier im Handel mit lebenden Tieren und Tierprodukten).

(OSPAR) Annex V on the Protection and Conservation of the Ecosystem and Biological Diversity of the Maritime Area, 24.07.1998, http://www.ospar.org/html_documents/ospar/html/ospar_convention_e_updated_text_2007_annex_v.pdf (13.07.2014) (deutsche Übersetzung in: ABl. EU L 118 vom 19.05.2000, S. 44 (Anlage V des Übereinkommens zum Schutz der Meeresumwelt des Nordatlantiks über den Schutz und die Erhaltung der Ökosysteme und der biologischen Vielfalt (Anlage V)).

Cartagena Protocol on Biosafety to the Convention in Biological Biodiversity, 29.01.2000, 2226 UNTS 208 (deutsche Übersetzung in ABl. EG L 201 vom 31.07.2002, S. 50, Protokoll von Cartagena über die biologische Sicherheit zum Übereinkommen über die biologische Vielfalt (Cartagena-Protokoll).

Convention on the Conservation and Management of Highly Migratory Fish Stocks in the Western and Central Pacific Ocean, 05.09.2000, 2275 UNTS 43 (deutsche Übersetzung in: ABl. EU L 32 vom 04.02.2005, S. 3, Übereinkommen über die Erhaltung und Bewirtschaftung weit wandernder Fischbestände im westlichen und mittleren Pazifik).

Agreement on the Conservation of Albatrosses and Petrels, 19.06.2001, 2258 UNTS 257 (Übereinkommen zum Schutz der Albatrosse und Sturmvögel).

Partnerschaftliches Fischereiabkommen zwischen der Europäischen Gemeinschaft einerseits und der Regierung Dänemarks und der Autonomen Regierung Grönlands andererseits, ABl. EU L 172 vom 30.06.2007, S. 4 (Partnerschaftliches Fischereiabkommen).

Protokoll zur Festsetzung der Fangmöglichkeiten und der finanziellen Gegenleistung nach dem partnerschaftlichen Fischereiübereinkommen zwischen der Europäischen Gemeinschaft einerseits und der Regierung Dänemarks und der Autonomen Regierung Grönlands andererseits, ABl. EU L 172 vom 30.06.2007, S. 9.

Agreement on the Conservation of Gorillas and Their Habitats, 24.10.2007, http://www.cms.int/sites/default/files/instrument/Scanned_Agreement_text_E.pdf (13.07.2014).

Vertrag von Lissabon vom 13.12.2007 zur Änderung des Vertrags über die Europäische Union und des Vertrags zur Gründung der Europäischen Gemeinschaft, ABl. EU C 306 vom 17.12.2007, S. 1.

Agreement between the Governments in the Barents Euroarctic Region on Cooperation within the fields of emergency prevention, preparedness and response, 11.12.2008,http://www.barentsinfo.fi/beac/docs/Agreement_Emergency_Prevention_Preparedness_and_Response_English.pdf (13.07.2014).

Agreement on Port State Measures to Prevent, Deter and Eliminate Illegal, Unreported and Unregulated Fishing, 22.11.2009, OJ EC L 191 vom 22.07.2011, S. 3 (deutsche Übersetzung in: ABl. EU L 191 vom 22.07.2011, S. 3, Übereinkommen über Hafenstaatmaßnahmen zur Verhinderung, Bekämpfung und Unterbindung der illegalen, nicht gemeldeten und unregulierten Fischerei).

Abkommen zwischen der Europäischen Union und der Regierung der Färöer über wissenschaftlich-technische Zusammenarbeit, ABl. EU L 245 vom 17.09.2010, S. 2.

Nagoya Protocol on Access to Genetic Resources and the Fair and Equitable Sharing of Benefits Arising from their Utilization to the Convention on Biological Diversity, 29.10.2010 (UNEP Doc. UNEP/CBD/COP/DEC/X/1), http://www.cbd.int/doc/decisions/cop-10/cop-10-dec-01-en.pdf (13.07.2014) (Nagoya-Protokoll).

Cooperation Agreement between the Government of Greenland and the European Environment Agency signed in Nuuk, 25.11.2010, http://www.eea.europa.eu/highlights/eea-to-enhance-cooperation-with-greenland/cooperation-agreement-between-the-government/view (13.07.2014).

Agreement on Cooperation on Aeronautical and Maritime Search and Rescue, 12.05.2011, 50 ILM 1119.

Protokoll zur Festsetzung der Fangmöglichkeiten und der finanziellen Gegenleistung nach dem partnerschaftlichen Fischereiübereinkommen zwischen der Europäischen Gemeinschaft einerseits und der Regierung Dänemarks und der Autonomen Regierung Grönlands andererseits, ABl. EU L 293 vom 23.10.2012, S. 5.

Agreement on Cooperation on Marine Oil Pollution, Preparedness and Response in the Arctic, 15.05.2013, http://www.arctic-council.org/index.php/en/document-archive/category/425-main-documents-from-kiruna-ministerial-meeting (13.07.2014).

II. EU-Sekundärrechtsakte

1. Verordnungen

Verordnung 3179/78 vom 28. Dezember 1978 über den Abschluss des Übereinkommens über die künftige multilaterale Zusammenarbeit auf dem Gebiet der Fischerei im Nordwest-Atlantik durch die Europäische Wirtschaftsgemeinschaft, Abl. EG L 378 vom 30.12.1978, S. 1.

Verordnung 348/81 des Rates vom 20. Januar 1981 über eine gemeinsame Regelung für die Einfuhr von Walerzeugnissen, ABl. EG L 39 vom

12.02.1981, S. 1, zuletzt geändert durch AKTE über die Bedingungen des Beitritts des Königreichs Norwegen, der Republik Österreich, der Republik Finnland und des Königreichs Schweden und die Anpassungen der die Europäische Union begründenden Verträge, ANHANG I – Liste nach Artikel 29 der Beitrittsakte – VIII. UMWELT – E. ERHALTUNG WILDLEBENDER TIERE UND PFLANZEN, ABl. EU L C 241 vom 29.08.1994, S. 175.

Verordnung 3626/82 des Rates vom 3. Dezember 1982 zur Anwendung des Übereinkommens über den internationalen Handel mit gefährdeten Arten frei lebender Tiere und Pflanzen in der Gemeinschaft, ABl. EG L 384 vom 31.12.1982, S. 1, aufgehoben durch Verordnung 338/97 des Rates vom 9. Dezember 1996 über den Schutz von Exemplaren wildlebender Tier- und Pflanzenarten durch Überwachung des Handels, ABl. EU L 61 vom 03.03.1997, S. 1.

Verordnung 170/83 des Rates vom 25. Januar 1983 zur Einführung einer gemeinschaftlichen Regelung für die Erhaltung und Bewirtschaftung der Fischereiressourcen, ABl. EG L 24 vom 27.01.1983, S. 1, aufgehoben durch Verordnung 3760/92 des Rates vom 20. Dezember 1992 zur Einführung einer gemeinschaftlichen Regelung für die Fischerei und die Aquakultur, ABl. EU L 389 vom 31.12.1993, S. 1.

Verordnung 223/85 des Rates vom 29. Januar 1985 über den Abschluss des Fischereiabkommens zwischen der Europäischen Wirtschaftsgemeinschaft einerseits und der Regierung Dänemarks und der örtlichen Regierung Grönlands andererseits, ABl. EG L 29 vom 13.03.1984, S. 8.

Verordnung 2136/89 des Rates vom 21. Juni 1989 über gemeinsame Vermarktungsnormen für Sardinenkonserven, ABl. EG L 212 vom 22.07.1989, S. 79, zuletzt geändert durch Verordnung 1345/2008 der Kommission vom 23. Dezember 2008 zur Änderung der Verordnung 2136/89 des Rates über gemeinsame Vermarktungsnormen für Sardinenkonserven sowie Handelsbezeichnungen für Sardinenkonserven und sardinenartige Erzeugnisse in Konserven, ABl. EU L 348 vom 24.12.2008, S. 76.

Verordnung 1210/90 des Rates vom 07. Mai 1990 zur Errichtung einer Europäischen Umweltagentur und eines Europäischen Umweltinformations- und Umweltbeobachtungsnetzes, ABl. EG L 120 vom 11.05.1990, S. 1, aufgehoben durch Verordnung 401/2009 des Europäischen Parlaments und des Rates vom 23. April 2009 über die Europäische Umweltagentur und das Europäische Umweltinformations- und Umweltbeobachtungsnetz (kodifizierte Fassung), ABl. EU L 126 vom 21.05.2009, S. 13.

Verordnung 3254/91 des Rates vom 04. November 1991 zum Verbot von Tellereisen in der Gemeinschaft und der Einfuhr von Pelzen und Waren von bestimmten Wildtierarten aus Ländern, die Tellereisen oder den internationalen humanen Fangmethoden nicht entsprechende Fangmethoden anwenden, ABl. EG L 308 vom 09.11.1991, S. 1, zuletzt geändert durch Verordnung 35/97 der Kommission vom 10. Januar 1997 über die Ausstellung von Bescheinigungen für Pelze und Waren, die unter die Verordnung (EWG) Nr. 3254/91 des Rates fallen, ABl. EG L 8 vom 11.01.1997, S. 2.

Verordnung 1536/92 des Rates vom 09. Juni 1992 über gemeinsame Vermarktungsnormen für Thunfisch- und Bonitokonserven, ABl. EG L 163 vom 17.06.1992, S. 1.

Verordnung 3760/92 des Rates vom 20. Dezember 1992 zur Einführung einer gemeinschaftlichen Regelung für die Fischerei und die Aquakultur, ABl. EG vom 31.12.1992, S.1, aufgehoben durch Verordnung 2371/2002 des Rates vom 20. Dezember 2002 über die Erhaltung und nachhaltige Nutzung der Fischereiressourcen im Rahmen der Gemeinsamen Fischereipolitik, ABl. EG L 358 vom 31.12.2002, S. 59.

Verordnung 2847/93 des Rates vom 12. Oktober 1993 zur Einführung einer Kontrollregelung für die Gemeinsame Fischereipolitik, ABl. EG L 261 vom 20.10.1993, S. 1, aufgehoben durch Verordnung 1224/2009 des Rates vom 20. November 2009 zur Einführung einer gemeinschaftlichen Kontrollregelung zur Sicherstellung der Einhaltung der Vorschriften der gemeinsamen Fischereipolitik und zur Änderung der Verordnungen (EG) Nr. 847/96, (EG) Nr. 2371/2002, (EG) Nr. 811/2004, (EG) Nr. 768/2005, (EG) Nr. 2115/2005, (EG) Nr. 2166/2005, (EG) Nr. 388/2006, (EG)

Nr. 509/2007, (EG) Nr. 676/2007, (EG) Nr. 1098/2007, (EG) Nr. 1300/2008, (EG) Nr. 1342/2008 sowie zur Aufhebung der Verordnungen (EWG) Nr. 2847/93, (EG) Nr. 1627/94 und (EG) Nr. 1966/2006, ABl. EU L 343 vom 22.12.2009, S. 1.

Verordnung 2406/96 des Rates vom 26. November 1996 über gemeinsame Vermarktungsnormen für bestimmte Fischereierzeugnisse, ABl. EG L 334 vom 23.12.1996, S. 1, zuletzt geändert durch Verordnung 790/2005 der Kommission vom 25. Mai 2005 zur Änderung der Verordnung (EG) Nr. 2406/96 des Rates über gemeinsame Vermarktungsnormen für bestimmte Fischereierzeugnisse, ABl. EU L 132 vom 26.05.2005, S. 15.

Verordnung 338/97 des Rates vom 09. Dezember 1996 über den Schutz von Exemplaren wildlebender Tier- und Pflanzenarten durch Überwachung des Handels, ABl. EG L 61 vom 03.03.1997, S. 1 (Artenschutzverordnung), zuletzt geändert durch Verordnung 750/2013 der Kommission vom 29. Juli 2013 zur Änderung der Verordnung (EG) Nr. 338/97 des Rates über den Schutz von Exemplaren wildlebender Tier- und Pflanzenarten durch Überwachung des Handels, ABl. EU L 212 vom 07.08.2013, S. 1.

Verordnung 894/97 des Rates vom 29. April 1997 über technische Maßnahmen zur Erhaltung der Fischbestände, ABl. EG L 132 vom 23.05.1997, S. 1, zuletzt geändert durch Verordnung 809/2007 des Rates vom 28. Juni 2007 zur Änderung der Verordnungen (EG) Nr. 894/97, (EG) Nr. 812/2004 und (EG) Nr. 2187/2005 hinsichtlich Treibnetzen, ABl. EU L 182 vom 12.07.2007, S. 1.

Verordnung 850/98 des Rates vom 30. März 1998 zur Erhaltung der Fischereiressourcen durch technische Maßnahmen zum Schutz von jungen Meerestieren, ABl. EG L 125 vom 27.04.1998, S. 1, zuletzt geändert durch Verordnung 1385/2013 des Rates vom 17. Dezember 2013 zur Änderung der Verordnungen (EG) Nr. 850/98 und (EG) Nr. 1224/2009 des Rates sowie der Verordnungen (EG) Nr. 1069/2009, (EU) Nr. 1379/2013 und (EU) Nr. 1380/2013 des Europäischen Parlaments und des Rates aufgrund der Änderung des Status von Mayotte gegenüber der Europäischen Union, ABl. EU L 354 vom 28.12.2013, S. 86.

Verordnung 104/2000 vom 17. Dezember 1999 über die gemeinsame Marktorganisation für Erzeugnisse der Fischerei und der Aquakultur, ABl. EG L 17 vom 21.01.2000, S. 22, aufgehoben Verordnung 1379/2013 des Europäischen Parlaments und des Rates vom 11. Dezember 2013 über die gemeinsame Marktorganisation für Erzeugnisse der Fischerei und der Aquakultur, zur Änderung der Verordnungen (EG) Nr. 1184/2006 und (EG) Nr. 1224/2009 des Rates und zur Aufhebung der Verordnung (EG) Nr. 104/2000 des Rates, ABl. EU L 354 vom 28.12.2013, S. 1.

Verordnung 1936/2001 des Rates vom 27. September 2001 mit Kontrollmaßnahmen für die Befischung bestimmter Bestände weit wandernder Arten, ABl. EG L 263 vom 03.10.2001, S. 1, zuletzt geändert Verordnung 302/2009 des Rates vom 06. April 2009 über einen mehrjährigen Wiederauffüllungsplan für Roten Thun im Ostatlantik und im Mittelmeer und zur Änderung der Verordnung (EG) Nr. 43/2009 sowie zur Aufhebung der Verordnung (EG) Nr. 1559/2007, ABl. EU L 96 vom 15.04.2009, S. 1.

Verordnung 2347/2002 des Rates vom 16. Dezember 2002 mit spezifischen Zugangsbedingungen und einschlägigen Bestimmungen für die Fischerei auf Tiefseebestände, ABl. EG L 351 vom 28.12.2002, S.6, zuletzt geändert durch Verordnung 2269/2004 des Rates vom 20. Dezember 2004 zur Änderung der Verordnungen (EG) Nr. 2340/2002 und (EG) Nr. 2347/2002 hinsichtlich der Fangmöglichkeiten für Tiefseearten für die im Jahr 2004 beigetretenen Mitgliedstaaten, ABl. EU L 396 vom 31.12.2004, S. 1.

Verordnung 2371/2002 des Rates vom 20. Dezember 2002 über die Erhaltung und nachhaltige Nutzung der Fischereiressourcen im Rahmen der Gemeinsamen Fischereipolitik, ABl. EG L 358 vom 21.12.2002, S. 59 (Grundverordnung 2002), aufgehoben durch Verordnung 1380/2013 des Europäischen Parlaments und des Rates vom 11. Dezember 2013 über die Gemeinsame Fischereipolitik und zur Änderung der Verordnungen (EG) Nr. 1954/2003 und (EG) Nr. 1224/2009 des Rates sowie zur Aufhebung der Verordnungen (EG) Nr. 2371/2002 und (EG) Nr. 639/2004 des Rates und des Beschlusses 2004/585/EG des Rates, ABl. EU L 354 vom 28.12.2013, S. 22.

Verordnung 1954/2003 des Rates vom 04. November 2003 zur Steuerung des Fischereiaufwands für bestimmte Fanggebiete und Fischereiressourcen der Gemeinschaft, zur Änderung der Verordnung (EWG) Nr. 2847/93 und zur Aufhebung der Verordnungen (EG) Nr. 685/95 und (EG) Nr. 2027/95, ABl. EU 189 vom 07.11.2003, S. 1, zuletzt geändert durch Verordnung 1380/2013 des Europäischen Parlaments und des Rates vom 11. Dezember 2013 über die Gemeinsame Fischereipolitik und zur Änderung der Verordnungen (EG) Nr. 1954/2003 und (EG) Nr. 1224/2009 des Rates sowie zur Aufhebung der Verordnungen (EG) Nr. 2371/2002 und (EG) Nr. 639/2004 des Rates und des Beschlusses 2004/585/EG des Rates, ABl. EU L 354 vom 28.12.2013, S. 22.

Verordnung 812/2004 des Rates vom 26. April 2004 zur Festlegung von Maßnahmen gegen Walbeifänge in der Fischerei und zur Änderung der Verordnung (EG) Nr. 88/98, ABl. EU L 150 vom 30.04.2004, S. 12, zuletzt geändert durch Verordnung 597/2014 des Europäischen Parlaments und des Rates vom 16. April 2014 zur Änderung der Verordnung (EG) Nr. 812/2004 des Rates zur Festlegung von Maßnahmen gegen Walbeifänge in der Fischerei, ABl. EU L 173 vom 12.06.2004, S. 62.

Verordnung 768/2005 des Rates vom 26. April 2005 zur Einrichtung einer Europäischen Fischereiaufsichtsagentur und zur Änderung der Verordnung (EG) 2847/93 zur Einführung einer Kontrollregelung für die Gemeinsame Fischereipolitik, ABl. EU L 128 vom 21.05.2005, S. 1, zuletzt geändert durch Verordnung 1224/2009 des Rates vom 20. November 2009 zur Einführung einer gemeinschaftlichen Kontrollregelung zur Sicherstellung der Einhaltung der Vorschriften der gemeinsamen Fischereipolitik und zur Änderung der Verordnungen (EG) Nr. 847/96, (EG) Nr. 2371/2002, (EG) Nr. 811/2004, (EG) Nr. 768/2005, (EG) Nr. 2115/2005, (EG) Nr. 2166/2005, (EG) Nr. 388/2006, (EG) Nr. 509/2007, (EG) Nr. 676/2007, (EG) Nr. 1098/2007, (EG) Nr. 1300/2008, (EG) Nr. 1342/2008 sowie zur Aufhebung der Verordnungen (EWG) Nr. 2847/93, (EG) Nr. 1627/94 und (EG) Nr. 1966/2006, ABl. EU L 343 vom 22.12.2009, S. 1.

Verordnung 2115/2005 des Rates vom vom 20. Dezember 2005 zur Einführung eines Wiederauffüllungsplans für Schwarzen Heilbutt im Rahmen der Organisation für die Fischerei im Nordwestatlantik, ABl. EU L 340 vom 32.12.2005, S. 3, zuletzt geändert durch Verordnung 1224/2009 des Rates vom 20. November 2009 zur Einführung einer gemeinschaftlichen Kontrollregelung zur Sicherstellung der Einhaltung der Vorschriften der gemeinsamen Fischereipolitik und zur Änderung der Verordnungen (EG) Nr. 847/96, (EG) Nr. 2371/2002, (EG) Nr. 811/2004, (EG) Nr. 768/2005, (EG) Nr. 2115/2005, (EG) Nr. 2166/2005, (EG) Nr. 388/2006, (EG) Nr. 509/2007, (EG) Nr. 676/2007, (EG) Nr. 1098/2007, (EG) Nr. 1300/2008, (EG) Nr. 1342/2008 sowie zur Aufhebung der Verordnungen (EWG) Nr. 2847/93, (EG) Nr. 1627/94 und (EG) Nr. 1966/2006, ABl. EU L 343 vom 22.12.2009, S. 1.

Verordnung 865/2006 vom 04. Mai 2006 mit Durchführungsbestimmungen zur Verordnung EG 338/97 des Rates über den Schutz von Exemplaren wild lebender Tier- und Pflanzenarten durch Überwachung des Handels, ABl. EG L 166 vom 19.06.2006, S. 1, zuletzt berichtigt durch Verordnung (EU) Nr. 1283/2013 der Kommission vom 10. Dezember 2013 zur Berichtigung der französischen Sprachfassung der Verordnung (EG) Nr. 865/2006 mit Durchführungsbestimmungen zur Verordnung (EG) Nr. 338/97 des Rates über den Schutz von Exemplaren wildlebender Tier- und Pflanzenarten durch Überwachung des Handels, ABl. EU L 332 vom 11.12.2013, S. 14.

Verordnung 1198/2006 des Rates vom 27. Juli 2006 über den Europäischen Fischereifonds, ABl. EU L 223 vom 15.8.2006, S. 1, aufgehoben durch Verordnung 508/2014 des Europäischen Parlaments und des Rates vom 15. Mai 2014 über den Europäischen Meeres- und Fischereifonds und zur Aufhebung der Verordnungen (EG) Nr. 2328/2003, (EG) Nr. 861/2006, (EG) Nr. 1198/2006 und (EG) Nr. 791/2007 des Rates und der Verordnung (EU) Nr. 1255/2011 des Europäischen Parlaments und des Rates, ABl. EU L 149 vom 20.05.2014, S. 1.

Verordnung 520/2007 des Rates vom 07. Mai 2007 mit technischen Erhaltungsmaßnahmen für bestimmte Bestände weit wandernder Arten und zur Aufhebung der Verordnung (EG) Nr. 973/2001, ABl. EU L 123 vom 12.05.2007, S. 3, zuletzt geändert durch Verordnung 1559/2007 des Rates vom 17. Dezember 2007 zur Aufstellung eines mehrjährigen Wiederauffüllungsplans für Roten Thun im Ostatlantik und im Mittelmeer und zur Änderung der Verordnung (EG) Nr. 520/2007, ABl. EU L 340 vom 22.12.2007, S. 8.

Verordnung 753/2007 des Rates vom 28. Juni 2007 über den Abschluss des partnerschaftlichen Fischereiübereinkommens zwischen der Europäischen Gemeinschaft einerseits und der Regierung Dänemarks und der Autonomen Regierung Grönlands andererseits, ABl. EU L 172 vom 30.06.2007, S. 1.

Verordnung 1386/2007 des Rates vom 22. Oktober 2007 mit Bestandserhaltungs- und Kontrollmaßnahmen für den Regelungsbereich der Organisation für die Fischerei im Nordwestatlantik, ABl. EU L 318 vom 05.12.2007, S. 1, zuletzt geändert durch Verordnung 679/2009 des Rates vom 07. Juli 2009 zur Änderung der Verordnung (EG) Nr. 1386/2007 mit Bestandserhaltungs- und Kontrollmaßnahmen für den Regelungsbereich der Organisation für die Fischerei im Nordwestatlantik, ABl. EU L 197 vom 29.07.2009, S. 1.

Verordnung 199/2008 des Rates vom 25. Februar 2008 zur Einführung einer gemeinschaftlichen Rahmenregelung für die Erhebung, Verwaltung und Nutzung von Daten im Fischereisektor und Unterstützung wissenschaftlicher Beratung zur Durchführung der Gemeinsamen Fischereipolitik, ABl. EU L 60 vom 05.03.2008, S. 1, berichtigt durch ABl. EU L 96 vom 16.04.2010.

Verordnung 1005/2008 des Rates vom 29. September 2008 über ein Gemeinschaftssystem zur Verhinderung, Bekämpfung und Unterbindung der illegalen, nicht gemeldeten und unregulierten Fischerei, zur Änderung der Verordnungen (EWG) Nr. 2847/93, (EG) Nr. 1936/2001 und (EG) Nr. 601/2004 und zur Aufhebung der Verordnungen (EG) Nr. 1093/94 und (EG) Nr. 1447/1999, ABl. EU L 286 vom 29.10.2008, S. 1 (illegale, nicht gemeldete und unregulierte Fischerei-Verordnung), zuletzt geändert durch Verordnung 202/2011 der Kommission vom 01. März 2011 zur Änderung von Anhang I der Verordnung (EG) Nr. 1005/2008 des Rates hinsichtlich der Begriffsbestimmung von Fischereierzeugnissen und zur

Änderung der Verordnung (EG) Nr. 1010/2009 der Kommission hinsichtlich der Formblätter für die Voranmeldung, der Eckwerte für Hafeninspektionen sowie der anerkannten Fangdokumentationsregelungen regionaler Fischereiorganisationen, ABl. EU L 57 vom 02.03.2011, S. 10.

Verordnung 1006/2008 des Rates vom 29. September 2008 über die Genehmigung der Fischereitätigkeiten von Fischereifahrzeugen der Gemeinschaft außerhalb der Gemeinschaftsgewässer und den Zugang von Drittlandschiffen zu Gemeinschaftsgewässern, zur Änderung der Verordnungen (EWG) Nr. 2847/93 und (EG) Nr. 1627/94 und zur Aufhebung der Verordnung (EG) Nr. 3317/94, ABl. EU L 286 vom 29.10.2008, S. 33.

Verordnung 401/2009 des Europäischen Parlaments und des Rates vom 23. April 2009 über die Europäische Umweltagentur und das Europäische Umweltinformations- und Umweltbeobachtungsnetz (kodifizierte Fassung), ABl. EU L 126 vom 21.05.2009, S. 13 (Verordnung zur Errichtung einer EUA).

Verordnung 1007/2009 des Europäischen Parlaments und des Rates vom 16. September 2009 über den Handel mit Robbenerzeugnissen, ABl. EU L 286 vom 31.10.2009, S. 36 (Robbenverordnung).

Verordnung 1010/2009 der Kommission vom 22. Oktober 2009 mit Durchführungsbestimmungen zu der Verordnung (EG) Nr. 1005/2008 des Rates über ein Gemeinschaftssystem zur Verhinderung, Bekämpfung und Unterbindung der illegalen, nicht gemeldeten und unregulierten Fischerei, ABl. EU L 280 vom 27.10.2009, S. 5, zuletzt geändert durch Durchführungsverordnung 865/2013 der Kommission vom 09. September 2013 zur Änderung der Verordnung (EG) Nr. 1010/2009 hinsichtlich der Verwaltungsvereinbarungen mit Drittstaaten über Fangbescheinigungen für Seefischereierzeugnisse, ABl. EU L 241 vom 10.09.2013, S. 1.

Verordnung 1224/2009 des Rates vom 20. November 2009 zur Einführung einer gemeinschaftlichen Kontrollregelung zur Sicherstellung der Einhaltung der Vorschriften der gemeinsamen Fischereipolitik und zur Änderung der Verordnungen (EG) Nr. 847/96, (EG) Nr. 2371/2002, (EG)

Nr. 811/2004, (EG) Nr. 768/2005, (EG) Nr. 2115/2005, (EG) Nr. 2166/2005, (EG) Nr. 388/2006, (EG) Nr. 509/2007, (EG) Nr. 676/2007, (EG) Nr. 1098/2007, (EG) Nr. 1300/2008, (EG) Nr. 1342/2008 sowie zur Aufhebung der Verordnungen (EWG) Nr. 2847/93, (EG) Nr. 1627/94 und (EG) Nr. 1966/2006, ABl. EU L 343 vom 22.12.2009, S. 1 (Kontrollverordnung), zuletzt geändert/teilweise aufgehoben durch Verordnung 508/2014 des Europäischen Parlaments und des Rates vom 15. Mai 2014 über den Europäischen Meeres- und Fischereifonds und zur Aufhebung der Verordnungen (EG) Nr. 2328/2003, (EG) Nr. 861/2006, (EG) Nr. 1198/2006 und (EG) Nr. 791/2007 des Rates und der Verordnung (EU) Nr. 1255/2011 des Europäischen Parlaments und des Rates, ABl. EU L 149 vom 20.05.2014, S. 1.

Verordnung 468/2010 der Kommission vom 28. Mai 2010 über die EU-Liste der Schiffe, die illegale, ungemeldete und unregulierte Fischerei betreiben, ABl. EU L 131 vom 29.05.2010, S. 22, zuletzt geändert durch Durchführungsverordnung 137/2014 der Kommission vom 12. Februar 2014 zur Änderung der Verordnung (EU) Nr. 468/2010 über die EU-Liste der Schiffe, die illegale, ungemeldete und unregulierte Fischerei betreiben, ABl. EU L 43 vom 13.02.2014, S. 47.

Verordnung 737/2010 der Kommission vom 10. August 2010 mit Durchführungsvorschriften zur Verordnung (EG) Nr. 1007/2009 des Europäischen Parlaments und des Rates über den Handel mit Robbenerzeugnissen, ABl. EU vom 17.08.2010, S. 1.

Verordnung 995/2010 des Europäischen Parlaments und des Rates vom 20. Oktober 2010 über die Verpflichtungen von Marktteilnehmern, die Holz und Holzerzeugnisse in Verkehr bringen, ABl. EU 295 vom 12.11.2010, S. 23.

Verordnung 1236/2010 des Europäischen Parlaments und des Rates vom 15. Dezember 2010 zu einer Kontroll- und Durchsetzungsregelung, die auf dem Gebiet der Fischerei im Nordostatlantik anwendbar ist, und zur Aufhebung der Verordnung (EG) Nr. 2791/19999 des Rates, ABl. EU L 348 vom 31.12.2010, S. 17, zuletzt geändert durch Delegierte Verordnung 603/2012 der Kommission vom 30. April 2012 zur Änderung der Verordnung (EU) Nr. 1236/2010 des Europäischen Parlaments und des Rates zu einer Kontroll- und Durchsetzungsregelung, die auf dem Gebiet des Übereinkommens über die künftige multilaterale Zusammenarbeit auf dem Gebiet der Fischerei im Nordostatlantik anwendbar ist, ABl. EU L 177 vom 07.07.2012, S. 9.

Durchführungsverordnung 404/2011 der Kommission vom 08. April 2011 mit Durchführungsbestimmungen zu der Verordnung (EG) Nr. 1224/2009 des Rates zur Einführung einer gemeinschaftlichen Kontrollregelung zur Sicherstellung der Einhaltung der Vorschriften der Gemeinsamen Fischereipolitik, ABl. EU L 112 vom 30.04.2011, S. 1, berichtigt durch ABl. EU L 125 vom 12.05.2012, S. 54.

Verordnung 1026/2012 des Europäischen Parlaments und des Rates vom 25. Oktober 2012 über bestimmte Maßnahmen zur Unterstützung der Bestandserhaltung gegenüber Ländern, die nicht nachhaltigen Fischfang zulassen, ABl. EU L 316 vom 14.11.2012, S. 34.

Verordnung 1262/2012 des Rates vom 20. Dezember 2012 zur Festsetzung der Fangmöglichkeiten von EU-Schiffen für bestimmte Bestände von Tiefseearten (2013 und 2014), ABl. EU L 356 vom 22.12.2012, S. 22, zuletzt geändert durch Verordnung 1182/2013 des Rates vom 19. November 2013 zur Änderung der Verordnungen (EG) Nr. 754/2009, (EU) Nr. 1262/2012, (EU) Nr. 39/2013 und (EU) Nr. 40/2013 hinsichtlich bestimmter Fangmöglichkeiten, ABl. EU L 313 vom 22.11.2013, S. 15.

Verordnung 39/2013 des Rates vom 21. Januar 2013 zur Festsetzung der Fangmöglichkeiten für EU-Schiffe im Jahr 2013 für bestimmte, nicht über internationale Verhandlungen und Übereinkünfte regulierte Fischbestände und Bestandsgruppen, ABl. EU L 23 vom 25.01.2013, S. 1, zuletzt geändert durch Verordnung (EU) Nr. 1182/2013 des Rates vom 19. November 2013 zur Änderung der Verordnungen (EG) Nr. 754/2009, (EU) Nr. 1262/2012, (EU) Nr. 39/2013 und (EU) Nr. 40/2013 hinsichtlich bestimmter Fangmöglichkeiten, ABl. EU L 313 vom 22.11.2013, S. 15.

Verordnung 40/2013 des Rates vom 21. Januar 2013 zur Festsetzung der Fangmöglichkeiten im Jahr 2013 in EU-Gewässern und für EU-Schiffe in bestimmten Nicht-EU-Gewässern für bestimmte, über internationale Verhandlungen und Übereinkünfte regulierte Fischbestände und Bestandsgruppen, ABl. EU L 23 vom 25.01.2013, S. 54, zuletzt geändert durch Verordnung (EU) Nr. 1182/2013 des Rates vom 19. November 2013 zur Änderung der Verordnungen (EG) Nr. 754/2009, (EU) Nr. 1262/2012, (EU) Nr. 39/2013 und (EU) Nr. 40/2013 hinsichtlich bestimmter Fangmöglichkeiten, ABl. EU L 313 vom 22.11.2013, S. 15.

Durchführungsverordnung 578/2013 der Kommission vom 17. Juni 2013 zur Aussetzung der Einfuhr von Exemplaren bestimmter Arten wild lebender Tiere und Pflanzen in die Europäische Union, ABl. EU L 169 vom 21.06.2013, S. 1.

Durchführungsverordnung 793/2013 der Kommission vom 20. August 2013 mit Maßnahmen gegenüber den Färöern zur Erhaltung des atlanto-skandischen Heringsbestands, Text von Bedeutung für den EWR, Abl. EU L 223 vom 21.08.2013, S. 1.

Verordnung 1379/2013 des Europäischen Parlaments und des Rates vom 11. Dezember 2013 über die gemeinsame Marktorganisation für Erzeugnisse der Fischerei und der Aquakultur, zur Änderung der Verordnungen (EG) Nr. 1184/2006 und (EG) Nr. 1224/2009 des Rates und zur Aufhebung der Verordnung (EG) Nr. 104/2000 des Rates, ABl. EU L 354 vom 28.12.2013, S. 1 (Gemeinsame Marktorganisation 2014), zuletzt geändert durch Verordnung 1385/2013 des Rates vom 17. Dezember 2013 zur Änderung der Verordnungen (EG) Nr. 850/98 und (EG) Nr. 1224/2009 des Rates sowie der Verordnungen (EG) Nr. 1069/2009, (EU) Nr. 1379/2013 und (EU) Nr. 1380/2013 des Europäischen Parlaments und des Rates aufgrund der Änderung des Status von Mayotte gegenüber der Europäischen Union, ABl. EU L 354 vom 28.12.2013, S. 86.

Verordnung 1380/2013 des Europäischen Parlaments und des Rates vom 11. Dezember 2013 über die Gemeinsame Fischereipolitik und zur Änderung der Verordnungen (EG) Nr. 1954/2003 und (EG) Nr. 1224/2009 des Rates sowie zur Aufhebung der Verordnungen (EG) Nr. 2371/2002 und (EG) Nr. 639/2004 des Rates und des Beschlusses 2004/585/EG des Rates,

ABl. EU L 354 vom 28.12.2013, S. 22 (Grundverordnung 2014), zuletzt geändert durch Verordnung 1385/2013 des Rates vom 17. Dezember 2013 zur Änderung der Verordnungen (EG) Nr. 850/98 und (EG) Nr. 1224/2009 des Rates sowie der Verordnungen (EG) Nr. 1069/2009, (EU) Nr. 1379/2013 und (EU) Nr. 1380/2013 des Europäischen Parlaments und des Rates aufgrund der Änderung des Status von Mayotte gegenüber der Europäischen Union, ABl. EU L 354 vom 28.12.2013, S. 86.

Verordnung 43/2014 des Rates vom 20. Januar 2014 zur Festsetzung der Fangmöglichkeiten für bestimmte Fischbestände und Bestandsgruppen in den Unionsgewässern sowie für Unionsschiffe in bestimmten Nicht-Unionsgewässern (2014), ABl. EU L 24 vom 28.01.2014, S. 1, zuletzt geändert durch Verordnung 732/2014 des Rates vom 3. Juli 2014 zur Änderung der Verordnungen (EG) Nr. 754/2009 und (EU) Nr. 43/2014 im Hinblick auf bestimmte Fangmöglichkeiten, ABl. EU L 197 vom 04.07.2014, S. 1.

Verordnung 432/2014 des Rates vom 22. April 2014 zur Änderung der Verordnung (EU) Nr. 43/2014 hinsichtlich bestimmter Fangmöglichkeiten, ABl. L 126 vom 29.04.2014, S. 1.

Verordnung 508/2014 des Europäischen Parlaments und des Rates vom 15. Mai 2014 über den Europäischen Meeres- und Fischereifonds und zur Aufhebung der Verordnungen (EG) Nr. 2328/2003, (EG) Nr. 861/2006, (EG) Nr. 1198/2006 und (EG) Nr. 791/2007 des Rates und der Verordnung (EU) Nr. 1255/2011 des Europäischen Parlaments und des Rates (EMFF VO), ABl. EU L 149 vom 20.05.2014, S. 1.

2. Richtlinien

Richtlinie 83/129/EWG des Rates vom 28. März 1983 betreffend die Einfuhr in die Mitgliedstaaten von Fellen bestimmter Jungrobben und Waren daraus, ABl. EG L 91 vom 09.04.1983, S. 30, zuletzt geändert durch Richtlinie 89/370/EWG des Rates vom 08. Juni 1989 zur Änderung der Richtlinie 83/129/EWG betreffend die Einfuhr in die Mitgliedstaaten von Fellen bestimmter Jungrobben und Waren daraus, ABl. EG L 163 vom 14.06.1989, S. 37.

Richtlinie 85/337/EWG des Rates vom 27. Juni 1985 über die Umweltverträglichkeitsprüfung bei bestimmten öffentlichen und privaten Projekten, ABl. EG L 175 vom 05.07.1985, S. 40; aufgehoben durch Richtlinie 2011/92/EU des Europäischen Parlaments und des Rates vom 13. Dezember 2011 über die Umweltverträglichkeitsprüfung bei bestimmten öffentlichen und privaten Projekten, ABl. EU L 26 vom 28.01.2012, S. 1.

Richtlinie 92/43/EWG des Rates vom 21. Mai 1992 zur Erhaltung der natürlichen Lebensräume sowie der wildlebenden Tiere und Pflanzen, ABl. EG L 206 vom 22.07.1992, S. 7 (Flora-Fauna-Habitat-Richtlinie), zuletzt geändert durch Richtlinie 2013/17/EU des Rates vom 13. Mai 2013 zur Anpassung bestimmter Richtlinien im Bereich Umwelt aufgrund des Beitritts der Republik Kroatien, ABl. EU L 158 vom 10.06.2013, S. 193.

Richtlinie 2001/42/EG des Europäischen Parlaments und des Rates vom 27. Juni 2001 über die Prüfung der Umweltauswirkungen bestimmter Pläne und Programme, ABl. EG L 197 vom 21.07.2001, S. 30.

Richtlinie 2008/56/EG des Europäische Parlaments und des Rates vom 17. Juni 2008 zur Schaffung eines Ordnungsrahmens für Maßnahmen der Gemeinschaft im Bereich der Meeresumwelt (Meeresstrategie-Rahmenrichtlinie), ABl. EU L 164 vom 25.06.2008, S. 19.

Richtlinie 2009/147/EG des Europäischen Parlaments und des Rates vom 30. November 2009 über die Erhaltung der wildlebenden Vogelarten (kodifizierte Fassung), ABl. EU L 20 vom 26.01.2010, S. 7 (Vogelschutzrichtlinie), zuletzt geändert durch Richtlinie 2013/17/EU des Rates vom 13. Mai 2013 zur Anpassung bestimmter Richtlinien im Bereich Umwelt aufgrund des Beitritts der Republik Kroatien, ABl. EU L 158 vom 10.06.2013, S. 193.

3. Beschlüsse

Beschluss 81/608/EWG des Rates vom 13. Juli 1981 über den Abschluss des Übereinkommens über die künftige multilaterale Zusammenarbeit auf dem Gebiet der Fischerei im Nordostatlantik, ABl. EG L 227 vom 12.08.1981, S. 21.

Beschluss 82/72/EWG des Rates vom 3. Dezember 1981 über den Abschluss des Übereinkommens zur Erhaltung der europäischen freilebenden Tiere und wildwachsenden Pflanzen und ihrer natürlichen Lebensräume, ABl. EG L 38 vom 10.02.1982, S. 1.

Beschluss 82/461/EWG des Rates vom 24. Juni 1982 über den Abschluss des Übereinkommens zur Erhaltung der wandernden wild lebenden Tierarten, ABl. EG L 210 vom 19.07.1982, S. 11 ff.

Beschluss 82/886/EWG des Rates vom 12. Dezember 1982 zum Abschluss des Übereinkommens zur Lachserhaltung im Nordatlantik, ABl. EG L 378 vom 31.12.1982, S. 24.

Beschluss 86/238/EWG des Rates vom 09. Juni 1986 über den Beitritt der Gemeinschaft zu der Internationalen Konvention zur Erhaltung der Thunfischbestände im Atlantik in der Fassung des Protokolls zu der am 10.07.1984 in Paris unterzeichneten Schlussakte der Konferenz der Bevollmächtigten der Vertragsparteien der Konvention, ABl. EG L 162 vom 18.06.1986, S. 33.

Beschluss 93/626/EWG des Rates vom 25. Oktober 1993 über den Abschluss des Übereinkommens über die biologische Vielfalt, ABl. EG L 309 vom 13.12.1993, S. 1.

Beschluss 96/428/EG des Rates vom 25. Juni 1996 über die Annahme – durch die Gemeinschaft – des Übereinkommens zur Förderung der Einhaltung internationaler Erhaltungs- und Bewirtschaftungsmaßnahmen durch Fischereifahrzeuge auf Hoher See, ABl. EG L 177 vom 16.07.1996, S. 24.

Beschluss 98/249/EG des Rates vom 07. Oktober 1997 über den Abschluss des Übereinkommens zum Schutz der Meeresumwelt des Nordostatlantiks im Namen der Gemeinschaft, ABl. EG L 104 vom 03.04.1998, S. 1.

Beschluss 98/392/EG des Rates vom 23. März 1998 über den Abschluss des Seerechtsübereinkommens der Vereinten Nationen vom 10. Dezember

1982 und des Übereinkommens vom 28. Juli 1994 zur Durchführung des Teils XI des Seerechtsübereinkommens durch die Europäische Gemeinschaft, ABl. EG L 179 vom 23.06.1998, S. 1.

Beschluss 98/414/EG des Rates vom 08. Juni 1998 betreffend die Ratifikation des Übereinkommens zur Durchführung der Bestimmungen des Seerechtsübereinkommens der Vereinten Nationen vom 10. Dezember 1982 über die Erhaltung und Bewirtschaftung von gebietsübergreifenden Fischbeständen und weit wandernden Fischbeständen durch die Europäische Gemeinschaft, ABl. EG 189 vom 03.07.1998, S. 14.

Beschluss 2000/340/EG des Rates vom 08. Mai 2000 zur Annahme – im Namen der Gemeinschaft – der neuen Anlage V des Übereinkommens zum Schutz der Meeresumwelt des Nordatlantiks über den Schutz und die Erhaltung der Ökosysteme und der biologischen Vielfalt des Meeresgebiets und des entsprechenden Anhangs 3, ABl. EG L 118 vom 08.05.2000, S. 44.

Beschluss 2005/75/EG des Rates vom 26. April 2004 über den Beitritt der Gemeinschaft zum Übereinkommen über die Erhaltung und Bewirtschaftung weit wandernder Fischbestände im westlichen und mittleren Pazifik, ABl. EU L 32 vom 04.02.2005, S. 1.

Beschluss des Rates 2006/871/EG vom 18. Juni 2005 über den Abschluss des Abkommens zur Erhaltung der afrikanisch-eurasischen wandernden Wasservögel im Namen der Europäischen Gemeinschaft, ABl. EU L 345 vom 08.12.2006, S. 24.

Beschluss der Kommission 2005/629/EG vom 26. August 2005 zur Einrichtung eines Wissenschaftlich-technischen und Wirtschaftlichen Fischereiausschusses, ABl. EG L 225 vom 31.08.2005, S. 18.

Beschluss des Rates 2006/526/EG vom 17. Juli 2006 über die Beziehungen zwischen der Europäischen Gemeinschaft einerseits und Grönland und dem Königreich Dänemark andererseits, ABl. EU L 208 vom 29.07.2006, S. 28.

Beschluss der Kommission 2008/201/EG vom 28. Februar 2008 über die Benennung der Fischereiaufsichtsagentur als zuständige Stelle für die Durchführung bestimmter Aufgaben gemäß der Verordnung (EG) Nr. 1042/2006 und zur Änderung des Beschlusses 2007/166/EG zur Annahme der Liste der Gemeinschaftsinspektoren und Inspektionseinrichtungen, ABl. EU L 60 vom 05.03.2008, S. 36.

Beschluss 2011/443/EU des Rates von 20. Juni 2011 über die Genehmigung des Übereinkommens über Hafenstaatmaßnahmen zur Verhinderung, Bekämpfung und Unterbindung der illegalen, unangemeldeten und unregulierten Fischerei im Namen der Europäischen Union, ABl. EU L 191 vom 22.07.2011, S. 1.

Durchführungsbeschluss (2013/C 346/02) der Kommission vom 26. November 2013 zur Ermittlung der Drittländer, die die Kommission als nichtkooperierende Drittländer gemäß der Verordnung (EG) Nr. 1005/2008 des Rates über ein Gemeinschaftssystem zur Verhinderung, Bekämpfung und Unterbindung der illegalen, nicht gemeldeten und unregulierten Fischerei einstuft, ABl. EU C 346 vom 27.11.2013, S. 2.

Beschluss 2014/137/EU vom 14. März 2014 des Rates über die Beziehungen zwischen der Europäischen Union einerseits und Grönland und dem Königreich Dänemark andererseits, ABl. EU L 76 vom 15.03.2014, S.1.

Durchführungsbeschluss 2014/170EU des Rates vom 24. März 2014 zur Aufstellung einer Liste nichtkooperierender Drittländer bei der Bekämpfung der IUU-Fischerei gemäß der Verordnung (EG) Nr. 1005/2008 über ein Gemeinschaftssystem zur Verhinderung, Bekämpfung und Unterbindung der illegalen, nicht gemeldeten und unregulierten Fischerei, ABl. EU L 91 vom 27.03.2014, S. 43.

Beschluss der Kommission (2014/C 185/02) vom 10. Juni 2014 über die Notifizierung eines Drittlandes als Land, das die Kommission möglicherweise gemäß der Verordnung (EG) Nr. 1005/2008 des Rates über ein Gemeinschaftssystem zur Verhinderung, Bekämpfung und Unterbindung der illegalen, nicht gemeldeten und unregulierten Fischerei als nichtkooperierendes Drittland einstuft, ABL. EU 185 vom 16.06.2014, S. 2.

Beschluss der Kommission (2014/C 185/03) vom 10. Juni 2014 über die Notifizierung eines Drittlandes als Land, das die Kommission möglicherweise gemäß der Verordnung (EG) Nr. 1005/2008 des Rates über ein Gemeinschaftssystem zur Verhinderung, Bekämpfung und Unterbindung der illegalen, nicht gemeldeten und unregulierten Fischerei als nichtkooperierendes Drittland einstuft, ABL. EU 185 vom 16.06.2014, S. 17.

III. Gerichtsentscheidungen

1. Internationaler Seegerichtshof

ITLOS, *Southern Bluefin Tuna Case*, Order of 27 August 1999, Separate Opinion of Judge *Laing*, ITLOS Reports 1999, S. 305 ff.

2. EuGH

a) Urteile und Beschlüsse

Rs. C-25/62, *Plaumann und Co./Kommission der EWG*, Slg. 1963, S. 199.
Rs. C-181/73, *Haegemann/Belgischer Staat*, Slg. 1974, 449.
Rs. C-3/76, *Kramer u. a.*, Slg. 1976, 1297.
Rs. C-61/77, *Kommission/Irland*, Slg. 1978, 417.
Rs. 141/78, *Frankreich/Vereinigtes Königreich*, Slg. 1979, 2923.
Rs. 104/81, *Hauptzollamt Mainz/Kupferberg* u. a., Slg. 1982, 3641.
Rs. C-247/85, *Kommission/Belgien*, Slg. 1987, 3029.
Rs. C-46/86, *Albert Romkes/Officer van Justitie*, Slg. 1987, 2671.
Rs. C-68/86, *Vereinigtes Königreich/Rat*, Slg. 1988, 855.
Rs. C-191/86, *Vereinigtes Königreich/Rat*, Slg. 188, 905.
Rs. C-157/89, *Kommission/Italien*, Slg. 1991, I-57.
Rs. C-169/89, *Van den Burg*, Slg. 1990, I-2143.
Rs. C-155/91, *Kommission/Rat*, Slg. 1993, I-939.
Rs. C-316/91, *Parlament/Rat*, Slg. 1994 I-625.

Rs. C-435/92, *Association pour la protection des animaux sauvages/Préfet de Maine-et-Loire en Préfet de la Loire-Atlantique*, Slg. 1994, I-67.
Rs. C-280/93, *Deutschland/Rat*, Slg. 1994, I-4973.
Rs. C-149/94, *Vergy*, Slg. 1996, I-299.
Rs. C-44/95, *Regina/Secretary of State for the Environment*, Slg. 1996, I-3805.
Rs. C-149/96, *Portugal/Rat*, Slg. 1999, I-8395.
Rs. C-162/96, *Racke/Hauptzollamt Mainz*, Slg. 1998, I-3655.
Rs. C-180/96, *Vereinigtes Königreich/Kommission*, Slg. 1998, I-2265.
Rs. C-42/97, *Parlament/Rat*, Slg. 1999, I-869.
Rs. C-36/98, *Spanien/Rat*, Slg. 2001, I-779.
Rs. C- 298/00, *Italien/Kommission*, Slg. 2004, I4087.
Rs. C-336/00, *Republik Österreich/Huber*, Slg. 2002, I-7699.
Rs. C-6/04, *Kommission/Vereinigtes Königreich*, Slg. 2005, I-9017.
Rs. C-355/08, *WWF-UK Ltd/Rat der Europäischen Union*, Beschluss vom 05.05.2009, Slg. 2009 I-73.
Rs. C-71/09, *Comitato „Venezia vuole vivere" u. A./Kommission*, Slg. 2011, I04727.
Rs. C-605/10, *Inuit Tapiriit Katanami u. a./Europäisches Parlament und Rat*, Beschluss vom 27. Oktober 2011, Slg. 2011, I-00164.
Rs. C-583/11 P, *Inuit Tapiriit Kanatami/Parlament und Rat*, Urteil vom 08.10.2013, nicht amtlich veröffentlicht.

b) Gutachten

Gutachten 1/76, *Stillegungsfond*, Slg. 1977, 741.
Gutachten 1/78, *Naturkautschuk*, Slg. 1979, 1411.
Gutachten 2/92, *OECD*, Slg. 1995 I-521.
Gutachten 1/94, *WTO*, Slg. 1994 I-5267.
Gutachten 2/00, *Protokoll von Cartagena*, Slg. 2001, I-9713.

3. EuG

Rs. T-18/10, *Inuit Tapiriit Kanatami/Parlament und Rat*, Beschluss vom 06.09.2011, Slg. 2011, II-5599.

IV. Erklärungen, Stellungnahmen und Dokumente Internationaler Organisationen

1. Vereinte Nationen

Rio Declaration on Environment and Development, 14.06.1992 (UNCED Doc. A/CONF.151/5/Rev. 1), 31 ILM 874.

UN General Assembly, UN Conference on Straddling Fish Stocks and Highly Migratory Fish Stocks, 26.01.1994 (UN Doc. A/Conf.164/INF/8).

UN General Assembly, Resolution adopted by the General Assembly on 17 November 2004, Oceans and the law of the sea, 17.11.2004 (UN Doc. A/RES/59/24).

2. Europäische Union

a) Kommission

Gemeinsame Erklärung der Europäischen Gemeinschaft und der Regierung Kanadas über die Fischereibeziehungen, ABl. EG L 340 vom 31.12.1993, S. 4.

Canada-European Community: Agreed minute in the conservation and management of fish stocks, 20.04.1995, 34 ILM 1260.

Mitteilung der Kommission über die Anwendbarkeit des Vorsorgeprinzips, 02.02.2000, KOM(2000) 1 endgültig.

Bericht [SEC(2001) 515 endgültig – Nicht im Amtsblatt veröffentlicht] http://europa.eu/legislation_summaries/environment/nature_and_biodiversity/l28050_de.htm (13.07.2014).

Note Verbale 26/04, of 26 July 2004, by the Delegation of the European Commission to Norway and Iceland to the Royal Ministry of Foreign Affairs of Norway, abgedruckt bei *Molenaar*, Fisheries Regulation in the Maritime Zones of Svalbard, IJMCL 27 (2012), S. 3 (23).

Europäischer Verhaltenskodex für eine nachhaltige und verantwortungsvolle Fischerei, 2004, http://edz.bib.uni-mannheim.de/daten/edz-bn/gdf/04/code_de.pdf (13.07.2014).

Gemeinsame Erklärung der Europäischen Gemeinschaft einerseits und der örtlichen Regierung Grönlands und der Regierung Dänemarks andererseits über eine Partnerschaft zwischen der Europäischen Gemeinschaft und Grönland, ABl. EU L 208 vom 29.07.2006, S. 32.

Bericht der Kommission an den Rat und das Europäische Parlament über die Durchführung der Verordnung (EG) Nr. 104/2000 des Rates über die gemeinsame Marktorganisation für Erzeugnisse der Fischerei und der Aquakultur, 29.09.2006, KOM(2006) 558 endgültig.

Mitteilung der Europäischen Kommission an das Europäische Parlament und den Rat über Gemeinschaftsmaßnahmen auf dem Gebiet des Walfangs vom 19.12.2007, KOM(2007) 823 endgültig.

Mitteilung der Kommission an das Europäische Parlament und den Rat – Die Europäische Union und die Arktis, 21.11.2008, KOM(2008) 763 endgültig.

Grünbuch – Reform der Gemeinsamen Fischereipolitik, 22.04.2009, KOM(2009)163 endgültig.

General EU Position, Ministerial meeting opening the Intergovernmental Conference on the Accession of Icland to the European Union, 27.07.2010, http://europe.mfa.is/media/esb/27072010-ESB-statement-en.pdf (13.07.2014).

Fischerei und Aquakultur in Europa, Nr. 55, März 2011, http://ec.europa.eu/fisheries/documentation/magazine/mag55_de.pdf (13.07.2014), S. 4.

Vorschlag für eine Verordnung des Europäischen Parlaments und des Rates über die gemeinsame Marktorganisation für Erzeugnisse der Fischerei und der Aquakultur, 13.07.2011, KOM(2011) 416 endgültig.

Vorschlag für eine Verordnung des Europäischen Parlaments und des Rates über die Gemeinsame Fischereipolitik, 13.07.2011, KOM(2011) 425 endgültig.

Parliamentary questions, Answer given by Ms Damanaki on behalf of the Commission, 05.08.2011, P-006711/2011, http://www.europarl.europa.eu/sides/getAllAnswers.do?reference=P-2011-006711&language=DE (13.07.2014).

Vorschlag für eine Verordnung des Europäischen Parlaments und des Rates zur Festlegung eines Mehrjahresplans für die Lachsbestände im Ostseeraum und die Fischereien, die diese Bestände befischen, 12.08.2011, KOM(2011) 470 endültig.

Europäische Kommission und Hohe Vertreterin der EU für Außen- und Sicherheitspolitik, Gemeinsame Mitteilung an das Europäische Parlament und den Rat vom 26.06.2012, Entwicklung einer Politik der Europäischen Union in der Arktis: Fortschritte seit 2005 und nächste Schritte, JOIN(2012) 19 final.

STECF, Review of Scientific Advice 2013, Part 2, 13.07.2012 (STECF Doc. STECF-12-08) http://stecf.jrc.ec.europa.eu/documents/43805/384539/2012-07_STECF+12-08+-+Review+of+advice+for+2013--+part+2_JRC73064.pdf (13.07.2013).

Presseerklärung vom 15.11.2012, http://europa.eu/rapid/press-release_IP-12-1215_en.htm (13.07.2014).

Mitteilung der Kommission an das Europäische Parlament und den Rat, Aktionsplan zur Reduzierung des Beifangs von Seevögeln in Fanggeräten, 16.11.2012, COM(2012) 665 final (Aktionsplan Seevögel).

Bericht der Kommission, Fünfter Jahresbericht über die Durchführung des Europäischen Fischereifonds (2011), 12.12.2012, COM(2012) 747 final.

Pressemitteilung, Kommission kündigt mögliche Maßnahmen gegen die Färöer im Zusammenhang mit Heringsfischerei an, 17.05.2013, http://europa.eu/rapid/press-release_IP-13-441_de.htm (13.07.2014).

STECF, Review of Scientific Advice for 2014, Part 2, 12.07.2013 (STECF Doc. STECF-13-11), http://stecf.jrc.ec.europa.eu/documents/43805/571417/2013-07_STECF+13-11+-+Review+of+advice+for+2014+Part+2_JRC83564.pdf (13.07.2014).

Pressemitteilung vom 26.11.2013 (IP/13/1162).

Pressemitteilung vom 10.06.2014 (IP/14/653).

Europäische Kommission, Heringsstreit zwischen der EU und den Färöer beinahe beendet, 11.06.2014 (IP/14/668).

Study on the State of Play regarding Application and Implementation of Council Regulation EC No. 1005/2008 of 29 September 2008, establishing a Community System to prevent, deter and eliminate illegal, unreported and unregulated fishing (IUU Regulation) Specific Contract No. 3, 11.07.2014, http://ec.europa.eu/fisheries/documentation/studies/iuu-regulation-application/index_en.htm (13.07.2014).

b) Rat

Entschließung des Rates vom 03. November 1976 über bestimmte externe Aspekte der Schaffung einer 200-Seemeilen-Fischereizone in der Gemeinschaft ab 1. Januar 1977, ABl. EG C 105 vom 07.05.1981, S. 1.

Council Conclusion 11485/1/04, 15.07.2004.

Council Conclusion, 2985th Foreign Affairs Meeting, 08.12.2009.

Vermerk des Generalsekretariats des Rates, betreffend den Vorschlag für eine Verordnung des Europäischen Parlaments und des Rates über die Gemeinsame Fischereipolitik – Billigung der endgültigen Fassung, 11.06.2013 (EU Doc. 10623/13).

Überarbeiteter Vermerk des Vorsitzes des Rates, Geänderter Vorschlag für eine Verordnung des Europäischen Parlaments und des Rates über den Europäischen Meeres- und Fischereifonds [zur Aufhebung der Verordnung (EG) Nr. 1198/2006 des Rates und (EG) Nr. 861/2006 des Rates sowie der Verordnung (EU) Nr. XXX/2011 des Rates über die integrierte Meerespolitik], 10.07.2013 (EU Doc. 10325/3/13 REV 3).

Standpunkt 9/2013 des Rates in erster Lesung im Hinblick auf den Erlass einer Verordnung der Europäischen Parlaments und des Rates über die Gemeinsame Fischereipolitik und zur Änderung der Verordnung (EG) Nr. 1954/2003 und (EG) Nr. 1224/2009 des Rates sowie zur Aufhebung der Verordnung (EG) Nr. 2371/2002 und (EG) Nr. 639/2004 des Rates und des Beschlusses (EG) Nr. 2004/585, 17.10.2013, ABl. EU C 351E vom 30.11.2013, S. 1.

Standpunkt 10/2013 des Rates in erster Lesung im Hinblick auf den Erlass einer Verordnung des Europäischen Parlaments und des Rates über die gemeinsame Marktorganisation für Erzeugnisse der Fischerei und der Aquakultur, zur Änderung der Verordnungen (EG) Nr. 1184/2006 und (EG) Nr. 1224/2009 des Rates und zur Aufhebung der Verordnung (EG) Nr. 104/2000 des Rates, 17.10.2013, ABl. EU C 351E vom 30.11.2013, S. 46.

Council Conclusion on developing a European Union Policy towards the Arctic Region, 12.05.2014.

c) Europäisches Parlament

Entschließung des Europäischen Parlaments vom 20.01.2011 zu einer Nachhaltigen EU-Politik für den hohen Norden, ABl. EU C 136/E vom 11.05.2011, S. 71.

European Parliament legislative resolution of 6 February 2013 on the proposal for a regulation of the European Parliament and of the Council on the Common Fisheries Policy, 06.02.2013 (EU Doc. T7-0040/2013).

Fischereiausschuss, Protokoll der Sitzung vom 17./18. Juni 2013 (EU Doc. PECH_PV(2013)0617_1).

Abänderungen des Europäischen Parlaments vom 23. Oktober 2013 zu dem geänderten Vorschlag für eine Verordnung des Europäischen Parlaments und des Rates über den Europäischen Meeres- und Fischereifonds zur Aufhebung der Verordnungen (EG) Nr. 1198/2006 des Rates und (EG) Nr. 861/2006 des Rates sowie der Verordnung (EU) Nr. XXX/2011 des Rates über die integrierte Meerespolitik, 23.10.2013 (EU Doc. P7_TA(2013)0441).

Legislative Entschließung des Europäischen Parlaments vom 10. Dezember 2013 zu dem Standpunkt des Rates in erster Lesung im Hinblick auf den Erlass einer Verordnung des Europäischen Parlaments und des Rates über die Gemeinsame Fischereipolitik und zur Änderung der Verordnungen (EG) Nr. 1954/2003 und (EG) Nr. 1224/2009 des Rates und zur Aufhebung der Verordnungen (EG) Nr. 2371/2002 und (EG) Nr. 639/2004 des Rates und des Beschlusses 2004/585/EG des Rates, 10.12.2013 (EU Doc. P7_TA(2013)0537).

Legislative Entschließung des Europäischen Parlaments vom 10. Dezember 2013 zu dem Standpunkt des Rates in erster Lesung im Hinblick auf den Erlass einer Verordnung des Europäischen Parlaments und des Rates über die gemeinsame Marktorganisation für Erzeugnisse der Fischerei und der Aquakultur, zur Änderung der Verordnungen (EG) Nr. 1184/2006 und (EG) Nr. 1224/2009 des Rates und zur Aufhebung der Verordnung (EG) Nr. 104/2000 des Rates, 10.12.2013 (EU Doc. P7_TA(2013)0538).

Entschließung des Europäischen Parlaments vom 12. März 2014 zu der EU-Strategie für die Arktis, 12.03.2013 (EU Doc. P7_TA-Prov(2014)0236).

3. Europarat

The Bern Convention, Questions and Answers No. 9, 2007, http://www.coe.int/t/dg4/cultureheritage/nature/Bern/Documents/QR9_en.pdf (13.07.2014).

4. Food and Agriculture Organization

Internationaler Verhaltenscodex für verantwortungsvolle Fischerei, 31.10.1995, http://www.fao.org/docrep/005/v9878e/v9878e00.HTM (13.07.2014).

International Plan of Action for Reducing Incidental Catch of Seabirds in Longline Fisheries, 1999, ftp://ftp.fao.org/docrep/fao/006/x3170e/X3170E00.pdf (13.07.2014).

International Plan of Action for the Management of Fishing Capacity, 1999, ftp://ftp.fao.org/docrep/fao/006/x3170e/X3170E00.pdf (13.07.2014).

International Plan of Action for Conservation and Management of Sharks, 1999, ftp://ftp.fao.org/docrep/fao/006/x3170e/X3170E00.pdf (13.07.2014).

International Plan of Action to prevent, deter and eliminate illegal, unreported and unregulated fisheries, 2001, ftp://ftp.fao.org/docrep/fao/012/y1224e/y1224e00.pdf (13.07.2014).

Voluntary Guidelines for Flag State Performance, 08.02.2013, ftp://ftp.fao.org/FI/DOCUMENT/tc-fsp/2013/VolGuidelines_adopted.pdf (13.07.2014).

5. OSPAR Commission

OSPAR Recommendation 2003/3 on a Network of Marine Protected Areas, 2003, http://www.ospar.org/v_measures/browse.asp?menu=00750302260124_000001_000000 (13.07.2014).

Memorandum of Understanding between the North East Atlantic Fisheries Commission (NEAFC) and the OSPAR Commission, 2008,

OSPAR Agreement 2008-4, http://www.ospar.org/v_measures/browse.asp (13.07.2014).

OSPAR List of Threatened and/or Declining Species and Habitats, 2008, Agreement 2008-6, http://www.ospar.org/v_measures/browse.asp?menu=00750302260125_000002_000000 (13.07.2014).

2012 Status Report on the OSPAR Network of Marine Protected Areas, http://www.ospar.org/documents/dbase/publications/p00618/p00618_2012_mpa_status%20report.pdf (13.07.2014).

6. Fischereiorganisationen

a) North-East Atlantic Fisheries Commission

Memorandum of Understanding between the North-East Atlantic Fisheries Commission and the International Council for the Exploration of the Sea, 2007, http://www.neafc.org/system/files/ices_mou_2007.pdf (13.07.2014).

Report of the 30th annual meeting of the NEAFC, November 2011, Vol. I, http://www.neafc.org/system/files/AM2011-final-report-09.pdf (13.07.2014).

Discard Ban 2010, 17.11.2009 (Recommendation XVI:2010), http://www.neafc.org/system/files/rec16_ban_on_discards_neafc_ra.pdf (13.07.2014).

Conservation and Management Measures for Redfish in the Regulatory Area (ICES Subareas I and II) in 2012, 11.11.2011 (Recommendation 2:2012), http://www.neafc.org/system/files/rec_2_redfish_i%2526ii_pro.pdf (13.07.2014).

Redfish in ICES I and II, 19.11.2012 (Recommendation 1:2013), http://www.neafc.org/system/files/Rec1_redfish_ICES_I_and_II-Norway.pdf (13.07.2014).

Conservation and Management Measures For Norwegian Spring Spawning (Atlanto-Scandian) Herring, 14.03.2013 (Recommendation 17:2013), http://www.neafc.org/system/files/Rec17_Herring.pdf (13.07.2014).

Management of Roundnose Grenadier (Coryphaenoides Rupestris) in the NEAFC Regulatory Area, 10.12.2013, (Recommendation 4-Rev.1:2014), http://www.neafc.org/rec/2014/04 (13.07.2014).

Scheme of Control and Enforcement 2014, http://www.neafc.org/scheme (13.07.2014).

b) Northwest Atlantic Fisheries Commission

Fisheries Commission, Resolution 2/99 of the Fisheries Commission to Guide Implementation of the Precautionary Approach within NAFO, 17.09.1999 (NAFO Doc. FC Doc. 99/13), http://www.nafo.int/publications/resolutions/res2-99.html (13.07.2014).

General Council, Amendment to the Convention on Future Multilateral Cooperation in the Northwest Atlantic Fisheries, 28.09.2007 (NAFO Doc. GC Doc 07/4), http://www.nafo.int/about/frames/convention.html (13.07.2014).

Fisheries Commission, Conservation and Enforcement Measures 2014 (NAFO/FC Doc. 14/1 (Serial No. N6272)), http://www.nafo.int/(13.07.2014).

c) North Atlantic Salomon Conservation Organiszation

Council, Resolution of the Council of NASCO at its ninth annual meeting, Fishing for Salomon on the High Sea, Juni 1992 (NASCO Doc. CNL(92)54) http://www.nasco.int/pdf/agreements/Resolution_high_seas.pdf (13.07.2014).

Agreement on Adoption of the Precautionary Approach, 1998 (NASCO Doc. CNL(98)46), http://www.nasco.int/pdf/agreements/pa_agreement.pdf (13.07.2014).

d) International Commission for the Conservation of Atlantic Tuna

Recommendation by ICCAT regarding Bolivia pursuant to the 1998 Resolution concerning the unreported and unregulated catches of tuna by large-scale longline vessels in the Convention area, 2003 (ICCAT Doc. Recommendation 02-17), ICCAT-Compendium management recommendations and resolutions adopted by the ICCAT for the conservation of Atlantic tunas and tuna like species, 2011, S. 170 f., http://www.iccat.es/Documents/Recs/ACT_COMP_2011_ENG.pdf (13.07.2014).

Scheme of Joint International Inspection, Annex 8 of ICCAT Recommendation amending the Recommendation by ICCAT to establish a multiannual recovery plan for bluefin tuna in the eastern Atlantic and Mediterranean, 2008, (ICCAT Doc. Recommendation 2008-05), http://www.iccat.int/Documents/Recs/compendiopdf-e/2008-05-e.pdf (13.07.2014).

Compendium management recommendations and resolutions adopted by the ICCAT for the conservation of Atlantic tunas and tuna like species, 2011, http://www.iccat.es/Documents/Recs/ACT_COMP_2011_ENG.pdf (13.07.2014).

Recommendation Amending Recommendation 09-11 on an ICCAT Bluefin Tuna Catch Documentation Program, 2011 (ICCAT Doc. Recommendation 11-20), http://www.iccat.int/Documents/Recs/compendiopdf-e/2011-20-e.pdf (13.07.2014)

Recommendation regarding compliance in the bluefin tuna and North Atlantic swordfish fisheries, 1996, (ICCAT Doc. Recommendation 96-14), http://www.iccat.es/Documents/Recs/ACT_COMP_2011_ENG.pdf (13.07.2014).

Recommendation Concerning the Establishment of an ICCAT Record of Vessels over 20m Authorized to Operate in the Convention Area, 2011 (ICCAT Doc. Recommendation 11-12), http://www.iccat.int/Documents/Recs/compendiopdf-e/2011-12-e.pdf (13.07.201414).

Recommendation Further Amending Recommendation 09-10 Establishing al List of Vessels Persumed to have Carried out Illegal, Unreported and Unregulated Fishing Activities in the ICCAT Convention Area, 2011 (ICCAT Doc. Recommendation 11-18), http://www.iccat.int/Documents/Recs/compendiopdf-e/2011-18-e.pdf (13.07.2014).

e) Western and Central Pacific Fisheries Commission

Conservation and Management Measures to Establish a List of Vessels Presumed to have carried out Illegal, Unreported and Unregulated Fishing Activities in the WCPO, 10.10.2010 (WCPFC Doc. CMM 2010-06), http://www.wcpfc.int/node/3409 (06.01.2014).

7. International Whaling Commission

Schedule for the International Convention for the Regulation of Whaling, 2012, http://iwc.int/private/downloads/1lv6fvjzo6f48wc44w4s4w8gs/Schedule-February-2013.pdf (13.07.2014).

8. World Trade Organization

European Communities-Measures prohibiting the importation and marketing of seal products, Request for the establishment of a Panel by Canada, 14.02.2011 (WTO Doc. WT/DS400/4).

European Communities-Measures prohibiting the importation and marketing of seal products, Request for the establishment of a Panel by Norway, 15.03.2011 (WTO Doc. WT/DS401/5).

WTO, European Union-Measures on Atlanto-Scandian Hering, Request of the Establishment of a Panel by Denmark in Respect of the Faroe Islands, 10.01.2014 (WTO Doc. WT/DS469/2).

V. Erklärungen, Stellungnahmen und Dokumente mit besonderer Bedeutung für den arktischen Raum

1. Arktischer Rat

Arctic Environmental Protection Strategy, 14.06.1991, 30 ILM 1624.

Declaration on the Establishment of the Arctic Council, 19.09.1996, 35 ILM 1382.

The Iqaluit Declaration, 17./18.09.1998, http://www.arctic-council.org/index.php/en/document-archive/category/35-1st-ministerial-meeting-in-iqualuit-canada-1998 (13.07.2014).

Arctic Council Rules of Procedure, 17./18.09.1998, revised by the Arctic Council at the Eighth Arctic Council Ministerial Meeting, 15.05.2013, http://www.arctic-council.org/index.php/en/document-archive/category/425-main-documents-from-kiruna-ministerial-meeting# (13.07.2014).

Arctic Council Terms of Reference for a Sustainable Development Program, 17./18.09.1998, http://portal.sdwg.org/content.php?doc=12 (13.07.2014).

Salekhard Declaration, 26.10.2006, http://www.arctic-council.org/index.php/en/document-archive/category/31-5th-ministerial-in-salekhard-russia (13.07.2014).

Nuuk Declaration on the occasion of the Seventh Ministerial Meeting of the Arctic Council, 15.05.2011, http://www.arctic-council.org/index.php/en/about/documents/category/5-declarations (06.01.2014)

Senior Arctic Officials Report to Ministers, 15.05.2011, http://arctic-council.npolar.no/accms/export/sites/default/en/meetings/2011-nuuk-ministerial/docs/SAO_Report_to_Ministers_-_Nuuk_Ministerial_Meeting_May_2011.pdf (06.01.2014).

Resolution on Cooperation between the Secretariat of the African-Eurasian Migratory Waterbirds Agreement and the Conservation of Arctic

Flora and Fauna Working Group, 12.07.2012, http://www.caff.is/images/Press_releases/roc_aewa_caff_FINAL.pdf (06.01.2014).

Kiruna Declaration on the Occasion of the Eighth Ministerial Meeting of the Arctic Council, 15.05.2013, http://www.arctic-council.org/index.php/en/document-archive/category/425-main-documents-from-kiruna-ministerial-meeting# (06.01.2014).

Vision for the Arctic, 15.05.2013, http://www.arctic-council.org/index.php/en/document-archive/category/425-main-documents-from-kiruna-ministerial-meeting# (06.01.2014).

2. Barents-Euro-Arktische Rat

Kirkenes Declaration, 11.01.1993, http://www.barentsinfo.fi/beac/docs/459_doc_KirkenesDeclaration.pdf (13.07.2014).

Declaration of the Barents-Euro-Arctic Council Fourth Meeting of Environment Ministers, Umeå, 10./11.06.1999, http://www.unep.org/dewa/giwa/areas/barenv99.htm#anchor2073545 (13.07.2014)

3. Politik der nördlichen Dimension

Political Declaration on the Northern Dimension Policy, 24.11.2006 http://eeas.europa.eu/north_dim/docs/pol_dec_1106_en.pdf (13.07.2014).

Northern Dimension Policy Framework Document, 24.11.2006, http://eeas.europa.eu/north_dim/docs/frame_pol_1106_en.pdf (13.07.2014).

4. Weitere

Illulissat Declaration, 28.05.2008, http://www.oceanlaw.org/downloads/arctic/Ilulissat_Declaration.pdf (13.07.2014).

EU Arctic Footprint and Policy Assessment, Final Report 2010, http://arctic-footprint.eu/sites/default/files/AFPA_Final_Report.pdf (13.07.2014).

VI. Berichte über den Zustand der Umwelt

CAFF, Cooperative Strategy for the Conservation of Biological Diversity in the Arctic Region, Helsinki 1997.

CAFF, Arctic Fauna and Flora, Status and Conservation, Helsinki 2001.

EEA, EEA Report 1/2002, The Arctic Ocean, Kopenhagen 2002.

EEA, Arctic Environment: European Perspective. Why should Europe Care?, Kopenhagen 2004.

ACIA Secretariat and Cooperative Institute for Arctic Research, Arctic Climate Impact Assessment, New York 2007.

EEA, Europe's Environment – The fourth assessment, 2007.

CAFF, Arctic Biodiversity Trends 2010, Akueryr 2010.

CAFF, Arctic Biodiversity Assessment, Akueryr 2013.

VII. Staatliche Gesetze, Erklärungen oder Äußerungen

1. Grönland

Act No. 577 of 29 November 1978, Australian Indigenous Law Reporter 13 (1996), S. 1 (Greenland Home Rule Act).

Act No. 473 of 12 June 2009, englische Übersetzung: http://uk.nanoq.gl/Emner/Government/~/media/6CF403B6DD954B77BC2C33E9F02E3947.ashx (06.01.2014) (Act on Greenland Self-Government).

2. Färöer

Act No. 137 of 23 March 1948, englische Übersetzung: http://stm.dk/_p_12710.html (06.01.2014) (Home Rule Act of the Faroe Islands).

Act no. 579 of 24 June 2005 concerning the concluding of agreements under international law by the Government of the Faroes, englische Übersetzung: http://stm.dk/_a_2956.html (06.01.2014) (Authorisation Act).

3. Norwegen

Forskrift om fiskevernsone ved Svalbard, 03.06.1977, http://www.lovdata.no/cgi-wift/ldles?doc=/sf/sf/sf-19770603-0006.html (06.01.2014).

4. Island

The Government of Iceland, Application for Membership, 16.07.2009, http://eeas.europa.eu/iceland/iceland_application.pdf (06.01.2014).

Literaturverzeichnis

Adam, Rachelle — Waterbirds, the 2010 Biodiversity Target, and Beyond: AEWA's Contribution to Global Biodiversity Governance, Environmental Law, 38 (2008) No. 1, S. 87–137.

Airoldi, Adele — The European Union and the Arctic. Policies and Actions, Copenhagen 2008.

Anderson, David H. — The Status Under International Law of Maritime Areas Around Svalbard, ODIL 40 (2009), S. 373–384.

Ders. — The Role of Flag States, Port States, Costal States and International Organizations in the Enforcement of International Rules and Standards Governing the Safety of Navigation and the Prevention of Pollution from Ships under the UN Convention on the Law of the Sea and other International Agreements, SJICL 2 (1998), S. 557–576.

Ders. — The Straddling Stock Agreement of 1995 – an Initial Assessment, ICLQ 45 (1996), S. 463–475.

Aneiros, Adela Rey — Spain, the European Union, and Canada: A New Phase in the unstable Balance in the Northwest Atlantic Fisheries, ODIL 42 (2011), S. 155–172.

Aqorau, Transform	Illegal, Unreported and Unregulated Fishing in the Western and Central Pacific Ocean (WCPO): Some Legal and Policy Issues Surrounding Control of Nationals and Charter Vessels under the New Regime in the WCPO, Ocean Yearbook 21 (2007), S. 177–201.
Bach, H. C./ Taagholt, Jørgen	Greenland and the Arctic Region: Resources and Security Policy, 2. Auflage, Copenhagen 1982.
Baird, Rachel	Illegal, Unreported and Unregulated Fishing: An Analysis of the Legal, Economic and Historical Factors Relevant to its Development and Persistence, MJIL 5 (2004), S. 299–334.
Balton, David A.	Considering Future Arctic Fisheries, in: Nordquist, Myron H./Moore, John Norton/ Heidar, Thomas H. (Hrsg.), Changes in the Arctic Environment and the Law of the Sea, Leiden u. a. 2010, S. 401–408.
Bankes, Nigel	The Conservation and Utilization of Marine Mammals in the Arctic Region, in: Molenaar, Erik J./Oude Elferink, Alex G./Rothwell, Donald R. (Hrsg.), The Law of the Sea and the Polar Regions, Interactions between Global and Regional Regimes, Leiden u. a. 2013, S. 293–321.
Barkin, J. Samuel/ *DeSombre*, Elizabeth R.	Do we need a global fisheries management organization?, JESS 2013, S. 232–242.
Barnes, Richard	International Regulation of Fisheries Management in Arctic Waters, GYIL 54 (2011), S. 193–230.
Bergmann, Jan	Handlexikon der Europäischen Union, 4. Auflage, Baden-Baden u. a. 2012.

Berkman, Paul Arthur — Environmental Security in the Arctic Ocean. Promoting Co-opeartion and Preventing Conflicts, Abingdon 2010.

Beyerlin, Ulrich/ *Marauhn*, Thilo — International Environmental Law, Oxford u. a. 2011.

Bieber, Roland/ *Epiney*, Astrid/ *Haag*, Marcel — Die Europäische Union. Europarecht und Politik, 10. Auflage, Baden-Baden 2013.

Birnie, Patricia/ *Boyle*, Alan/ *Redgwell*, Cathrin — International Law and the Environment, 3. Auflage, Oxford u. a. 2009.

Bjarnason, Björn — Island – Ein widerspenstiger EU-Beitrittskandidat, KAS Auslandsinformationen 5/2012, S. 35–58.

Bloom, Evan T. — Establishment of the Arctic Council, AJIL 93 (1999), S. 712–722.

Borchardt, Klaus-Dieter — Die rechtlichen Grundlagen der Europäischen Union, 5. Auflage, Wien 2012.

Borg, Joe — Opportunities and Responsibilities in the Arctic Region: The European Union's Perspective, in: Witschel, Georg/Winkelmann, Ingo/Tiroch, Katrin/Wolfrum, Rüdiger (Hrsg.), New Chances and New Responsibilities in the Arctic Region, Berlin 2010, S. 15–21.

Borg, Simone — Conservation on the High Seas. Harmonizing International Regimes for the Sustainable Use of Living Resources, Cheltham u. a. 2012.

Bowman, Michael J. — International Treaties and the Global Protection of Birds: Part I, JEL 11 (1999), S. 87–119.

Caddell, Richard	Biodiversity Loss and the Prospects for International Cooperation: EU Law and the Conservation of Migratory Species of Wild Animals, YEEL 8 (2008), S. 218–264.
Ders.	International Law and the Protection of Migratory Wildlife: An Appraisal of Twenty-Five Years of the Bonn Convention, Colo. J. Int'l Envtl. Law & Policy 16 (2005), S. 113–156.
Calley, Darren S.	Market Denial and International Fisheries Regulation. The Targeted and Effective Use of Trade Measures Against the Flag of Convenience Fishing Industry, Leiden u. a. 2012.
Calliess, Christian/ *Ruffert*, Matthias (Hrsg.)	EUV/AEUV, Kommentar, 4. Auflage, München 2011.
Campins Eritja, Mar	The European Union and the North: Towards the Development of an EU Arctic Policy?, Ocean Yearbook 27 (2013), S. 459–485.
Castringius, Katharine	Meeresschutzgebiete – Die völkerrechtliche Zulässigkeit mariner Natura 2000-Gebiete, Baden-Baden 2006.
Churchill, Robin	The European Union and the Challenges of Marine Governance: From Sectoral Response to Integrated Policy, in: Vidas, Davor/Schei Peter Johan (Hrsg.), The World Ocean in Globalisation. Climate Change, Sustainable Fisheries, Biodiversity, Shipping, Regional Issues, Leiden u. a. 2011, S. 395–436.

Ders.	Managing Straddling Fish Stocks in the North-East Atlantic: A Multiplicity of Instruments and Regime Linkages – But how effective a Management, in: Schram Stokke, Olaf (Hrsg.), Governing High Seas Fisheries. The Interplay of Global and Regional Regimes, Oxford u. a. 2001, S. 235–373.
Churchill, Robin/ *Lowe*, Alan Vaughan	The Law of the Sea, 3. Auflage, New York u. a., 1999.
Churchill, Robin/ *Ørebech*, Peter	The European Economic Area and Fisheries, IJMCL 8 (1993), S. 453–469.
Churchill, Robin/ *Owen*, Daniel	The EC Common Fisheries Policy, Oxford u. a. 2010.
Ciciriello, Maria Clelia	Global Warming and the Arctic Ocean: Challenges for International Law, in: Del Veccio, Angela (Hrsg.), International Law of the sea: current trends and controversial issues, Den Haag 2013, S. 343–354.
Czybulka, Detlef	Die Erhaltung der Biodiversität im marinen Bereich, ZUR 2008, S. 241–250.
Ders.	Meeresschutzgebiet in der Ausschließlichen Wirtschaftszone (AWZ), ZUR 2003, S. 329–337.
Ders.	Die Geltung der FFH-Richtlinie in der Ausschließlichen Wirtschaftszone, NuR 2001, S. 19–27.
Davies, Peter G. G.	The European Environment Agency, YEL 14 (1994), S. 313–349.

Dejéant-Pons, Maguelonne	European Biodiversity: The Bern Convention of 19 September 1979 on the Conservation of European Wildlife and Natural Habitats, in: Macdonald, Ronald St. John (Hrsg.), Essays in Honour of Wang Tieya, Dordrecht u. a. 1994, S. 211–226.
Dörr, Oliver/ *Schmalenbach*, Kirsten (Hrsg.)	Vienna Convention on the Law of Treaties – A Commentary, Heidelberg u. a. 2012.
Doulman, David J.	Code of Conduct for Responsible Fisheries: Development and Implementation Consideration, in: Nordquist, Myron H./Moore, John Norton (Hrsg.), Current Fisheries Issues and the Food and Agriculture Organization of the United Nations, The Hague u. a. 2000, S. 307–330.
Duc, Thomas	Specially Protected Marine Areas in the Exclusive Economic Zone (EEZ). The Regime for the Protection of Specific Areas of the EEZ for Environmental Reasons under International Law, Münster u. a. 2011.
Dupuy, René-Jean/ *Vignes*, Daniel (Hrsg.)	A Handbook on New Law of the Sea, Band 1, Dordrecht u. a. 1991.
Edeson, William	The International Plan of Action on Illegal Unreported and Unregulated Fishing: The Legal Context of a Non-Legally Binding Instrument, IJMCL 16 (2001), S. 603–623.
Ell, Marcus/ *Heugel*, Michael	Geschützte Meeresflächen im Bereich der deutschen ausschließlichen Wirtschaftszone von Nord- und Ostsee, NuR 2007, S. 315–326.

Epiney, Astrid/ *Gross*, Dominique — Kompetenzverteilung zwischen der EG und ihren Mitgliedstaaten – Grundlagen, in: Umweltbundesamt (Hrsg.), EG Kompetenz bei völkerrechtlichen Verträgen im Umweltbereich unter besonderer Berücksichtigung des OSPAR-Übereinkommens, Berlin 2004, S. 5–48.

Epiney, Astrid/ *Scheyli*, Martin — Umweltvölkerrecht, Bern 2000.

Erbguth, Wilfried/ *Schlacke*, Sabine — Umweltrecht, 5. Auflage, Baden-Baden 2014.

De la Fayette, Louise Angélique — A New Regime for the Conservation and Sustainable Use of Marine Biodiversity and Genetic Resources Beyond the Limits of National Jurisdiction, IJMCL 24 (2009), S. 221–280.

Dies. — Access to Ports in International Law, IJMCL 11 (1996), S. 1–22.

Franchx, Erik/ Van den *Bossche*, Koen — The Role of the European Union in Regional Fisheries Organizations, in: Russel, Dawn A./VanderZwaag, David (Hrsg.), Recasting Transboundary Fisheries Management in the Light of Sustainability. Canadian and International Perspectives, Leiden u. a. 2010, S. 419–448.

Frank, Veronica — The European Community and Marine Environmental Protection in the International Law of the Sea. Implementing Global Obligations at the Regional Level, Leiden u. a. 2007.

Freestone, Davis/ *Makuch*, Zen	The New International Law of Fisheries: The 1995 United Nations Straddling Stocks Agreement, YIEL 6 (1996), S. 3–51.
Frenz, Walter	Europäisches Umweltrecht, München 1997.
Friedrich, Jürgen	Legal Challenges of NON-binding Instruments: The Case of the FAO Code of Conduct for Responsible Fisheries, in: von Bogdandy, Armin/Wolfrum, Rüdiger/von Bernstorff, Jochen/Dann, Philipp/Goldmann, Matthias (Hrsg.), The Exercise of Public Authority by International Institutions, Heidelberg u. a. 2010, S. 511–540.
Friedland, Julia/ *Prall*, Ursula	Schutz der Biodiversität: Erhaltung und nachhaltige Nutzung in der Konvention über die Biologische Vielfalt, ZUR 2004, S. 193–202.
Fritz, Simone	Integrierter Umweltschutz im Völkerrecht, Berlin 2009.
Froese, Rainer/ *Quaas*, Martin	Rio + 20 and the reform of the Common Fisheries Policy in Europe, Marine Policy 39 (2013), S. 53–55.
Gascard, Jean-Claude	From the DAMOCLES to ACCESS Projects (Sixth & Seventh EU Framework Programmes 2005–2015) IAOOS – An Advanced Arctic Ocean Observing System (2011–2019), in: Wasum-Rainer, Susanne/Winkelmann, Ingo/Tiroch, Katrin (Hrsg.), Arctic Science, International Law and Climate Change, Heidelberg u. a. 2012, S. 261–284.
Gautier, D. L.	U. S. Geological Survey circum-arctic resource appraisal, in: Society of Petroleum Engineers – Arctic Technology Conference 2011, 1 (2011), S. 219–222.

Gayazova, Olya	Chinas's Rights in the Marine Arctic, IJMCL 28 (2013), S. 61–95.
Geiger, Rudolf/ *Khan*, Daniel-Erasmus/ *Kotzur*, Markus (Hrsg.)	EUV/AEUV. Vertrag über die Europäische Union und Vertrag über die Arbeitsweise der Europäischen Union, 5. Auflage, München 2010.
Gerdes, Rüdiger	Klimawandel in der Arktis, in: Rill, Bernd (Hrsg.), Die Arktis. Ressourcen, Interessen, Probleme, München 2010, S. 21–38.
Glabion, Rainer	Ökologie der Pflanzen und Tiere, in: Gebhardt, Hans/Glaser, Rüdiger/Radtke, Ulrich/ Reuber, Paul (Hrsg.), Geographie, physische Geographie und Humangeographie, München 2007, Kap. 11.3, S. 415–426.
Göcke, Katja	The 2008 Referendum on Greenland's Autonomy and what it Means for Greenland's Future, ZaöRV 69 (2009), S. 103–121.
Gorbachev, Mikhail	Murmansk Rede 1987, http://teacherweb.com/FL/CypressBayHS/JJolley/Gorbachev_speech.pdf (06.01.2014).
Gunnlaugsson, Sverrir Hauku	Introduction to New Challenges in the Arctic Region, in: Nordquist, Myron H./Moore, John Norton/Skaridov, Alexander (Hrsg.), International Energy Policy, the Arctic and the Law of the Sea, Leiden u. a. 2005, S. 273–275.
Hannesson, Ólafur Ísberg	The Status of Non-Implemented EA Law in Iceland: Lessons from the Judicial Reactions of the Supreme Court to International Law, NJIL 80 (2011), S. 425–458.
Harders, Enno J.	Regionaler Umweltschutz in der Arktis, Baden-Baden 1997.

Ders.	Grönland: Selbstverwaltung und Umweltschutz in der Arktis, NuR 1990, S. 302–305.
Harrison, James	Making the Law of the Sea. A Study in the Development of International Law, Cambridge u. a. 2011.
Hasanat, Md. Waliul	Cooperation in the Barents Euro-Arctic Region in the Light of International Law, YPL 2 (2010), S. 279–309.
Ders.	Towards Model Arctic-Wide Environmental Cooperation Combating Climate Change, YIEL 20 (2010), S. 122–157.
Henriksen, Tore	Conservation and Sustainable Use of Arctic Marine Biodiversity. Challenges and Opportinities, ARLP 1 (2010), S. 249–277.
Henriksen, Tore/ *Ulfstein*, Geir	Maritime Delimination in the Arctic: The Barents Sea Treaty, ODIL 42 (2011), S. 1–21.
Heuck, Jennifer	Die Außenkompetenzen der Europäischen Union nach dem Vertrag von Lissabon, Jura 2013, S. 199–208.
Hillion, Christophe	Integrating an Outsider: An EU Perspective on Relations with Norway, EFAR 16 (2011), S. 489–520.
Hosch, Gilles/ *Ferraro*, Gianluca/ *Failler*, Pierre	The 1995 FAO Code of Conduct for Responsible Fisheries: Adopting, implementing or scoring result?, Marine Policy 35 (2011), S. 189–200.
Hovelsrud, Grete/ *McKenna*, Meghan/ *Huntington*, Henry P.	Marine Mammal Harvests and other Interactions with Humans, Ecology Applications 18 (2008), S. 135–147.

Howse, Robert/ *Langille*, Joanna — Permitting Pluralism: The *Seal Products* Dispute and Why the WTO Should Accept Trade Restrictions Justified by Noninstrumental Moral Values, YJIL 37 (2012), S. 367–432.

Huebert, Rob — Cooperation or Conflict in the Arctic?, in: Nordquist, Myron H./Moore, John Norton/ Heidar, Thomas H. (Hrsg.), Changes in the Arctic Environment and the Law of the Sea, Leiden u. a. 2010, S. 27–59.

Ders. — The Law of the Sea and the Arctic: An Unfulfilled Legacy, Ocean Yearbook 18 (2004), S. 192–219.

Humrich, Christoph — Ressourcenkonflikte, Recht und Regieren in der Arktis, APuZ 2011, Nr. 5–6, S. 6–13.

Ingimundarson, Valur — Die Kartierung der Arktis: Bodenschätze, Großmachtpolitik und multilaterale Governance, APuZ 2011, Nr. 5–6, S. 14–23.

Ipsen, Knut (Hrsg.) — Völkerrecht, 6. Auflage, München 2014.

Jacot-Guillarmod, Olivier (Hrsg.) — Accord EEE, Commentaires et réflexions, Zürich 1992.

Jans, Jan H./ *Vedder*, Hans — European Environmental Law, Groningen 2012.

Janssen, Gerold — Die rechtlichen Möglichkeiten der Einrichtung von Meeresschutzgebieten in der Ostsee. Unter besonderer Berücksichtigung des deutschen und schwedischen Naturschutzrechts, Baden-Baden 2002.

Jeffers, Jennifer	Ensuring the Protection of Arctic Marine Biodiversity in the Face of Climate Change, in: Nordquist, Myron H./Moore, John Norton/ Heidar, Thomas H. (Hrsg.), Changes in the Arctic Environment and the Law of the Sea, Leiden u. a. 2010, S. 323–364.
Dies.	Climate Change and the Arctic: Adapting to Change in Fisheries Stocks and Governance Regimes, ELQ 37 (2010), S. 917–977.
Jeffery, Michael I.	Terrestrial Area Management in the Polar Regions: Applying the Eco-System-Based Approach to the Coalface of Climate Change, YPL 1 (2009), S. 101–120.
Jóhannsdóttir, Aðalheiður	The European Union and the Arctic: Could Icelands's Accession to the EU Change the EU's Influence in the Arctic?, GYIL 54 (2011), S. 351–382.
Johnson, Constance	Fisheries Enforcement in European Community Waters Since 2002 – Developments in Non-Flag Enforcement, IJMCL 23 (2008), S. 249–270.
Juda, Lawrence	Rio Plus Ten: The Evolution of International Marine Fisheries Governance, ODIL 33 (2002), S. 109–144
Kailis, Alexandros	Towards the Adoption of an Integrated Approach to the Governance of the Arctic Ocean: The European Perspective, Ocean Yearbook 24 (2010), S. 445–473.

Keller, Maxi	Rechtsschutzdefizite Dritter gegen Genehmigungserteilungen für Windenergieanlagen in der AWZ?, ZUR 2005, S. 184–192.
Khalilian, Setareh/ *Froese*, Rainer/ *Proelß*, Alexander/ *Requate*, Till	Designed for failure: A critique of the Common Fisheries Policy of the European Union, Marine Policy 34 (2010), S. 1178–1182.
Kleist, Mininngauq	Greenland's Self-Government, in: Loukacheva, Natalia (Hrsg.), Polar Law Textbook, Kopenhagen 2010, S. 171–198.
Koch, Moritz	Wettlauf um die Schätze der Arktis, süddeutsche.de, http://www.sueddeutsche.de/wissen/expedition-wettlauf-um-die-schaetze-der-arktis-1.983189 (06.01.2014).
König, Doris	Flag of Ships, in: Wolfrum, Rüdiger (Hrsg.), The Max Planck Encyclopedia of Public International Law, Oxford 2008, online edition www.mpepil.com, Stand April 2009.
Koh, Tommy T. B.	A Constitution for the Ocean, 1982, http://www.un.org/depts/los/convention_agreements/texts/koh_english.pdf (06.01.2014).
Koivurova, Timo	Environmental Protection in the Arctic and Antarctic, in: Loukacheva, Natalia (Hrsg.), Polar Law Textbook, Kopenhagen 2010, S. 23–44.
Koivurova, Timo/ *Kokko*, Kai/ *Duyck*, Sébastien/ *Sellheim*, Nikolas/ *Stepien*, Adam	The present and future competence of the European Union in the Arctic, Polar Record 48 (2012), S. 361–371.

Dies.	EU Competences affecting the Arctic. Study requested by the European Parliament, Brüssel 2010.
Koivurova, Timo/ *Molenaar*, Erik Jaap	International Governance and Regulation of the Marine Arctic. Overview and Gap Analysis, Oslo 2009.
Koivurova, Timo/ *Molenaar*, Erik Jaap/ *VanderZwaag*, David	Canada, the EU, and Arctic Ocean Governance: A Tangled and Shifting Seascape and Future Directions, JTLP 18 (2009), S. 247–287.
Korman, Seth	International Management of a High Seas Fishery: Political and Property-Rights Solution and the Atlantic Bluefin, VJIL 51 (2011), S. 697–748.
Kozyrev, Andrei	Cooperation in the Barents Euro-Arctic Region: Promising Beginning, in: Schram Stokke, Olaf/Tunander, Ola (Hrsg.), The Barents Region. Cooperation in Arctic Europe, London 1994, S. 25–30.
Krämer, Hans R.	Greenland's European Community (EC)-Referendum, Background and Consequences, GYIL 25 (1982), S. 273–289.
Kraus, Gerd/ *Döring*, Ralf	Die Gemeinsame Fischereipolitik der EU: Nutzen, Probleme und Perspektiven eines paneuropäischen Ressourcenmanagement, ZUR 2013, S. 3–10.
Krüger, Niels	Anwendbarkeit von Umweltschutzverträgen in der Antarktis, Berlin u. a. 2000.
Kumin, Adreas J./ *Bittner*, Philip	Die „gemischten" Abkommen zwischen der Europäischen Union und ihren Mitgliedstaaten einerseits und dritten Völkerrechtssubjekten andererseits, EuR 2012, Beiheft 2, S. 75–88.

Kvalvik, Ingrid — The North East Atlantic Fisheries Commission & Sustainable Principles: Lessons to be Learned?, in: Russell, Dawn A./VanderZwaag, David (Hrsg.), Recasting Transboundary Fisheries Management in the Light of Sustainability. Canadian and International Perspectives, Leiden u. a. 2010, S. 387–418.

Lagoni, Rainer — Das OSPAR-Übereinkommen von 1992 und der Schutz der Nordsee, in: Koch, Hans-Joachim/ Lagoni, Rainer (Hrsg.), Meeresumweltschutz für Nord- und Ostsee, Baden-Baden 1996, S. 79–102.

Lainema, Matti/ *Nurminen*, Juha — Die Entdeckung der Arktis, Stuttgart 2010.

Larson, Báður/ *Rógvi*, Kári á — A New Faroese Constitution? – Faroe Islands between Parliamentary Sovereignty and Sub-Sovereign Constitutionalism, between Statutory Positivism and Pragmatic Reasoning, YPL 4 (2012), S. 341–363.

Lasén Díaz, Carolina — The Bern Convention: 30 Years of Nature Conservation in Europe, in: RECIEL 19 (2010), S. 185–196.

Leary, David — Looking beyond the International Polar Year: What are the Emerging and Re-emerging Issues in International Law and Policy in the Polar Regions?, YPL 1 (2009), S. 1–20.

Lenz, Carl Otto/ *Borchardt*, Klaus-Dieter (Hrsg.) — EU-Verträge. Kommentar nach dem Vertrag von Lissabon, 6. Auflage, Köln 2012.

Lochte, Karin	Research for the Future of the Arctic, in: Witschel, Georg/Winkelmann, Ingo/Tiroch, Katrin/Wolfrum, Rüdiger (Hrsg.), New Chances and New Responsibilities in the Arctic Region, Berlin 2010, S. 177–183.
Lodge, Michael/ *Nandan*, Satya N.	Some Suggestions Towards Better Implementation of the United Nations Agreement on Straddling Fish Stocks and Highly Migratory Fish Stocks of 1995, IJMCL 20 (2005), S. 345–379.
Long, Ronán J./ *Curran*, Peter A.	Enforcing the Common Fisheries Policy, Oxford u. a. 2000.
Loukacheva, Natalia	The Arctic Promise: Legal and Political Autonomy of Greenland and Nunavut, Toronto u. a. 2007.
Lyster, Simon	International Wildlife Law, Cambridge u. a. 1985.
Macko, Stephen A.	Changes in the Arctic Environment, in: Nordquist, Myron H./Moore, John Norton/ Heidar, Thomas H. (Hrsg.), Changes in the Arctic Environment and the Law of the Sea, Leiden u. a. 2010, S. 107–131.
Marauhn, Thilo	The Potential of the Convention on Biological Diversity to Address the Effects of Climate Change in the Arctic, in: Koivurova, Timo/ Keskitalo, Eva Carina Helena/Bankes, Nigel (Hrsg.), Climate Governance in the Arctic, Dordrecht 2009, S. 269–288.
Markus, Till	Making Environmental Principles Work under the Common Fisheries Policy, EEELR, 2010, S. 132–144.

Ders.	Promotion and Management of Marine Fisheries in the European Community, in: Winter, Gerd (Hrsg.), Towards Sustainable Fisheries Law. A Comprehensive Analysis, Gland u. a. 2009, S. 253–295.
Ders.	European Fisheries Law, Groningen 2009.
Ders.	Individual und Verbandsklagebefugnisse gegen Rechtsakte der Gemeinsamen Europäischen Fischereipolitik, ZUR 2009, S. 194–200.
Markus, Till/ *Salomon*, Markus	The Law and Policy Behind the Upcoming Reform of the Common Fisheries Policy, JEEPL 9.3-3 (2012), S. 257–283.
Marr, Simon/ *Beyer*, Peter/ *Rüsch*, Julia	Außenkompetenz der Mitgliedstaaten unter dem OSPAR-Übereinkommen im Bereich des Meeresschutzes, in: Umweltbundesamt (Hrsg.), EG Kompetenzen bei völkerrechtlichen Verträgen unter besonderer Berücksichtigung des OSPAR-Übereinkommens, Berlin 2004, S. 49–112.
Matz-Lück, Nele	Biological Diversity, International Protection, in: Wolfrum, Rüdiger (Hrsg.), The Max Planck Encyclopedia of Public International Law, Oxford 2008, online edition www.mpepil.com, Stand Dezember 2008.
Matz-Lück, Nele/ *Fuchs*, Johannes	Die Ausweisung mariner Schutzgebiete in Hoheitsfreien Räumen am Beispiel des OSPAR-Abkommens, ZUR 2012, S. 532–543.
McDorman, Ted L.	Implementing Existing tools: Turning Words Into Actions – Decision-Making Processes of Regional Fisheries Management Organisations (RFMOs), IJMCL 20 (2005), S. 423–457.

Mech, Bettina — EWR und europäische Integration, Baden-Baden 2007.

Meltzer, Evelyne — Global Overview of Straddling and Highly Migratory Fish Stocks: Maps and Charts Detailing RFMO Coverage and Implementation, IJMCL 20 (2005), S. 571–604.

Molenaar, Erik Jaap — Arctic Fisheries Management, in: Molenaar, Erik J./Oude Elferink, Alex G./Rothwell, Donald R. (Hrsg.), The Law of the Sea and the Polar Regions, Interactions between Global and Regional Regimes, Leiden u. a. 2013, S. 243–266.

Ders. — Fisheries Regulation in the Maritime Zones of Svalbard, IJMCL 27 (2012), S. 3–58.

Ders. — Current and Prospective Roles of the Arctic Council System within the Context of the Law of the Sea, IJMCL 27 (2012), S. 553–595.

Ders. — Port State Jurisdiction to Combat IUU Fishing, in: Russel, Dawn A./VanderZwaag, David (Hrsg.), Recasting Transboundary Fisheries Management in the Light of Sustainability. Canadian and International Perspectives, Leiden u. a. 2010, S. 369–386.

Ders. — Arctic Fisheries Conservation and Management: Initial Steps of Reform on the International Legal Framework, YPL 1 (2009), S. 427–463.

Ders. — Port State Jurisdiction, in: Wolfrum, Rüdiger (Hrsg.), The Max Planck Encyclopedia of Public International Law, Oxford 2008, online edition www.mpepil.com, Stand August 2009.

Moore, Gerald — The FAO Compliance Agreement, in: Nordquist, Myron H./Moore, John Norton (Hrsg.), Current Fisheries Issues and the Food And Agriculture Organization of the United Nations, The Hague u. a. 2000, S. 77–91.

Morteani, Giulio — Die Bodenschätze der Arktis, in: Rill (Hrsg.), Die Arktis. Ressourcen, Interessen und Probleme, München 2010, S. 9–20.

Müller-Graff, Peter-Christian — EEA-Agreement and EC Law: A Comparison in Scope and Content – Overview on the Basic Legal Link between Norway and the European Union, in: Müller-Graff, Peter- Christian/ Selvig, Erling (Hrsg.), The European Economic Area: Norway's Basic Status in the Legal Construction of Europe, Berlin 1997, S. 17–41.

Neumann, Thilo — Die norwegische Arktis im Völkerrecht. Landgebiete – Seegebiete – Seegrenzen, Hamburg 2013.

Nordberg, Lauri — Die Anwendbarkeit der Flora-Fauna-Habitat-Richtlinie und der Vogelschutzrichtlinie der Europäischen Gemeinschaft auf die marine Umwelt, in: Czybulka, Detlef (Hrsg.), Naturschutz und Rechtsregime im Küsten- und Offshore-Bereich: Vierter Warnemünder Naturschutzrechtstag, Baden-Baden 2003, S. 111–119.

Norberg, Sven/ *Hökborg*, Karin/ *Johansson*, Martin/ *Eliasson*, Dan/ *Dedichen*, Lucien — EEA Law. A Commentary on the EEA Agreement, Angered 1993.

Notz, Dirk	Die Arktis im Klimawandel, APuZ 2011, Nr. 5–6, S. 23–29.
Ders.	Arktis und Antarktis im Klimawandel, APuZ 2007, Nr. 47, S. 27–32.
Nowlan, Linda	Arctic Legal Regime for Environmental Protection, Gland u. a. 2001.
Obwexer, Walter	Die Vertragsschlusskompetenz und die vertragsschlussbefugten Organe der Europäischen Union, EuR 2012, Beiheft 2, S. 49–73.
Ørebrech, Peter/ *Sigurjonsson*, Ketill/ *McDorman*, Ted L.	The 1995 United Nations Straddling and Highly Migratory Fish Stocks Agreement: Management, Enforcement and Dispute Settlement, IJMCL 13 (1998), S. 119–141.
Orrego Vicuña, Francisco	The International Law of High Seas Fisheries: From Freedom of Fishing to Sustainable Use, in: Schram Stokke, Olaf (Hrsg.), Governing High Seas Fisheries, Oxford u. a. 2001, S. 23–53.
Ders.	The Changing International Law of the High Seas Fisheries, Cambridge u. a. 1999.
Osherenko, Gail/ *Young*, Oran R.	The Age of the Arctic. Hot conflicts and cold realities, Cambridge u. a. 1989.
Oude Elferink, Alex G.	The Determination of Compatible Conservation and Management Measures for Straddling and Highly Migratory Fish Stocks, Max Planck YUNL 5 (2001), S. 551–607.
Palma, Mary Ann/ *Tsamenyi*, Martin/ *Edeson*, William	Promoting Sustainable Fisheries. The International Legal and Policy Framework to Combat Illegal, Unreported and Unregulated Fishing, Leiden u. a. 2010.

Payne, Dexter C. — Policy-making in Nested Institutions: Explaining the Conservation Failure of the EU's Common Fisheries Policy, JCMS 38 (2000), S. 303–324.

Pedersen, Torbjørn — Norway's rule on Svalbard: tightening the grip on the Arctic islands, Polar Record 45 (2009), S. 147–152.

Ders. — The Svalbard Continental Shelf Controversy: Legal Disputes and Political Rivalries, ODIL 37 (2006), S. 339–358.

Pedersen, Torbjørn/ *Henriksen*, Tore — Svalbard's Maritime Zones: The End of Legal Uncertainty?, IJMCL 24 (2009), S. 141–161.

Pieper, Moritz/ *Winter*, Markus/ *Wirtz*, Anika/ *Dijkstra*, Hylke — The European Union as an Actor in Arctic Governance, EFAR 16 (2011), S. 227–242.

Potts, Travis — The Management of Living Marine Resources in the Polar Regions, in: Loukacheva, Natalia (Hrsg.), Polar Law Textbook, Kopenhagen 2010, S. 65–80.

Proelß, Alexander — Das Umweltvölkerrecht vor der Herausforderung des Klimawandels, JZ 2011, S. 495–503.

Ders. — Migratory Species, International Protection, in: Wolfrum, Rüdiger (Hrsg.), The Max Planck Encyclopedia of Public International Law, Oxford 2008, online edition www.mpepil.com, Stand Februar 2009.

Ders.	Marine Mammals, in: Wolfrum, Rüdiger (Hrsg.), The Max Planck Encyclopedia of Public International Law, Oxford 2008, online edition www.mpepil.com, Stand July 2007.
Ders.	Meeresschutz im Völker- und Europarecht. Das Beispiel des Nordostatlantiks, Berlin 2004.
Proelß, Alexander/ *Houghton*, Katherine	The EU Common Fisheries Policy in light of the precautionary principle, OCMA 70 (2012), S. 22- 30.
Rayfuse, Rosemary	Precaution anf the Protection of Marine Biodiversity in Areas beyond National Jurisdiction, IJMCL 27 (2012), S. 773–781.
Dies.	To Our Children's Children: From Promoting to Achieving Compliance in High Seas Fisheries, IJMCL 20 (2005), S. 509–532.
Dies.	Non-Flag State Enforcement in High Seas Fisheries, Leiden u. a. 2004.
Dies.	The United Nations Agreement on Straddling and Highliy Migratory Fish Stocks as an Objective Regime: A Case of Wishful Thinking?, AYIL 20 (1999), S. 253–278.
Rengeling, Hans-Werner (Hrsg.)	Handbuch zum europäischen und deutschen Umweltrecht, Band I und II, 2. Auflage, Köln u. a. 2003.
Riddle, Kevin W.	Illegal, Unreported, and Unregulated Fishing: Is International Cooperation Contagious?, ODIL 37 (2006), S. 265–297.

Ridgeway, Lorraine — Issues in Arctic Fisheries Governance: A Canadian Perspective, in: Nordquist, Myron H./Moore, John Norton/Heidar, Thomas H. (Hrsg.), Changes in the Arctic Environment and the Law of the Sea, Leiden u. a. 2010, S. 409–443.

Da Rocha, José-María/ *Cerviño*, Santiago/ *Villasante*, Sebastian — The Common Fisheries Policy: An enforcement problem, Marine Policy 36 (2012), S. 1309–1314.

Rothwell, Donald R. — Polar Ocean Governance in the 21st Century, Ocean Yearbook 26 (2012), S. 343–360.

Ders. — The Polar Regions and the Development of International Law, Cambridge 1996.

Rothwell, Donald R./ *Stephens*, Timothy — The International Law of the Sea, Oxford u. a. 2010.

Rudloff, Bettina — Fisch im Wasser? Die EU und die Arktisfischerei, osteuropa 61 (2011), Heft 2–3, Logbuch Arktis, S. 163 -178.

Russel, Dawn A. — ICCAT and NAFO: Implementation of Sustainability Principles and Practice in the Management of Straddling ans Highly Migratory Fish Stocks, in: Russel, Dawn A./ VanderZwaag, David (Hrsg.), Recasting Transboundary Fisheries Management in the Light of Sustainability. Canadian and International Perspectives, Leiden u. a. 2010, S. 239–306.

Russel, Dawn A./ *VanderZwaag*, David L. — International Law and Policy Seascape Governing Transboundary Fisheries, in: Russel, Dawn A./VanderZwaag, David (Hrsg.), Recasting Transboundary Fisheries Management in the Light of Sustainability. Canadian and International Perspectives, Leiden u. a. 2010, S. 9–24.

Dieselben — Ecosytem & Precautionary Approach to International Fisheries Governance: Beacon of Hope, Seas of Confusion and Illusion, in: Russel, Dawn A./VanderZwaag, David (Hrsg.), Recasting Transboundary Fisheries Management in the Light of Sustainability. Canadian and International Perspectives, Leiden u. a. 2010, S. 25–70.

de Sadeleer, Nicolas/ *Born*, Charles-Hubert — Droit international et communautaire de la biodiversité, Paris 2004.

Salomon, Markus/ *Markus*, Till/ *Dross*, Miriam — Die Gemeinsame Fischereipolitik im Reformprozess: Innovations- und Konfliktlösungspotentiale, NuR 35 (2013), S. 89–98.

Sands, Philippe/ *Peel* Jacqueline — Principles of International Environmental Law, 3. Auflage, Cambridge u. a. 2012.

Saunders, Phillip M. — The Western and Central Pacific Fisheries Commission: Management Challenges and Development Imparatives, in: Russel, Dawn A./VanderZwaag, David (Hrsg.), Recasting Transboundary Fisheries Management in the Light of Sustainability. Canadian and International Perspectives, Leiden u. a. 2010, S. 149–174.

Schiffman, Howard S. Marine Conservation Agreements. The Law and Policy of Reservations and Vetoes, Leiden u. a. 2008.

Schmidt, Carl-Christian Economic Drivers of Illegal, Unreported and Unregulated (IUU) Fishing, IJMCL 20 (2005), S. 479–507.

Schram Stokke, Olav Barents Sea Fisheries – the IUU Struggle, ARLP 1 (2010), S. 207–224.

Ders. The Loophole of the Barents Sea Fisheries Regime, in: Schram Stokke, Olaf (Hrsg.), Governing High Seas Fisheries. The Interplay of Global and Regional Regimes, Oxford u. a. 2001, S. 273–303.

Ders. Managing Fisheries in the Barents Sea Loophole: Interplay with the UN Fish Stocks Agreement, ODIL 32 (2001), S. 241–262.

Schymik, Carsten Grönland und Dänemark – Schlüsselländer der EU in der Arktis, in: Rill, Bernd (Hrsg.), Die Arktis. Ressourcen, Interessen und Probleme, München 2010, S. 69–82.

Ders. Island auf EU-Kurs, SWP-Aktuell 24/2009.

Seidler, Christoph Arktisches Monopoly, München 2009.

Sejersted, Frederik Between Sovereignty and Supranationalism in the EEA Context – On the Legal Dynamics of the EEA-Agreement, in: Müller-Graff, Peter-Christian/Selvig, Erling (Hrsg.), The European Economic Area – Norway's Basic Status in the Legal Construction of Europe, Berlin 1997, S. 43–73.

Shepherd, J. G. — Fishing effort control: could it work under the common fisheries policy?, Fisheries Research 63 (2003), S. 149 (149).

Singh, Elen C./ *Saguirian*, Artemy A. — The Svalbard Archipelago: The Role of Surrogate Negotiations, in: Young, Oran R./Osherenko, Gail (Hrsg.), Polar Politics. Creating International Environmental Regimes, Ithaca u. a. 1993, S. 56–95.

Sparwasser, Reinhard/ *Engel*, Rüdiger/ *Voßkuhle*, Andreas — Umweltrecht, 5. Auflage, Heidelberg 2003.

Stadelbauer, Jörg — Naturraum Arktis – Russlands Hoher Norden, osteuropa 61 (2011), Heft 2–3, Logbuch Arktis, S. 21–45.

Stadler, Jutta/ *Korn*, Horst — Das Übereinkommen über die biologische Vielfalt, NuL 2008, S. 2–7.

Stephens, Tim — The Arctic and Antarctic Regimes and the Limits of Polar Comparativism, GYIL 54 (2011), S. 315–349.

Stonehouse, Bernhard — North Pole. South Pole. A Guide to the Ecology and Resources of the Arctic and Antarctic, London 1990.

Stonehouse, Bernhard/ Snyder, John M. — Polar Tourism. An Environmental Perspective, Bristol u. a. 2010.

Streinz, Rudolf (Hrsg.) — EUV/AEUV. Kommentar, 2. Auflage, München 2012.

Stuvøy, Kristi/ *Dale*, Brigt — Der Akritische Rat, osteuropa 61 (2011), Heft 2–3, Logbuch Arktis, S. 301–310.

Tahindro, André | Conservation and Management of Transboundary Fish Stocks: Comments in Light of the Addition of the 1995 Agreement for the Conservation and Management of Straddling Fish Stocks and Highly Migratory Fish Stocks, OCIL 28 (1997), S. 1–59.

Tanaka, Yoshifumi | The Changing Approaches to Conservation of Marine Living Resources in International Law, ZaöRV 71 (2011), S. 291–330.

Tarte, Sandra | A Duty to Cooperate: Building a Regional Regime for the Conservation and Management of Highly Migratory Fish Stocks in the Western and Central Pacific, Ocean Yearbook 16 (2002), S. 261–299.

Trouwborst, Arie | Migratory Species Conservation in Warming Polar Oceans, with particular Reference to Seabirds, in: Molenaar, Erik J./Oude Elferink, Alex G./Rothwell, Donald R. (Hrsg.), The Law of the Sea and the Polar Regions, Leiden u. a. 2013, S. 163–192.

Ders. | A Bird's-Eye View of Arctic Governance: Reflecting on the Role of International Law in Arctic Cooperation from a Bird Conservation Perspective, YPL 1 (2009), S. 401–426.

Tsamenyi, Martin/ *Palma*, Mary Ann/ *Milligan*, Ben/ *Mfodwo*, Kwame | The European Council Regulation on Illegal, Unreported and Unregulated Fishing: An International Fisheries Law Perspective, IJMCL 25 (2010), S. 5–31.

Tuerk, Helmut	The Arctic and the modern Law of the Sea, in: van Dyke, Jon M./Broder, Sherry P./Lee, Seokwoo/Paik, Jin-Hyun (Hrsg.), Governing Ocean Resources, New Challenges and Emerging Regimes: A Tribute to Judge Choon-Ho Park, Leiden u. a. 2013, S. 115–137.
Ulfstein, Geir	The Svalbard Treaty. From Terra Nullius to Norwegian Sovereignty, Oslo 1995.
VanderZwaag, David	The Arctic Council at 15 Years: Ending Forward in a Sea of Governance Challenges, GYIL 54 (2011), S. 281–314.
Ders.	Law of the Sea and Governance of Shipping in the Arctic and Antarctic, in: Loukacheva, Natalia (Hrsg.), Polar Law Textbook, Kopenhagen 2010, S. 45–64.
VanderZwaag, David/ Hubert, Rob/ *Ferrera*, Stacey	The Arctic Environmental Protection Strategy, Arctic Council and Multilateral Environmental Initiatives: Tinkering while the Arctic Marine Environment Trotters, DJILP 30 (2002), S. 131–171.
Vitzthum, Wolfgang Graf (Hrsg.)	Handbuch des Seerechts, München 2006.
Vogel, Runhild Solveig	Die Außenfischereibeziehungen der Europäischen Gemeinschaft, Frankfurt am Main u. a. 2009.
Vohland, Katrin/ *Doyle*, Ulrike/ *Cramer*, Wolfgang	Der Einfluss von Klimaveränderungen auf die Biodiversität, APuZ 2008, Nr. 3, S. 31–38.
Vylegzhanin, A. N./ *Zilanov* V. K.	Spitzbergen. Legal Regime of Adjacent Marine Areas, Utrecht 2007. Herausgegeben und übersetzt von Butler, William E.

Wakefield, Jill — Fisheries: A Failure of Values, CMLR 46 (2009), S. 431–470.

Wallis, Diana — Forgotten Enlargement, Future EU Relations with Iceland, Norway and Switzerland, 2. Auflage, London 2004.

Warnecke, Christian — Ist Island reif für den EU-Beitritt?, München 2010.

Weber, Bob — Arctic Fishing Ban Reached, http://thechronicleherald.ca/canada/1190229-arctic-fishing-ban-reached (13.07.2013).

Weidemann, Lilly — Mechanisms for Enforcement of the EU Common Fisheries Policy, in: Lagoni, Rainer/Ehlers, Peter/Paschke, Marian/Duygu, Damar (Hrsg.), Recent Developments in the Law of the Sea, Münster u. a. 2010, S. 129–179.

Weis, Jürgen/*Busse*, Christian — Die Reform der Gemeindamen Fischereipolitik – Ausgangspunkt, Legislativvorschläge und Verhandlungsstand, ZUR 2013, S. 10–19.

West, John — Faroe. The Emergence of a Nation, London u. a. 1972.

Willmann, Rainer — Riesenalk und Waldrapp. Die frühe Erfassung der Artenvielfalt, Georgia Augusta: Wissenschaftsmagazin der Georg-August-Universität Göttingen, 2002, S. 6–17.

Winkelmann, Ingo — Arktische Ressourcen nutzen und arktische Umwelt schützen: Quadratur des Kreises?, Jahrbuch der Ökologie 2009, 31–44.

Winter, Gerd — Der Kompromiss von Nagoya, und wie es weitergeht, ZUR 2011, S. 57–58.

Windwehr, Jana	Die EU und die Arktis: Worten Taten folgen lassen?, integartion 2/2013, S. 124–137.
Witbooi, Emma	Fisheries and Sustainability. A Legal Analysis of EU and West African Agreements, Leiden u. a. 2012.
Wolf, Rainer	Eingriffsregelung in der AWZ. Ansätze für ein Recht des Schutzes der marinen Ressourcen, ZUR 2010, S. 365–371.
Wolff, Nina	Erhaltung lebender Meeresressourcen im Lichte des Nachhaltigkeitsgrundsatzes: Völker- und Gemeinschaftrechtliche Voraussetzungen, ZUR 2003, S. 356–362.
Dies.	Fisheries and the Environment. Public International and European Community Law Aspects, Baden-Baden 2002.
Wolfrum, Rüdiger	The Arctic in the Context of International Law, in: Witschel, Georg/Winkelmann, Ingo/Tiroch, Katrin/Wolfrum, Rüdiger (Hrsg.), New Chances and New Responsibilities in the Arctic Region, Berlin 2010, S. 37–49.
Wolfrum, Rüdiger/ *Matz*, Nele	The Interplay of the United Nations Convention on the Law of the Sea and the Convention on Biological Diversity, Max Planck YUNL 2000, S. 445–480.
Wylie, Jonathan	The Faroe Islands. Interpretations of History, Lexington 1987.

Yagi, Nobuyuki — High Seas Fisheries Today: Challenges and Remedies under the Global Economy, in: Vidas, Davor/Schei, Peter Johan (Hrsg.), The World Ocean in Globalisation. Climate Change, Sustainable Fisheries, Biodiversity, Shipping, Regional Issues, Leiden u. a. 2011, S. 209–219.

Ziemer, Jonna — Das gemeinsame Interesse an einer Regelung der Hochseefischerei. Dargestellt am Beispiel des Fish Stocks Agreement, Berlin 2000.

Kolibri 360 GmbH
Ferdinand-Jühlke-Straße 7
99095 Erfurt, Deutschland
produktsicherheit@kolibri360.de